复杂条件下大跨度人行天桥结构设计关键性技术研究

——以上海普陀区金沙江路真北路人行天桥为例

李亚明　著

中国建筑工业出版社

图书在版编目（CIP）数据

复杂条件下大跨度人行天桥结构设计关键性技术研究——以上海普陀区金沙江路真北路人行天桥为例/李亚明著. —北京：中国建筑工业出版社，2019.1
ISBN 978-7-112-23081-5

Ⅰ.①复… Ⅱ.①李… Ⅲ. ①人行桥-长跨桥-桥梁设计-研究-普陀区 Ⅳ.①U448.112.5

中国版本图书馆 CIP 数据核字（2018）第 289894 号

责任编辑：胡　毅　徐　纺
责任校对：王　烨
封面设计：锋尚设计
版式设计：陈　瑶

复杂条件下大跨度人行天桥结构设计关键性技术研究
——以上海普陀区金沙江路真北路人行天桥为例
李亚明　著
*
中国建筑工业出版社出版、发行（北京海淀三里河路 9 号）
各地新华书店、建筑书店经销
霸州市顺浩图文科技发展有限公司制版
北京建筑工业印刷厂印刷
*
开本：787×1092 毫米　1/16　印张：19¾　字数：475 千字
2019 年 1 月第一版　　2019 年 1 月第一次印刷
定价：**98.00** 元
ISBN 978-7-112-23081-5
(33156)

内容提要

本书针对不断加快的城市发展进程中，人行天桥结构设计在复杂条件下面临的诸多错综复杂的技术难题，选择具有典型性和超前特征的“上海普陀区金沙江路真北路人行天桥”作为研究的背景工程，通过人致振动控制研究、抗风分析研究、施工过程分析、关键节点研究和交通影响研究，对背景工程与一般人行天桥设计的共性及个性问题进行全面总结，最终的研究成果可直接应用于工程实践，解决类似复杂条件下大跨度人行天桥的技术难题。

本书可供城市人行天桥设计、施工、建设人员及相关领域科研人员，以及大专院校相关专业师生参考。

前　言

目前，城市人行天桥结构形式越来越多样化、结构跨度越来越大、结构越来越轻柔，加上周围场地交通环境越来越复杂，这些因素都给桥梁设计者带来了新的挑战。在桥梁设计前期，需根据场地条件处理好桥梁上、下部结构的关系，按照“安全、适用、经济、耐久、美观、与环境协调”原则进行方案比选，通过技术经济比较确定合理的桥型。桥梁结构设计过程中，一般采用有限元分析软件建立空间模型，考虑各种工况并进行计算分析，验算结构构件在承载能力及正常使用极限状态下的强度、稳定及变形。对于人行天桥，人致振动控制研究不可或缺。对于复杂的大跨度桥梁，需要通过风洞试验研究确定风荷载参数；而在施工阶段，由于和成桥阶段结构形式可能不同，需要进行施工模拟分析，确保桥梁在施工期间的安全性。对于复杂的空间钢桁架桥梁，需要进行节点模型试验研究，并辅助有限元计算，对节点的承载安全性作出判断。

本书以上海普陀区金沙江路真北路人行天桥为例，探讨复杂条件下大跨度人行天桥结构设计关键性技术问题。该项目位于上海市金沙江路真北路（中环路）交叉口，交通十分繁忙，周围是居住区、商业中心及办公场所，场地有限且人流量大；地面以下是已建成的隧道和地铁，现场还有地下水管、高压电缆、通信系统、管道以及地上绿洲中环中心园林、交通信号系统、控制电箱、隧道口路灯等。因此场地环境极为复杂，如何确定桥梁方案，尤其是合理布置桥墩，处理好桥梁上、下部结构的关系，这对桥梁设计者来说是较大的挑战。经过方案比选，最终确定该人行天桥为跨径 80.2m＋102.4m＋88m＋109.6m 椭圆形空间钢桁架结构形式，顶面由金属面板覆盖，两侧桁架高度在 3.15～7.85m 之间，桁架上弦节点采用相贯铸钢节点，下弦节点采用相贯焊接节点。主桥桥宽 6.3m，桥梁长度为 380.2m。因结构采用不规则的椭圆形空间结构，跨度大，该桥进行了调谐质量阻尼器（TMD）减振设计及抗风试验研究及施工过程分析；桁架节点复杂，进行了节点试验及有限元模拟分析。由于中环线（真北路）和金沙江路为上海城市干路和次干路，其交通流量较大，因此交通荷载引起的振动对天桥的影响不可忽视。另外，该工程邻近有轨道交通 13 号线，为评估并尽可能减小道路交通荷载和地铁交通荷载对天桥的不利影响，该桥进行了有针对性的测试与分析研究。

全书分为 7 章，第 1 章为概述，阐述了大跨度人行天桥结构发展现状与趋势和主要研究内容及方法；第 2 章为大跨度人行天桥结构设计，阐述了人行天桥结构的类型和特点、设计原则、技术标准、材料、结构方案、结构计算分析、结构抗震分析等；第 3 章为大跨度人行天桥人致振动控制研究，阐述了人行桥梁舒适度控制方法、舒适度评价标准、TMD 减振原理等；第 4 章为大跨度人行天桥抗风分析研究，阐述了大跨度人行天桥抗风设计要点等；第 5 章为大跨度人行天桥施工过程分析，阐述了大型钢结构常用施工方法及大型钢结构施工过程仿真分析等；第 6 章为大跨度人行天桥关键节点研究，阐述了钢管节点类型及钢管节点试验研究与分析等；第 7 章为大跨度人行天桥交通影响研究，阐述了环境振动对桥梁结构的影响等。从第 2 章开始，每章首先阐述基本理论，然后通过上海普陀区金沙江路真北路人行天桥实例来分别对结构设计、人致振动控制、抗风设计、施工过程、关键节点及周围交通环境影响进行深入研究与讨论。

本书的编撰得到了上海建筑设计研究院人行桥梁设计负责人贾水钟、李瑞雄等的大力协助；书稿的校对得到了江苏科技大学唐柏鉴、王治均等的支持；对所有给予本书帮助及关注复杂人行桥梁的各界人士一并表示感谢！

李亚明
2018 年 10 月 20 日，上海

目 录

1 概述

1.1 大跨度人行天桥结构发展现状与趋势

近年来，随着经济和社会的发展，城市交通的便利性成为制约城市发展的主要因素之一。对于像北京、上海这样的大城市，往往是人行交通、地面交通、城市快速路和轨道交通在同一个大型城市综合体交汇，交通呈现出复杂化和立体化的特点。为了保证交通顺畅和行人安全，在车辆和行人密集的城市主干道道路交叉口，尤其是城市商业密集区、文体场馆、轨道交通车站附近的交叉口等，需要设置人行天桥或地下通道，供行人穿越马路，取代传统的斑马线通道。

国外人行天桥发展比较迅速。美国、英国、法国、日本等很多国家都修建了大量的人行桥，一些采用新材料、结构新颖、形式美观的人行桥也不断涌现，成为城市景观的良好点缀，给城市带来了生机和活力。

例如美国芝加哥 BP 人行天桥（图 1-1），宽 6.1m，高 4.4m，全长 285m，主梁为钢箱梁。该桥桥位处有三个平面空间的跨越，最上层为 BP 人行天桥，桥下跨越了八车道的哥伦布大道，最下层为公共停车场，桥头的一端连接一个大型露天的音乐会场。该桥不仅满足了功能需求，在细节设计方面也独具特色。首先，该桥设置了坡度较小的坡道，为残疾人出行提供了极大的方便；其次，从景观上，该桥采用蜿蜒的曲线布置，没有设置常见的栏杆，利用其坡面作为护栏，坡面外侧采用大量类似鱼鳞的弧面金属块覆盖，给人以视觉冲击；再次，隔音效果方面，利用了桥梁自身布置及外表金属块的敷设对外来声音进行了必要的阻隔；最后，巧妙的桥型布置分割了桥周围立体空间。桥梁跨越了城市快速道路和公共停车场，利用曲线形巧妙地规避了行车道、停车场进出口的干扰，与周边环境形成了有机而和谐的匹配。

我国的人行天桥建设始于 20 世纪 70 年代，多为钢筋混凝土梁式桥。由于经济发展原因，当时的人行天桥设计过分强调实用性功能，所以结构一般较为简单，对细节考虑较少，忽视了桥梁的美学价值和城市景观价值，人性化设计缺失。近年来，随着经济发展，许多城市的人行天桥由于安全性降低、维护成本高、与周围环境不协调、缺乏系统规划、人性化设计欠缺及利用率低等原因被拆除，取而代之的是地下人行通道。但有些地方受已有建筑物、构筑物及设施如地铁、地下管线及地质条件、地质水文状况的影响，并不适合建造地下人行通道。相比地下人行通道，人行天桥具有结构简单、投资少、施工较为便捷、工期短、施工期间对交通和附近建筑安全影响小、运营维护成本低和基本不影响地下管线等优点，所以人行天桥的应用更为普遍。

根据道路几何条件、地形地貌情况及城市周边的环境，人行天桥可以采用多样的设计形

图 1-1 美国芝加哥 BP 人行天桥
（图片来源：http://huaban.com/pins/1087865000/）

式。目前人行天桥的平面设置形式主要有以下几种：

（1）道路一般路段：一般采用一字形（图 1-2）、工字形、L 形、U 形等。

（2）十字形交叉口：一般用口形、X 形（图 1-3）、菱形、椭圆形、圆形（图 1-4）等。

（3）异形（复合）交叉口：采用椭圆形、圆形、S 形、梯形、弧形（图 1-5）、多支分叉、放射式等。

例如上海陆家嘴弧形人行天桥（图 1-5），位于陆家嘴中心区交通繁忙的交叉路口，分别连接上海浦东海关大楼、正大广场、上海环球金融中心及地铁 2 号线陆家嘴站，是陆家嘴中心区二层步行连廊一期工程的第一部分。天桥跨过世纪大道、银城西路、陆家嘴西路三条道路，以人行功能为主。天桥为直径 117.5m 的弧形钢结构箱梁，共有 3 联 7 跨，总弧线长度为 237.9m，桥面宽 9.7m，最大有效通行宽度为 7.5m，箱梁顶面宽 8.5m，底面宽 3.1m，箱梁主体高 1.7m，桥下净高 5.5m 以上。

人行天桥应综合地下水位、地下管线、其他市政公用设施、周围环境、景观、维护要求、工程投资等，进行技术、经济、社会效益等比较后确定。人行天桥的设计与其他城市桥梁设计一样，必须因地制宜，选取合理桥型，注重安全性、适用性、耐久性、经济性和舒适性。随着城市综合体的发展，人行天桥的设计越来越多地与周边建筑结合，不仅发挥着基本交通功能的作用，还经常和周围建筑环境相结合，起到城市地标和景观的作用。因此人行天桥设计应考虑经济效益、社会效益与环境效益相统一，在满足基本功能要求的前提下其结构选型应尽可能与周围环境相协调并富有个性，力求桥梁结构的经济性及施工便捷性。在施工方案可行性的基础上，要求施工过程方便、迅速，对周围环境的影响小。

图 1-2 一字形人行天桥
(图片来源：喻静．城市路段行人过街设施选型研究[D]．西安：长安大学，2014)

图 1-3 X 形人行天桥
(图片来源：喻静．城市路段行人过街设施选型研究[D]．西安：长安大学，2014)

图 1-4 圆形人行天桥
(图片来源：喻静．城市路段行人过街设施选型研究[D]．西安：长安大学，2014)

图 1-5 弧形人行天桥
(图片来源：喻静．城市路段行人过街设施选型研究[D]．西安：长安大学，2014)

目前，带有城市地标和城市景观属性的人行天桥大致有以下几个特点：

(1) 跨度大，不规则，结构体型复杂，需要配合周边建筑风格统一要求。

(2) 桥墩位置受到周边建筑、地面交通及地下交通限制，无法按照最合理方式布置。

（3）人行天桥周边场地复杂，受道路和地铁等因素影响明显。

城市的发展，城市设计的深入，以及施工方法的不断发展，新材料、新工艺和新结构的应用，赋予了人行天桥内容和形式上的新概念。今后人行天桥建设将秉承安全、适用、美观、经济、与环境协调的思想，不断发展。

首先，在材料方面，过去使用最多的是钢筋混凝土桥梁，现今我国钢产量充足，钢结构人行天桥的设计施工技术水平不断提高，这些都为钢结构人行天桥的发展提供了良好的基础。钢结构人行天桥具有强度高、结构轻盈、观感品质好、施工便捷、施工工期短、对交通影响小等优点，因此国内许多城市陆续建设了一大批空间布局合理、技术先进的优秀钢结构人行天桥，钢材成为目前人行天桥的主要建材。钢-混凝土组合结构则因充分利用了钢结构和混凝土各自的优点，在人行天桥的使用中也有较多案例。

随着科技的发展，不断有新材料应用到人行天桥中。铝合金型材具有高强轻质、耐腐蚀、易加工等特点，在人行桥中的应用日益增多。铝合金结构桥梁已逐渐成为人行桥建设的一种趋势，具有良好的发展前景。1933 年，美国第一次将铝合金应用在桥梁中，目前在欧美等发达国家铝合金桥梁已经发展得比较成熟。在我国铝合金桥梁尽管研究时间短，但已经取得了令人瞩目的成果，2006 年建成的杭州市庆春路铝合金人行天桥是目前中国第一座全铝合金桥梁（图 1-6），2017 年我国颁布了铝合金天桥技术规程，为铝合金人行天桥的设计、施工提供了依据。

图 1-6　杭州市庆春路铝合金人行天桥

（图片来源：http：//www. mipang. com/places/4750/photos/1592747. 31e9103220/）

纤维增强复合材料（Fiber Reinforced Polymer/Plastic，FRP）具有轻质、高强、耐腐蚀、施工成型方便等优点，合理地将其应用于各类结构中已成为工程结构应用发展的重要方向。美国已在 27 个州建成了 82 座用 FRP 作为上部结构的桥梁，并正在研究用于应急的可快速搭建的 FRP 桥梁。美国国家高速公路和交通运输协会（American Association of State Highway and Transportation Officials，AASHTO）于 2008 年颁布了 FRP 复合材料人行天桥规范，为 FRP 人行天桥的设计建造提供指导。欧盟联合开发了多种 FRP 桥梁体系，建成了 10 座 FRP 人行天桥。其他国家如澳大利亚、日本和韩国等也开展了相关研究，并有 FRP 桥梁相继建成。我国许多科研院所及相关机构已经开展了 FRP 复合结构研究，并已有部分成果应用于人行天桥中。

其次，人行天桥的结构形式不断丰富。传统的桥梁结构形式有梁桥、拱桥、刚构桥、斜拉桥、悬索桥及组合体系桥梁。复杂的人行天桥，因空间效应明显，使用房屋建筑中的大跨结构形式越来越多。例如空间网架结构受力合理、造型多变，对于桥梁结构和空间结构来说，都是有益的开拓，因而在人行桥方面有一定的应用前景。空间桁架桥能够有效减轻上部结构自重，是近年来新发展起来的一种复合桥型。

再次，结构设计与分析越来越精细化。对于复杂的空间结构人行天桥，一般建立空间有限元模型进行设计分析与施工模拟，必要时，尚需进行风洞试验。复杂的节点需要进行节点试验与有限元分析。目前用于桥梁设计计算的软件较多，国产软件有西南交通大学的 BSAS、ASCB 和 NLABS，交通部科学研究院的 GQJS，同济大学的桥梁博士等，国外软件有 SAP2000、MIDAS/CIVIL、TDV 等。此外，很多通用有限元软件如 ANSYS、ABQUS 、ADINA 等，都可以用于桥梁计算分析。我们看到，国内桥梁设计软件主要由科研院所部分团队自行开发研制，相比国外，团队实力较为薄弱、软件功能单一。特别是在通用有限元分析软件的开发与应用方面，国内目前几乎为空白。相信在有关部门的组织协调下，在不久的将来我国能自主开发出像 MIDAS、ANSYS 那样应用范围广、功能强大的结构设计及分析软件。另外，今后装配化与 BIM 技术也会应用于人行天桥建设中，并将成为主流。

第四，城市人行天桥将实现多种功能的合理结合。天桥空间除了发挥其交通功能外，还为人们创造出多层次、多功能的社会公共空间。通过设置以天桥为主的人行系统，沿街人行道、商场、车站、学校等被串联起来，使天桥成为休闲、娱乐、观光、交往、交流、购物、餐饮等的媒介。功能的复杂性带动了结构的多样性，为天桥的设计增添了新的活力和新的魅力，成为城市空间新的拓展领域。

第五，人行天桥设计越来越重视桥梁美学，注重与周围环境相协调。过去建设的一些人行天桥过于“实用”，缺乏艺术美感。随着我国交通建设的发展，人民大众审美意识的提高，人们已经不再从纯粹的工程学角度来研究天桥，而是结合人行天桥周围地区的人文、历史和社会等背景，以生态环境和可持续发展的视角，运用现代城市设计的理念来研究新城市化进程中的天桥建设。桥梁结构之美在于其简洁明快、轻巧纤细、连续流畅、造型独特，其合理的比例尺度，生动的韵律和色调，给人以美感。人行天桥不但要考虑自身的造型，还需要与周围的环境景观协调一致，相互配合，融为一体。因此人行桥必须结合周围的环境条件，因地制宜地选择合理的结构形式、建筑材料、色彩和设计细部构造，使天桥达到空间上的完美组合，成为独具魅力的节点，实现桥梁与环境的和谐统一。

第六，人行天桥越来越重视人性化设计，充分考虑行人需求，体现对行人的关怀，尤其突出对老、少、病、残等特殊群体的照顾。天桥尽量设计电梯，方便残疾人士使用。有条件的地方装设了电动扶梯，免除行人爬梯之累。为了有更舒适的过街环境，有些人行天桥还设置了顶棚、照明等，避免行人受恶劣天气之苦，减少行人的安全隐患，更好地满足了行人的功能需求。

目前，大跨度人行天桥无论是直线形的还是环形的，往往由于矢高和形体的要求，造成结构刚度无法满足竖向刚度要求，加之城市交通情况复杂，人行天桥往往受到周边交通情况影响，因此人行天桥的人致振动、风致振动、桥梁抗风、桥梁抗震、施工模拟、桥梁关键连接节点以及周边道路交通和地铁对桥梁振动的影响是城市大跨度人行天桥研究的关键问题。本书将围绕以上几个关键问题进行研究，并将研究成果与实际工程相结合。

1.2 主要研究内容及方法

本书通过调查、研究各类大跨度人行天桥和与上海普陀区金沙江路真北路人行天桥这一背景工程有一定相关性的大型工程，搜集、分析相关研究成果、论文、规范等，并结合背景工程的结构设计，采用国内外多种大型通用和专用计算分析软件进行有限元计算分析，对上海普陀区金沙江路真北路人行天桥进行分析，主要进行以下六方面的研究：

（1）大跨度人行天桥人致振动控制研究；

（2）大跨度人行天桥抗风分析研究；

（3）大跨度人行天桥道路交通及地铁影响的现场测试与分析研究；

（4）大跨度人行天桥抗震与减震分析；

（5）大跨度人行天桥施工模拟分析；

（6）大跨度人行天桥关键节点分析。

本书的成果可以应用于上海普陀区金沙江路真北路人行天桥结构设计，并且可以为今后类似的其他工程提供借鉴。

2　大跨度人行天桥结构设计

2.1　人行天桥结构的类型和特点

受使用条件、景观要求和材料性能日益改善等因素的影响，人行天桥的结构形式呈现多样化的特征。人行天桥主要有以下几种结构形式：

1）梁桥

梁桥有简支梁和连续梁等形式，是经济、简洁、朴素的桥型。梁桥一般适用于中等跨度的人行桥及建筑密集区或开阔地区的大跨度人行桥，这种桥型制作、架设方便，占有一定的优势。目前，这种结构形式被广泛地应用在人行天桥的结构中。梁桥应用于城市人行桥时，其主梁应力求形态纤细轻巧、连续流畅。

2）拱桥

拱桥曲线优美，易与环境相融合，兼有人文和自然景观协调美的特性。按桥跨结构、拱肋形式、拱轴系数、矢跨比的不同，拱桥的变化较之于梁桥更加丰富多彩。

3）刚构桥

刚构桥介于梁桥与拱桥之间，其桥跨结构与墩台刚性连接，将主梁端部负弯矩传给墩台，故而跨中截面高度小，整体性强，形态简洁，更富轻快感，桥下净空大、视野开阔。主梁在纵向可做成等高度和变高度两种形式，变高度梁底缘形状有曲线形、直线形、曲线加直线形等。常见的刚构桥体系主要有斜腿刚构桥、门式刚构桥、T形刚构桥和连续刚构桥等，其中斜腿刚构桥结构受力明确、造型优美，桥下净空大，形态空透轻盈，极具现代感，是一种优美的人行桥桥型。

4）斜拉桥

斜拉桥由主塔两边伸出的斜索将主梁拉起，主梁就像多个弹性支承上的连续梁一样工作，是一种桥面受压、支承体系受拉的桥型。

5）悬索桥

悬索桥是由主缆、加劲梁、主塔、鞍座、锚碇、吊索等构件构成的柔性悬吊组合体系，是以主缆受拉为主要承重构件的桥梁结构。跨径不大的桥梁也可用自锚式悬索桥。悬索桥受力性能好，跨越能力强，轻型美观、抗震能力好，在美学和建筑学方面具有特殊效果，因而在许多国家和地区也常常被用于修建人行桥。

6）空间网架桥

空间网架结构是一种具有良好受力性能的空间结构体系，主要应用于荷载和跨度较大的商场、展览厅、歌舞台以及高层建筑，在人行桥上也有一定的应用前景。

7）空间桁架桥

空间桁架桥是近年来新发展起来的一种复合桥型，空间桁架桥的主梁由混凝土板与三次元的钢桁架组合而成，这种以钢桁架代替混凝土腹板的结构形式能有效减轻上部结构的重量，是具有发展前景的结构形式。

8）组合体系桥梁

组合体系桥梁是指由几个不同体系的结构组合而成的桥梁。组合体系桥梁的种类很多，以梁桥、拱桥、吊桥三者的不同组合为主。人行桥中使用组合体系桥梁一方面能够充分发挥各种体系结构的优点，使受力更为合理，另一方面可以根据周围环境和景观功能的需要设计出结构新颖、造型美观的艺术形式。

人行天桥逐渐从混凝土板桥、梁桥发展为钢结构箱梁桥、拱桥、桁架桥、混凝土拱桥、斜拉桥、悬索桥、铝合金桁架桥等兼具美学造型的结构类型，截面和桥型也向轻巧和纤细方向发展，其中钢结构由于具有自重相对小，工厂分段预制、现场焊接拼装的施工工艺对既有交通影响较小等优点，使得钢结构天桥具有较大的市场应用空间。钢结构圆环形人行天桥更以其材料轻质高强、造型美观简洁、施工便宜快速和通行高效便捷等优势，受到建设方的青睐。

2.2 设计的一般原则

在进行大跨人行天桥设计时，应综合各种因素，遵循以下原则：

（1）结构设计遵循原则：技术先进、安全可靠、适用耐久、经济合理、外形美观、施工方便快捷。

（2）行人舒适度要求：保证天桥行人的行走舒适性。

（3）桥梁功能：人行天桥除了满足基本通行功能外，应尽可能以天桥作为媒介，将沿街人行道、商场、车站、学校等串联起来，实现多种功能的合理结合。

（4）桥梁美学与景观要求：桥梁建筑造型优美，应与周边环境和谐统一。

（5）桥梁环境要求：施工及使用期间尽可能少影响或不影响现有交通的正常运营，桥梁桥墩基础布置应尽量减少对现状地下管线、地铁的影响。

（6）人性化设计：体现对行人的关照，突出对老、少、病、残等特殊群体的照顾。

2.3 技术标准

在人行天桥设计时，应遵循最新的桥梁所在国家及地区的相关标准、规范、规程，必要时参考人行天桥技术成熟国家的标准、规范。例如对于大跨径人行天桥和轻柔结构会因人致振动带来行人舒适度的问题，近年来，国内关于人行桥的舒适度判定已不局限于中国规范限制自振频率的敏感频率法，而是对国外规范进行了研究和吸收。

2.4 材料

工程材料是根据结构类型、受力条件、使用要求及所处环境等因素选用，并考虑其美观性和经济性。早期的人行天桥上部结构多采用混凝土材料。钢结构天桥因跨越能力大、重量轻、承载能力高、景观效果好、施工吊装便捷等优点正被越来越多采用，并成为现今人行天桥上部结构的主要材料。钢材采用桥梁专用钢材，强度等级一般为 Q345qC 以上。对于铝合金桥梁，其材料性能需满足《铝合金结构设计规范》（GB 50429）要求。桥梁下部结构一般采用混凝土材料，强度等级一般为 C30 以上。

2.5 结构方案

2.5.1 桥梁方案比选

人行天桥的结构形式有多种，合理地选择桥梁的结构形式对于设计方案非常重要，它是桥梁结构设计极其关键的一步，会直接影响到桥梁的整体造型、受力性能、工程造价以及后期桥梁的使用。合理的结构形式不仅要考虑天桥的建筑功能和受力性能，还要考虑其经济性和施工的可能性。城市人行天桥方案比选步骤如下：

（1）根据现场情况拟定 2～3 个方案，拟定上部结构、下部结构尺寸；

（2）根据拟定的尺寸估算混凝土和钢筋的用量、用钢量；

（3）按照“安全、适用、经济、耐久、美观、与环境协调”原则进行技术经济比较，最终选定最优方案。

2.5.2 上部结构设计

钢结构人行天桥以其大跨、纤细的特点越来越受到人们青睐，常用的结构形式有简支钢箱梁、刚架、钢桁架、钢管混凝土拱等。钢结构梁式人行天桥的主梁主要采用钢箱梁及钢桁架两种断面形式。钢箱梁天桥主梁简洁轻盈，加工方便，抗扭刚度较大，整体性好，外形美观大方，较容易形成景观。箱形截面是一种闭口薄壁截面，截面形式有单箱式和多箱式，翼缘两边都连于腹板，配以纵横向加劲肋。钢桁架天桥整体竖向刚度较高，竖向自振频率高，特别适用于大跨径的过街设施。钢桁架桥杆件为 H 型钢时，节点一般通过节点板连接，当采用圆管或方管时一般采用相贯铸钢或焊接节点。

2.5.3 下部结构设计

桥墩布置应考虑周边建筑、地面交通及地下交通限制的影响，梁式桥桥墩可采用桩柱式、混凝土薄壁墩或空心墩。城市桥梁需考虑美学造型，与周围环境协调。

对管线密集处的桥墩基础，设计前必须调查清楚管线情况，并据此确定采用何种基础形式。可供采用的基础形式有明挖基础、钻孔桩基础、打入桩基础等，在跨越已建大直径管线时亦可采用板凳式桩基础，将管线直接包在承台下。荷载不大时推荐采用对交通和环境影响最小的明挖或打入桩基础。钻孔桩基础由于施工要设置泥浆池，对交通和环境影响较大，并且造价较高。

2.6 结构计算分析

2.6.1 计算模型

对于复杂的空间结构人行天桥，一般建立空间有限元模型，采用桥梁专用设计软件设计计算，对于复杂的节点可采用结构通用分析软件进行细部分析。桥跨结构箱梁截面用空间梁单元模拟，对于钢箱梁也可用板梁组合单元法将钢箱梁的顶板、底板、腹板考虑为四结点的各向连续同性的薄板单元，加劲肋考虑为空间梁单元；桁架一般采用空间杆系模型模拟。桥墩用空间梁单元模拟。

2.6.2 荷载与荷载组合

人行天桥恒荷载包括结构重力和基础变位影响力。结构物重力及桥面铺装、附属设备等外加重力均属于结构重力。对于超静定结构桥梁需要考虑基础变位产生的附加内力。

对人行天桥而言，人群荷载是基本可变荷载，人群设计荷载值及计算式应满足《城市人行天桥与人行地道技术规范》(CJJ 69) 规定：人行道面板及梯（坡）道面板的人群荷载按5kN/m^{2}或 1.5kN 竖向集中力作用在一块构件上计算。

风荷载：计算天桥的强度和稳定时，横向风力为横向风压乘以迎风面积。

温度影响力：天桥各部构件受温度变化影响产生的变化值或由此引起的影响力，应根据当地具体情况、结构物使用的材料和施工条件等因素计算确定。温度变化的范围，可以根据建桥地区的气候条件确定。钢结构的温度变化应按当地最高和最低气温确定。桥梁结构由自然条件变化引起的温差效应分为均匀温差效应和梯度温差效应。闭合型人行桥整体升降温产生应力较大，成为强度设计控制性因素。

偶然荷载包括地震作用和汽车撞击力。地震作用同时应考虑静载与人群荷载组合。天桥桥墩在有可能被汽车撞击之处，应设置刚性防撞墩，防撞墩宜与天桥桥墩之间保留一定空隙，条件不具备时也可与桥墩浇注为一体。

栏杆水平推力：考虑水平荷载和竖向荷载，不与其他活载叠加。

天桥设计时，根据可能同时出现的荷载，选择下列荷载组合：

组合Ⅰ：基本可变荷载与永久荷载的一种或几种相结合；

组合Ⅱ：基本可变荷载与永久荷载的一种或几种与其他可变荷载的一种或几种相结合；

组合Ⅲ：基本可变荷载与永久荷载的一种或几种与偶然荷载中的汽车撞击力相结合；

组合Ⅳ：天桥施工阶段的验算，应根据可能出现的施工荷载（如结构重力、脚手架、材料机具、人群、风力等）进行组合，构件在吊装时，构件重力应乘以动力系数 1.2 或 0.85，并可视构件具体情况做适当增减；

组合Ⅴ：结构重力、1kN/m^{2}人群荷载、预应力中的一种或几种与地震作用相结合。

2.6.3 强度、刚度与整体稳定验算

对于钢箱梁，其翼缘板应力、腹板应力应满足规范要求。桁架结构杆件强度及稳定应满足规范要求；成桥状态在恒载和活载作用下天桥整体稳定性满足规范要求。

重力式桥墩应进行墩身强度、偏心距和桥墩稳定性验算；桩柱式桥墩应进行配筋设计。

为了不影响结构的正常使用和观感，人行天桥结构的变形应满足相应规定的限值要求。

人群在桥上不均匀分布，会产生偏心，同一处的两支座受力不同。在不利的条件下，可能会有支座承受拉力，设计时在容易产生拉力的支座处采用拉压支座，以防止支座脱空的危险。

2.7 结构抗震分析

桥梁工程抗震应贯彻“预防为主”的方针，设防的基本目标是减轻桥梁工程的地震破坏，保障人民生命财产的安全，减少经济损失。目前，世界各国普遍采用分类设防的抗震设计思想，即“小震不坏、中震可修、大震不倒”。合理的抗震设计，要求设计出来的结构在强度、刚度和延性等指标上有最佳的组合，使结构能够经济地实现抗震设防的目的。

2.7.1 桥梁结构抗震概念设计

桥梁抗震概念设计阶段的任务是针对拟建桥梁进行合理的抗震选型，然后在此基础上选择良好的抗震结构体系。对于场地，在软弱地基上，设计时要注意基础的整体性，以防止地震引起的动态和永久不均匀变形。在平面或立面上，桥梁结构的布置都要力求使几何尺寸、质量和刚度均匀、对称、规整，避免突然变化。

2.7.2 桥梁结构体系选择

结构要选择合理有效的抗震单元，采取有效的连接措施，使结构传力路径不断，桥梁保持整体性，从而形成合理的抗震结构体系。桥梁结构的抗震体系分为延性和减隔震两种体系。延性抗震体系主要是通过选定合适的弹塑性变形和耗能部位，延长结构周期，耗散地震能量，进而减小地震作用。在延性抗震体系结构中，桥梁的上部结构、下部结构之间的连接构件以及桥梁基础等，要求不损伤，保持在弹性范围内。减隔震体系一般是通过在桥梁上、下部连接部位设置支座、耗能装置，控制结构的变形和耗能主要集中在这些装置上，以保证上部结构、桥墩和基础不受损伤且保持在弹性范围内。

2.7.3 桥梁结构地震动力反应分析

桥梁结构地震动力反应分析常用方法为反应谱分析法和时程分析法。反应谱分析法开始于20世纪20年代，是目前广泛采用的结构抗震设计方法，其主要以单质点弹性体系在实际地震过程中的反应为基础来进行结构反应分析。反应谱分析法进行结构抗震计算主要分三个步骤：第一，获得地震动反应谱；第二，建立振动方程并采用振型分解法求解；第三，将求得的各振

型反应对应的最大值线性叠加，得出反应最大值，然后进行分析。反应谱分析法是通过记录实际地面运动来求解结构最大响应的，它不仅分析了结构的振动特性，同时采用简单的静力计算形式，其方法简便、理论清楚。但这种方法也有缺点，首先，它不能反映地震持时的影响；其次，反应谱法只适用于弹性分析，对结构的非线性性质不能很好地分析。

时程分析法是随着强震记录的增多和计算机技术的发展与广泛应用建立起来的公认的精确分析方法，它是指将地震加速度时程直接输入到结构上，对重要建筑物、大跨桥梁以及其他复杂结构采用多节点多自由度有限元模型进行地震时程动力响应分析。这种方法不仅考虑了结构、土和深基础之间的相互作用，地震波相位差以及不同地震波输入等因素的影响，同时，考虑结构几何非线性、下料非线性和各种减震、隔震装置（如橡胶支座、特种阻尼装置等）非线性等因素，然后建立结构动力计算简图和相应的结构振动基本方程，最后进行求解。时程分析法需借助计算机把地震动加速度时程曲线按很小的时段划分，逐段地进行数值分析，从而得到各个时刻的地震反应。由此可知时程分析法计算工作复杂，工作量大。目前随着电子技术的发展，对一些特殊的、重要的复杂结构，越来越多地用时程分析法进行地震反应分析，并列入各国规范要求之中。

2.8 上海普陀区金沙江路真北路人行天桥结构设计

2.8.1 概述

金沙江路真北路人行天桥位于上海市普陀区金沙江路真北路路口，处于两条道路的交汇处，同时也是中环线（金沙江隧道）和地铁 13 号线交叉点。该交叉口的西北象限为绿洲中环中心（办公＋商业），西南象限为 118 商业广场；真北路东侧为正在施工的长风 7A 地块。地铁 13 号线沿金沙江路地下布置，并在真北路东侧设站，已投入运行。

本项目的人行天桥将起到连接地铁车站与大规模居住区跨越交叉点的作用，同时也能够将四个角的商业办公设施联系起来，形成规模效应，并在将来与北侧约 3km 处、沪宁高速与中环线交叉处的中环商业圈形成一体。这里作为上海市中心西部的重要开发区——长风生态商务区的西北角，未来将成为从西北方向进入长风生态商务区的重要门户。项目所在位置如图 2-1 所示。

该项目地处繁华的十字路口，交通十分繁忙，地面周围是居住区、商业中心及办公场所，场地有限且人流量大；地面以下是已建成的隧道和地铁，现场还有地下水管、高压电缆、通信系统、管道以及地上绿洲中环中心园林、交通信号系统、控制电箱、隧道口路灯等。因此场地环境极为复杂，如何确定桥梁方案，尤其是合理布置桥墩，处理好桥梁与现有场地复杂的关系和桥梁上、下部结构的关系，这对桥梁的规划者和设计者来说都是很大的挑战。

2.8.2 工程概况

上海普陀区金沙江路真北路人行天桥位于金沙江路真北路（中环路）交叉口图 2-1，人行天桥主桥桥宽 6.3m，椭圆形布置，桥梁长度为 380.2m，跨径布置为 80.2m＋102.4m＋88m＋109.6m，面积为 2395.3m^2；共设梯道 7 处，桥宽 3.3m 或 4.8m，总长 182.5m，面积为 881.8m^2；共设商业通道 2 处，桥宽 3.3m，总长 49.8m，面积 164.3m^2；共设自动扶梯 4 处，桥宽 3.4m，总长 89m，面积 302.6m^2；设无障碍电梯 4 座。桥梁总面积为 3744m^2。桥梁鸟瞰图和立面效果图见图 2-2、图 2-3。

图 2-1　项目所在位置

图 2-2　真北路金沙江路人行天桥鸟瞰效果图

图 2-3　真北路金沙江路人行天桥立面效果图

本天桥的建筑外形采用了空间桁架结构形式，底面为桥面板，顶面由金属面板覆盖，两侧为高低错落的桁架，桁架高度在 3.15～7.85m 之间，桁架上弦节点采用相贯铸钢节点，下弦节点采用相贯焊接节点。因结构采用不规则的椭圆形空间结构，跨度大，需要进行 TMD 减振设计和抗风试验研究及施工过程分析；桁架节点复杂，需要进行节点试验及有限元模拟分析。

2.8.3 工程地质

经勘察，拟建场地 85.0m 深度范围内地层均为第四系松散沉积物，主要由饱和黏性土、粉性土及砂土组成。本工程拟建物由人行天桥及附属扶梯组成，拟建人行天桥为钢结构，基础埋深约 4.0m，拟建物位于地铁影响控制范围内，对单桩承载力和沉降要求较高；拟建附属扶梯在天桥桥墩两侧，一般供行人行走，荷载不大，对单桩承载力要求也不高。

拟建人行天桥采用桩基础，本工程邻近地铁，在地铁 50.0m 控制线范围内，且地下管线密布，对建筑物的沉降要求极为严格。采用第⑨层作为人行天桥的桩基持力层，一般沉降能控制在规范规定的范围内，但是本人行天桥跨度较大，每个桥墩下的土层有一定的差异，因此设计时应考虑防止差异变形对建筑物产生不利影响。

本场区拟建人行天桥桩基持力层建议选择第⑨层，附属扶梯的桩基持力层建议选择$⑦_1$层。

拟建场地类别为Ⅳ类，抗震设防烈度为 7 度，设计地震基本加速度为 0.10g，所属的设计地震分组为第一组，地基土属软弱土。从本次勘察成果资料来看，拟建场区范围内 20m 以浅有饱和成层的$②_3$层砂质粉土分布。经判别，本拟建场地第$②_3$层灰色砂质粉土为液化土层，场地平均液化指数为 2.61，液化强度比为 0.95，液化等级为轻微。

2.8.4 设计原则和技术标准

1）设计原则

本人行天桥工程的设计遵循以下原则：

（1）结构设计遵循“技术先进、安全可靠、适用耐久、经济合理、外形美观、施工快捷”的建设方针；

（2）以人为本，保证天桥行人的行走舒适性；

（3）天桥所处为普陀区和长风生态商务区的门户，除了考虑天桥的基本通行功能，对景观的要求是本工程设计重点考虑的因素之一，桥梁建筑造型应与周边环境和谐统一；

（4）桥梁桥墩基础布置应尽量减少对现状地下管线的影响；

（5）应保证桥梁施工期间及使用期间中环线快速路、地铁 13 号线等现状交通的正常运营；

（6）应尽量减少桥梁施工期间对交通的影响。

2）技术标准

本人行天桥工程的设计遵循以下技术标准：

（1）《城市道路工程设计规范》（CJJ 37—2012）；

（2）《城市人行天桥与人行地道技术规范》（CJJ 69—95）；

（3）《城市桥梁设计规范》（CJJ 11—2011）；

（4）《城市桥梁抗震设计规范》（CJJ 166—2011）；

（5）《城市道路和建筑物无障碍设计规范》（JGJ 50—2001）；

（6）《公路桥涵设计通用规范》（JTG D60—2004）；

（7）《公路桥梁抗风设计规范》（JTG/T D60-01—2004）；

(8)《公路钢筋混凝土及预应力混凝土桥涵设计规范》(JTG D62—2004);

(9)《公路桥涵地基与基础设计规范》(JTJ D63—2007);

(10)《上海市工程建设规范 地基基础设计规范》(DGJ 08-11—2010);

(11)《公路桥涵钢结构与木结构设计规范》(JTJ 025—86);

(12)《钢结构设计规范》(GB 50017—2003);

(13)《铁路桥梁钢结构设计规范》(TB 10002.2—2005);

(14)《公路桥涵施工技术规范》(JTG/T F50—2011);

(15)《建筑钢结构焊接规程》(JGJ 81—91);

(16)《铁路钢桥制造规范》(TB 10212—98);

(17)《桥梁用结构钢》(GB/T 714—2008);

(18)《城市桥梁工程施工与质量验收规范》(CJJ 2—2008);

(19)《钢结构工程施工及验收规范》(GB 50205—2001);

(20) 英国标准 BS5400《钢桥、混凝土桥及结合梁》(1978-82 版);

(21)《德国人行桥设计指南》(EN03-2007);

(22) 瑞典规范 Bro2004;

(23) 欧盟规范 Euro Code;

(24) 国际标准化组织 ISO 规范。

以上规范和标准应以实施的最新版本为准。

3) 设计技术标准

本人行天桥工程的设计技术标准如下:

(1) 桥下净空:≥5.5m。

(2) 人行天桥宽度:主桥宽 6.3m (净宽 6m);东北角、东南角梯道:梯道宽 4.8m (净宽 4.5m),自动扶梯宽 3.4m (净宽 3m),联络商场通道宽 3.3m (净宽 3m);西北角、西南角梯道:梯道宽 3.3m (净宽 3m),自动扶梯宽 3.4m (净宽 3m)。

(3) 桥面纵横坡:桥面不设纵坡;桥面横坡为 2%,双向坡。

(4) 梯道坡度:普通梯道坡度为 1∶2 (踏步高度为 150mm,宽度为 300mm),自动扶梯坡度为 3∶4。

(5) 桥梁设计基准期:100 年。

(6) 桥梁设计使用年限:100 年。

(7) 设计安全等级:一级。

(8) 人群荷载:5kPa。

(9) 栏杆扶手荷载:竖向荷载为 1.2kN/m;水平向外荷载为 2.5kN/m。两者应分别计算。

(10) 设计基本风速:百年一遇 V_{10}=32.6m/s。

(11) 抗震设计标准:本工程地震基本烈度为 7 度,地震动峰值加速度为 0.10g;抗震设防类别为乙类;抗震措施按地震基本烈度 8 度要求设置。

(12) 排水设计标准:采用上海地区的雨量公式,暴雨设计重现期 P=10 年,降雨历时

T=5min，径流系数 Φ=0.9。

（13）舒适度控制：采用减振技术限制结构振动加速度响应，以达到满足行人行走舒适度的要求。竖向加速度峰值≤0.5m/s^2，侧向加速度峰值≤0.15m/s^2。

英国规范 BS5400 和欧盟规范 Euro Code 采用峰值加速度指标标准，国际标准化组织 ISO 10137 和瑞典规范 Bro2004 中则采用均方根加速度指标标准，而国际标准化组织 ISO 第 10137 条和瑞典规范 Bro2004 中的有效加速度（即均方根加速度）与峰值加速度之间近似成倍数关系，后者大约为前者的$\sqrt{2}$倍。各规范之间的加速度指标标准比较见表 2-1。

表 2-1 各规范之间的加速度指标标准比较

规范类型	竖向加速度	水平加速度
英国规范	$a_{max}\leq 0.5\sqrt{f}$m/s^2（f 为竖向基频）	无要求
瑞典规范	$a_{rms}\leq 0.5$m/s^2	无要求
欧盟规范	$a_{max}\leq 0.7$m/s^2	$a_{max}\leq 0.2$m/s^2
国际标准化组织 ISO 规范	图中曲线	图中曲线

从比较结果可以看出，四个规范规定的加速度指标标准均比较接近，另外只有国际标准化组织 ISO 规定了静止行人的舒适度指标值，并明确其应降为行人运动中舒适度指标值的一半。

2.8.5 主要材料

本工程上部结构采用钢结构，桥墩立柱采用钢筋混凝土结构，角部设置劲性钢柱以增加结构刚度及冗余度。桥墩基础采用钢筋混凝土结构。

钢材：主桥采用 Q420qC；引桥等采用 Q345qC。

桥墩立柱混凝土：强度等级为 C40。

压型钢板组合桥面板混凝土：强度等级为 C30。

承台混凝土：强度等级为 C40。

桩基混凝土：强度等级为水下混凝土 C30。

垫层混凝土：强度等级为 C20。

钢筋：采用 HPB300 钢筋及 HRB335、HRB400 钢筋。

2.8.6 结构方案

1）结构方案比选

天桥采用椭圆形方案，人行天桥典型剖面如图 2-4 所示。

考虑在平面椭圆结构及空间建筑造型基本不变的情况下对以下三个结构方案进行比较。

方案一：下弦及桥面组成整体的箱形截面梁，上弦、腹杆均采用圆管的空间桁架；

方案二：下弦采用箱形截面杆件，上弦、腹杆均采用圆管的空间桁架；

方案三：上弦、下弦采用箱形截面杆件，腹杆均采用圆管的空间桁架。

经计算，三种结构方案的对比数据如表 2-2 所示。

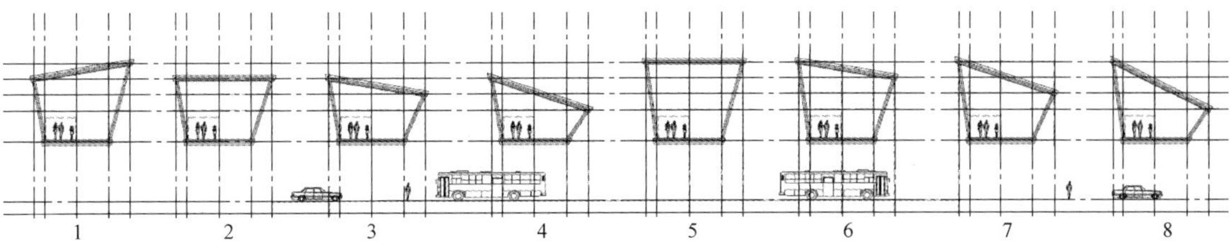

图 2-4 人行天桥 8 个典型剖面图

表 2-2 结构方案比较表

比较内容	方案一	方案二	方案三
结构方案	下弦及桥面组成整体的箱形截面梁，上弦、腹杆均采用圆管的空间桁架	下弦采用箱形截面杆件，上弦、腹杆均采用圆管的空间桁架	上弦、下弦采用箱形截面杆件，腹杆均采用圆管的空间桁架
用钢量(t)	2492	1800	1952
一阶竖向自振频率(Hz)	1.816	1.915	1.991
空间杆件交汇节点构造	较简单	较简单	较复杂
造价	相对较高	最低	相对较高
建筑效果	较差	较好	较好
方案比较	比较	推荐	比较

由于三个方案刚度和质量同比变化，结构一阶竖向自振频率相差不大，而方案二用钢量较少，空间杆件交汇节点构造较简单，造价最低，建筑效果较好，故推荐采用方案二，即采用下弦为箱形截面杆件，上弦、腹杆采用圆管的桁架方案。

2）桁架结构设计

桥梁结构形式为空间管桁架结构（图 2-5），其中下弦为箱形截面钢管，腹杆和屋面弦杆为圆钢管，节点采用刚节点相贯。

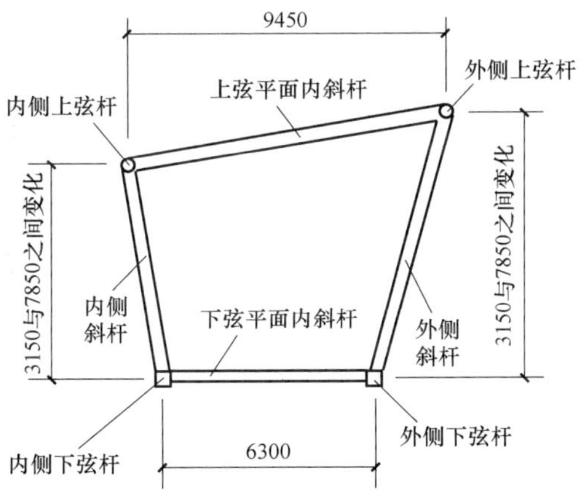

图 2-5 主桥桁架结构横断面

根据不同的受力部位，钢材采用桥梁用钢 Q420qC 和 Q345qC。主要钢构件截面如表 2-3 所示。

表 2-3 主要钢构件截面表

截面名称	截面尺寸(mm)
下弦杆	□600×500×20×25
桥面斜杆	□400×300×20×20
上弦杆	ϕ400×(20～16)；ϕ550×30
斜腹杆	ϕ400×(20～16)；ϕ500×20

3）空间多杆件交汇节点设计

本工程天桥结构形式为空间钢桁架，由上、下弦杆与腹杆连接而成，空间交汇杆件较多，节点构造较复杂。

（1）下弦节点

下弦节点为箱形钢梁与圆腹杆相贯连接，在钢梁内部再加插片以保证节点的刚度。这种节点形式在以往的空间结构工程中得到了广泛运用。

（2）上弦节点

上弦节点由于各杆件基本不在规则平面内，造成工艺较为复杂，以下对不同的节点形式进行了比选。上弦节点方案见表 2-4，上弦节点方案比较见表 2-5。

表 2-4 上弦节点方案表

方案编号	节点名称	节点图
方案一	钢管相贯节点	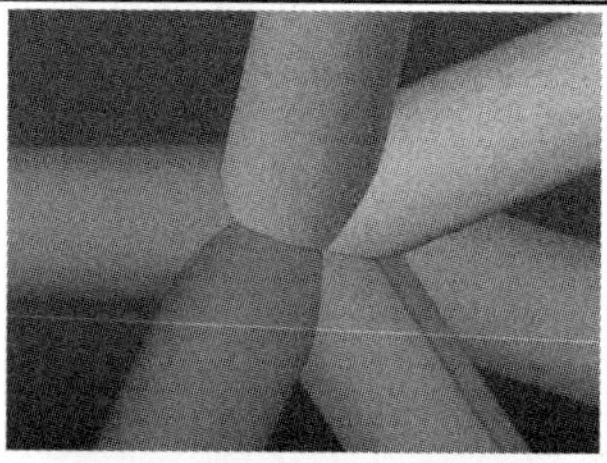
方案二	钢管插板节点	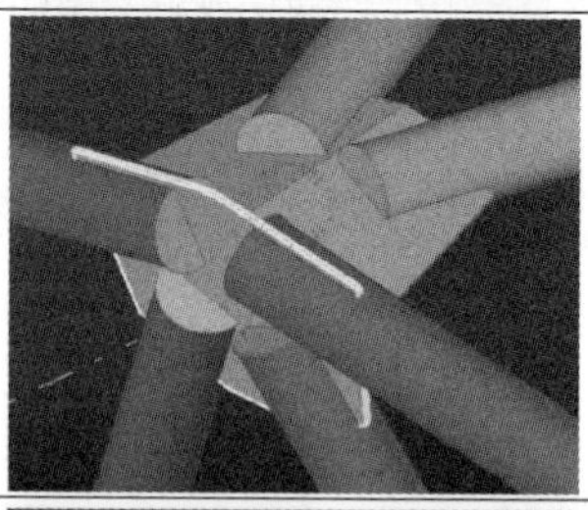
方案三	方管与圆管节点	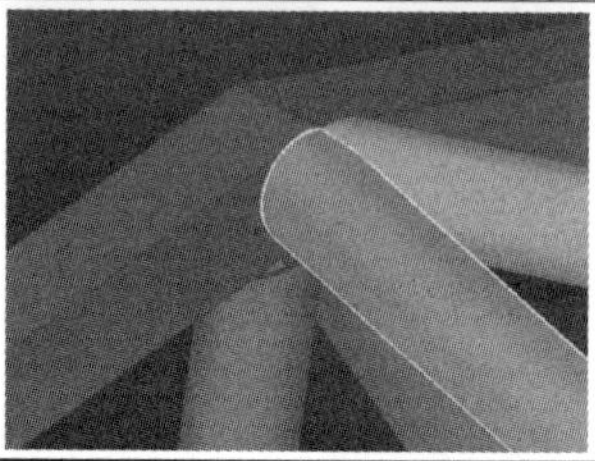

续表

方案编号	节点名称	节点图
方案四	圆管铸钢节点	

表 2-5 上弦节点方案比较表

比较内容	方案一	方案二	方案三	方案四
节点方案	钢管相贯	钢管插板	方圆相贯	铸钢节点
节点刚度	相对较弱,须用内插板补强节点	很弱,达不到刚接条件	相对较弱,须用内插板补强节点	相对较强,不用内插板
节点强度	相对较弱	最弱	相对较弱	相对较强
空间杆件交汇节点构造	相贯易实现,内插板交汇较难	插板交汇较难	空间杆件汇交,主管与主管需弯扭才能实现,主管与腹杆节点无法完全相贯	较容易
焊缝施工难易程度	多次相贯焊缝,焊接质量较难得到保障	相对容易	多次相贯焊缝,焊接质量较难得到保障	较容易
造价	相对较低	最低	相对较低	相对较高
建筑效果	较好	不好	不好	较好
方案比较	比较	比较	比较	推荐

根据以上比较，采用铸钢节点在结点构造及焊接难度上优势明显，由于当前技术的进步，采用铸钢节点已经是一项比较成熟的工艺，如果在制作的每一个环节上进行质量控制，其节点的受力情况及施工容易程度远优于其他节点形式，故上弦节点推荐采用方案四，即采用铸钢节点。

4）水平向约束设置

主桥为椭圆形布置，跨径布置为 80.2m＋102.4m＋88m＋109.6m ，跨径布置不均匀，主梁为空间变桁高结构。在整体温差及梯度温度场作用下，结构在水平方向上的变形不对称。根据以上情况，对于整体结构水平向的约束设置做以下两个方案的比较：

(1) 方案一（图 2-6）：支座水平约束采用单向释放方式，椭圆长轴支座约束释放沿长轴方向，短轴支座约束释放沿短轴方向。

(2) 方案二（图 2-7）：支座水平约束采用双向释放方式，支座的任意方向均可滑动，并加水平向阻尼杆作为附加阻尼及限位、复位器。

水平约束设置各方案比较见表 2-6。

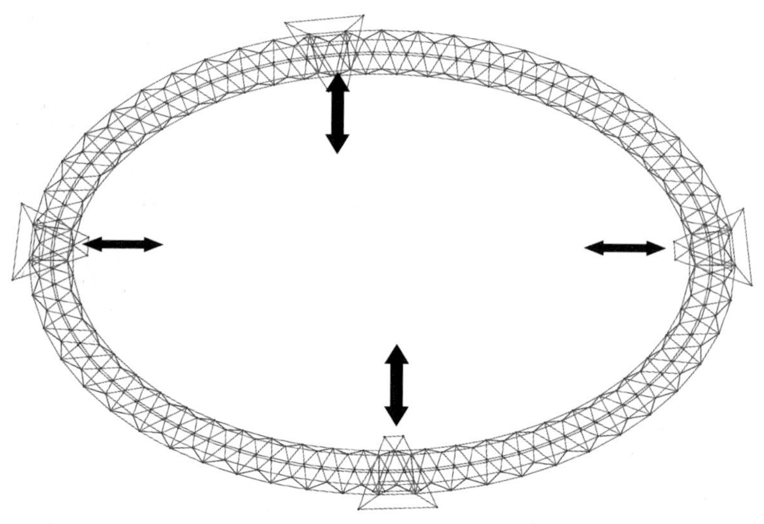

图 2-6　方案一　水平向约束设置示意图

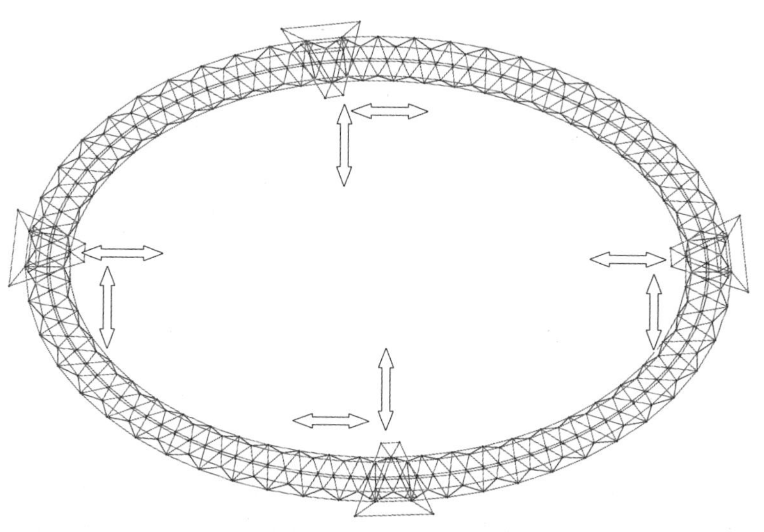

图 2-7　方案二　水平向释放示意图

表 2-6　水平约束设置方案比较表

比较内容	方案一	方案二
水平约束设置方案	采用单向释放方式，椭圆长轴支座约束释放沿长轴方向，短轴支座约束释放沿短轴方向	采用双向释放方式，并加阻尼杆作为附加阻尼及限位、复位器
释放水平温度内力	由于结构及温度场的不对称性，仅能部分释放温度内力，结构约束条件不明确	支座的任意方向均可滑动，温度内力可全部释放
减小桥梁水平晃动作用	约束释放方向为滑动支承，无法约束结构的水平向晃动	阻尼能提供减小水平晃动能力

续表

比较内容	方案一	方案二
减小地震反应	抗震设计采用结构抗震理念，水平向地震力较大	抗震设计采用结构减隔震理念，水平向地震力较小
结构材料造价	较低	较高
方案比较	比较	推荐

由于结构及温度场的不对称性，方案一仅能部分释放温度内力，结构约束条件不明确；方案二支座任意方向均可滑动，温度内力可全部释放，阻尼能提供减小水平晃动的能力，抗震设计采用结构减隔震理念，水平向地震力较小。根据以上比较，推荐采用方案二，即采用双向释放方式，并加水平向阻尼及恢复力弹簧。

5）下部结构设计

根据建筑设计要求，桥墩平面为四边形；桥墩采用箱形钢筋混凝土结构，每边混凝土壁厚为 1000mm。桥墩上部在支座以下设置 1000mm 厚度转换托板，以支撑钢桁架桥面下弦对应的 5 个节点；其分别对应 5 个支座（其中一个支座只承担拉力），每个支座均采用特制桥梁球形支座，抗压设计值为 20000kN，抗拔设计值为 3400kN；结构在恒载工况下支座不出现拉力。主墩构造见图 2-8。

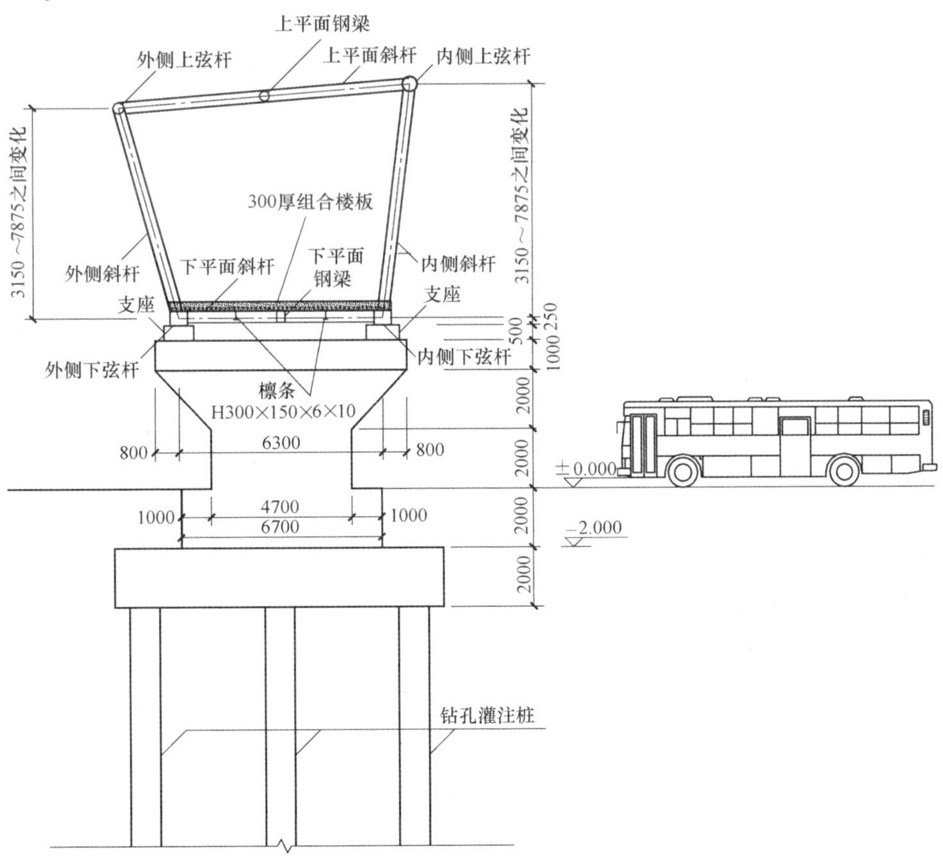

图 2-8 主墩构造图

6）基础设计

本工程邻近地铁，在地铁 50.0m 控制线范围内，且地下管线密布，对建筑物的沉降要求极为严格。地质报告推荐采用第⑨层灰色粉砂作为人行天桥的桩基持力层。主墩承台平面见图 2-9。

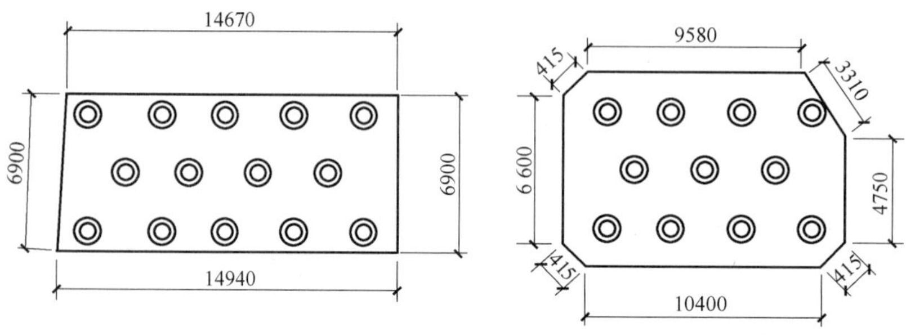

图 2-9　主墩承台平面图

主墩承台面距离建筑地坪深度为 2000mm，以便于管线铺设；承台厚度为 2000mm，平面尺寸见图 2-9。考虑保证与 110kV 电力排管净距 1.5m，局部承台构造做削角处理。

天桥基础采用钻孔灌注桩-承台方案，每个桥墩下设置一个承台，承台厚 2000mm，埋深约 4m。承台下布置 11 根钻孔灌注桩，承台和桩共同承担上部传来的水平力、竖向力及弯矩。

东北侧承台距离地铁站最近，经反复调整，承台最近点距离地铁站围护结构为 4.5m，所留距离充分，可减少天桥施工对地铁的影响。

东南侧的基础由于受到周边建筑物的影响，略微拉长，设置了 13 根桩的承台。所有承台均不与周边建筑物连接。

水平荷载下的桩承受较大水平力，且车流、人流振动对桥也有影响，为解决这些问题，本次采用变桩径方法，上部 20m 左右增大桩径至 1200mm，在控制桩基沉降的同时，有效提高单桩水平承载力和减小车流、人流或地铁的振动影响。

天桥桩基拟采用桩顶扩径桩端后注浆灌注桩。工程桩桩顶绝对标高为＋1.000，桩端绝对标高为－65.000，有效桩长为 64m。桩顶标高以下 20m 范围内桩身直径为 1200mm，其他范围桩身直径为 850mm，采用桩端注浆措施可以有效改善桩端承载特性。

2.8.7　结构计算分析

1）计算模型

计算模型为空间杆系，桥面及屋面平面桁架与斜腹杆刚接，设置双向水平刚度的滑动支座，主墩下考虑桩土共同作用，等代土弹簧的刚度采用 m 法计算。计算软件为 MIDAS (ver. 800)、通用程序 ANSYS。计算模型见图 2-10。

2）计算荷载取值

计算荷载取值如下：

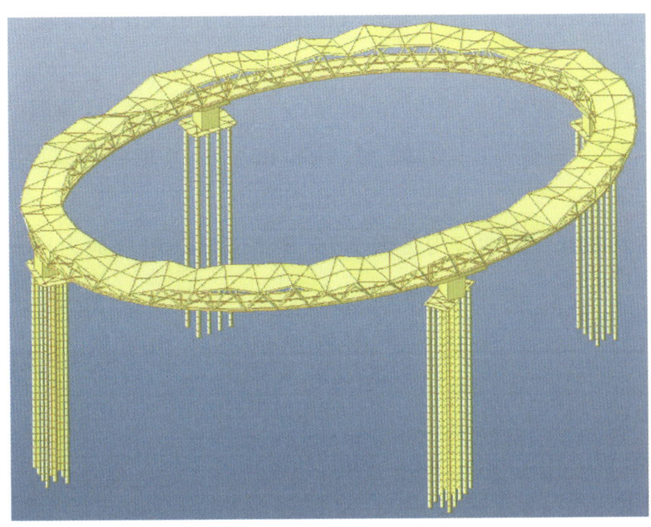

图 2-10 计算模型图

恒载：主钢结构重力密度为 78.5kN/m^3，混凝土结构重力密度为 26kN/m^3；

桥面板：混凝土结构重力密度为 26kN/m^3；

人群：5.0kN/m^3；

桥面铺装：90mm 厚混凝土铺装（混凝土重力密度为 24kN/m^3）+8mm 厚聚氨酯铺装；

玻璃栏杆：1.8×1.0 =1.8kN/m；

桥墩不均匀沉降：主墩 2cm。

整体温差：安装时未设计基准温度，考虑温度变化范围为−30～30℃。

本工程温度作用计算采用两种工况，一是考虑整体温度场的变化，即整体结构升降温各 30℃；二是考虑局部温度场的差异变化，即天桥顶面有金属屋面板覆盖，底面有桥面板遮挡，只有侧面杆件直接暴露在阳光下，故此温度场按照以下原则考虑：天桥顶面与天桥底面均升温 30℃，天桥侧面考虑升温 50℃。

虽然支座采用可滑移支座，但考虑到不利情况，每个支座考虑一定的弹簧约束（K=20kN/cm）。

3）荷载组合

设计采用以下 9 种组合计算构件内力：

(1) 荷载组合 1：1.0 恒载+1.0 活载（5.0kN/m^2）；

(2) 荷载组合 2：1.0 恒载+1.0 活载（5.0kN/m^2）+1.0 风荷载；

(3) 荷载组合 3：1.0 恒载+1.0 活载（5.0kN/m^2）+1.0 温度荷载（升温 30℃）；

(4) 荷载组合 4：1.0 恒载+1.0 活载（5.0kN/m^2）+1.0 温度荷载（降温 30℃）；

(5) 荷载组合 5：1.0 恒载+1.0 活载（5.0kN/m^2）+1.0 温度荷载（梯度温度）；

(6) 荷载组合 6：1.0 恒载+1.0 活载（5.0kN/m^2）+1.0 风荷载+1.0 温度荷载（升温 30℃）；

（7）荷载组合 7：1.0 恒载＋1.0 活载（5.0kN/m^2）＋1.0 风荷载＋1.0 温度荷载（降温 30℃）；

（8）荷载组合 8：1.0 恒载＋1.0 活载（5.0kN/m^2）＋1.0 风荷载＋1.0 温度荷载（梯度温度）；

（9）荷载组合 9：1.0 恒载＋1.0 活载（1.0kN/m^2）＋1.0 地震荷载。

4）构件应力统计

桁架各杆件在各荷载组合下的应力见表 2-7—表 2-15，各杆件应力比率分布见图 2-11。

表 2-7　荷载组合 1 下构件应力表

荷载组合 1	最大拉应力(MPa)	最大压应力(MPa)
下平面内侧弦杆	105.7	−159.4
下平面中弦杆	72.4	−100.7
下平面外侧弦杆	62.2	−137.0
内侧斜杆	177.7	−176.7
外侧斜杆	163.2	−143.7
上平面内侧弦杆	131.5	−143.3
上平面斜杆	198.5	−149.2
上平面外侧弦杆	207.6	−132.1

表 2-8　荷载组合 2 下构件应力表

荷载组合 2	最大拉应力(MPa)	最大压应力(MPa)
下平面内侧弦杆	88.0	−140.4
下平面中弦杆	60.8	−86.4
下平面外侧弦杆	50.6	−112.8
内侧斜杆	157.6	−161.1
外侧斜杆	144.8	−139.4
上平面内侧弦杆	163.7	−132.6
上平面斜杆	167.9	−130.6
上平面外侧弦杆	171.6	−123.5

表 2-9　荷载组合 3 下构件应力表

荷载组合 3	最大拉应力(MPa)	最大压应力(MPa)
下平面内侧弦杆	86.5	−150.3
下平面中弦杆	66.8	−105.6
下平面外侧弦杆	62.2	−154.5
内侧斜杆	177.2	−165.6
外侧斜杆	156.7	−148.5
上平面内侧弦杆	131.1	−146.8
上平面斜杆	191.6	−153.0
上平面外侧弦杆	196.5	−126.5

表 2-10　荷载组合 4 下构件应力表

荷载组合 4	最大拉应力(MPa)	最大压应力(MPa)
下平面内侧弦杆	124.8	−171.4
下平面中弦杆	81.7	−95.9
下平面外侧弦杆	63.3	−127.5
内侧斜杆	178.2	−188.0
外侧斜杆	170.5	−150.0
上平面内侧弦杆	132.0	−142.7
上平面斜杆	205.4	−149.0
上平面外侧弦杆	218.7	−139.2

表 2-11　荷载组合 5 下构件应力表

荷载组合 5	最大拉应力(MPa)	最大压应力(MPa)
下平面内侧弦杆	61.9	−141.1
下平面中弦杆	56.9	−114.4
下平面外侧弦杆	65.6	−182.1
内侧斜杆	173.9	−158.4
外侧斜杆	158.5	−131.7
上平面内侧弦杆	138.4	−152.6
上平面斜杆	182.3	−159.2
上平面外侧弦杆	180.3	−122.2

表 2-12　荷载组合 6 下构件应力表

荷载组合 6	最大拉应力(MPa)	最大压应力(MPa)
下平面内侧弦杆	97.6	−167.8
下平面中弦杆	75.5	−106.8
下平面外侧弦杆	69.7	−139.9
内侧斜杆	171.2	−186.9
外侧斜杆	155.3	−163.4
上平面内侧弦杆	194.5	−163.9
上平面斜杆	209.5	−155.4
上平面外侧弦杆	213.6	−148.7

表 2-13　荷载组合 7 下构件应力表

荷载组合 7	最大拉应力(MPa)	最大压应力(MPa)
下平面内侧弦杆	112.3	−179.6
下平面中弦杆	74.5	−98.8
下平面外侧弦杆	64.8	−145.6
内侧斜杆	186.8	−187.0

续表

荷载组合 7	最大拉应力(MPa)	最大压应力(MPa)
外侧斜杆	176.2	−183.8
上平面内侧弦杆	196.9	−164.9
上平面斜杆	203.7	−157.6
上平面外侧弦杆	196.3	−160.2

表 2-14　荷载组合 8 下构件应力表

荷载组合 8	最大拉应力(MPa)	最大压应力(MPa)
下平面内侧弦杆	93.5	−143.1
下平面中弦杆	63.1	−84.0
下平面外侧弦杆	55.3	−117.6
内侧斜杆	158.1	−151.7
外侧斜杆	153.4	−156.3
上平面内侧弦杆	148.2	−143.7
上平面斜杆	176.9	−139.3
上平面外侧弦杆	179.2	−133.6

表 2-15　荷载组合 9 下构件应力表

荷载组合 9	最大拉应力(MPa)	最大压应力(MPa)
下平面内侧弦杆	73.4	−132.3
下平面中弦杆	50.0	−70.9
下平面外侧弦杆	51.1	−96.6
内侧斜杆	126.9	−134.0
外侧斜杆	120.4	−109.9
上平面内侧弦杆	125.1	−115.4
上平面斜杆	147.9	−114.3
上平面外侧弦杆	155.9	−99.4

5）桥墩内力统计

桥墩在各荷载组合下的内力见表 2-16—表 2-19。

表 2-16　北面柱墩墩底内力

荷载组合	轴力(kN)	X 向剪力(kN)	Y 向剪力(kN)	扭矩(kN·m)	X 向弯矩(kN·m)	Y 向弯矩(kN·m)
1	−19085	58.9	−659	−513	−2958	3506
2	−17989	10	−685	−448	2032	−1957
3	−19036	46	−1609	−736	9483	3252
4	−19134	−72	291	−290	−3568	3760

续表

荷载组合	轴力（kN）	X 向剪力（kN）	Y 向剪力（kN）	扭矩（kN·m）	X 向弯矩（kN·m）	Y 向弯矩（kN·m）
5	−18961	28	−2879	−1041	18097	2897
6	−17940	−3	−1635	−671	2125	9458
7	−18038	23	−264	−225	1788	3593
8	−16851	−1454	−1143	−1249	22377	6286
9	−15406	−522	−1493	−215	9844	4104

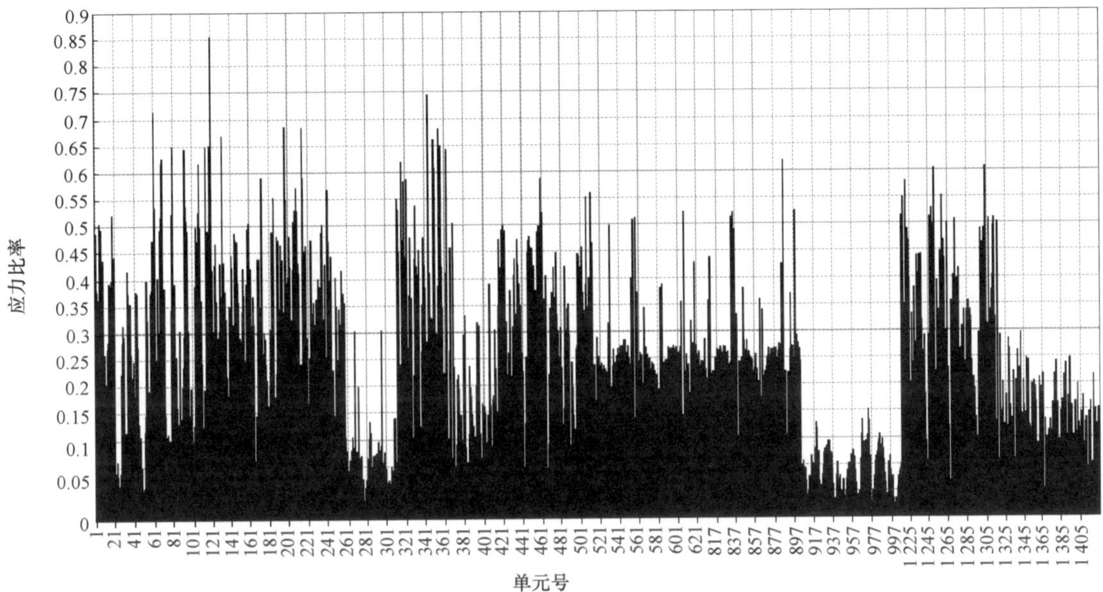

图 2-11 钢结构构件应力比率分布图

表 2-17 西面柱墩墩底内力

荷载组合	轴力（kN）	X 向剪力（kN）	Y 向剪力（kN）	扭矩（kN·m）	X 向弯矩（kN·m）	Y 向弯矩（kN·m）
1	−17418	1368	−116	1058	30518	7614
2	−16274	1211	−276	919	17153	5706
3	−17457	2952	64	1326	30341	18102
4	−17378	−214	296	791	31112	−2874
5	−17520	5062	306	1683	31148	32351
6	−16314	96	2793	1187	15934	16194
7	−16235	456	−371	652	14781	4782
8	−16271	1139	305	1668	8164	211
9	−14651	626	1962	2048	4748	6536

表 2-18 南面柱墩墩底内力

荷载组合	轴力 (kN)	X 向剪力 (kN)	Y 向剪力 (kN)	扭矩 (kN·m)	X 向弯矩 (kN·m)	Y 向弯矩 (kN·m)
1	−18775	215	959	−379	−6885	−18437
2	−17411	−222	798	−251	−4934	−8162
3	−18746	−184	1860	−480	−12983	−10347
4	−18805	−247	58	−278	−3568	3760
5	−18961	28	−2879	−1041	18097	2897
6	−17381	−192	−1699	−351	6826	11032
7	−17440	−253	104	−150	6605	1164
8	−16459	−1497	−290	−1047	176	2201
9	−15138	−448	433	−958	13933	2766

表 2-19 东面柱墩墩底内力

荷载组合	轴力 (kN)	X 向剪力 (kN)	Y 向剪力 (kN)	扭矩 (kN·m)	X 向弯矩 (kN·m)	Y 向弯矩 (kN·m)
1	−16461	1212	−184	335	−10604	−6321
2	−15712	1102	−247	−195	−4587	5119
3	−16500	2812	−316	−635	−11373	−12117
4	−16421	−53	388	−34	−9834	−8998
5	−16563	−4947	−491	1039	−12232	−26468
6	−15752	−2702	−378	495	12600	5337
7	−15673	498	−115	−106	8515	3818
8	−14223	−1799	1135	6	6938	10381
9	−13463	−1000	−2247	−136	3126	5749

6）结构刚度

人群荷载作用下天桥的最大挠度为 87.7mm（跨长约 110m，1/1254），满足规范 $L/800$ 的要求。天桥竖向挠度示意见图 2-12。

7）结构整体稳定分析

本工程采用特征值屈曲分析，在恒载以及活载作用下，结构第一阶屈曲模态（图 2-13）发生在上弦平面内斜杆上，特征值为 17，满足整体稳定要求。

8）小结

根据以上计算可知，主桥空间桁架结构强度、挠度、稳定均满足规范要求。

2.8.8 结构抗震分析

1）抗震设防分类

根据《城市桥梁抗震设计规范》（CJJ 166—2011），本工程位于上海市中环金沙江路真北

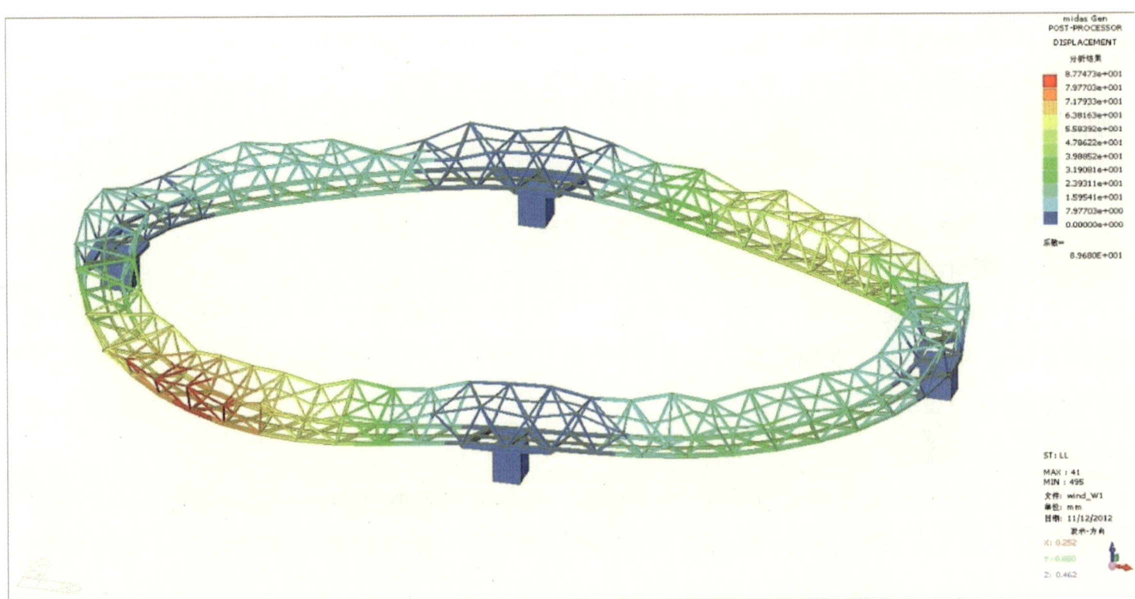

图 2-12　天桥竖向挠度

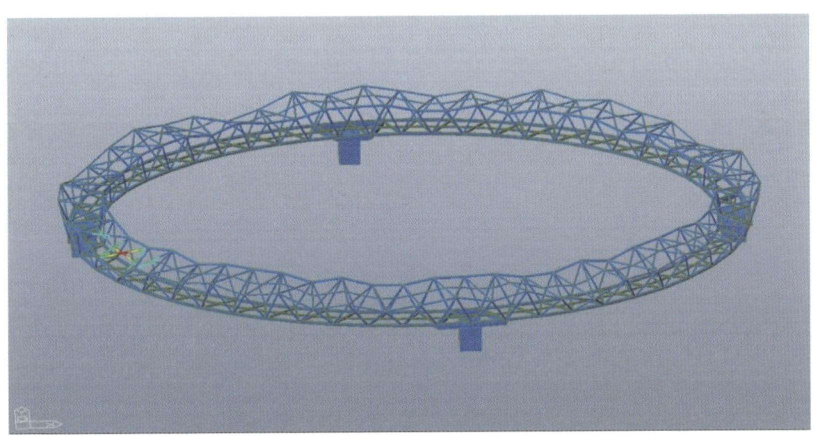

图 2-13　天桥第一阶屈曲模态图

路路口，属于城市快速路上的桥梁，按照规范规定，抗震设防分类为乙类。

2）抗震设计方法

本工程按照规范要求，在抗震设计方法中属于 A 类，应进行 E1 和 E2 地震作用下的抗震分析和抗震验算，并应满足相关构造和抗震构造措施。地震调整系数见表 2-20。

表 2-20　本工程 E1 和 E2 地震调整系数 C_i

抗震设防分类	E1 地震作用(7 度)	E2 地震作用(7 度)
乙类	0.61	2.2

3）抗震设计基本参数

本工程抗震设防烈度为 7 度，设计水平基本地震加速度为 0.10g，场地的类型为Ⅳ类，场地特征周期为 0.65s。

4）抗震构造措施

根据规范要求，本工程抗震构造措施按照 8 度考虑。

5）抗震计算方法

本工程属于非规则桥梁，应进行多振型反应谱法以及线性或非线性时程计算方法，计算模型中用 m 法考虑了桩土共同作用。

6）抗震计算结果

（1）反应谱法

本工程反应谱法计算时，计算了 20 个振型，各方向有效振型参与质量均超过 90%，满足规范要求。表 2-21 列出了结构前 10 阶动力特性。图 2-14—图 2-23 列出了结构前 10 阶阵型图。

表 2-21 结构的动力特性

模态号	频率	周期	振型特征
1	1.0191	0.9813	水平伸缩
2	1.1249	0.8890	Y 向平动
3	1.1662	0.8575	X 向平动
4	1.2719	0.7862	水平伸缩
5	1.3184	0.7585	水平扭转
6	1.4268	0.7008	水平伸缩
7	1.4358	0.6965	水平伸缩
8	1.6587	0.6029	环向扭转
9	1.9151	0.5222	伸缩扭转＋竖向
10	1.9459	0.5139	水平伸缩

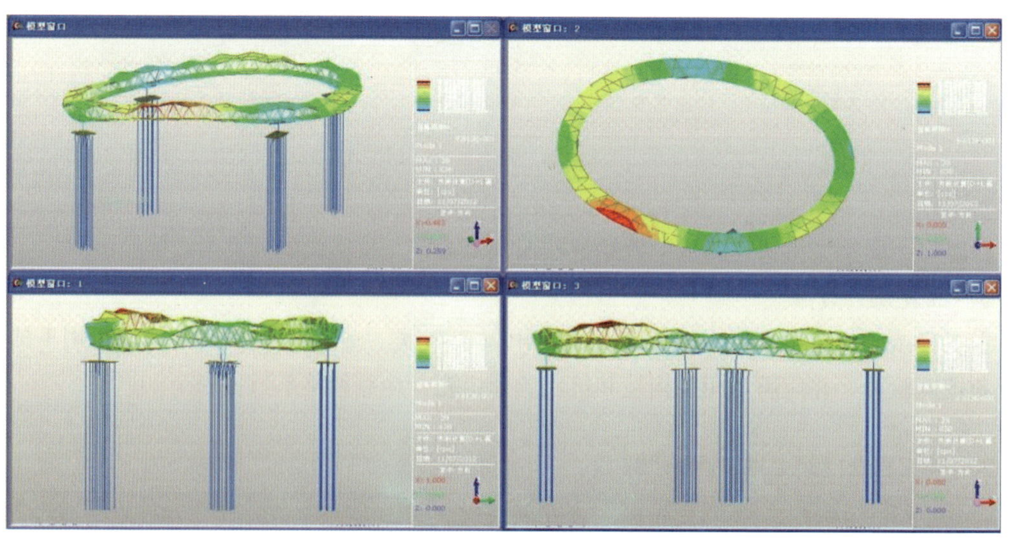

图 2-14 振型 1

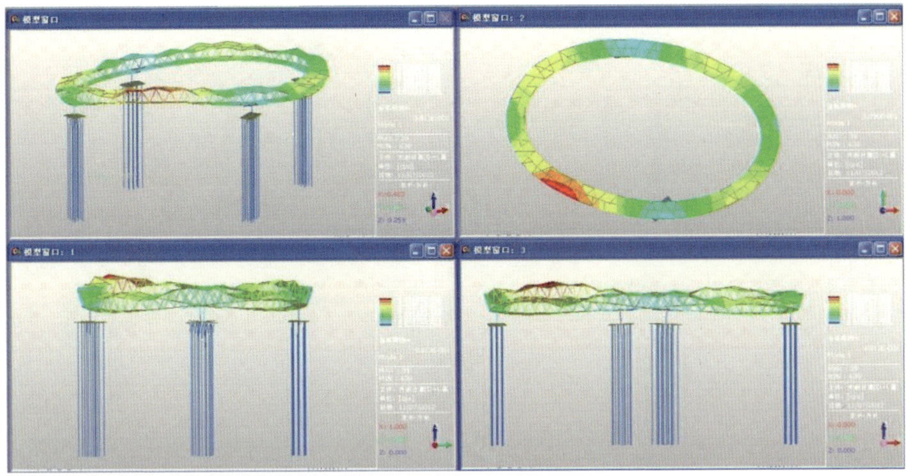

图 2-15 振型 2

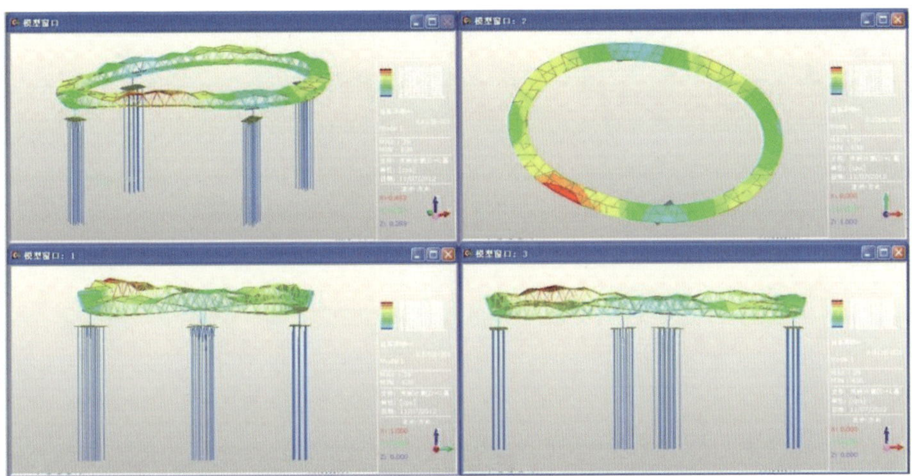

图 2-16 振型 3

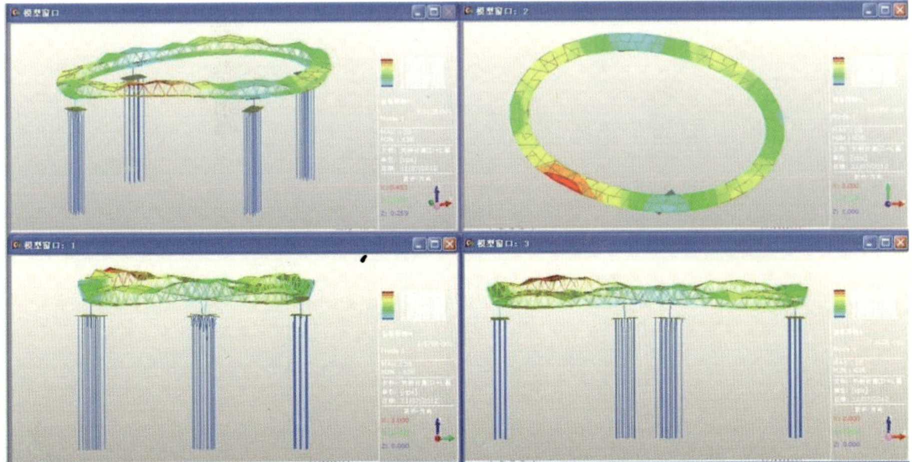

图 2-17 振型 4

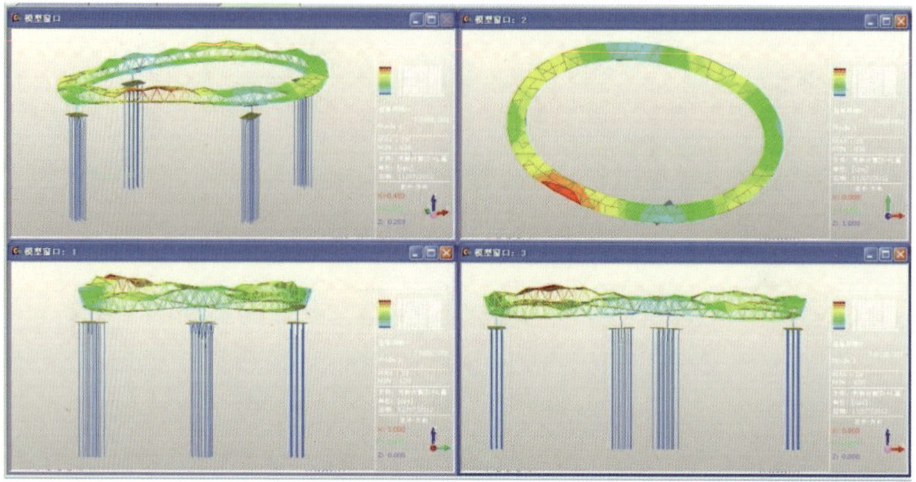

图 2-18　振型 5

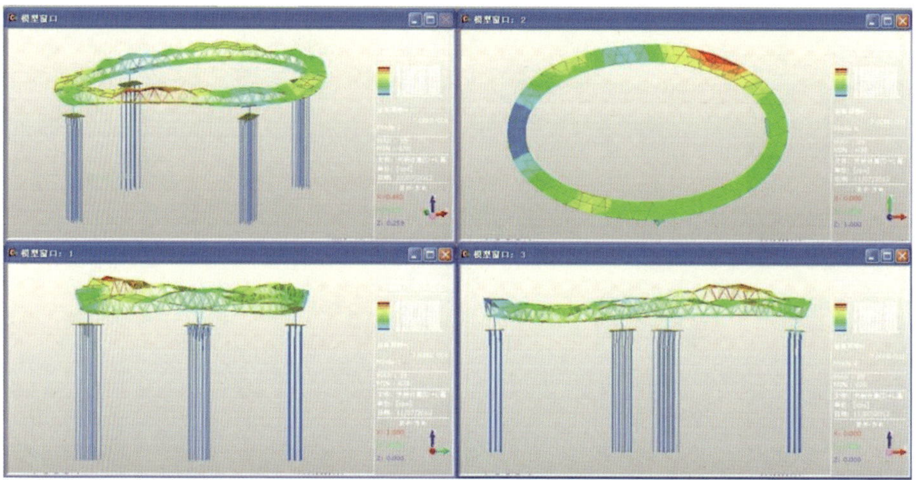

图 2-19　振型 6

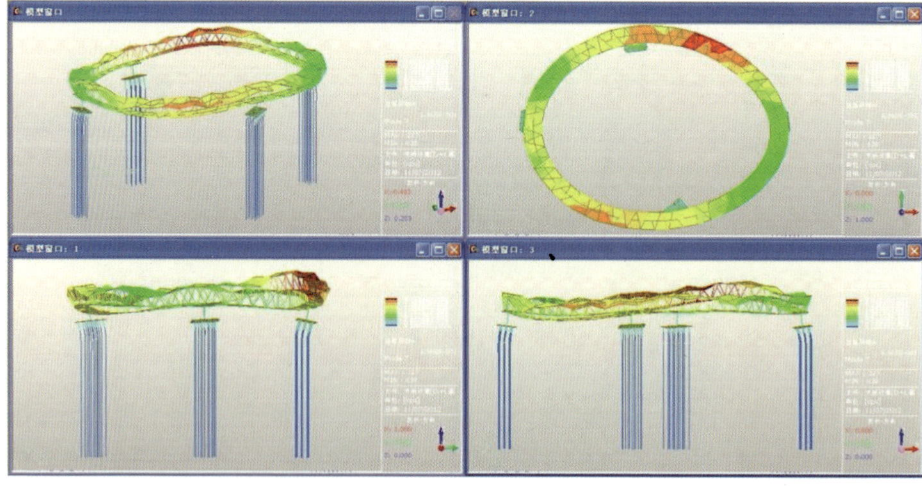

图 2-20　振型 7

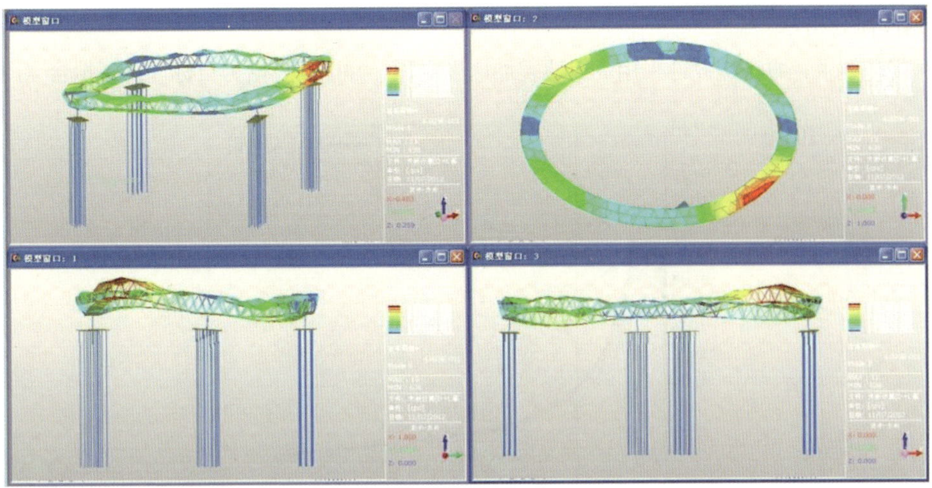

图 2-21 振型 8

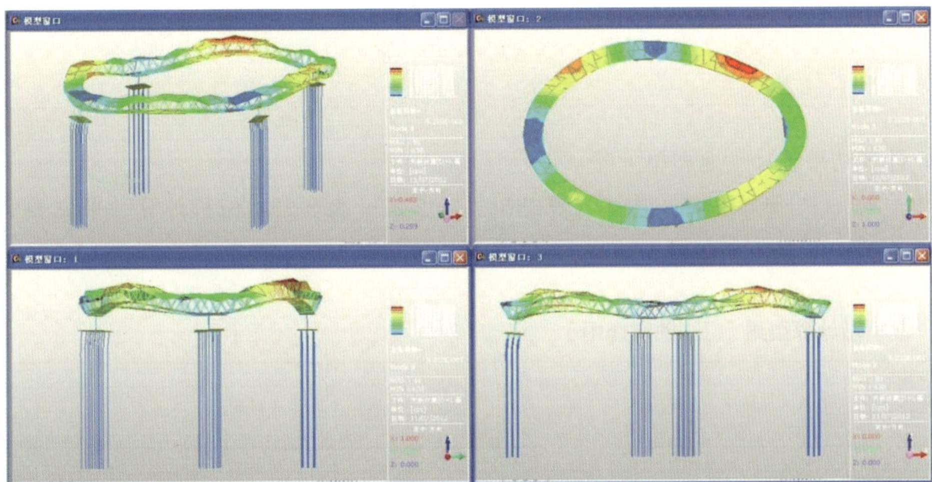

图 2-22 振型 9

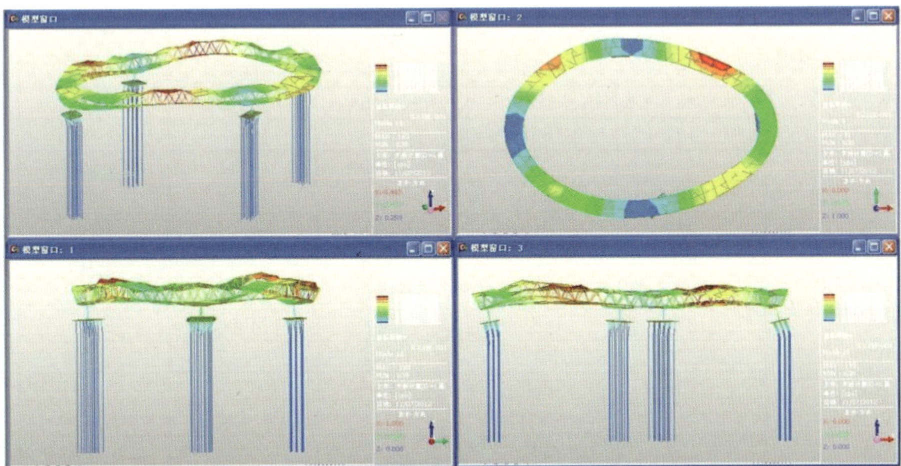

图 2-23 振型 10

（2）时程分析法

根据规范要求，本工程设计采用3组地震加速度时程，并以反应谱为目标进行了拟合（图2-24）。

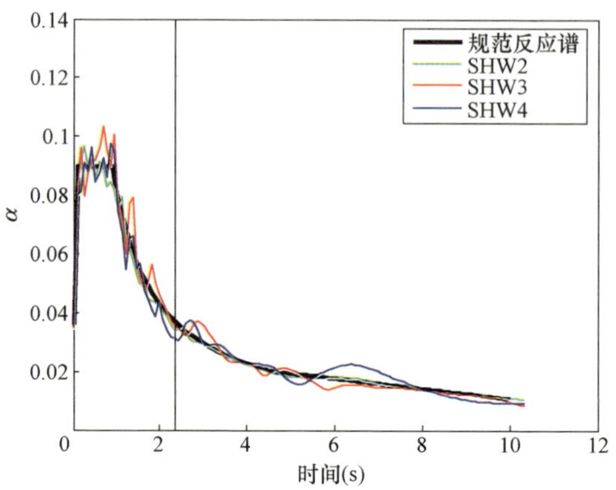

图2-24　3组地震加速度时程曲线拟合图

（3）计算结果统计（地震单工况）

桥墩在E1、E2地震作用下内力计算结果见表2-22—表2-25，位移计算结果见表2-26，桩基内力计算结果见表2-27—表2-28。

表2-22　北桥墩计算结果（E1地震作用）

荷载	位置	轴向（kN）	X向剪力（kN）	Y向剪力（kN）	扭矩（kN·m）	X向弯矩（kN·m）	Y向弯矩（kN·m）
X向(反应谱)	墩顶	−329	−2102	−700	−601	−743	−7526
Y向(反应谱)		−616	639	−1665	392	736	8148
竖向(反应谱)		1050	147	112	492	436	2857
X向(SHW2)		127	1661	301	400	−5029	−453
Y向(SHW2)		427	320	1284	−287	508	−5276
X向(SHW3)		175	1666	−344	609	−675	−7123
Y向(SHW3)		538	−421	−1315	−423	−793	−9694
X向(SHW4)		−162	1861	311	667	−651	−6207
Y向(SHW4)		572	−270	−1459	453	−730	−6586
竖向时程		−1459	142	−203	−312	798	5530
X向(反应谱)	墩底	−329	−2102	−700	−601	4689	12546
Y向(反应谱)		−616	639	−1665	392	10976	5980
竖向(反应谱)		1050	147	112	492	503	2366
X向(SHW2)		127	1661	301	400	9191	2251
Y向(SHW2)		427	320	1284	−287	−8106	−4352
X向(SHW3)		175	1666	−344	609	2610	−10810
Y向(SHW3)		538	−421	−1315	−423	8849	−7621
X向(SHW4)		−162	1861	311	667	−2276	−11020
Y向(SHW4)		572	−270	−1459	453	9640	−5453
竖向时程		−1459	142	−203	−312	817	4616

表 2-23 西桥墩计算结果（E1 地震作用）

荷载	位置	轴向（kN）	X 向剪力（kN）	Y 向剪力（kN）	扭矩（kN·m）	X 向弯矩（kN·m）	Y 向弯矩（kN·m）
X 向(反应谱)	墩顶	740	−1729	826	620	−11389	1123
Y 向(反应谱)		306	432	−2130	831	5513	467
竖向(反应谱)		643	−311	−190	−145	4285	614
X 向(SHW2)		529	1316	−462	−275	−6339	−935
Y 向(SHW2)		230	−209	1643	−531	4145	432
X 向(SHW3)		532	1423	−660	−290	7280	−1055
Y 向(SHW3)		279	−228	1804	−678	−4539	−384
X 向(SHW4)		−595	1560	−772	−387	9537	−944
Y 向(SHW4)		258	−216	−1829	735	−4489	−438
竖向时程		−988	222	251	130	7177	1142
X 向(反应谱)	墩底	740	−1729	826	620	−8777	−10662
Y 向(反应谱)		306	432	−2130	831	−11937	2751
竖向(反应谱)		643	−311	−190	−145	3683	1769
X 向(SHW2)		529	1316	−462	−275	−4318	7625
Y 向(SHW2)		230	−209	1643	−531	10460	−1228
X 向(SHW3)		532	1423	−660	−290	4185	8315
Y 向(SHW3)		279	−228	1804	−678	10060	−1359
X 向(SHW4)		−595	1560	−772	−387	6889	−9367
Y 向(SHW4)		258	−216	−1829	735	11080	−1484
竖向时程		−988	222	251	130	6083	1144

表 2-24 北桥墩计算结果（E2 地震作用）

荷载	位置	轴向（kN）	X 向剪力（kN）	Y 向剪力（kN）	扭矩（kN·m）	X 向弯矩（kN·m）	Y 向弯矩（kN·m）
X 向(反应谱)	墩顶	−968	−6181	−2057	−1768	−2187	−22135
Y 向(反应谱)		−1810	1879	−4897	1153	2164	23964
竖向(反应谱)		3088	431	330	1446	1282	8402
X 向(SHW2)		−558	6105	−1105	1469	−1665	−18490
Y 向(SHW2)		1570	1176	4720	−1056	1869	−19400
X 向(SHW3)		−646	6131	−1265	2241	−2484	−26210
Y 向(SHW3)		1981	−1550	−4841	−1556	−2920	−35670
X 向(SHW4)		−596	6850	1145	2456	−2397	−2284
Y 向(SHW4)		2014	−995	−5368	1668	−2687	−24240
竖向时程		−1459	142	212	−312	798	5530

续表

荷载	位置	轴向（kN）	X 向剪力（kN）	Y 向剪力（kN）	扭矩（kN·m）	X 向弯矩（kN·m）	Y 向弯矩（kN·m）
X 向(反应谱)	墩底	−968	−6181	−2057	−1768	13792	36899
Y 向(反应谱)		−1810	1879	−4897	1153	32264	17589
竖向(反应谱)		3088	431	330	1446	1657	6959
X 向(SHW2)		−558	6105	−1105	1469	8274	33790
Y 向(SHW2)		1570	1176	4720	−1056	−29800	−16000
X 向(SHW3)		−646	6131	−1265	2241	9604	−39770
Y 向(SHW3)		1981	−1550	−4841	−1556	32560	−28040
X 向(SHW4)		−596	6850	1145	2456	−8375	−40540
Y 向(SHW4)		2014	−995	−5368	1668	35480	−20070
竖向时程		−1459	142	212	−312	817	4616

表 2-25 西桥墩计算结果（E2 地震作用）

荷载	位置	轴向（kN）	X 向剪力（kN）	Y 向剪力（kN）	扭矩（kN·m）	X 向弯矩（kN·m）	Y 向弯矩（kN·m）
X 向(反应谱)	墩顶	2177	−5085	2427	1823	−33469	3303
Y 向(反应谱)		899	1272	−6265	2444	16214	1373
竖向(反应谱)		1890	−914	−558	−427	12604	1806
X 向(SHW2)		1945	4840	−1698	−1010	−23300	−3437
Y 向(SHW2)		845	−767	6039	−1951	15240	1588
X 向(SHW3)		1958	5236	−2428	−1068	26790	−3881
Y 向(SHW3)		1028	−840	6640	−2495	−16700	−1414
X 向(SHW4)		−2190	5742	−2840	−1424	35090	−3475
Y 向(SHW4)		950	−796	−6731	2705	−16520	−1611
竖向时程		−988	222	251	130	7177	1142
X 向(反应谱)	墩底	2177	−5085	2427	1823	−25814	−31359
Y 向(反应谱)		899	1272	−6265	2444	−35110	8091
竖向(反应谱)		1890	−914	−558	−427	10831	−5204
X 向(SHW2)		1945	4840	−1698	−1010	−15870	28030
Y 向(SHW2)		845	−767	6039	−1951	38470	−4514
X 向(SHW3)		1958	5236	−2428	−1068	15400	30600
Y 向(SHW3)		1028	−840	6640	−2495	37030	−5001
X 向(SHW4)		−2190	5742	−2840	−1424	25350	−34470
Y 向(SHW4)		950	−796	−6731	2705	40790	−5463
竖向时程		−988	222	251	130	6083	−1144

表 2-26　E2 地震作用下抗震验算　(mm)

位移	北桥墩		南桥墩		西桥墩		东桥墩	
	R_x	R_y	R_x	R_y	R_x	R_y	R_x	R_y
墩顶位移 Δ_d	13	22	12	13	23	14	15	18
桥墩容许位移 Δ_u	39.4	33.6	39.7	34.0	34.1	39.7	33.8	39.9

注：R_x 表示 x 向位移，R_y 表示 y 向位移。

表 2-27　E1 地震作用下桩基抗震内力验算

荷载	位置	最大压力(kN)	最大拔力(kN)	X 向剪力(kN)	Y 向剪力(kN)	X 向弯矩(kN·m)	Y 向弯矩(kN·m)
X 向	桩	982	1119	148	71	108	239
Y 向		1262	1271	49	157	245	89
竖向		225	323	36	30	47	62

表 2-28　E2 地震作用下桩基抗震内力验算

荷载	位置	最大压力(kN)	最大拔力(kN)	X 向剪力(kN)	Y 向剪力(kN)	X 向弯矩(kN·m)	Y 向弯矩(kN·m)
X 向	桩	2890	3291	668	318	1669	812
Y 向		3712	3740	231	710	563	1762
竖向		661	950	167	133	389	327

7）小结

通过反应谱法和时程分析法进行抗震分析，计算表明 E1、E2 地震作用下，主墩、桩基均能满足受力要求。

2.8.9　结论

通过计算分析可得出以下结论：

(1) 主桥空间桁架结构能满足承载能力极限状态下结构强度要求，各荷载工况均能满足长细比、应力比参数要求。

(2) 主桥空间桁架结构能满足正常使用极限状态下结构整体挠度、变形要求。

(3) 通过对整体结构进行地震分析，结构在地震作用下整体性能满足要求，抗震满足规范要求。

(4) 复杂节点区采用铸钢节点，铸钢节点刚度较大，可实现强节点的要求，同时现场焊接较少，施工难度降低，是有效解决复杂节点连接的措施。

(5) 天桥结构采用单向、双向滑动方案很难满足地震要求，采用支座任意方向均可滑动，阻尼能提供减小水平晃动能力，抗震设计采用结构减隔震理念，即采用各向释放方式，并加水平向阻尼及恢复力弹簧可有效解决天桥抗震问题。

3 大跨度人行天桥人致振动控制研究

3.1 概述

伦敦在 2000 年这个世纪之交的时刻，新建了跨越泰晤士河的人行桥——千禧桥（图 3-1），于 2000 年 6 月 10 日开通，但正式使用后桥面振动幅度太大，开通仅三日就不得不关闭。研究表明，千禧桥的竖向及横向频率正好在步行力的频率范围之内，当行人很多时，就不可避免地产生人桥共振效应。当前人行天桥正在向轻、柔、大跨度方向发展，当天桥的自振频率接近行人的步频时，就容易引起桥面共振，从而引起人的不舒适反应。目前的规范已不能满足日新月异的桥梁结构形式发展的需要，因此有必要对大跨度人行天桥的人致振动问题进行研究。

图 3-1 伦敦千禧桥

许多大跨度天桥往往不能满足我国规范规定的要求。根据以往的工程实例，40～50m 跨度的单跨简支钢箱梁天桥的截面高度通常是在 1.20～1.60m 的范围之内，计算和实测结果都表明，天桥的第一阶自振频率和行人正常行走时的频率接近。结构的竖向自振频率取决于自身的质量和刚度，直接增加刚度、减小质量是提高频率的最直接方法，但超过 50m 钢箱梁桥刚度的增加往往会同时导致质量的同量级增加，故提高频率的效率不明显。

国内规范采用频率限值法，这种方法简单实用，但并不是与舒适度完全画等号，因而具有一定的局限性。

国外的舒适度研究最早从 1931 年开始，近年来人行天桥的振动舒适度问题已经逐渐成为国际桥梁与结构工程界的讨论热点之一。自 2000 年伦敦千禧桥振动问题出现后，2002 年，第一次以人行天桥为主题的国际性学术会议（Footbridge2002）在巴黎召开，行走激振力导致的振动问题成为会议的主题；2005 年在威尼斯又一次召开了这一会议（Footbridge 2005），会议对有关人行天桥的最新认识和研究进展进行了交流。

国外规范对于人行桥人致振动的分类有两种，一种从计算理论方面分类，分别有：强迫振动理论、自激振动理论、参数振动理论和随机振动理论；一种从行走激振力的方向分类，分别有：竖向激振力、水平横桥向力和水平顺桥向力。对人致振动舒适度的评价指标有，分别是：峰值加速度、均方根加速度和振动剂量（Vibration Dose Value，VDV）。

目前涉及人致振动的国外规范大致有英国规范 BS 5400、瑞典规范 Bro2004、德国人行桥设计指南 EN03-2007、欧盟规范 Euro Code、国际标准化组织 ISO 规范以及日本的相关规范。

3.2 人行桥梁舒适度控制方法

保证行人激励下结构的舒适性，现行的各国规范一般采用以下两种方法来控制：

1）频率调整

主要是避免结构（竖向与侧向）自振频率处于行人行走频率范围以内，如竖向为 1.6～2.4Hz、3.2～4.8Hz，侧向为 0.8～1.2Hz、1.6～2.4Hz。

对于大跨度天桥，通过增加钢板厚度所提高的结构刚度与结构质量的相应增加几乎是等比的，导致结构的固有频率变化不大，天桥的竖向第一阶自振频率要在 3Hz 以上几乎不可能。

2）限值动力响应值

主要是通过限制结构振动加速度响应的方法以达到满足行走舒适度的要求，目前应用较多的是采用阻尼减振技术。主要的减振技术有以下两种：

（1）调谐质量阻尼器　调频质量阻尼器英文简称为 TMD（Tuned Mass Damper）（图 3-2），是结构被动减振控制体系的一类，它由主结构和附加在结构上的子结构（固体质量和弹簧减振器等）组成。通过调整子结构的自振频率，使其尽量接近主结构的基本频率或激励频率。当主结构受激励而振动时，子结构就会产生一个与结构振动方向相反的惯性力作用在结构上，使主结构的振动反应衰减并受到控制。调频质量阻尼器减振控制存在有效控制的激励频宽问题，一般来说，装设一个子结构，只能对以某个频率为主的外部激励进行有效减振控制。TMD 系统的自振频率取决于弹簧减振器的有效刚度 k_d，弹簧减振器的有效刚度可通过调节弹簧丝直径、中径、节距、有效长度、有效圈数和单圈刚度来实现。TMD 系统的阻尼 C_d 由黏滞阻尼器提供，其值及 TMD 系统调频质量 m_d 的大小根据计算确定。安装在桥梁上的实例见图 3-3。

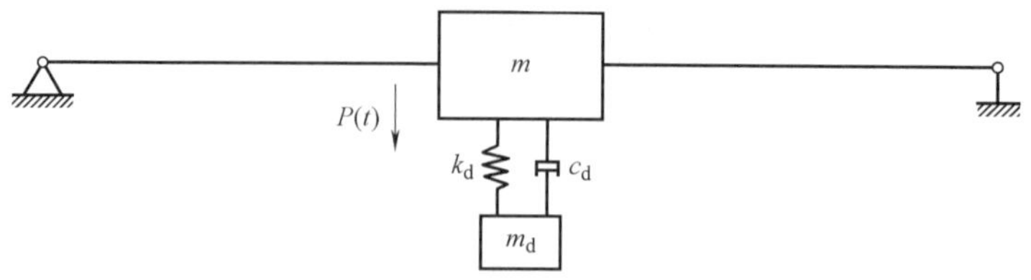

图 3-2　天桥 TMD 减振示意图

图 3-3　TMD 安装在桥梁上的实例图

（2）黏滞阻尼器（图 3-4）　黏滞阻尼器一般是由缸体、活塞和流体组成。活塞在缸筒内可作往复运动，活塞上有适量小孔，筒内盛满流体，当活塞与筒体产生相对运动时，流体从活塞上的小孔内通过，产生流体阻尼力，从而耗散运动能量，减小结构的反应，是一种与刚度、速度相关型阻尼器。活塞上孔的数量和筒内流体的体积，可根据阻尼器所需提供的阻尼值来确定，流体可为硅油或其他黏性流体。

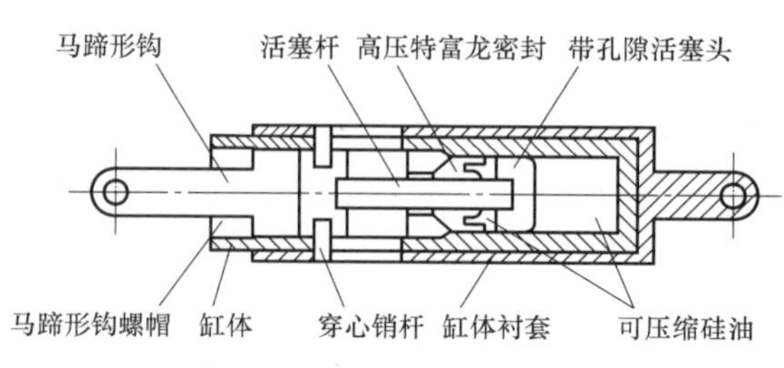

图 3-4　黏滞阻尼器示意图

3.3 舒适度评价标准

国外在结构振动舒适度方面已经研究多年，美国、日本、德国等国家已经发布了相关的设计指南。我国在该方面研究较少，且主要集中在对结构横向振动引起的舒适度问题的研究上，对结构竖向振动引起的舒适度问题研究不够。目前，我国建筑结构设计规范在结构竖向振动控制方面尚无明确的规定，仅在《城市人行天桥与人行地道技术规范》(CJJ 69—95）中有一条相关条文："为避免共振，减少行人不安全感，天桥上部结构竖向自振频率不应小于 3Hz。"

人对楼板振动的反应是一个很复杂的现象，它与楼盖振动的大小和持续时间、人所处的环境、人自身的活动状态以及人的心理反应都有关系。楼盖振动对人的影响一般可以用振动的峰值加速度来衡量。

按照德国人行桥设计指南 EN03—2007 的规定，对天桥的动态性能进行仿真计算和评判。

EN03—2007 中用人行桥的加速度来评价其舒适度，该标准中规定的人行桥垂向及横向舒适度级别见表 3-1。

表 3-1 EN03—2007 中用于确定舒适度级别的加速度限值

等级	舒适度	竖向	侧向
1	很舒适	$<0.5\text{m/s}^2$	$<0.1\text{m/s}^2$
2	中等舒适	$0.5\sim1.0\text{m/s}^2$	$0.1\sim0.3\text{m/s}^2$
3	不舒适	$1.0\sim2.5\text{m/s}^2$	$0.3\sim0.8\text{m/s}^2$
4	很难忍受	$>2.5\text{m/s}^2$	$>0.8\text{m/s}^2$

本项目所关心的天桥垂向及横向振动加速度限值分别采用 0.5m/s^2 和 0.1m/s^2。

3.4 TMD 减振原理

大跨度结构在行人荷载激励下的振动以及高耸建筑结构的风激振动，是以某阶固有振动为主，因而可以把原来的系统看作一个单质量系统。上述系统自身的阻尼比 D 通常很小，所以当激振频率 f 与结构系统的固有频率 f_1 接近时，会产生强烈的共振，结构振动的幅值可能达到静变形的 50 倍以上。采用 TMD 减振，是在原系统（主系统）上耦合一个单自由度的弹簧质量振动系统（附加系统），则原单自由度振动系统变为一个两自由度振动系统，如图 3-5 所示。

如果使附加振动系统的固有频率处于原系统（下称主系统）的原来固有频率附近，则原来固有频率处的共振峰消失，新系统由单峰共振区变为双峰共振区，且一个上移，一个下移。理论上，如果激振频率仅在原共振峰附近激励，即使 TMD 没有附加阻尼 c，主系统的振动也很小，附加质量的振动却很大，相位恰与激振力相位相反，与激振力抵消，也就是通过对原系统频率的调谐保护了原来系统，因此该质量称为调谐质量。没有阻尼的 TMD 在实践上很少使用，因为一旦参数不准或激振力频率发生改变，偏离原来的共振峰，则主系统的振幅会迅速增大，形成新的共振峰，所以无阻尼 TMD 的减振频率范围很窄，实践中失败的 TMD 系统要么因为频率调谐不准，要么因为阻尼不足或老化过快而失效。

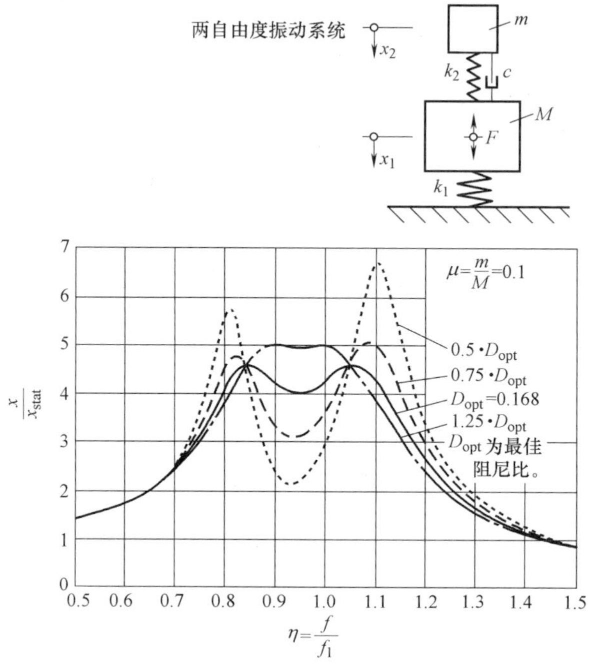

图 3-5 原结构和 TMD 所组成的两自由度振动系统动力响应

如果附加系统有适当的阻尼 c，则振动传递曲线变得平滑，曲线谷上移，峰下降，也就是在主系统原有频率附近要损失一些减振效果。但当调谐频率和激励力频率出现偏离时，仍有较好的宽频减振效果。

根据 Den Hartog 优化准则，按照有限元计算的相关子结构的质量 m_H 和其垂直振动的第一阶固有频率 f_H，进行调谐质量减振器 TMD 设计的步骤如下：

(1) 确定质量比：$\mu=\frac{m_D}{m_H}$；

(2) 确定 TMD 的质量：$m_D=\mu \cdot m_H$；

(3) 确定调谐比：$\kappa_{opt}=\frac{1}{1+\mu}$；

(4) 确定 TMD 的固有频率：$f_D=\kappa_{opt} \cdot f_H$；

(5) 计算 TMD 的刚度系数：$k_D=(2\pi/f_D)^2 \cdot m_D$；

(6) 计算 TMD 的阻尼比：$\zeta_D=\sqrt{\frac{3\mu}{8(1+\mu)^3}}$；

(7) 计算 TMD 的阻尼系统：$D_{opt}=2m_D(2\pi f_D)\zeta_D$。

3.5 上海普陀区金沙江路真北路人行天桥人致振动控制研究

3.5.1 模态分析及控制目标

人行天桥有限元计算模型见图 3-6，动力分析中，结构的阻尼比取 0.2%。

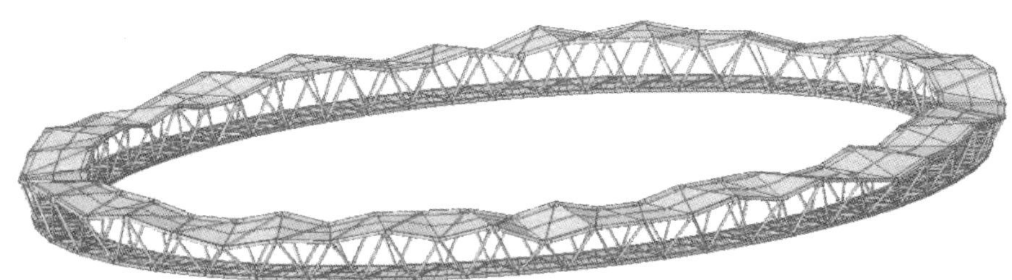

图 3-6 人行天桥有限元计算模型

1）模态分析

计算得天桥第一阶横向弯曲为主的频率为 0.97Hz，天桥的有关模态和振型如表 3-2 和图 3-7 所示。由于低阶频率较多，且位于人步行频率的范围之内，所以需对天桥的横向振动和垂向振动分别进行分析。人行天桥跨区分布如图 3-8 所示。

表 3-2 结构的固有特性

模态号	频率 (Hz)	振型方向因子		
		TRAN-X	TRAN-Y	TRAN-Z
1	0.973	0.097	56.924	0.734
2	0.999	28.862	64.927	0.135
3	1.040	81.853	13.791	0.001
4	1.186	2.082	0.025	0.464
5	1.202	23.885	3.979	16.425
6	1.310	2.250	7.876	3.738
7	1.375	1.152	6.620	0.006
8	1.649	0.022	0.979	4.014
9	1.832	49.727	41.992	2.257
10	1.901	39.648	54.632	0.232
11	1.956	0.304	0.202	94.760
12	2.049	0.262	3.964	93.140
13	2.347	50.722	22.444	3.204
14	2.395	72.326	22.830	0.019
15	2.575	5.787	4.393	0.001
16	2.672	6.759	66.434	0.000
17	2.734	42.853	38.683	0.315
18	2.789	9.802	38.245	4.999
19	2.951	65.192	9.949	1.045
20	3.281	8.801	0.773	1.032

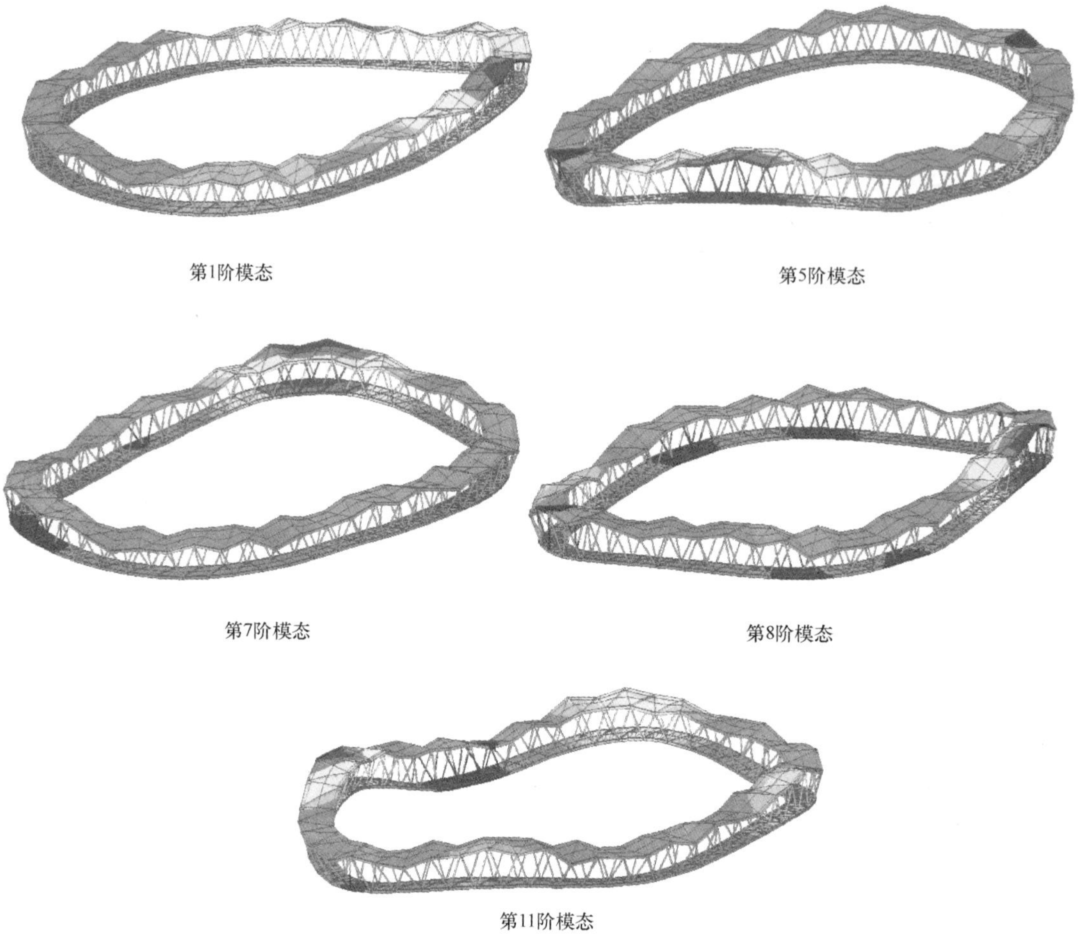

第1阶模态
第5阶模态
第7阶模态
第8阶模态
第11阶模态

图 3-7　人行天桥模态图

第二跨
第四跨
第三跨
第一跨

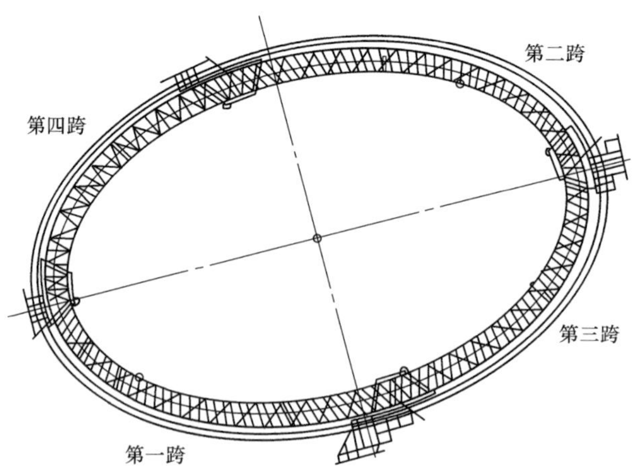

图 3-8　人行天桥跨区分布图

2）控制目标

本人行天桥结构共有 4 跨，每跨跨中垂向及横向振动应满足德国人行桥设计指南 EN03-2007 的规定。

控制节点如下：

节点 10582（第一跨跨中）；

节点 10719（第二跨跨中）；

节点 10451（第三跨跨中）；

节点 10326（第四跨跨中）。

3.5.2 无 TMD 结构的动力计算

1）步行激励荷载的选取

参照德国人行桥设计指南 EN03-2007，人致振动荷载按照各跨跨中依次施加简谐力来模拟，其计算公式如下：

$$p(t)=P\cdot\cos(2\pi f_s t)\cdot n'\cdot\Psi$$

式中：$p(t)$——各跨面积（详见表 3-3）下的等效行人密度；

$P\cdot\cos(2\pi f_s t)$——单个行人的谐波荷载；

P——步频为 f_s时，单个行人产生的荷载幅值；

f_s——人行荷载的频率，实际人行荷载的频率一般为 1.6～2.4Hz，假设它等于所考虑的人行桥的基频；

n'——加载面积为 S 时的等效行人密度，S 为加载面积；

Ψ——考虑到步频接近基频变化范围临界值的概率而引入的折减系数，为了更好地分析在人行荷载作用下本天桥的结构响应，这里采用在不同跨跨中分别施加不同频率的荷载来分析天桥的响应。

表 3-3 各跨的长度及面积

跨号	第一跨	第二跨	第三跨	第四跨
跨度(m)	109.7	102.4	87.8	80.5
面积(m^2)	691.1	645.1	553.1	507.2

根据常识，行人的行进频率在 2Hz 左右，同时具体的行进速度又受体质与当时具体情况的影响，在计算时假设步行频率接近结构的固有频率。

参考德国人行桥设计指南 EN03-2007 的研究成果，对步行载荷所做的进一步假设如下：

桥上人员的密度为 1.0 人/ m^2（千禧桥开放时的最大人员密度为 1.3～1.5 人/m^2）。天桥第一跨桥面的面积约为 691 m^2，桥面上共有 $n=691$ 人。

第一跨桥面上行人和其固有频率同步的人数为：$n'=1.85\sqrt{691}=49$ 人。同理，第二跨—第四跨同步人数分别为：47 人，44 人，42 人。

2）稳态分析

为了更准确地模拟结构的振动响应，确定结构的敏感频率，我们对结构进行了稳态分析，稳态分析中荷载的频率范围为 0.01～4.00Hz，频率间隔 0.01Hz，天桥荷载按照每平方米 1 人加载，其主要结果如图 3-9—图 3-13 所示。

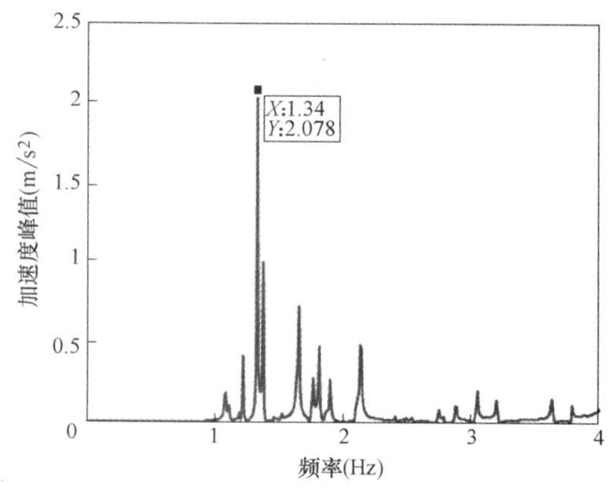

图 3-9　第一跨跨中节点的稳态响应

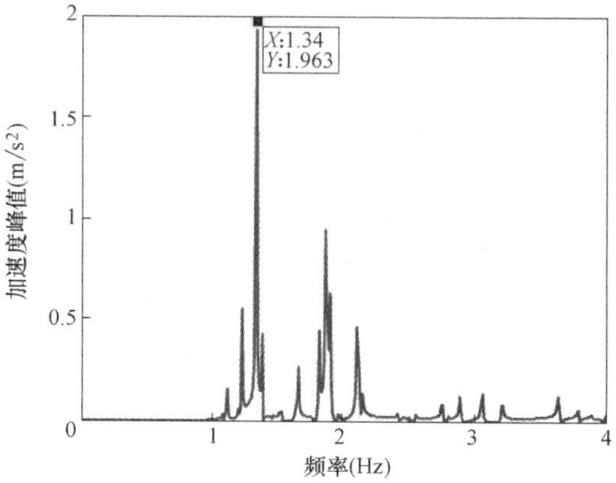

图 3-10　第二跨跨中节点的稳态响应

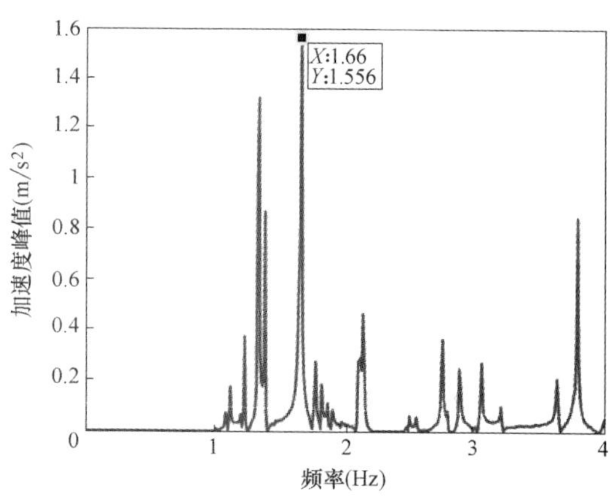

图 3-11　第三跨跨中节点的稳态响应

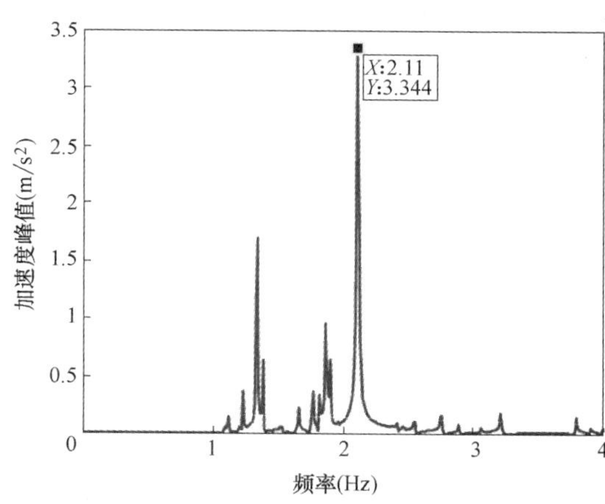

图 3-12　第四跨跨中节点的稳态响应

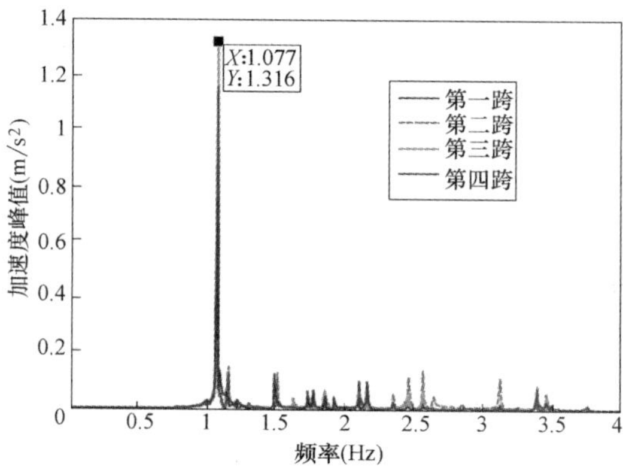

图 3-13　结构横向（X 向）的稳态响应

从上述分析可知，结构每跨的敏感频率如表 3-4 所示。

表 3-4 各跨在人行激励下垂向和横向敏感频率

跨　数	一	二	三	四
垂向敏感频率(Hz)	1.34	1.34	1.66	2.11
横向敏感频率(Hz)	1.08			

3）结构在步行激励下的响应

（1）结构的振动响应

根据国内外的相关文献，计算时采用下列激励：垂向振动计算时，在天桥上第一跨—第四跨分别采用频率为 1.34Hz、1.34Hz、1.66Hz、2.11Hz 的人行荷载；横向振动计算时，天桥上统一采用频率为 2.1Hz 的人行荷载。在这些步行激励下，天桥部分节点的垂向振动加速度响应及横向加速度响应如图 3-14—图 3-18 所示。

（2）计算结果汇总

各种激励下的加速度响应汇总见表 3-5。从表 3-5 中可以看出，在相应的步行激励作用下，天桥的横向加速度及垂向加速度均超出了标准的要求，需采取一定的减振措施。

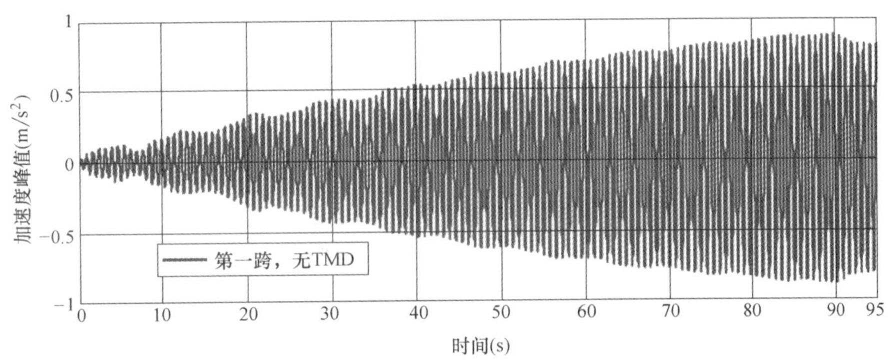

图 3-14 第一跨垂直振动时程响应曲线

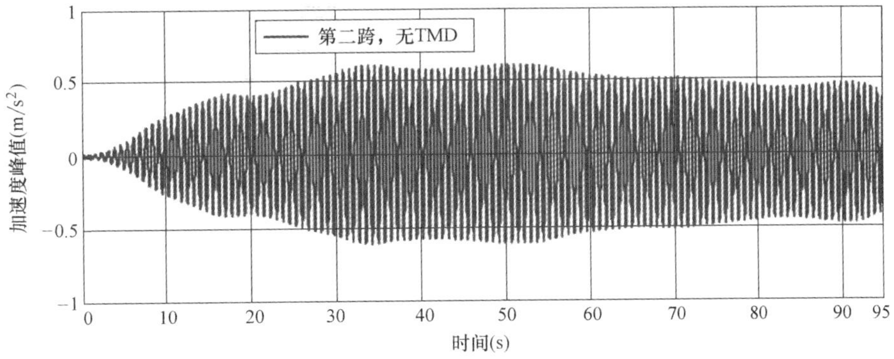

图 3-15 第二跨垂直振动时程响应曲线

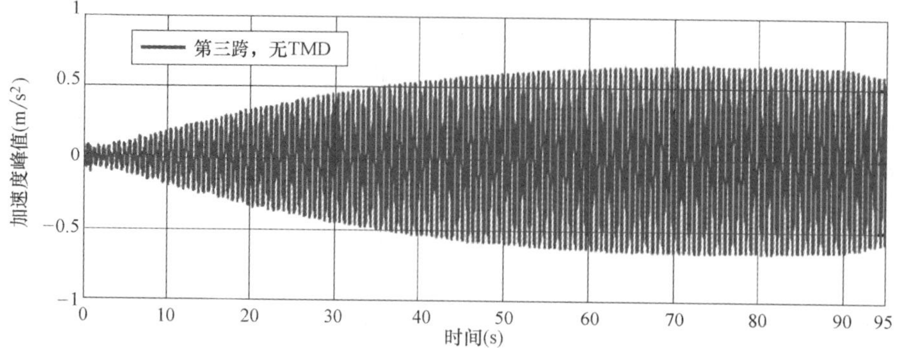

图 3-16 第三跨垂直振动时程响应曲线

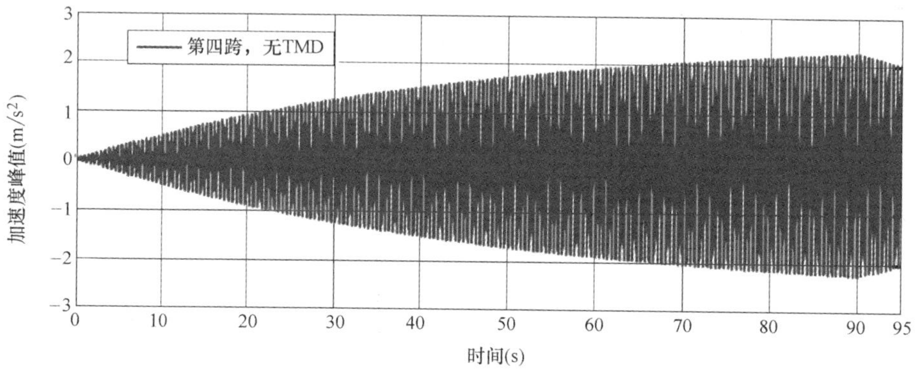

图 3-17 第四跨垂直振动时程响应曲线

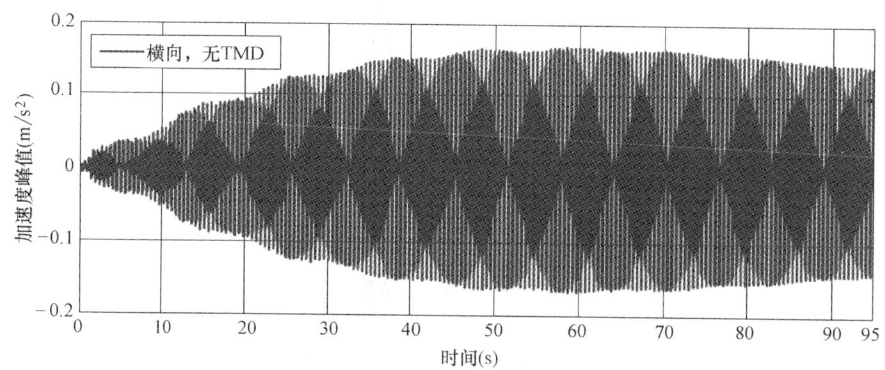

图 3-18 人行天桥在步行激励下横向振动加速度响应曲线

表 3-5 不同激励下天桥的振动响应

跨数	一	二	三	四	横向
激励频率(Hz)	1.34	1.34	1.66	2.11	2.1
加速度响应(m/s^2)	0.875	0.608	0.650	2.237	0.167

3.5.3 TMD 参数设计

1）TMD 设计依据

TMD 设计依据如下：

（1）由结构动力计算结果及模态分析结果确定本结构应进行 MTMD 多模态控制；

（2）依据控制模态的质量参与程度初定 MTMD 的系统质量；

（3）依据控制模态的频率确定 MTMD 系统频率；

（4）依据 DenHartog 公式对 MTMD 系统刚度阻尼参数进行优化；

（5）调整 MTMD 质量、调整控制模态、改变 MTMD 系统安装位置，最终形成减振系统的优化方案。

2）TMD 参数

本人行天桥 TMD 系统的参数如表 3-6 所示。

表 3-6 TMD 参数

TMD 类别	A	B	C	D	E
数量	10	10	10	10	2
类别	垂向	垂向	垂向	垂向	横向
安装位置	第 1 跨跨中	第 2 跨跨中	第 3 跨跨中	第 4 跨跨中	每跨跨中
控制模态	6	6	8	11	1
单个 TMD 质量(t)	1	1	1	1	1
优化频率(Hz)	1.3	1.3	1.6	2.0	1
TMD 阻尼比	0.1	0.1	0.1	0.1	0.1
总质量(t)	10	10	10	10	8

注：1. 所有参数均为单 TMD 系统的参数。
2. 控制频率为 TMD 系统控制的中心频率，在此频率临近的频域上也起一定作用。

3）TMD 布置示意图

TMD 在结构上的布置如图 3-19 所示，其分别安装在各跨的跨中位置。

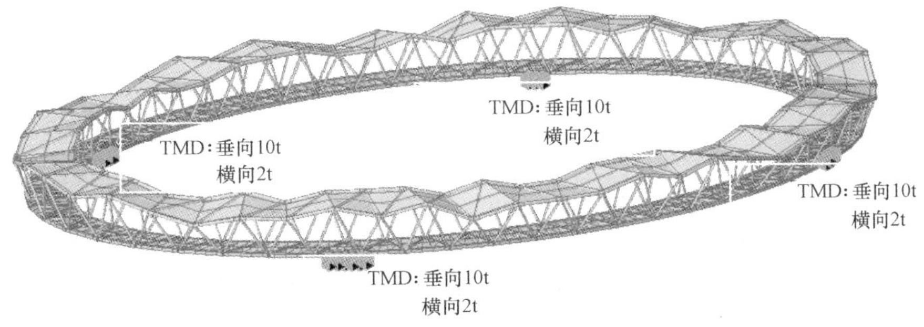

图 3-19 TMD 结构平面布置示意图

3.5.4 有 TMD 结构的动力计算

1）安装 TMD 后的稳态分析

各跨跨中节点安装 TMD 前后的稳态响应如图 3-20—图 3-23 所示。

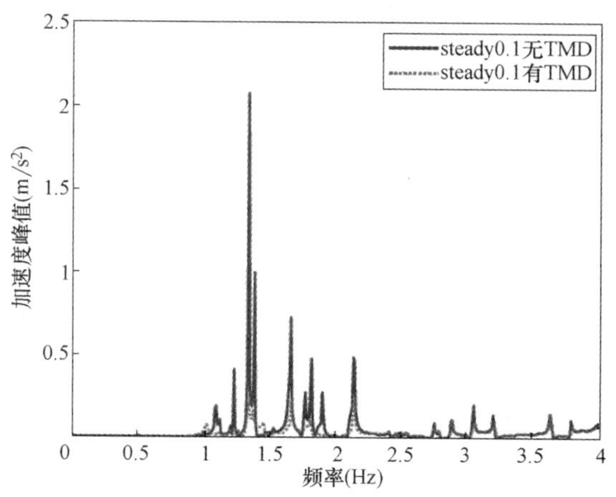

图 3-20 安装 TMD 前后第一跨跨中节点的稳态响应

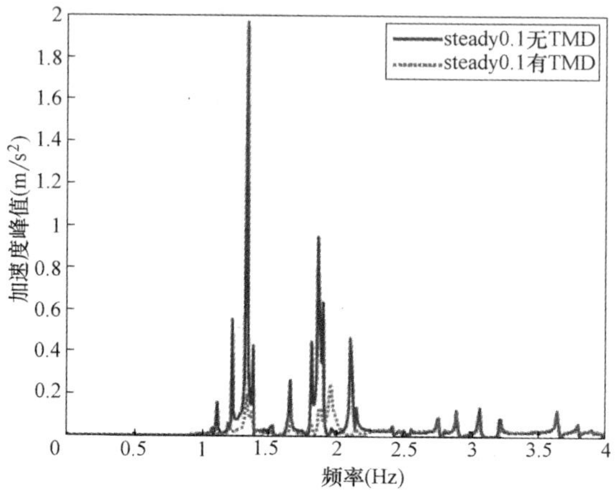

图 3-21 安装 TMD 前后第二跨跨中节点的稳态响应

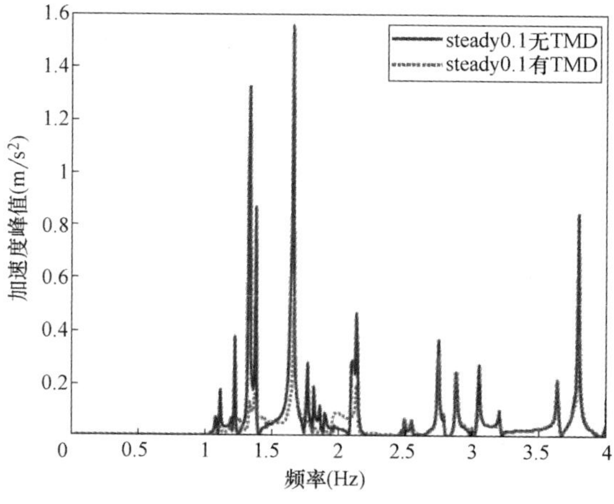

图 3-22 安装 TMD 前后第三跨跨中节点的稳态响应

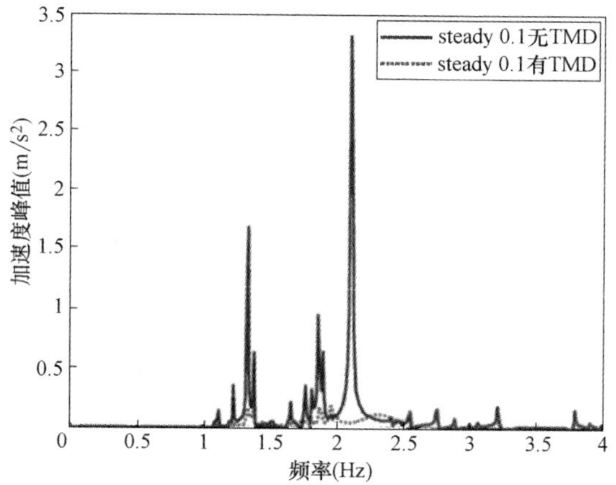

图 3-23 安装 TMD 前后第四跨跨中节点的稳态响应

2）结构在步行激励下的响应

安装 TMD 阻尼器后，有显著的减振效果。图 3-24—图 3-28 为安装 40t 垂向 TMD 和 8t 横向 TMD 前后结构各跨中的振动加速度响应。从图中可以看出，安装 TMD 后，结构的振动有明显减弱的趋势。不同激励下天桥的振动响应见表 3-7。

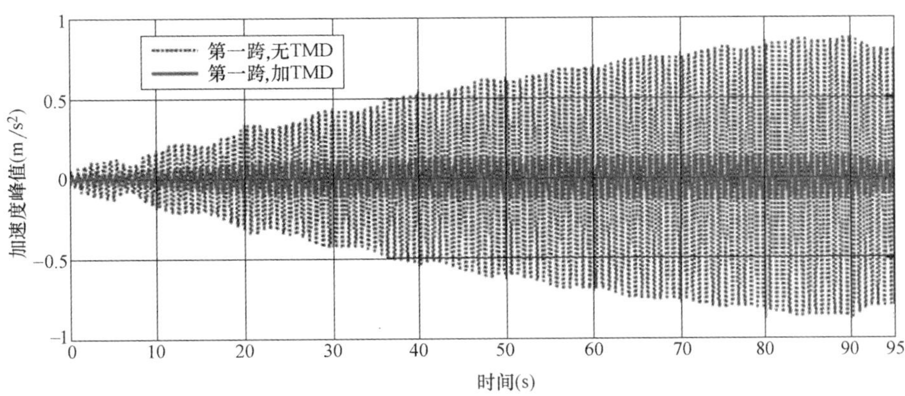

图 3-24　安装 TMD 前后第一跨在步行激励下跨中节点的振动加速度响应

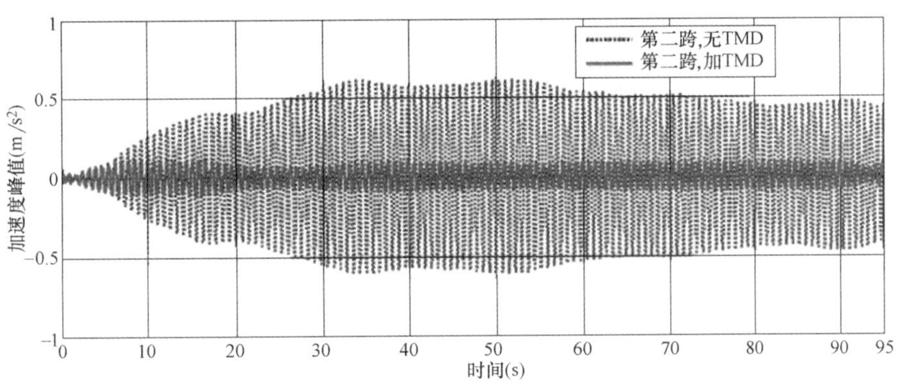

图 3-25　安装 TMD 前后第二跨在步行激励下跨中节点的振动加速度响应

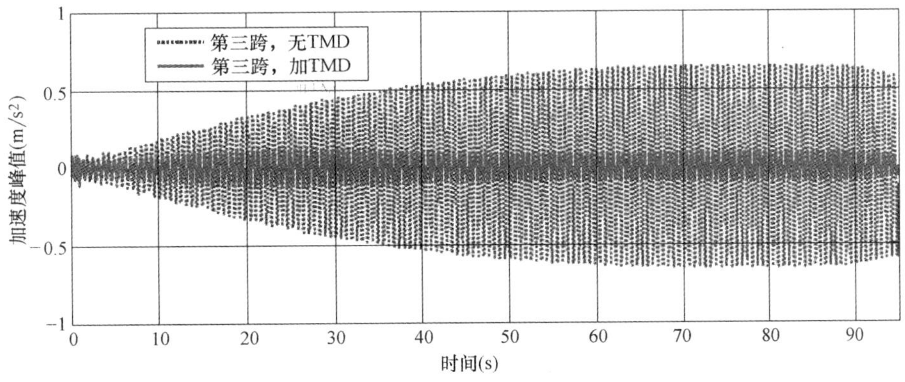

图 3-26　安装 TMD 前后第三跨在步行激励下跨中节点的振动加速度响应

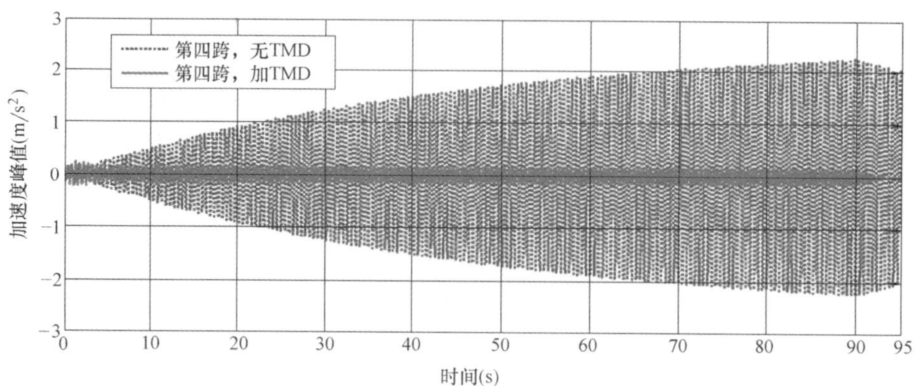

图 3-27 安装 TMD 前后第四跨在步行激励下跨中节点的振动加速度响应

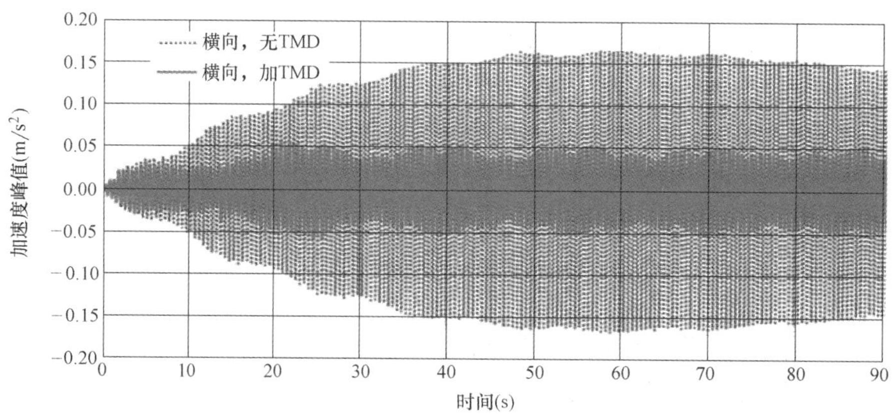

图 3-28 安装 TMD 前后在步行激励下横向振动加速度响应

表 3-7 不同激励下天桥的振动响应

跨 数	一	二	三	四	横向
激励频率(Hz)	1.34	1.34	1.66	2.11	2.1
加速度响应	0.875g	0.608g	0.650g	2.237g	0.167g
加 TMD 后的加速度	0.134g	0.114g	0.122g	0.233g	0.056g
减振效果(%)	85	81	81	89	66

3.5.5 人行桥舒适度振动计算

1）自振频率以及模态

天桥自振频率以及模态见表 3-8。

由表 3-8 可以看出，竖向第一阶自振频率为 1.9151Hz。

2）步行激励荷载取值

根据相关文献以及对各国规范比较，综合考虑以后，我们按照两种方式进行加载计算。

表 3-8 天桥自振频率以及模态

模态号	频率(Hz)	周期(s)	模态特征
1	1.0191	0.9813	水平伸缩
2	1.1249	0.8890	Y 向平动
3	1.1662	0.8575	X 向平动
4	1.2719	0.7862	水平伸缩
5	1.3184	0.7585	水平扭转
6	1.4268	0.7008	水平伸缩
7	1.4358	0.6965	水平伸缩
8	1.6587	0.6029	环向扭转
9	1.9151	0.5222	竖向+扭转
10	1.9459	0.5139	水平伸缩

(1) 参照英国规范按照集中力在跨中加载的方式

根据 Matsumoto 多人模型，计算公式如下：

$$p(t)=\sqrt{n}\cdot 294\cdot \sin(2\pi f_s t)$$

式中，n 为受载面 S 行人数。根据人群拥挤程度，按照 1.0 人/m^2，天桥总面积 $S=2285m^2$，天桥上总人数为 2285 人。步行激励荷载的频率 f_p选取第九振型进行计算，取为 1.91Hz，这一频率也比较接近人的行走频率，取 $f_s=f_p$。

(2) 根据德国规范按照力在全跨均布加载的方式

计算公式如下：

$$p(t)=P\cdot \cos(2\pi f_s t)\cdot n'\cdot \Psi,\quad n'=\frac{1.85}{S}\sqrt{n}$$

根据人群拥挤程度，按照 1.0 人/m^2，天桥总面积 $S=2285m^2$，天桥上总人数为 2285 人。步行激励荷载的频率同样选取第九振型进行计算，f_p取为 1.91Hz，取 $f_s=f_p$。

3) 竖向人行荷载下结构的加速度响应

跨中节点在集中荷载加载方式下加速度响应曲线如图 3-29 所示，在均布荷载加载方式下加速度响应曲线如图 3-30 所示。两种加载方式最大加速度比较情况见表 3-9。

表 3-9 加载方式比较

加载方式	集中荷载	均布荷载	备　注
加速度最大值(m/s^2)	4.044	3.459	集中荷载加载方式比均布荷载加载方式增大 14.5%

从表 3-9 可以发现，按照集中荷载加载方式，跨中加速度响应更大（增大 14.5%）。两种均不满足相应规范要求。

4) TMD 下结构的减振效果

TMD 减振后跨中节点加速度响应曲线如图 3-31 所示。

由图 3-31 可以看出，跨中节点 22 加速度响应曲线最大值为 0.392m/s^2，小于 0.5m/s^2，满

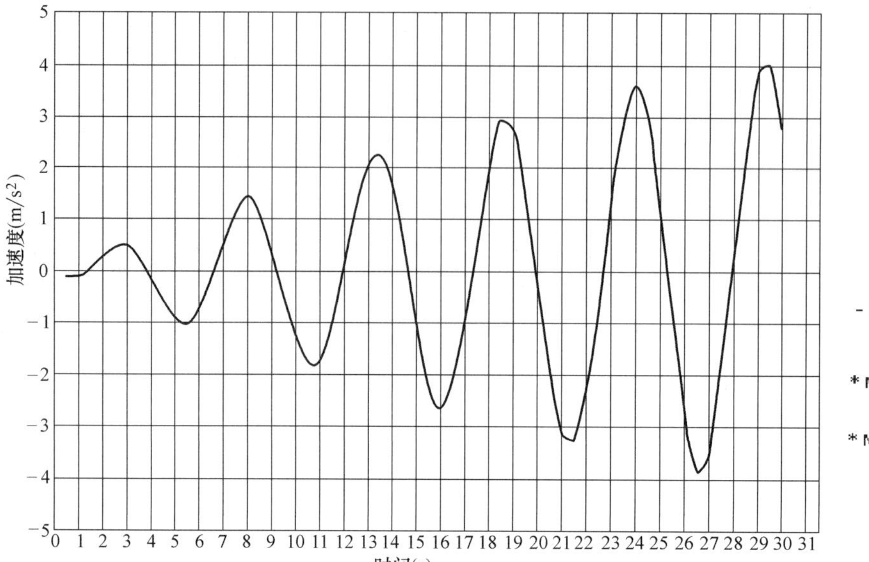

图 3-29　跨中节点 22 加速度响应曲线（集中荷载加载方式）

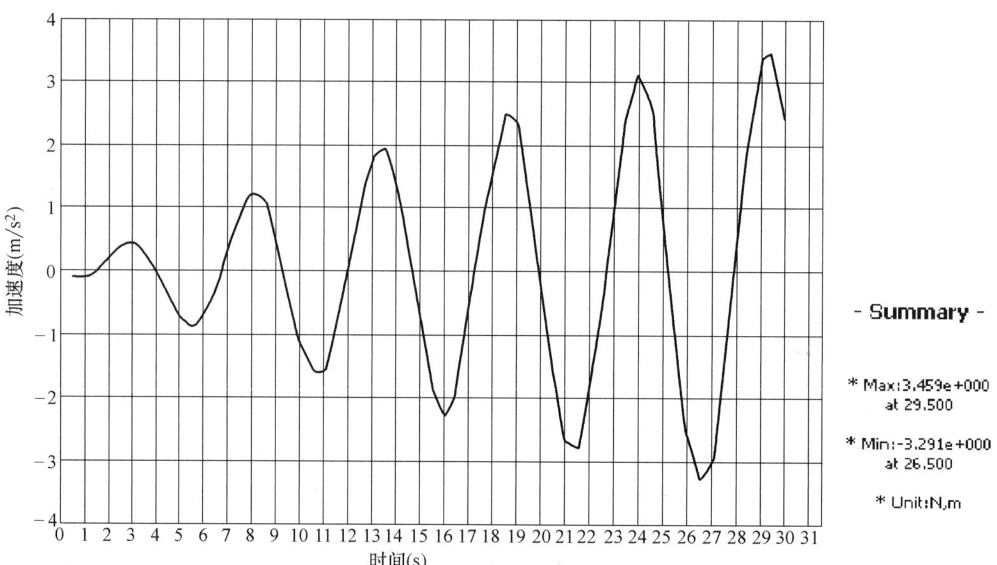

图 3-30　跨中节点 22 加速度响应曲线（均布荷载加载方式）

足要求。

5）侧向人行荷载下结构的加速度响应

根据德国规范 EN03-2007，人行桥在人行荷载激励下的固有频率的临界范围是：

对于竖向及纵向振动：一阶 1.25～2.3Hz；二阶 2.5～4.6Hz；

对于横向振动：0.5～1.2Hz。

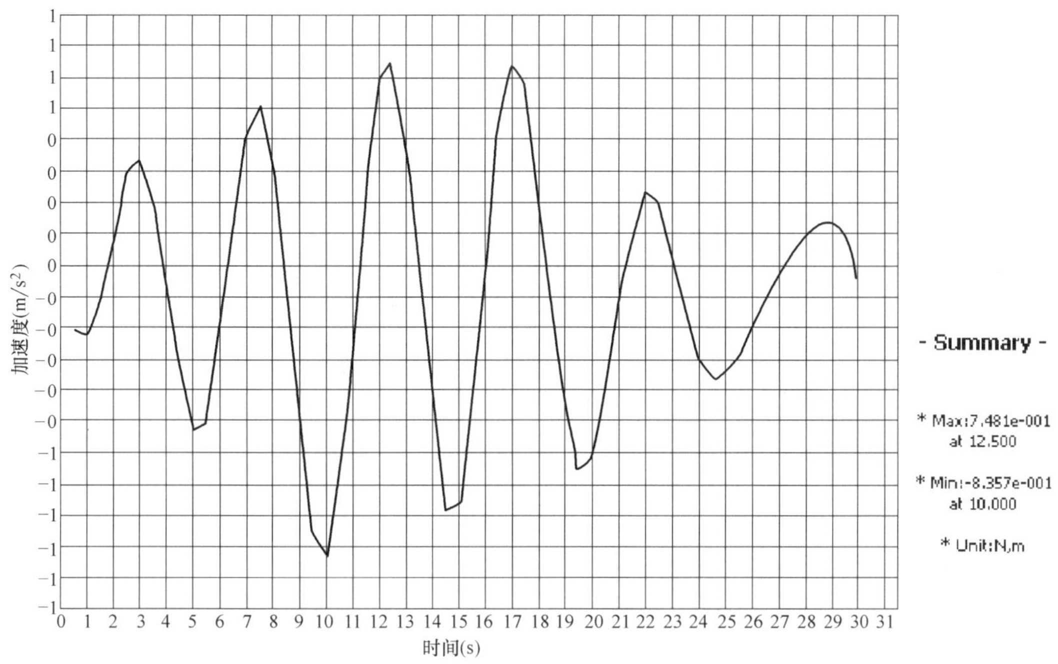

图 3-31 跨中节点加速度响应曲线（TMD 减振后）

在此临界范围之外可以不考虑行人动荷载作用。

本工程结构的第一阶自振频率为水平向振动，且为 1.0Hz 左右，因此需要进行侧向水平振动计算。同样，施加水平向人行激励荷载，得到的节点加速度响应曲线如图 3-32 所示。

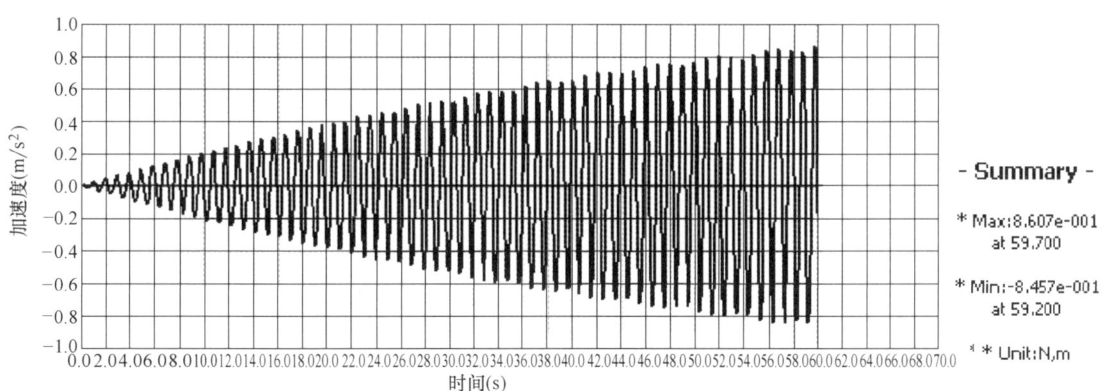

图 3-32 支座处节点加速度响应曲线

由图 3-32 可以看出，支座处节点加速度最大值为 0.86m/s²，大于德国规范限值 0.15m/s²。

6）添加黏滞阻尼器下结构的减振效果

第一阶振型为结构水平向伸缩，仿效伦敦千禧桥的做法，在桥墩上安装一定数量的横向黏滞阻尼器，本工程在每个桥墩支座处施加了两对黏滞阻尼器。图 3-33 和表 3-10 为计算结果。

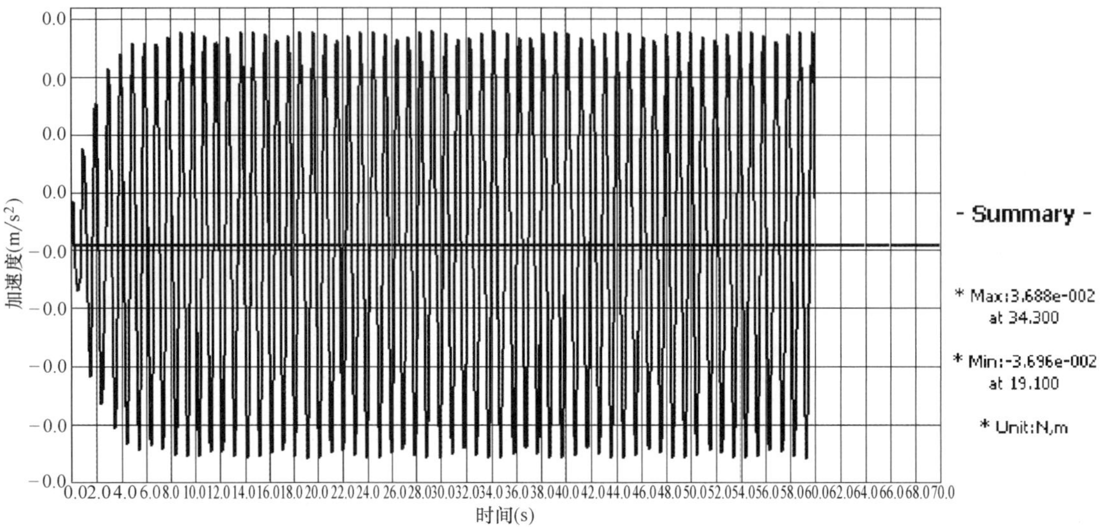

图 3-33　支座处节点加速度响应曲线（加了黏滞阻尼器）

表 3-10　是否添加黏滞阻尼器水平向加速度反应比较

是否添加黏滞阻尼器	未添加黏滞阻尼器	添加了黏滞阻尼器	备注
加速度最大值(m/s^2)	0.86	0.036	添加黏滞阻尼器后减少 96%

在本工程计算实例中，通过对结构施加阻尼系数为 60kN・s/m 的黏滞阻尼器，得出了支座处最大横向加速度响应仅为 0.036m/s^2，小于德国规范限值 0.15m/s^2，已能满足规范要求，由此可见，增加黏滞阻尼器是减少横向振动的一种很好的方式。

3.5.6　结论

通过计算可得到：

（1）由于每个 TMD 只能限制结构一个竖向自振频率，根据每跨竖向以及水平向自振频率的数量，每跨需设置 7 个竖向 TMD、3 个水平向 TMD。TMD 是减小竖向振动的有效措施，尤其对降低竖向加速度效果明显。

（2）每个桥墩支座处设置 2 对黏滞阻尼器，每个桥墩共设置 10 对黏滞阻尼器。黏滞阻尼器是减少横向振动的一种很好的方式。

（3）由于上述结果是理论计算值，TMD 的频率对减振结果的影响比较大，正式使用前，还应对天桥的动力特性进行现场测试，根据实测结果计算确定 TMD 的频率以及阻尼系数，在减震器的数量上进行适当预留，以确保减振效果。

4 大跨度人行天桥抗风分析研究

4.1 概述

1940 年 11 月 7 日，建成仅 4 个月的美国华盛顿州主跨 853m 的塔科马海峡大桥，在风速约为 19m/s 大风作用下桥面发生剧烈的风致振动，在经历了 70min 振幅不断增大的反对称扭转振动后，最终桥面折断坠落山谷（图 4-1）。这一重大事故发生后，桥梁工程师们开始认识到风对结构的作用不仅仅体现在静力方面，于是开始对风致振动问题展开研究。

图 4-1 旧塔科马海峡大桥风毁瞬间

桥梁抗风设计原则和所要达到的目标如下：

（1）在桥梁的使用期限内，对于梁和塔可能出现的最大风载荷，桥梁不会发生强度破坏、变形破坏和静力失稳现象。

（2）在桥梁的使用期限内，主梁发生自激发散振动的临界风速必须大于桥位处主梁上可能产生的最大风速，以确保桥梁不会产生动力失稳破坏。

（3）在桥梁的使用期限内，将桥梁可能产生的限幅振动的响应限制在允许的范围之内，并应使其振动尽快停止，以防止结构和构件产生疲劳破坏，确保行车安全。

由于自然风中紊流成分的不同特征，以及桥梁结构形式和断面形状的不同，风对桥梁的作用也表现出如下多种不同的形式：

（1）静风荷载作用。静风荷载作用是指静力风荷载对桥梁结构产生的效应。它所造成的桥梁破坏的特点主要是强度破坏或是过大的结构变形。

(2) 空气静力失稳。空气静力失稳是指结构在给定的风速作用下，主梁发生弯曲和扭转，这一方面改变了结构刚度，另一方面改变了风荷载的大小，并反过来增大结构的变形，最终导致结构失稳。与动力失稳不同，静力失稳发生前无任何预兆，突发性强，破坏性大。

(3) 颤振和弛振。颤振和弛振都属于自激型发散振动，它们都具有对结构造成毁灭性破坏的特点。其中颤振是指桥梁以扭转振动形式或扭转与竖向弯曲振动相耦合形式的破坏性发散振动；弛振则是一种发散的横风向单自由度弯曲自激振，桥梁像骏马奔驰那样上下舞动的竖向弯曲形式的破坏性发散振动。弛振现象一般会出现在桥梁的缆索上。

(4) 抖振和涡激振动。抖振是指风速中随机变化的脉动成分激起的桥梁不规则的有幅振动。涡激振动是指气流绕过桥梁时产生的周期性的漩涡脱落而引起的桥梁有限振幅的规则振动。这两种振动虽然对结构不具有破坏性，但是它们具有激发风速低，容易使结构或构件产生疲劳或使行车人感到不适的特点。

风工程的研究方法主要有现场实测、数值模拟和风洞试验三种。现场实测的费用高、耗时长，而数值模拟的基础理论尚不完备，故风洞试验作为一种行之有效的分析方式，已为完善风致动力响应的机理研究工作作出了很大贡献。

风洞试验作为桥梁抗风设计的重要手段，涉及风对结构的静力作用、风致振动响应和风振控制等。桥梁风洞模型试验分为主梁节段模型静力试验、动力试验和全桥模型试验等。节段模型静力试验是将主梁（成桥状态时还包括栏杆）按一定的几何比例做成模型，然后支撑在风洞中进行试验，以测定静力三分力系数（平均静气动力作用下的阻力、升力和扭转力矩）。动力试验是用弹簧（模拟桥梁其余部分对主梁节段的弹性约束作用）将节段模型悬挂在风洞中进行试验，弹簧常数由相似条件决定。这种试验可以直接给出桥梁颤振临界风速的二维近似试验结果，因试验模型制作容易、费用少、时间省，因此得到广泛应用。全桥模型则是将各部分构件的几何外形、质量和刚度按相似关系做成全桥模型，以使模型的固有振动特性与实桥相似，试验的目的是全面测定桥梁的临界风速、涡激振动和紊流引起的抖振的振幅。这种试验具有制作复杂、周期较长、费用昂贵，但真实可靠等特点。

4.2 桥梁抗风设计

4.2.1 静风荷载和风致静力失稳

在进行桥梁的静力风荷载计算时，桥梁的横向风荷载和顺桥向风荷载只需按照静风荷载计算。

桥梁构件基准高度处的设计基准风速可按以下公式计算：

$$V_{\mathrm{d}}=K_1V_{10}$$

或

$$V_{\mathrm{d}}=V_{\mathrm{s10}}\left(\frac{Z}{10}\right)^{\alpha}$$

式中：V_d——设计基准风速；

V_{10}——基本风速；

V_{s10}——桥址处的设计风速，即地面以上 10m 高度处，100 年重现期的 10min 平均年最大风速；

Z——构件基准高度；

K_1——风速高度变化修正系数；

α——地表粗糙系数。

施工阶段的设计风速可按以下公式计算：

$$V_{sd}=\eta V_d$$

式中：V_{sd}——不同重现期下的设计风速；

η——风速重现期系数。

静阵风风速可按以下公式计算：

$$V_g=G_V V_d$$

式中：V_g——不同重现期下的设计风速；

G_V——静阵风系数。

主梁上横桥向的静阵风荷载按下式计算：

$$F_H=\frac{1}{2}\rho V_g^2 C_H H$$

式中：F_H——作用在主梁单位长度上的静阵风荷载；

ρ——空气密度，取 1.25kg/m^3；

C_H——主梁阻力系数；

H——主梁投影高度，宜计入栏杆或其他桥梁附属物的实体高度。

墩、塔、吊杆、斜拉索和主缆上的静风荷载按下式计算：

$$F_H=\frac{1}{2}\rho V_g^2 C_H A_n$$

式中：C_H——桥梁各构件的阻力系数；

A_n——桥梁各构件顺风向投影面积，对吊杆、斜拉索和悬索桥的主缆取为其直径乘以其投影高度。

对于跨径小于 200m 的桥梁，其主梁顺桥向单位长度的风荷载可以按以下两种情况分别计算：

(1) 对于实体桥梁截面，取其横桥向风荷载的 1/4；

(2) 对于桁架桥梁截面，取其横桥向风荷载的 1/2。

主跨跨径大于 400m 的斜拉桥和主跨大于 600m 的悬索桥应计算其静力稳定性，一般桥梁无需计算静力稳定性。

4.2.2 风对桥梁的动力作用

1) 桥梁颤振稳定验算

当风攻角在$-3°\leqslant\alpha\leqslant+3°$范围内，颤振临界风速应满足：

$$V_{cr} \geqslant [V_{cr}]$$

式中：V_{cr}——颤振临界风速；

$[V_{cr}]$——颤振检验风速。

2）桥梁弛振稳定验算

弛振临界风速应满足下式：

$$V_{cg} \geqslant 1.2V_d$$

式中：V_{cg}——弛振临界风速。

3）桥梁涡激振动验算

竖向涡激共振的振幅应满足以下公式：

$$h_c < [h_a]$$

式中：h_c——竖向涡激共振振幅；

$[h_a]$——竖向涡激共振的允许振幅。

扭转涡激共振的振幅应满足以下公式：

$$\theta_c < [\theta_a]$$

式中：θ_c——扭转涡激共振振幅；

$[\theta_a]$——扭转涡激共振的允许振幅。

4.3 上海普陀区金沙江路真北路人行天桥抗风分析研究

金沙江路真北路人行天桥为复杂的三维空间结构，天桥顶部、底部面板、玻璃护栏以及桥墩之间会产生强烈的气流干扰，而天桥顶部，造型复杂，刚度较低，对风荷载比较敏感，通过现有风荷载规范较难确定风荷载参数，因此，有必要借助风洞技术获得该结构所受风荷载及风振响应。

本项目借助物理风洞技术，同济大学对此工程的刚性模型进行了风洞试验，测试了模型表面的平均压力和脉动压力，试验结果可用于整体结构设计和围护结构设计，主要包括以下研究内容：

（1）根据人行天桥的地理位置和地貌特点，在 1/150 缩尺比的 C 类大气边界层模拟风场，通过电子压力扫描阀测量出刚体模型表面的平均压力及同步脉动压力，风向角在 360°范围内，按 15°的间隔。

（2）根据试验测得的风压数据进行数据处理，给出：

① 用于结构设计的风荷载：24 个风向角上各测点的平均风压系数，最大、最小风压系数以及重现期 50 年的风荷载值。

② 用于围护结构设计的风荷载：24 个风向角上各测点重现期为 50 年的最大、最小阵风风压。

③ 利用试验已获得的结构表面脉动风压时程，采用大型有限元软件，数值模拟了结构在脉动风荷载作用下的随机响应。通过统计分析获得了结构风荷载计算中的关键参数——风振系数 μ_z，并计算了在各个风向角下的等效静风荷载。

4.3.1 风洞试验

1）风洞设备与测量系统

上海普陀区金沙江路真北路人行天桥建筑模型风洞试验是在边界层风洞中进行的，该大气边界层风洞是一座竖向回流式低速风洞，试验段尺寸为 3m 宽、2.5m 高、14m 长。在试验段底板上的大转盘直径为 3m；试验风速范围从 1.0～40m/s 连续可调；流场性能良好，试验区流场的速度不均匀性小于 2%、湍流度小于 2%、平均气流偏角小于 0.5°。

试验流场的参考风速是用皮托管和微压计来测量和监控的。大气边界层模拟风场的调试和测定是用丹麦 DANTEC 公司的 streamline 热线/热膜风速仪、A/D 板、PC 机和专用软件组成的系统来测量。热膜探头事先已在空风洞中仔细标定。该系统可以用来测量风洞流场的平均风速、风速剖面、湍流度以及脉动风功率谱等数据。

由美国 Scanivalve 扫描阀公司的量程分别为±254mm 水柱和±508 mm 水柱的 DSM3000 电子式压力扫描阀系统、PC 机以及自编的信号采集及数据处理软件组成风压测量、记录及数据处理系统。

2）试验模型与测点布置

上海普陀区金沙江路真北路人行天桥风洞测压试验模型为刚体模型（图 4-2），主体结构用

图 4-2 人行天桥风洞试验缩尺模型

有机玻璃板和 ABS 板制成，具有足够的强度和刚度，在试验风速下不发生变形，并且不出现明显的振动现象，以保证压力测量的精度。考虑到实际建筑物及周边建筑分布和风场模拟情况，选择模型的几何缩尺比为 1/150，模型与实物在外形上保持几何相似。试验时将测试模型放置在转盘中心，通过旋转转盘模拟不同风向角。

上海普陀区金沙江路真北路人行天桥测压点主要布置在顶棚、桥面及附属结构上，对应结构敞开的部分都为上下表面布置测点，测点总数 800 多个，测点布置位置如图 4-3 所示。人行天桥顶棚共有 104 个三角形分块，每个分块上布置 2 个双面测点，如图 4-3 所示，其测点编号分别对应为 1-1，…，1-60；2-1，…，2-60；3-1，…，3-60；4-1，…，4-28。

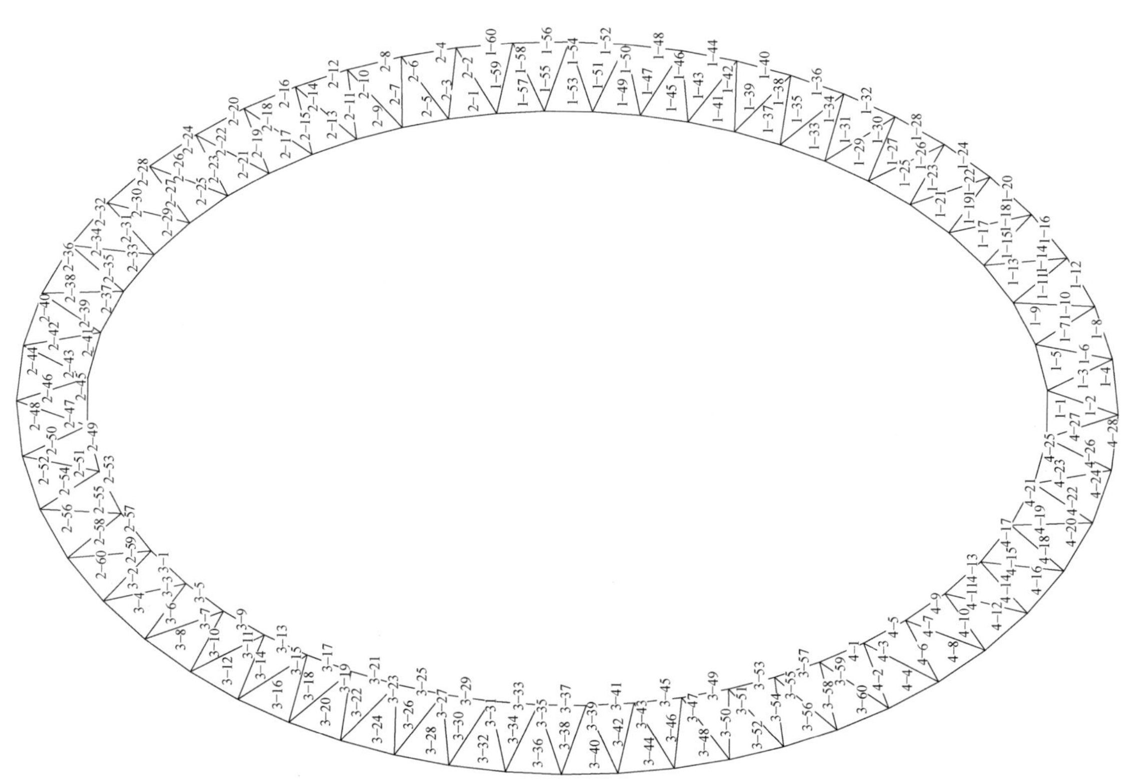

图 4-3 人行天桥顶棚测点分布示意图

人行天桥上共布置 52 个测点，如图 4-4 所示，其测点编号分别对应为 5-1，…，5-52。

人行天桥顶棚对应的两外侧边由于其厚度较大，故其上所受的风荷载对结构的整体水平荷载贡献较大，故布置有测点，如图 4-5 所示，其测点编号分别对应为 6-1，…，6-60；7-1，…，7-44。

人行天桥附属结构的玻璃护栏同样布置有测点，如图 4-6 所示，其测点编号分别对应为 8-1，…，8-48；9-1，…，9-52。

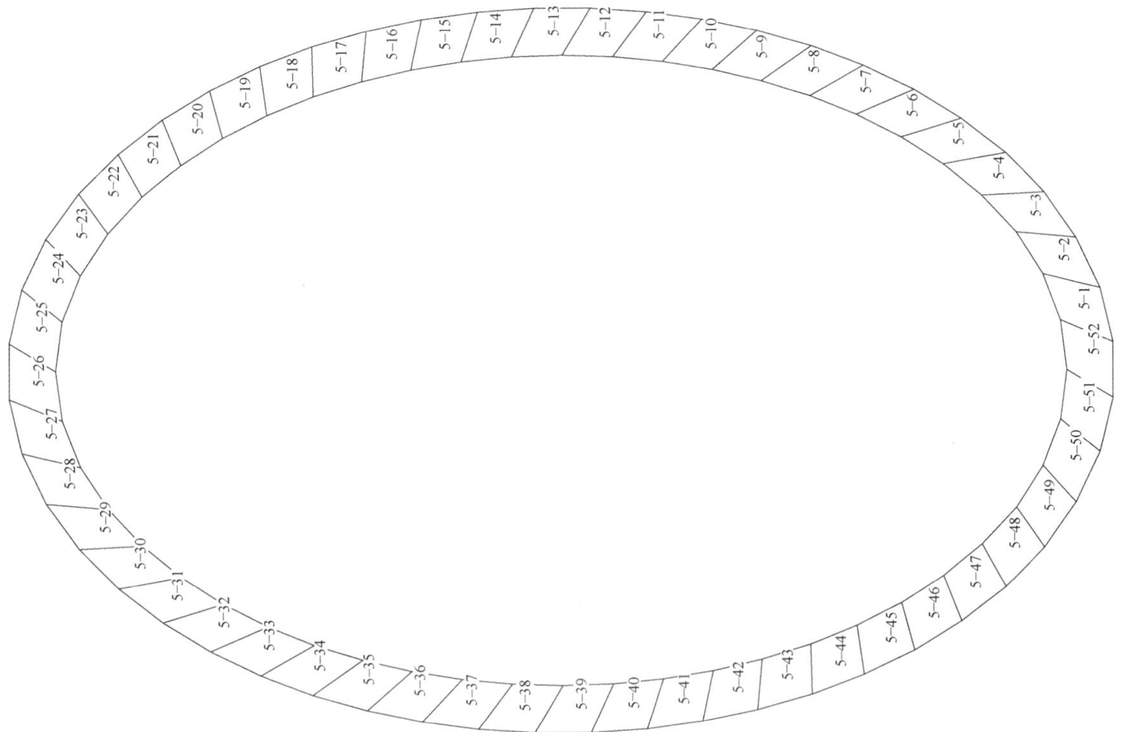

图 4-4 人行天桥测点分布示意图

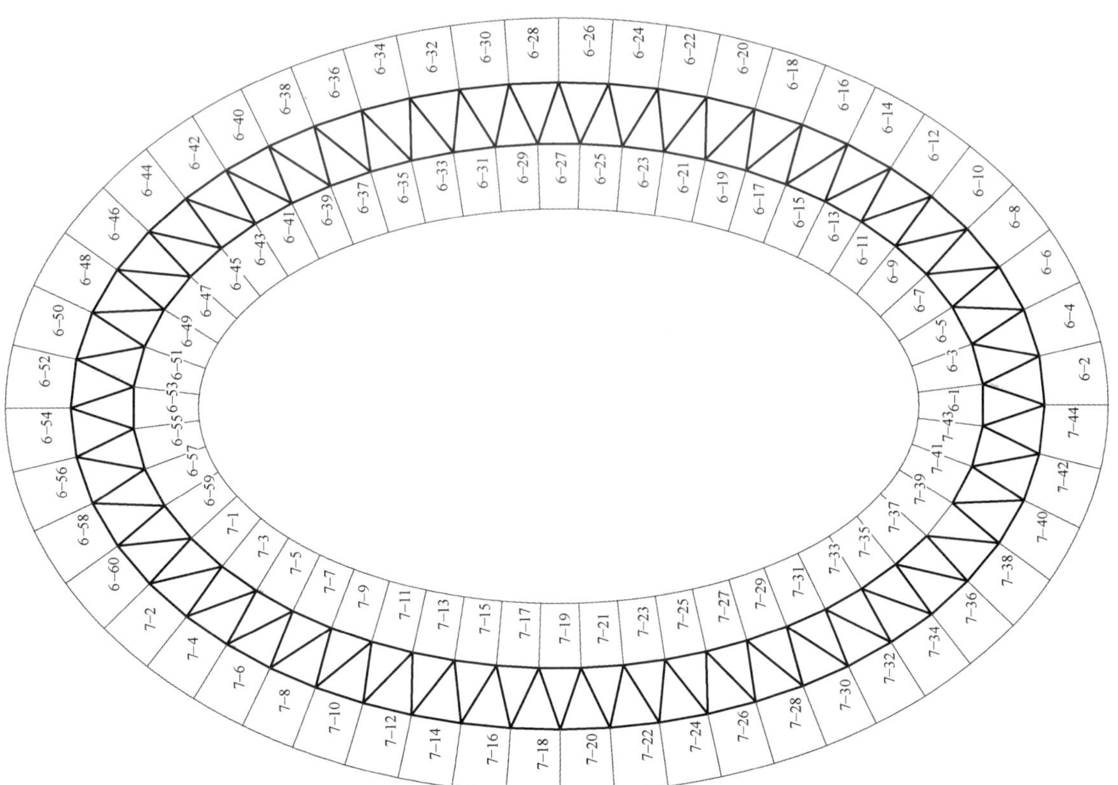

图 4-5 人行天桥顶棚两侧边测点分布示意图

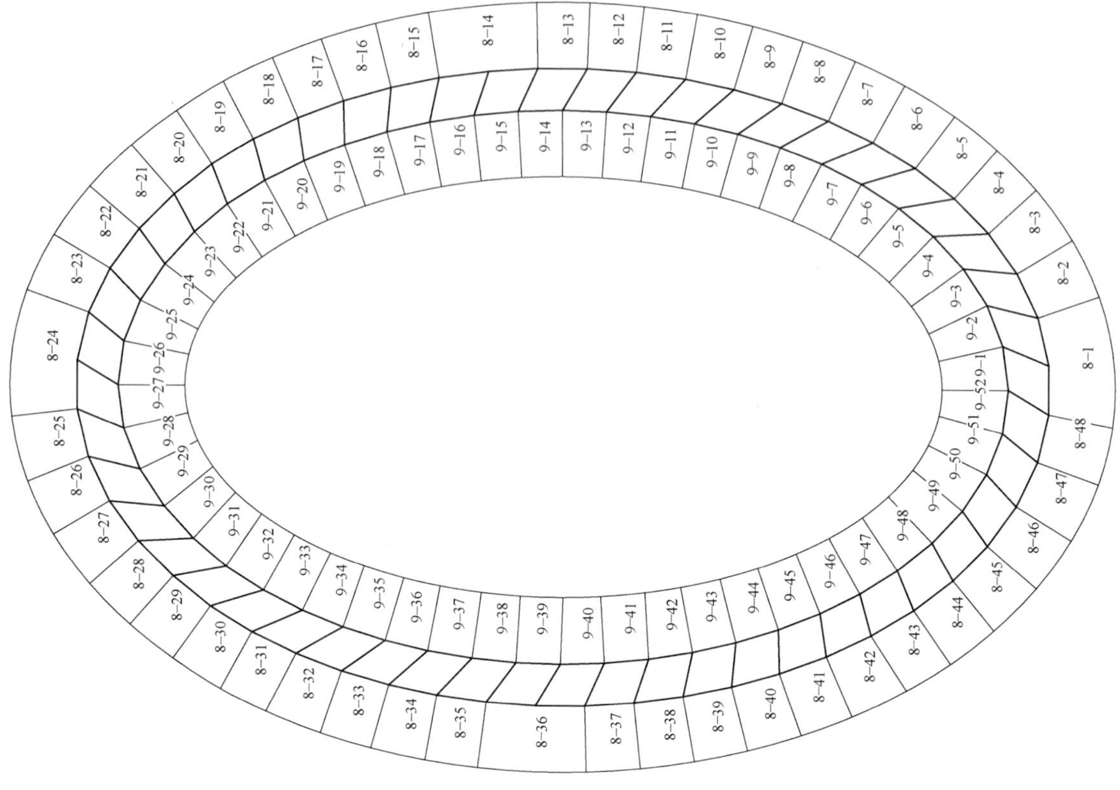

图 4-6 人行天桥附属结构测点分布示意图

3）试验工况

风垂直吹向人行天桥前面定义为 0°风向角，风向角按顺时针方向增加，试验风向角间隔取为 15°，该项目方位及风向角定义见图 4-7。

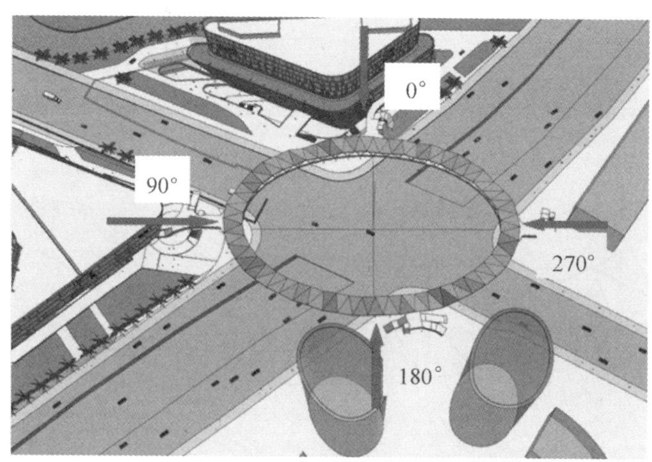

图 4-7 风向角定义示意图

4）风洞中的参考点位置

在风洞中选一个不受建筑模型影响且离风洞洞壁边界层足够远的位置作为试验参考点，在该处设置了一根皮托管来测量参考点风压，用于计算各测点上与参考点高度有关但与试验风速无关的无量纲风压系数。试验参考点选在高度为 1m 处，该高度在缩尺比为 1/150 的情况下对应于实际高度 15m。

由于各类地貌所对应的梯度风高度虽然各不相同，但它们的梯度风速度和梯度风压都相等这一实际情况，在实际应用中为了使用方便，都取梯度风压为参考风压。为此，必须把所有直接测得的风压系数换算成以与地貌无关的梯度风压为参考风压的压力系数。按我国的建筑结构荷载规范，大气边界层中的风速剖面以幂函数表示，即

$$U_Z=U_G\left(\frac{Z}{Z_G}\right)^{\alpha}$$

式中：Z_G——各类地貌所对应的梯度风高度（即大气边界层高度）；

α——反映各类地貌地面粗糙度特性的平均风速分布幂指数；

U_G——梯度风速度；

U_Z——离地面高度 Z 处的风速。

试验报告中给出的风压系数均是以梯度风压为参考风压的风压系数。这样，实际应用时，将各点的风压系数统一与实际梯度风压相乘即为该点对应的实际风压。

5）各测压点上的风压值符号的约定

风压值符号的约定为：压力作用向测量表面（压力）为正，而作用离测量表面（吸力）为负。

6）参考风速与参考风压

如前所述，风速试验报告给出的风压系数是以梯度高度风压为参考风压的。按照我国《建筑结构荷载规范》(GB 50009—2012)，对于 C 类地貌，上海市的 50 年重现期、10m 高度处、10min 平均的基本风压为 $w_{0,50}=0.55$kPa，相应的基本风速为 29.7m/s；对应于 100 年重现期的基本风压 $w_{0,100}=0.60$kPa，相应的风速为 31.0m/s。C 类地貌对应的梯度风高度为 $Z_G=400$m，$\alpha=\alpha_C=0.22$，由此可得梯度风高度处风速 $U_Z=U_G\left(\frac{Z}{Z_G}\right)^{\alpha}$ 和风压 $P_G=\rho U_G^2/2$，结果列于表 4-1 中。

表 4-1 梯度高度风速和风压（H=400m）

重现期(年)	50	100
U_{400}(m/s)	52.5	54.7
P_{400}(kPa)	1.72	1.87

7）风洞试验结果及统计分析

(1) 不同风向角下各测点的平均风压系数

在空气动力学中，物体表面的压力通常用无量纲压力系数 C_{Pi} 表示为：

$$C_{Pi}=\frac{P_i-P_{\infty}}{P_0-P_{\infty}}$$

式中：C_{Pi}——测点 i 处的压力系数；

P_i——作用在测点 i 处的压力；

P_0 和 P_∞——试验时参考高度处的总压和静压。

然后，按下式把所有直接测得的风压系数 C_{Pi} 换算成以参考高度处的风压为参考风压的风压系数 C_P，即

$$C_P=(Z_i/H_G)^{2\alpha}C_{Pi}=(Z_i/400)^{0.44}C_{Pi}$$

这里，Z_i 为第 i 个测点对应的实际结构的高度。C_P 可以是平均风压系数，也可以是极大或极小风压系数。

（2）不同风向角下各测点的点体型系数及分块体型系数

在某些结构分析标准软件中，必须输入《建筑结构荷载规范》定义的体型系数。为了适应这一需要，这里根据前述得到的平均风压系数，给出了各个测点的体型系数（以下称为点体型系数）。

《建筑结构荷载规范》中规定的作用在建筑物表面上高度 z 处的风荷载标准值的计算公式为：

$$w_i=\beta_{zi}\mu_{si}\mu_{zi}w_{0R}$$

式中：β_{zi}——高度 z 处的风振系数；

μ_{si}——风荷载点体型系数；

μ_{zi}——风压高度变化系数，对 C 类风场为 $\left(\frac{400}{10}\right)^{0.44}$；

$w_{0,R}$——R 年重现期，10m 高度处、10min 平均的基本风压，随重现期的不同取不同的值（下标 R 代表重现期，取为 50 年和 100 年），本工程对应于 50 年和 100 年重现期分别为：$w_{0,50}=0.55$kPa 和 $w_{0,100}=0.60$kPa。

根据本试验测得的各测点的平均风压系数 $C_{Pmean,i}$，可容易地换算得到各测点的点体型系数 μ_{si}，即：

$$\mu_{si}=C_{Pmean,i}\times\left(\frac{400}{z_i}\right)^{0.44}$$

大量的试验数据（各测点的点体型系数或压力系数）的表达形式复杂，不便于分析最不利风向及其对应的风荷载。为此，将建筑外侧表面划分为若干个分块部分，给出每个分块的分块体型系数 $\mu_{s,b}$，即：

$$\mu_{s,b}=\frac{\sum_{i=1}^{n}\mu_{si}\mu_{zi}A_i}{\mu_{z,b}A}$$

式中：μ_{si}，μ_{zi}，A_i——测点 i 的点体型系数、风压高度变化系数和对应的面积；

A——分块的总面积；

$\mu_{z,b}$——分块中心的风压高度变化系数。

由于本天桥测点对应的位置具有较明显的分块特征，故分块体型系数直接对应取测点的体型系数进行风荷载的分析计算。

4.3.2 用于围护结构设计的风压试验结果

对于建筑表面设计用风荷载的确定，按照现行的《建筑结构荷载规范》提供了围护结构设计用风荷载，即阵风风压。通过对各工况下试验数据的分析得到了所有风向角中各测点上的最大阵风风压、最小阵风风压。

根据试验所得的平均风压系数和现行的《建筑结构荷载规范》计算的阵风风荷载（50 年重现期），可作为屋面及玻璃幕墙等围护结构设计用风荷载。

本项目按照我国规范计算了用于围护结构设计的风压值。作用在点支式玻璃幕墙及围护结构上的风荷载标准值（也即阵风荷载）应按下述公式计算：

$$w_i = \beta_{gz}\mu_{si}\mu_{zi}w_{0R}$$

式中：μ_{si}——测点 i 处的风荷载点体型系数；

μ_{zi}——测点 i 处的风压高度变化系数；

β_{gz}——阵风系数，按现行国家标准《建筑结构荷载规范》采用。

因此有：

$$w_i = \beta_{gz}C_{P\mathrm{mean}}\left(\frac{400}{10}\right)^{0.44}w_{0,R}$$

根据上式可得到各测点在 24 个风向角下的阵风风压值。对于每个测点的阵风风压值，找出 24 个风向角中的一个最大值和一个最小值，分别称为该测点的最大阵风风压 $P_{\mathrm{Gust},R}^{\max}$ 和最小阵风风压 $P_{\mathrm{Gust},R}^{\min}$，可用于围护结构设计。

对于本项目的人行天桥风荷载研究，其围护结构的阵风荷载主要考虑两种围护结构，一是天桥顶棚部分，二是天桥人行道两侧的玻璃护栏，如图 4-8 所示。

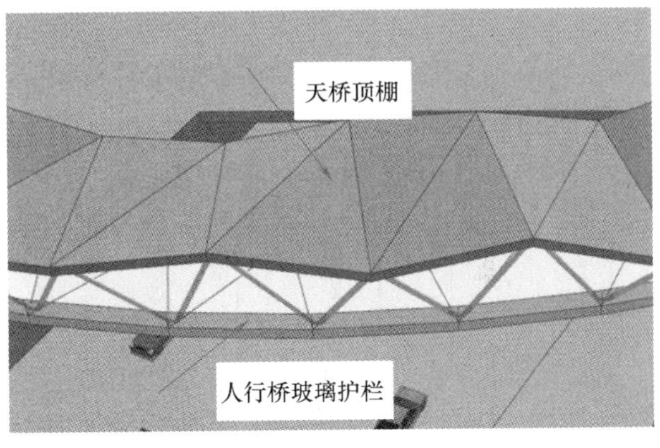

图 4-8 围护结构风压示意图

考虑敞开的围护结构上下两侧面的合力效果，分析测压数据最终可得：对应天桥顶棚部分的围护结构，其对应于 50 年重现期的最大阵风风压为 1.33kPa，最小阵风风压为－2.5kPa；

对应人行天桥玻璃护栏结构，其对应于50年重现期的最大阵风风压为2.49kPa，最小阵风风压为−0.98kPa。

考虑敞开的围护结构上侧面的单侧效果，分析测压数据最终可得：对应天桥顶棚部分的围护结构，其对应于50年重现期的最大阵风风压为0.56kPa，最小阵风风压为−2.86kPa；对应人行天桥玻璃护栏结构，其对应于50年重现期的最大阵风风压为1.45kPa，最小阵风风压为−1.39kPa。

综合考虑上述围护结构阵风荷载的取值，偏安全地取两者的最不利情况可得：对应于50年重现期，天桥顶棚最大阵风风压为1.33kPa，最小阵风风压为−2.86kPa；对应人行天桥玻璃护栏的最大阵风风压为2.49kPa，最小阵风风压为−1.39kPa。

4.3.3 结构风振响应分析

1）随机风振响应参数与工况

根据我国《建筑结构荷载规范》的规定，对一般钢结构（如构架钢结构）、有墙体材料填充的房屋钢结构和钢筋混凝土或砖石砌体结构，阻尼比分别取1%、2%和5%，参照《公路桥涵抗风设计规范》(JTG/T D60-01-2004)，钢桥结构阻尼比为0.5%。参照规范，本项目计算模态阻尼比取为0.5%。

根据风洞试验测量得到的脉动风压结果，采用时域直接积分法对该结构抖振响应进行分析。动力时程分析的总时长为100s，时间步长取为0.15s。在动力时程分析中采用了瑞利阻尼$C=\alpha M+\beta K$，该参数的计算主要用到结构的前2阶模态。结合测压试验结果，对0°～345°的共24个风向角进行风致振动响应分析。测点脉动风压时程如图4-9所示。

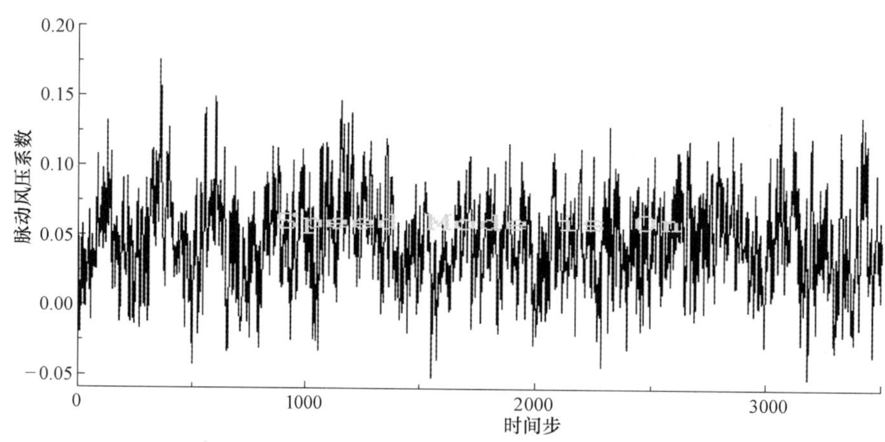

图4-9 测点脉动风压时程

2）风振系数定义

所谓风振系数是指风荷载的总响应与平均风产生响应的比值，风荷载的总响应包括平均风产生的响应和脉动风产生的响应，因此按照定义可以得出结构上任意点的风振系数为：

$$\beta_i = 1 + \frac{\tilde{u}_i}{\bar{u}_i}$$

式中：β_i——任意点的风振系数；

$\bar{u}_i$——该点的均风位移；

$\tilde{u}_i$——该点脉动风响应的最大位移。

为了统计分析脉动响应，$\tilde{u}_i$ 通常取为 $g \times \sigma_i$，σ_i 为该点响应的均方差，g 为对应的峰值因子，对于位移响应通常取为 2.5。因此，如果获得了某点的均风响应和脉动响应，就可得风振系数为：

$$\beta_i = 1 + \frac{g \times \sigma_i}{\bar{u}_i}$$

同时可得该响应的峰值（R_{peak}）、极大值（$R_{\max}$）和极小值（$R_{\min}$）定义：

$$R_{\text{peak}} = g \times \sigma_R \qquad R_{\max} = \bar{u} + g \times \sigma_R \qquad R_{\min} = \bar{u} - g \times \sigma_R$$

本研究采用整体结构风振位移作为风振系数的评估对象，采用该值来定义结构的整体风振系数。其中为了方便处理风荷载垂直作用于结构表面，将桁架结构全部用无质量和刚度的膜单元封闭，风振响应结构模型如图 4-10 所示。

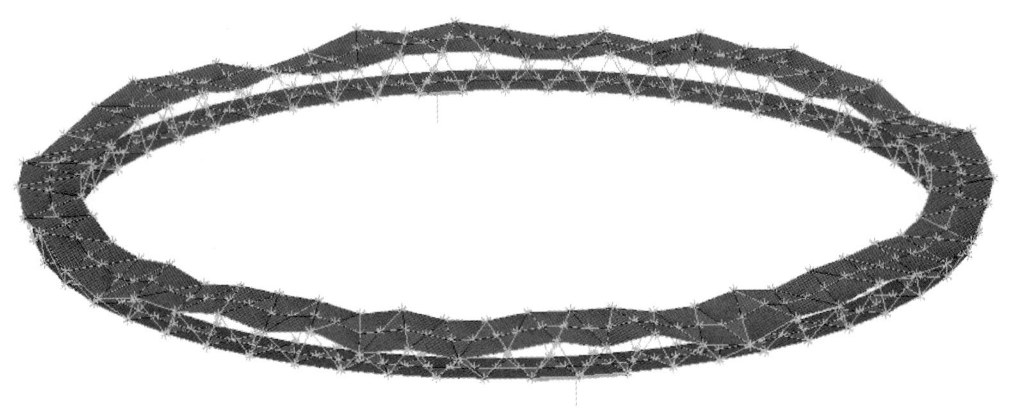

图 4-10 人行天桥结构模型图

3）风振分析结果

对于人行天桥的空间复杂结构体系，对整个结构定义一个整体的风振系数无法体现结构的风振响应特点，因此可把结构大致分为较有特点的四分块，其分界线分别对应桥梁支座处，如图 4-11 所示，表 4-2 分别给出各分块的风振系数。

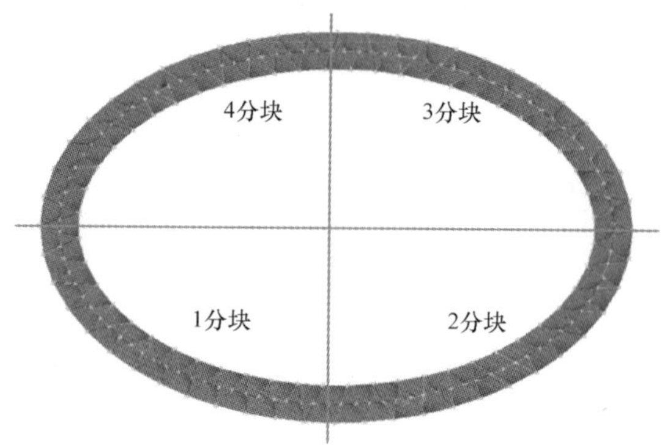

图 4-11 主体结构风振分块示意图

表 4-2 整体结构各分块风振系数列表

风向角(°)	1 分块	2 分块	3 分块	4 分块
0	1.68	1.69	1.67	1.82
15	1.54	1.64	1.56	1.75
30	1.49	1.59	1.56	1.73
45	1.58	1.67	1.64	1.79
60	1.56	1.61	1.66	1.77
75	1.51	1.59	1.60	1.73
90	1.54	1.59	1.54	1.68
105	1.54	1.60	1.57	1.71
120	1.40	1.54	1.51	1.67
135	1.44	1.57	1.54	1.69
150	1.48	1.60	1.53	1.72
165	1.48	1.58	1.54	1.73
180	1.58	1.63	1.60	1.77
195	1.76	1.75	1.68	1.82
210	1.98	1.85	1.90	1.93
225	1.75	1.84	1.85	1.92
240	1.81	1.84	1.79	1.88
255	1.68	1.67	1.64	1.73
270	1.49	1.57	1.56	1.69
285	1.55	1.61	1.57	1.73
300	1.49	1.59	1.57	1.72
315	1.62	1.61	1.59	1.70
330	1.59	1.60	1.58	1.70
345	1.55	1.61	1.61	1.78

参照《建筑结构荷载规范》中风荷载计算的定义有：

$$w_K = \beta_Z \cdot \mu_S \cdot \mu_Z \cdot w_0$$

式中，w_K 为风荷载标准值，β_Z 为高度 z 处的风振系数，μ_S 为风荷载体型系数，μ_Z 为风压高度变化系数，利用上述计算所获得的结构整体风振系数及试验所测的风荷载体型系数，结合具体的模型就可以得到整体结构在各个风向角下的风荷载大小。

4.3.4 等效静风荷载计算

采用上几节得到的各测点体型系数和风振系数，进行结构风荷载响应计算，计算中基本风压按上海地区重现期 $n=100$ 年风压值考虑。同时，为了方便有限元模型风荷载施加，将计算结果转换为可以直接作用在结构模型上的等效节点荷载。在结构计算中，可以直接采用等效节点荷载进行各工况计算与荷载组合。

由于在人行天桥刚体测压模型风洞试验中，采用大量的双面测点，在结构计算中，取上下面风荷载较不利组合进行验算。考虑组合为：组合 1——上面测点；组合 2——上面测点－0.5×下面测点；组合 3——上面测点－1.0×下面测点。在这三种组合下，对人行天桥风荷载响应进行计算，以得到较不利荷载及风向角。在确定较不利工况时，以人行天桥跨中竖向位移（向上为正，向下为负）和各支座最大拉力（拉为正，压为负）为判断标准。各工况计算结果如表4-3—表 4-8 所示。

表 4-3 组合 1 人行天桥跨中位移 (m)

风向角(°)	分块 1	分块 2	分块 3	分块 4
0	0.019	0.006	0.022	0.008
15	0.013	0.003	0.021	0.004
30	0.014	−0.001	0.023	0.001
45	0.015	−0.002	0.024(0.028)	0.000
60	0.011	−0.001	0.017	0.002
75	0.005	0.001	0.004	0.002
90	0.004	0.005	−0.001	0.002
105	0.002	0.008(0.011)	−0.001	0.002
120	0.003	0.008	0.000	0.003
135	0.001	0.007	0.001	0.002
150	0.001	0.004	0.002	0.001
165	0.002	0.004	0.003	0.001
180	0.009	0.002	0.009	0.001
195	0.018	0.001	0.011	0.001
210	0.033	0.001	0.016	0.001
225	0.038 (0.044)	0.001	0.017	0.001
240	0.037	0.001	0.013	0.001
255	0.024	0.004	0.006	0.002

续表

风向角(°)	分块 1	分块 2	分块 3	分块 4
270	0.007	0.006	0.005	0.005
285	0.008	0.003	0.007	0.008
300	0.013	0.004	0.007	0.007
315	0.012	0.005	0.008	0.007
330	0.015	0.004	0.012	0.007
345	0.013	0.005	0.014	0.010 (0.016)

表 4-4　组合 1 人行天桥最大支座拉力 (kN)

风向角(°)	1 号墩	2 号墩	3 号墩	4 号墩
0	6.62	−114.10	−159.20	−225.70
15	161.10	−48.84	−86.95	−85.54
30	355.10	96.72	96.11	68.42
45	414.30	203.80	160.50	114.20
60	263.50	115.80	45.35	14.88
75	−13.29	14.73	−35.23	−93.19
90	106.10	−4.55	−47.72	33.73
105	163.10	88.60	−63.44	88.51
120	92.70	62.85	−63.15	43.31
135	42.28	114.90	−20.07	23.35
150	−45.61	61.88	−18.14	−14.23
165	−59.47	7.88	−7.61	11.78
180	85.16	−39.81	81.85	61.97
195	136.50	50.43	230.20	34.87
210	203.30	188.00	443.70	−28.23
225	167.30	198.80	515.30	−23.58
240	105.80	211.70	511.20	−34.29
255	−112.30	3.84	263.90	−80.07
270	−70.74	−87.67	−106.80	−146.40
285	−66.89	−64.26	−127.90	−178.30
300	−86.71	−54.70	−88.04	−172.00
315	−139.30	−86.97	−129.10	−160.70
330	−101.10	−37.44	−126.10	−249.70
345	−17.03	−134.30	−302.10	−335.50

表 4-5 组合 2 人行天桥跨中位移 (m)

风向角(°)	分块 1	分块 2	分块 3	分块 4
0	0.009	0.004	0.012	0.005
15	0.007	0.002	0.014	0.002
30	0.008	−0.001	0.017	−0.001
45	0.010	−0.002	0.019	−0.001
60	0.007	0.000	0.013	0.000
75	0.003	0.001	0.002	0.001
90	0.002	0.004	−0.001	0.001
105	0.001	0.007	−0.002	0.001
120	0.002	0.006	0.000	0.002
135	0.000	0.005	0.000	0.002
150	0.000	0.003	0.001	0.001
165	0.002	0.003	0.001	0.001
180	0.007	0.001	0.005	0.001
195	0.014	−0.001	0.006	0.000
210	0.025	−0.002	0.010	0.000
225	0.027	−0.002	0.010	0.000
240	0.027	−0.001	0.008	0.000
255	0.017	0.002	0.003	0.001
270	0.004	0.005	0.002	0.003
285	0.003	0.002	0.004	0.005
300	0.007	0.002	0.003	0.005
315	0.006	0.003	0.002	0.005
330	0.008	0.003	0.007	0.004
345	0.005	0.004	0.008	0.006

表 4-6 组合 2 人行天桥最大支座拉力 (kN)

风向角(°)	1 号墩	2 号墩	3 号墩	4 号墩
0	−25.10	−123.10	−130.70	−127.50
15	127.70	−49.40	−52.69	−14.34
30	275.00	50.07	93.46	128.50
45	323.60	166.10	169.70	185.90
60	189.10	89.81	81.37	97.42
75	−0.27	5.58	−12.11	−40.53
90	116.30	37.34	−36.66	38.15
105	151.90	96.23	−48.02	71.73
120	89.33	67.05	−43.06	39.15

续表

风向角(°)	1号墩	2号墩	3号墩	4号墩
135	56.49	99.43	−1.10	19.45
150	−4.01	39.63	−7.01	−18.08
165	8.58	−8.29	−24.99	−18.98
180	81.74	7.63	36.02	−3.27
195	142.40	114.00	176.70	9.32
210	225.90	235.50	374.40	3.38
225	224.50	262.50	420.70	8.10
240	163.30	244.90	384.20	−19.40
255	−43.56	49.80	201.60	−46.35
270	−10.04	−31.04	−45.58	−71.05
285	−38.09	−61.76	−38.43	−88.05
300	−47.79	−47.73	−61.18	−66.46
315	−24.53	−90.36	−89.14	−20.11
330	−80.10	−68.82	−69.99	−124.50
345	−23.66	−72.27	−116.40	−187.10

表4-7 组合3人行天桥跨中位移 (m)

风向角(°)	分块1	分块2	分块3	分块4
0	−0.001	0.002	0.003	0.002
15	0.001	0.001	0.008	0.000
30	0.003	0.000	0.012	−0.002
45	0.005	−0.001	0.014 (0.017)	−0.003
60	0.004	0.000	0.009	−0.002
75	0.001	0.001	0.000	−0.001
90	0.000	0.003	−0.002	0.000
105	0.000	0.005(0.007)	−0.002	0.000
120	0.000	0.004	−0.001	0.001
135	0.000	0.004	−0.001	0.001
150	0.000	0.001	−0.001	0.001
165	0.002	0.002	−0.001	0.002
180	0.005	0.000	0.002	0.002
195	0.010	−0.003	0.001	0.000
210	0.016	−0.004	0.003	−0.001
225	0.017(0.020)	−0.005	0.003	−0.001
240	0.016	−0.004	0.002	0.000

续表

风向角(°)	分块 1	分块 2	分块 3	分块 4
255	0.010	0.000	0.000	0.000
270	0.000	0.003	−0.001	0.001
285	−0.002	0.000	0.000	0.002
300	0.002	0.000	−0.001	0.002
315	0.001	0.002	−0.003	0.003(0.004)
330	0.001	0.001	0.003	0.001
345	−0.004	0.002	0.002	0.002

表 4-8 组合 3 人行天桥最大支座拉力 (kN)

风向角(°)	1 号墩	2 号墩	3 号墩	4 号墩
0	1.27	57.99	−7.50	−29.22
15	94.19	−13.42	−18.43	56.85
30	195.00	4.66	90.81	188.50
45	232.90	128.40	178.90	257.60
60	114.80	63.81	117.40	180.00
75	56.98	12.38	11.01	15.47
90	126.60	79.23	−25.60	42.56
105	140.80	103.90	−32.61	54.95
120	85.96	71.25	−22.97	35.00
135	70.71	83.99	18.57	15.56
150	37.59	17.38	8.03	−6.78
165	76.63	−24.45	12.93	39.45
180	78.32	55.07	−9.81	−37.28
195	148.30	177.50	123.20	−5.39
210	248.50	282.90	305.20	39.29
225	281.60	326.20	326.00	41.51
240	220.70	278.20	257.20	−4.50
255	25.16	95.77	139.30	4.29
270	57.60	25.59	15.61	4.27
285	−9.29	39.61	66.80	3.23
300	−2.43	−37.77	2.71	39.12
315	131.70	−9.37	3.53	120.40
330	−58.48	−18.04	−13.91	25.31
345	−30.07	126.20	118.40	−26.19

由于该桥为三维空间结构，跨度较大，结构复杂，在荷载提取时，各个工况下最大位移节点可能不在同一位置，以上节点位移表格均是针对跨中某一节点，不一定取到此工况下最大位

移。因此，这些表格仅作为判断最不利工况时使用，各个工况下的结果需根据等效节点荷载对有限元模型进行重新加载后计算得到。

通过计算可以发现组合 1 和组合 3 下，45°、105°、120°、225°、240°、315°和 345°等角度较为不利，验算风荷载时应特别注意。同时由于在风荷载作用下，不同工况时结构位移有正负之分，在荷载组合时，应根据需要选取较不利工况进行验算。

4.3.5 结论

通过人行天桥刚性模型风洞测压试验及风振分析，得到如下结论：

（1）基于试验得到不同风向角下各分块的体型系数，参照《建筑结构荷载规范》，考虑风振系数后的风荷载可作为结构设计风荷载。考虑到该人行天桥结构都为双面敞开结构，因此风荷载的计算考虑了上下面风压的不同组合形式。结构设计中偏安全地取其中的最不利值进行验算。

（2）按照现行的《建筑结构荷载规范》，提供了围护结构设计风荷载，即阵风风压，对应于 50 年重现期，天桥顶棚最大阵风风压为 1.33kPa，最小阵风风压为－2.86kPa；对应人行桥玻璃护栏的最大阵风风压为 2.49kPa，最小阵风风压为－1.39kPa。

（3）通过等效风荷载计算分析比较发现：单上面测点和上面测点-下面测点两种组合下，45°、105°、120°、225°、240°、315°和 345°等角度下风荷载引起的结构变形以及内力较其他角度风荷载大，考虑风荷载作用下结构内力以及位移均满足规范要求且相关数值均不大。

（4）由风荷载单工况引起的最大支座拉力为 511kN，桥梁自重可基本平衡。同时支座具有很强的抗拉能力，支座自身可抵抗较大的水平力。

5 大跨度人行天桥施工过程分析

大型钢结构的施工安装是一个动态变化的过程，根据不同的施工方案从单根构件或部分子结构逐步安装，直至整体结构安装完毕。在施工过程中，结构的力学行为也会随着结构整体刚度的大小，所承受施工阶段的荷载以及构件的边界约束等条件的改变而改变。尽管是同一工程结构，项目竣工后，整体结构的受力与变形情况也会由于施工工艺及安装流程的不同而产生差异。为了确保结构最终成型满足设计要求和使用功能要求，杜绝桥梁在施工过程中出现工程事故，需对施工阶段结构的受力特性进行仿真分析。

5.1 大型钢结构常用施工方法

大型钢结构工程所选施工方法的合理与否对其工程质量、施工进度及建造成本将产生直接的影响。大型钢结构工程常用施工方法如下。

1）高空散装法

高空散装法又称原位拼装法，是指将结构的小拼单元或散件（单个节点或单根杆件）直接在设计位置总拼成整体的方法。高空散装法是运用简易起重运输设备将散件在设计标高一次性完成拼装。采用该法安装，脚手架用量大，且需要较大场内用地，散件多，所以高空作业量大，工期较长，安装精度也较难保证，技术上亦有一定难度。

2）分段（块）吊装法

分段（块）吊装法指的是将钢结构划分成若干条状或块状的结构单元后，依靠起重设备将各结构单元吊装到高空设计位置，再拼装焊接形成有机整体的安装方法。其中条状是指沿纵轴方向将钢结构分割成若干个包含 1～3 个网格的区段；而块状是指沿纵横两个方向将钢结构切割成在起重机起吊能力范围内的矩形或正方形的安装单元。

3）整体吊装法

整体吊装法是指将钢结构在地面进行整体拼装后，采用单根或多根拔杆，一台或多台起重机将构件整体吊装至设计标高的施工方法。采用这种方法施工不需要较大的拼装支架，高空作业量少，焊接质量容易保证，构件安装精度高。但框架梁等某些结构的施工需待钢结构整体安装完成后才能进行，平行施工受到一定的限制。

4）整体提升法

整体提升法就是在地面拼装胎架上将钢构件拼成整体后，借由安装在结构上的提升设备将钢构件整体一次性提升到设计位置。这种施工方法的优点是利用小型提升设备便可安装大结构，可减低施工器械费用的投入；可利用永久结构取代临时支撑做提升支撑架，节省钢材用量。

5）整体顶升法

整体顶升法指的是先在适当的楼层或地面完成待安装结构的整体拼装，再运用位于结构下方的顶升设备将其顶升至设计位置的安装方法。采用此方法时可利用原有结构柱作为顶升支架，也可以专门设置顶升支架，所用设备一般为液压式千斤顶，体积较小；当顶升大跨度的大型钢结构时，可用专门的大型千斤顶。

6）高空滑移法

高空滑移法就是在设置的拼装平台上进行拼装后，待第一个拼装单元或第一段拼装完毕，即将其下落至滑移轨道上，用牵引设备通过滑轮组将拼装好的结构单元向前滑移一定距离，然后再在拼装平台上拼装第二个拼装单元或第二段，接好后连同第一个拼装单元或第一段一同向前滑移，如此逐段拼装、不断向前滑移，直至整个钢结构拼装完毕并滑移至就位位置。这种施工方法的优点是，单元结构的滑移对建筑物内部施工没有影响，可与其他土建施工平行作业，加快施工进度，提高经济效益；对起重设备、牵引设备要求不高，从而可降低施工成本；在起重设备无法进入的区域同样适合；可采用试拼或散件拼装的方法来避免因采用逐条累计滑移法时，条状单元的拼接出现的轴线偏差。

5.2 大型钢结构施工过程仿真分析

一般来说，对于大型和大跨度复杂空间钢结构，施工安装方案对结构成型后的受力状态有直接的影响。因此，设计人员不仅要重视结构的设计状态，而且也要关心结构的施工过程，确保成型后的结构满足设计要求。在设计阶段所采用的分析计算方法主要以最终结构的受力状态为原则，但在施工阶段，结构内力和位移会随着临时支撑的设置与拆卸而发生变化。为了防止施工过程中结构失去稳定而倒塌、失去平衡而倾覆，或是节点强度不足而破坏，或是某些构件在施工过程中出现由于应力过大而引起不可逆转的变形，造成结构无法继续安装甚至出现结构破坏等不利情况，对结构施工吊装过程中进行全过程仿真分析是必要的。

大型钢结构的施工全过程仿真分析，就是根据事先编制好的施工流程模拟分析结构在施工过程中结构的稳定性和各构件的内力与变形，从而为施工过程中结构的安全性提供有效保障。施工仿真一般用有限元软件作为分析工具，按拟定的施工方案对施工全过程的力学特性进行仿真分析，定量描述各施工阶段结构的工作状态。根据施工全过程结构的内力与应力仿真分析结果，选取关键结构构件，定量描述各施工阶段结构构件受力状态，确保结构施工阶段各构件处于弹性工作状态；根据施工全过程位移仿真分析结果，选取关键结构中的关键节点，定量描述各施工阶段结构竖向位移情况，把握整体结构的变形规律，确保结构施工阶段所产生的竖向位移满足挠度限值要求。

5.3 上海普陀区金沙江路真北路人行天桥施工过程分析

5.3.1 人行天桥分段安装方案及流程

1）施工方案

本工程位于上海市金沙江路、真北路十字交叉路口，所在地双向车流量十分密集，人行天桥局部还跨越真北路上中环的地下通道，真北路地铁 13 号线车站已经试运营；地下水管、高压电缆、通信系统、管道以及地上绿洲中环中心园林、交通信号系统、控制电箱、隧道口路灯等对钢结构吊装时吊机的停机位置和钢支撑的布置都有影响。

工程所在地交通十分繁忙，现场交通组织难度大，可使用场地小，工程环境非常复杂。如何布置临时支撑，确保主桥按不规则的弧形空间立体桁架分段，进行超大异型钢结构构件安全吊装，并尽量不影响道路通行；如何合理布置吊装的平面位置，以最少的停机次数覆盖最多的吊装范围；如何选择吊机、索具，确保吊装分段一次性吊装到位；地铁 13 号线从金沙江路下通过，施工期间如何保护；真北路中环线顶部原结构的保护，等等，在现场钢结构的施工时都需仔细考虑。

针对以上复杂现场工程环境，采取以下应对措施：

① 现场吊装应尽量减少对交通带来的影响。根据设计图纸结合现场勘探，天桥实施下分段，分段的目的主要是在四个路口马路当中尽量少设临时支架，临时支撑尽量设置在道路路边，减少对现场交通的影响，同时考虑了分段吊装时吊机停机位尽量位于地铁 13 号线安全区域外，减少对地铁的影响。

② 精心优化吊装方案，使得临时支架的数量最合理、位置最合理，尽量减少临时支撑占道情况。

③ 钢结构吊装时吊机的停机位置和钢支撑的布置，尽量避开地下水管、高压电缆、通信系统、管道以及地上绿洲中环中心园林、交通信号系统、控制电箱、隧道口路灯。

④ 加强对现场原有结构物的保护。靠近真北路中环线挡墙附近有吊机停机或临时支撑设置点时，将根据位置对原结构进行安全分析验算，以做到对原有结构的不破坏；金沙江路地铁 13 号线附近区域，选择合理的吊机停机位置，并且根据吊机停机位置计算吊装过程实施时对地铁结构安全的影响，确保地铁运营的安全。

根据以上情况，本工程施工分为前期的安装成型过程和后期的落架过程，主要分为三个主要过程：

① 吊装钢结构，分 17 段逐步吊装完成；

② 拆除临时支撑，分 4 步拆除临时支撑；

③ 安装混凝土桥面板，分 8 步安装混凝土桥面板。

2）吊装过程

整个安装过程分 17 段吊装，流程如图 5-1 所示。

3）临时支撑

临时支撑布置如图 5-2 所示。

4）桥面板安装

桥面板安装分 8 个过程，首先安装 4 个混凝土柱墩位置桥面板，分别向柱墩两侧各延伸 1/3跨距，然后安装跨中桥面板，安装顺序如图 5-3—图 5-10 所示。坐标为整体坐标，如图中坐标系，后面计算结果均基于此坐标系。

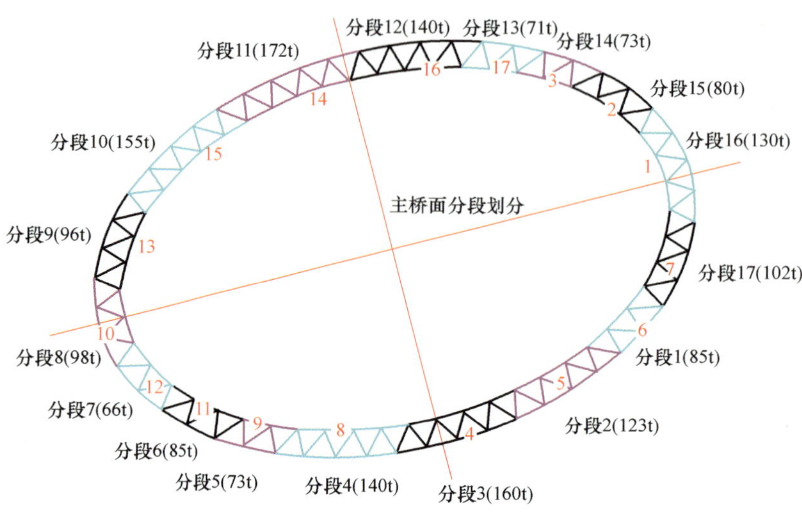

图 5-1 天桥钢结构吊装流程图

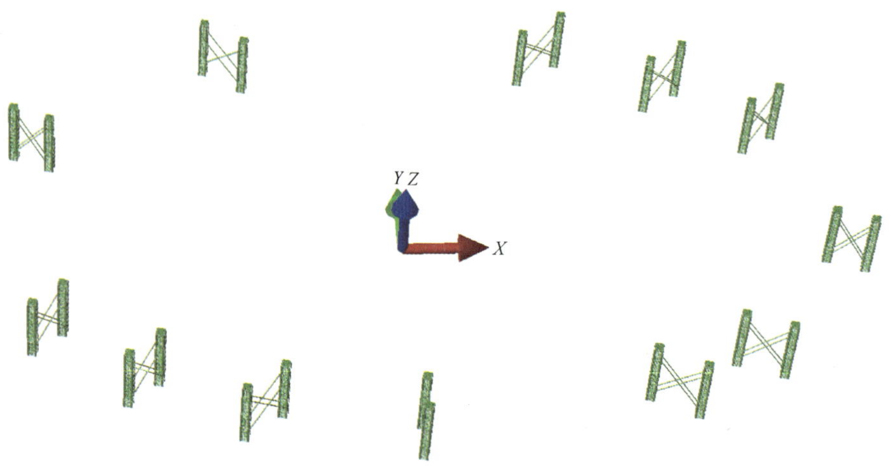

图 5-2 临时支撑布置图

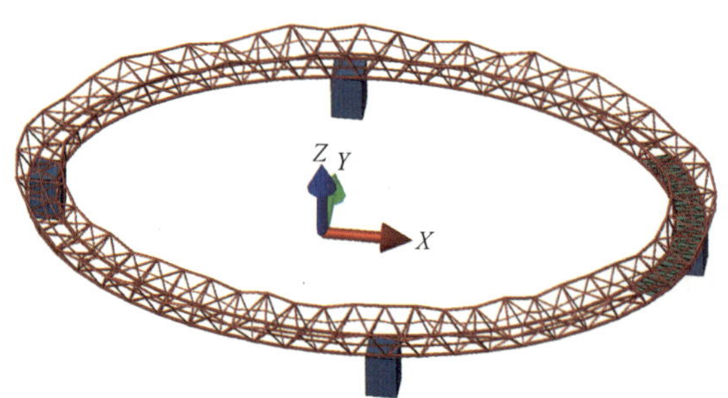

图 5-3 加柱墩支座桥面板 1

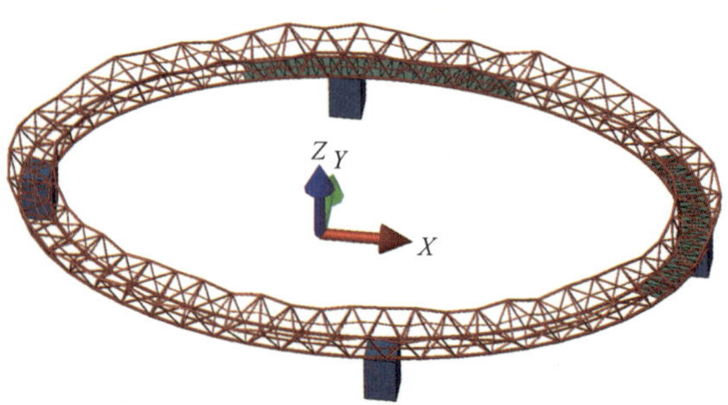

图 5-4 加柱墩支座桥面板 2

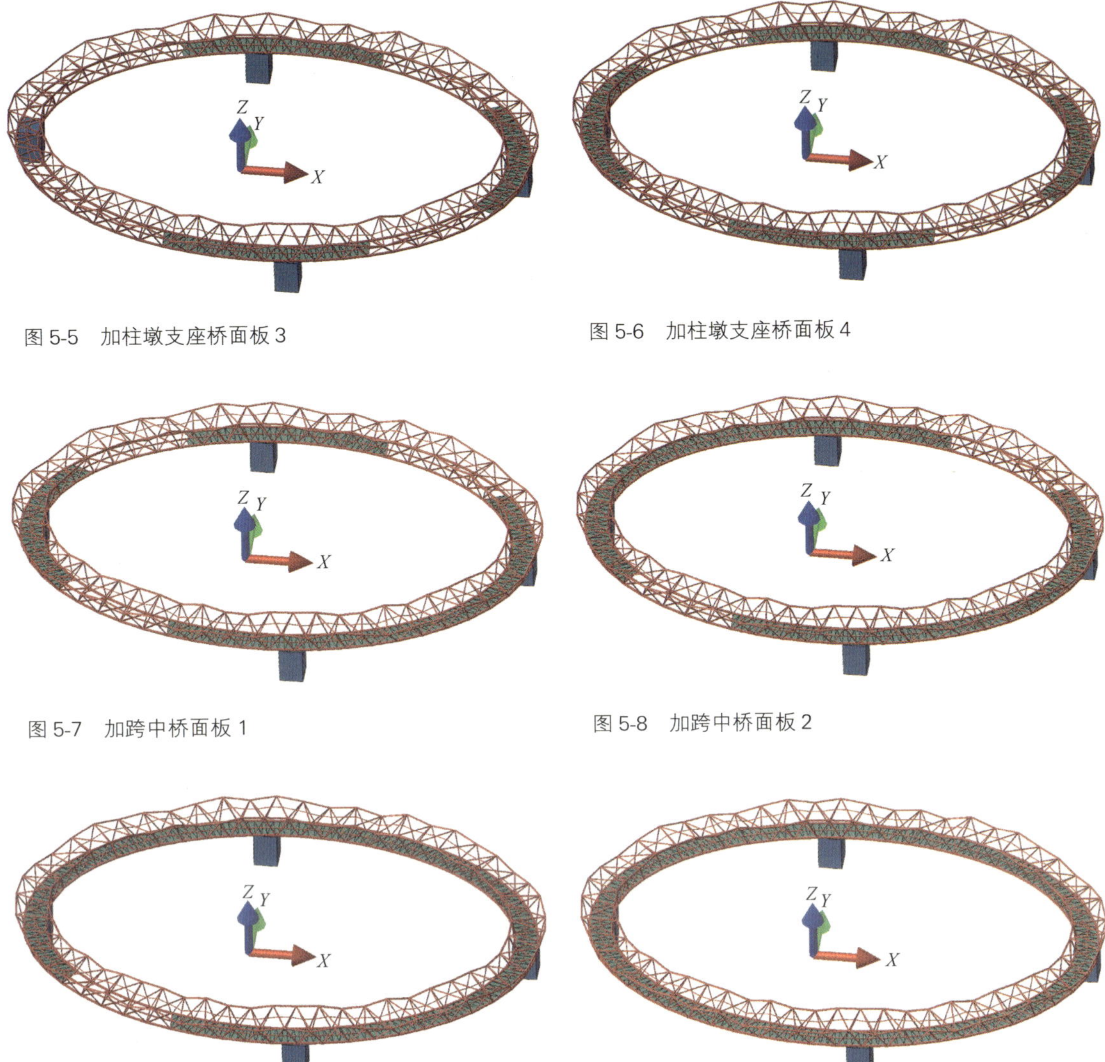

图 5-5　加柱墩支座桥面板 3

图 5-6　加柱墩支座桥面板 4

图 5-7　加跨中桥面板 1

图 5-8　加跨中桥面板 2

图 5-9　加跨中桥面板 3

图 5-10　加跨中桥面板 4

5.3.2　分析软件及方法

施工过程采用大型有限元软件 ABAQUS，考虑几何非线性方法，杆件布置和设计图纸完全一致，考虑恒载为杆件自重、节点铸钢荷载、混凝土桥面板自重（与设计图纸一致），并考虑施工活荷载 1kN/m^2（需要根据施工实际活荷载大小调整）。

为了简化计算，4 个混凝土柱墩采用支座模拟，本身对施工过程影响很小。有限元计算模型如图 5-11 所示，图中钢结构支架为临时支撑。

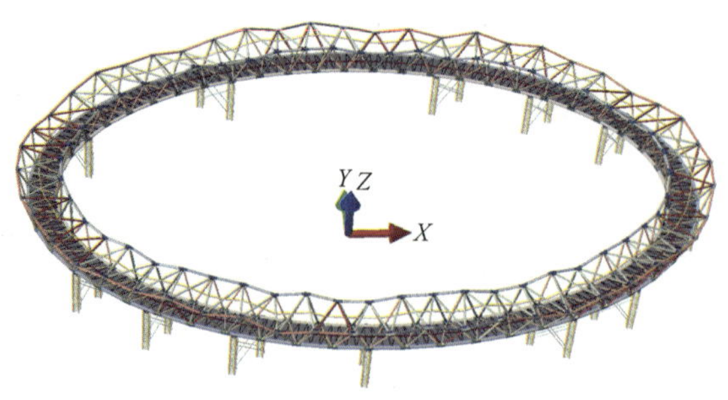

图 5-11　有限元模型

5.3.3　计算各步位移、应力结果

1）吊装钢结构过程各步骤结果

吊装过程中计算结果如图 5-12—图 5-45 所示，计算结果中位移单位为 m，应力单位为 Pa。

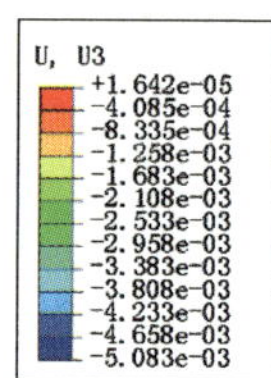

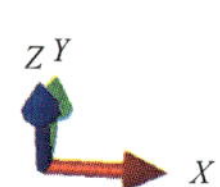

图 5-12　吊装 1 竖向位移（最大 5.1mm）

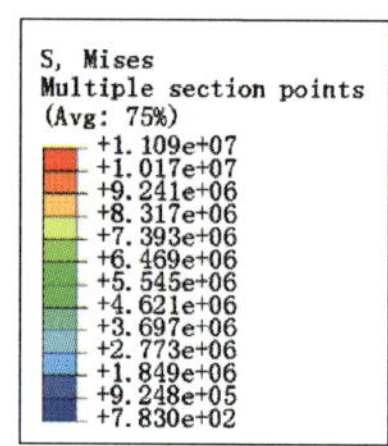

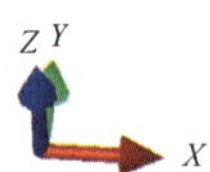

图 5-13　吊装 1 应力（最大 11.1MPa）

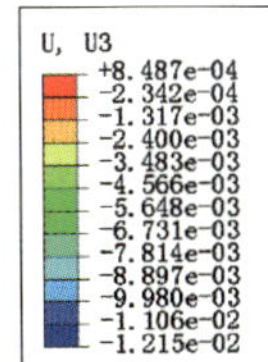

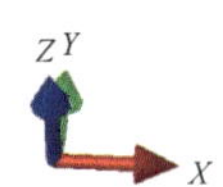

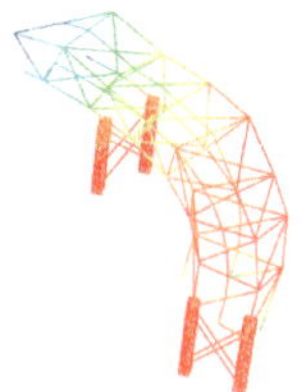

图 5-14 吊装 2 竖向位移（最大 12.2mm）

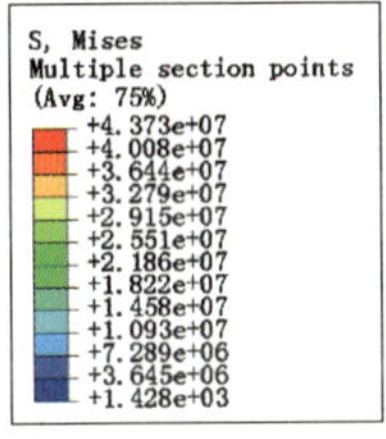

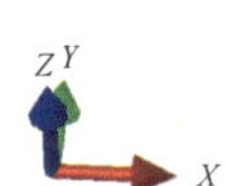

图 5-15 吊装 2 应力（最大 43.7MPa）

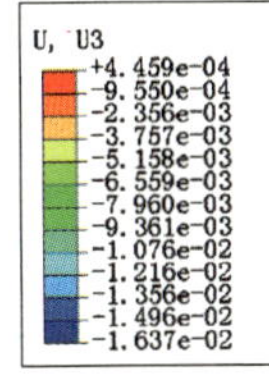

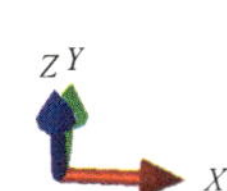

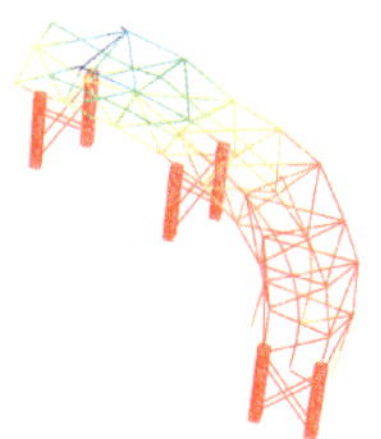

图 5-16 吊装 3 竖向位移（最大 16.4mm）

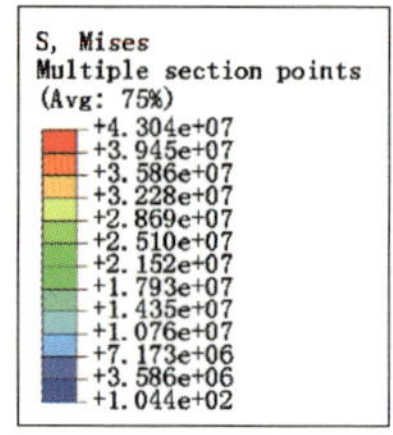

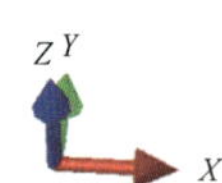

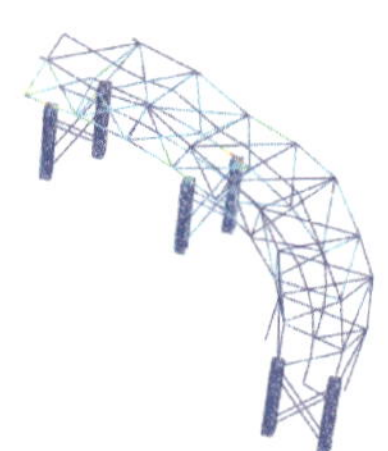

图 5-17 吊装 3 应力（最大 43.0MPa）

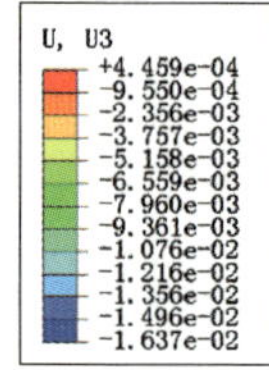

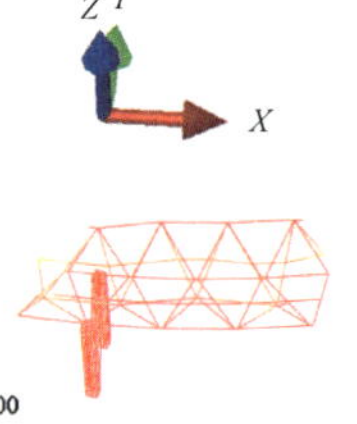

图 5-18 吊装 4 竖向位移（最大 16.4mm）

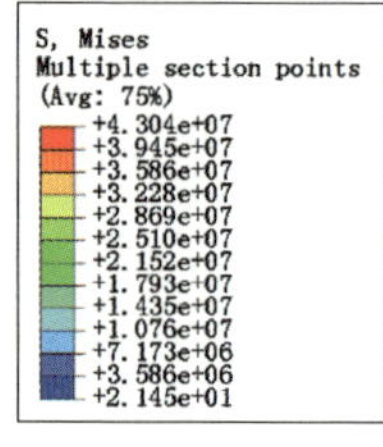

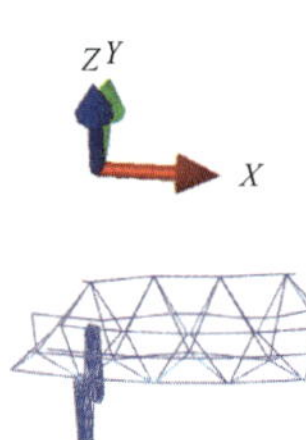

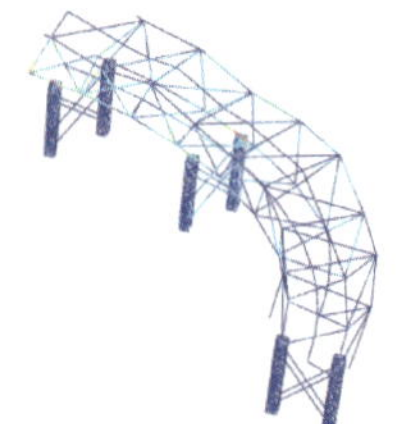

图 5-19 吊装 4 应力（最大 43.0MPa）

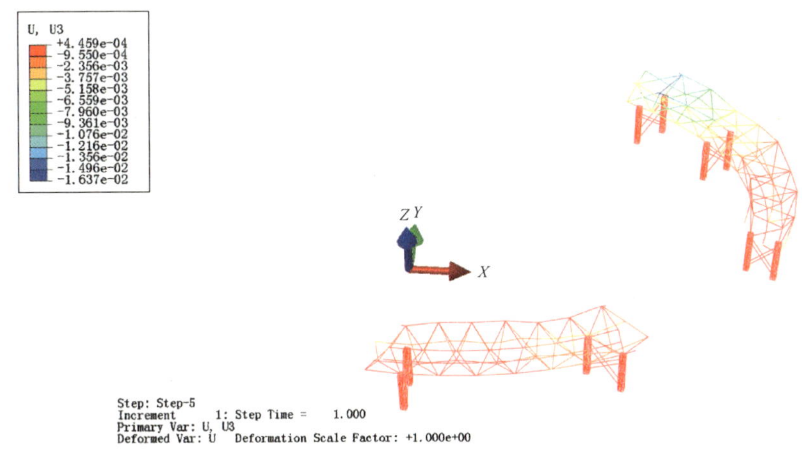

图 5-20 吊装 5 竖向位移（最大 16.4mm）

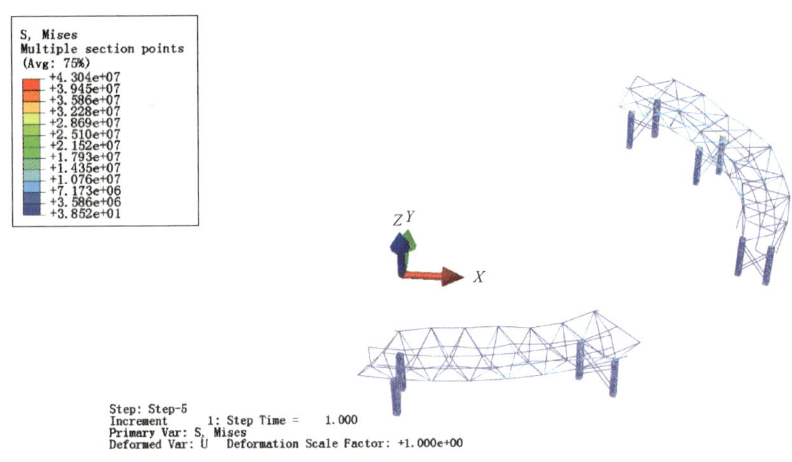

图 5-21 吊装 5 应力（最大 43.0MPa）

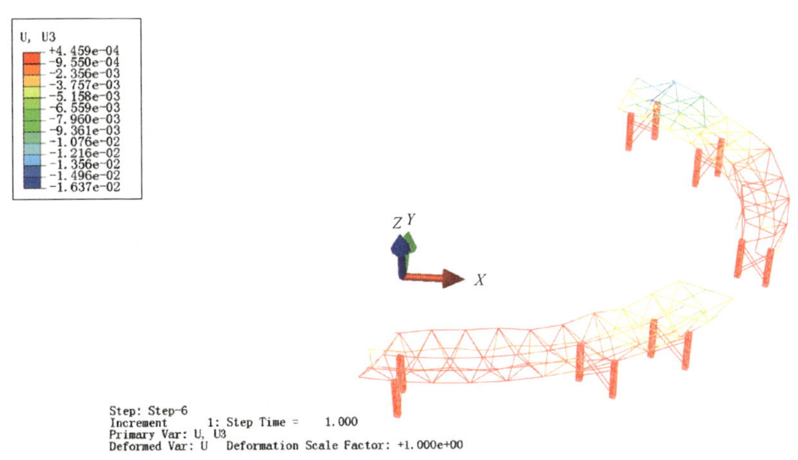

图 5-22 吊装 6 竖向位移（最大 16.4mm）

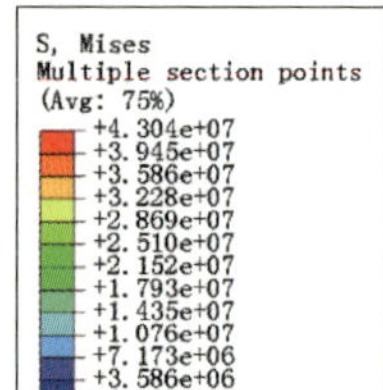

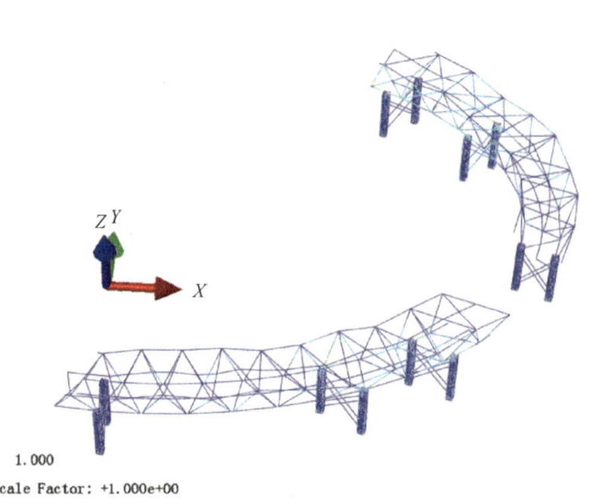

图 5-23 吊装 6 应力（最大 43.0MPa）

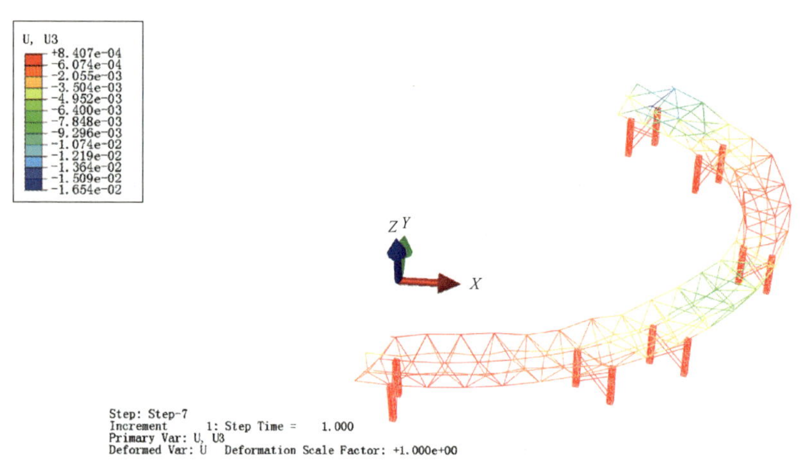

图 5-24 吊装 7 竖向位移（最大 16.5mm）

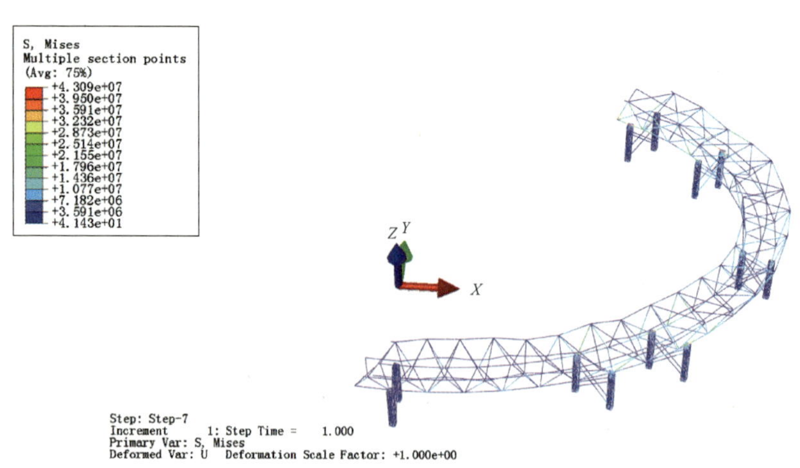

图 5-25 吊装 7 应力（最大 43.0MPa）

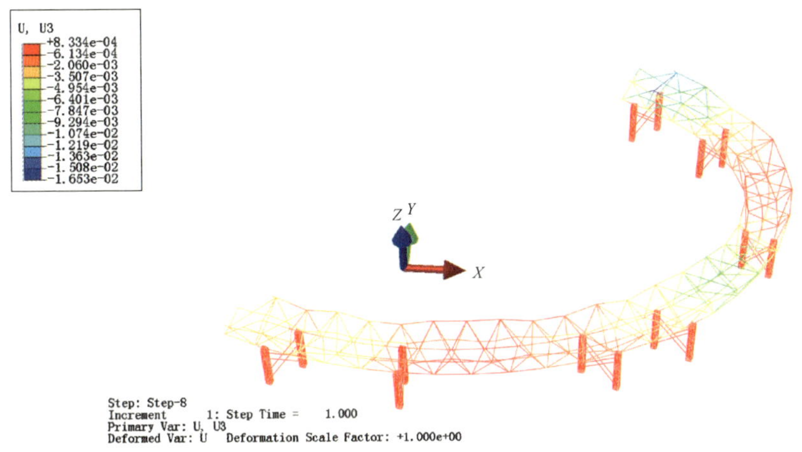

图 5-26 吊装 8 竖向位移（最大 16.5mm）

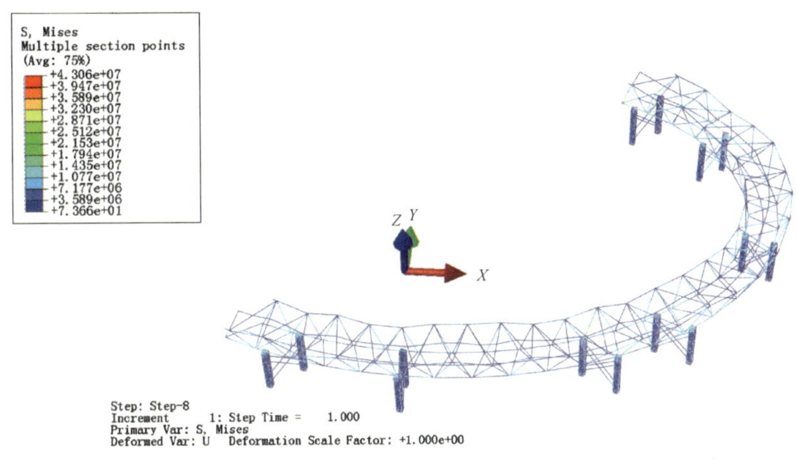

图 5-27 吊装 8 应力（最大 43.0MPa）

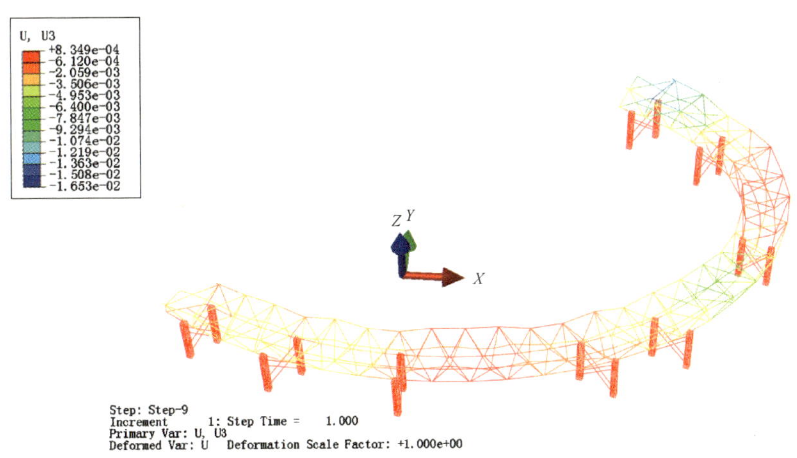

图 5-28 吊装 9 竖向位移（最大 16.5mm）

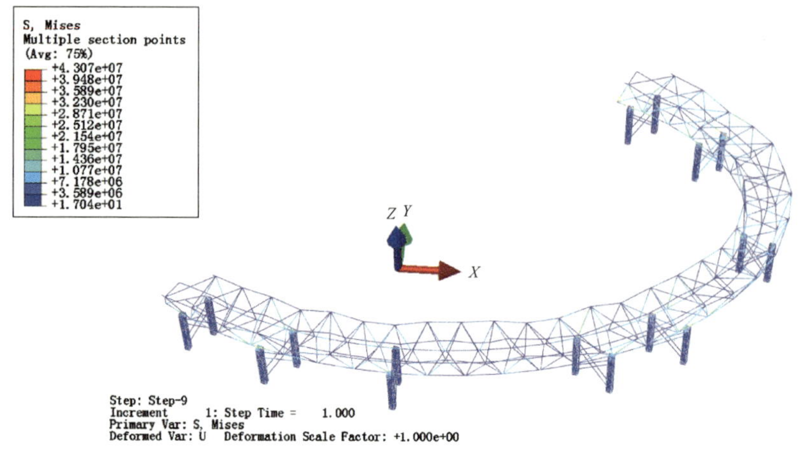

图 5-29 吊装 9 应力（最大 43.0MPa）

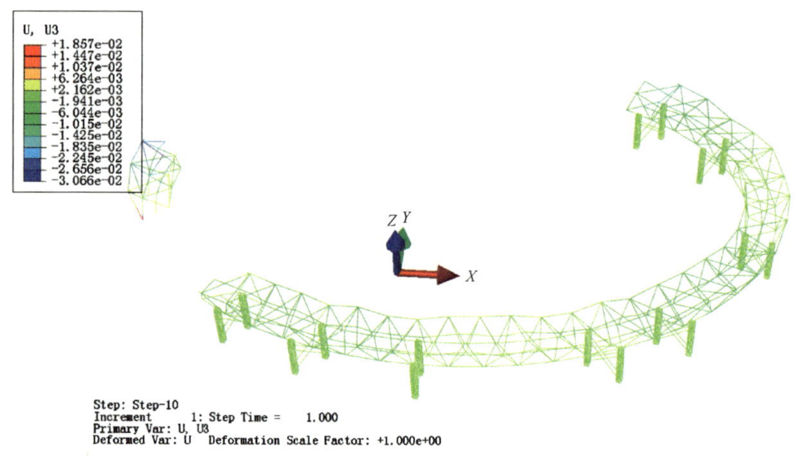

图 5-30 吊装 10 竖向位移（最大 30.7mm）

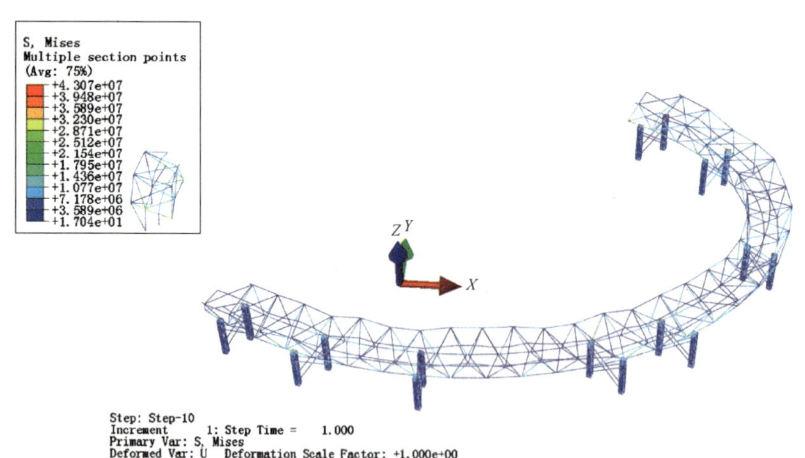

图 5-31 吊装 10 应力（最大 43.0MPa）

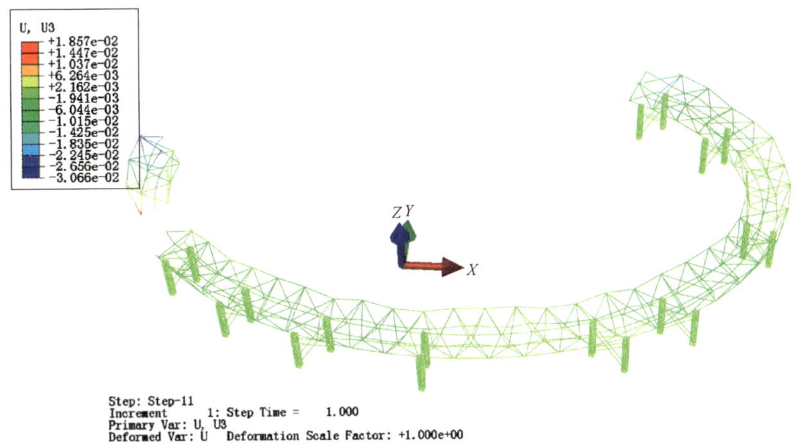

图 5-32 吊装 11 竖向位移（最大 30.7mm）

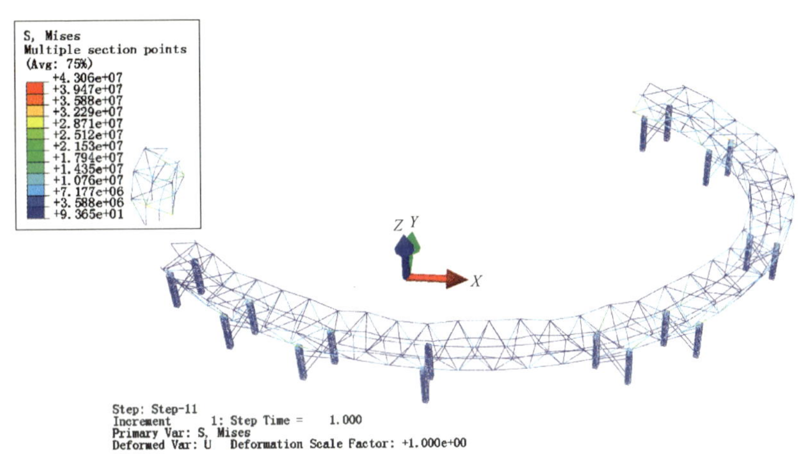

图 5-33 吊装 11 应力（最大 43.0MPa）

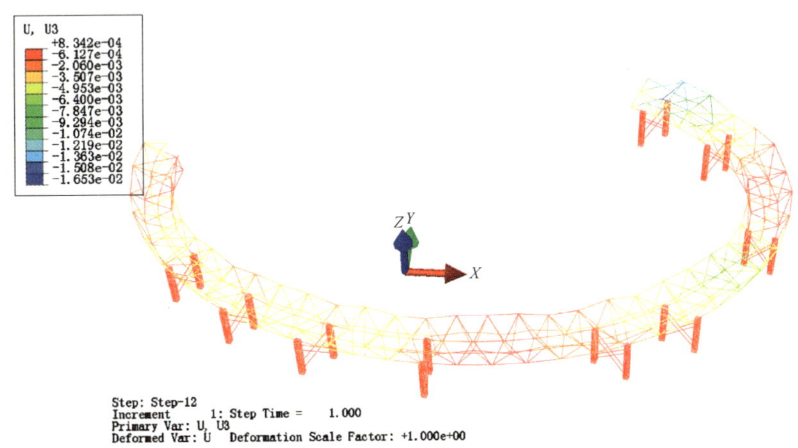

图 5-34 吊装 12 竖向位移（最大 16.5mm）

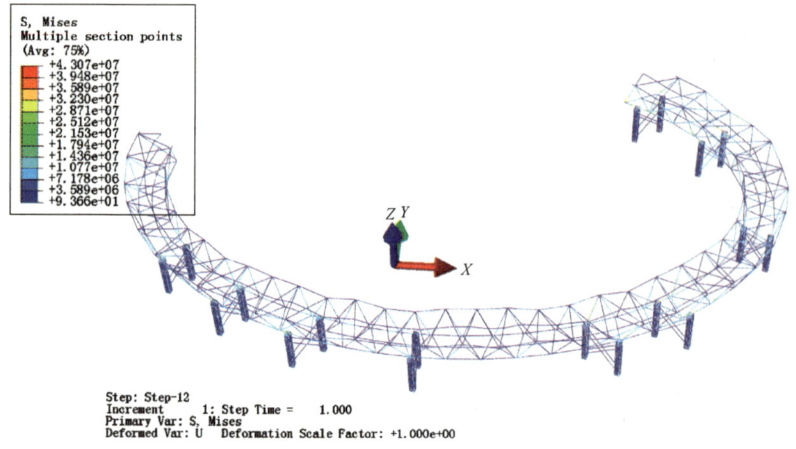

图 5-35 吊装 12 应力（最大 43.0MPa）

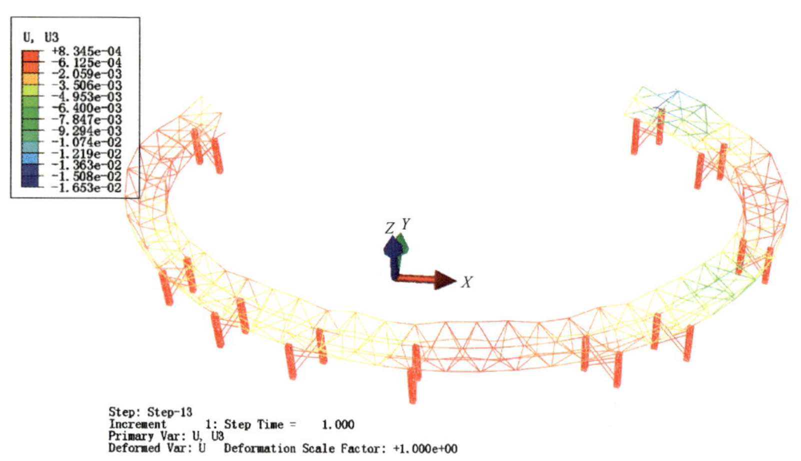

图 5-36 吊装 13 竖向位移（最大 16.5mm）

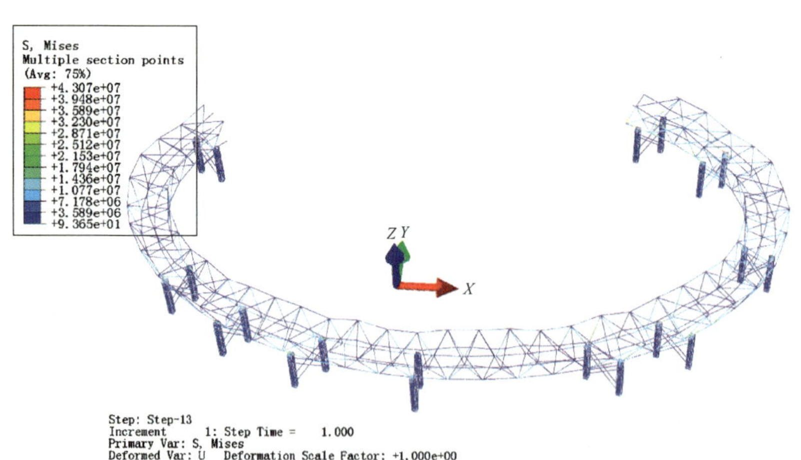

图 5-37 吊装 13 应力（最大 43.0MPa）

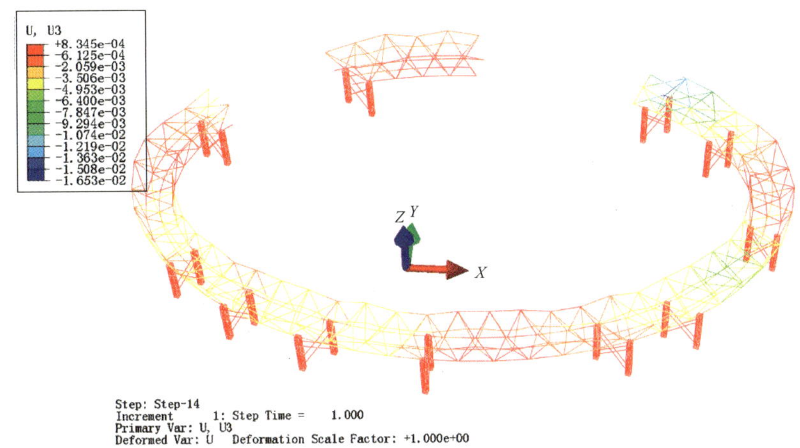

图 5-38 吊装 14 竖向位移（最大 16.5mm）

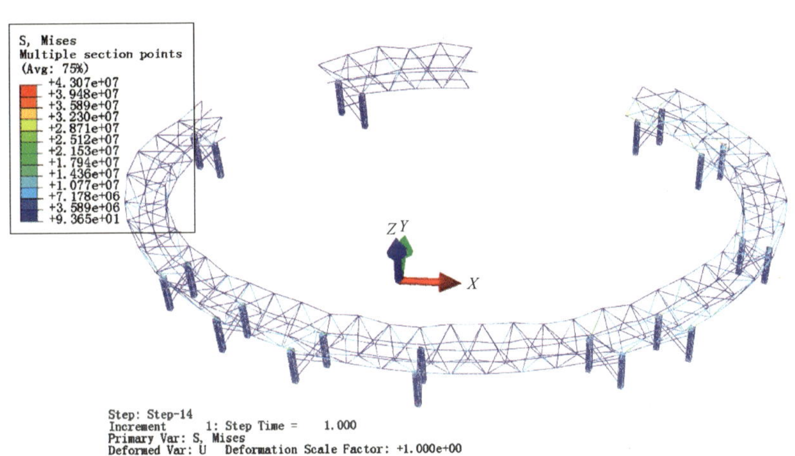

图 5-39 吊装 14 应力（最大 43.0MPa）

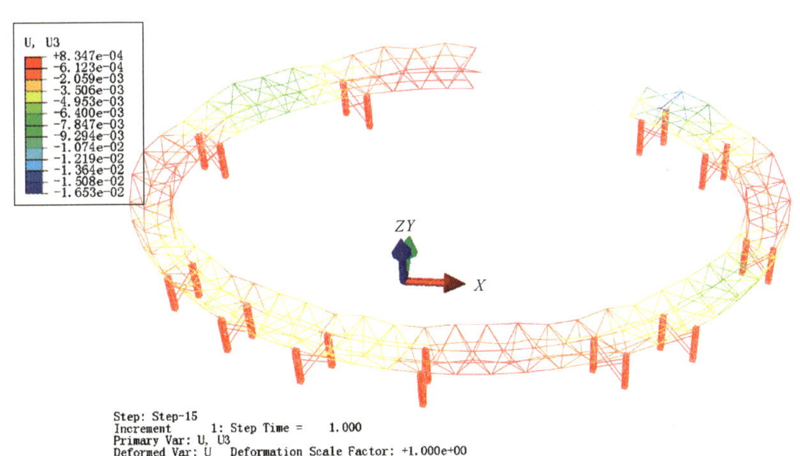

图 5-40 吊装 15 竖向位移（最大 16.5mm）

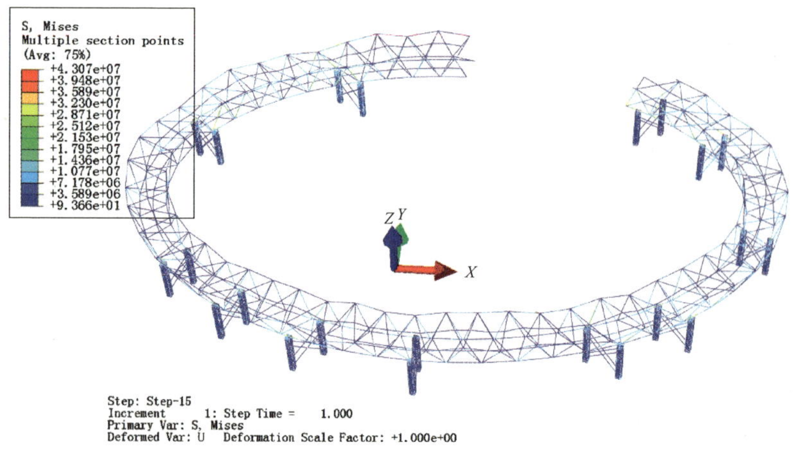

图 5-41 吊装 15 应力（最大 43.0MPa）

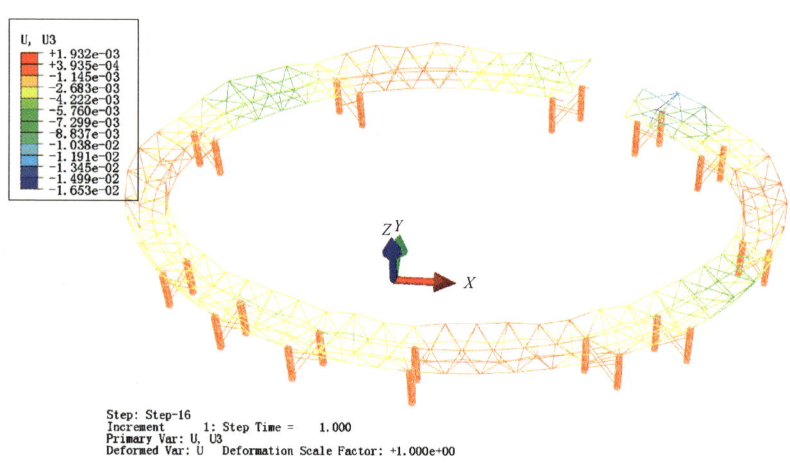

图 5-42 吊装 16 竖向位移（最大 16.5mm）

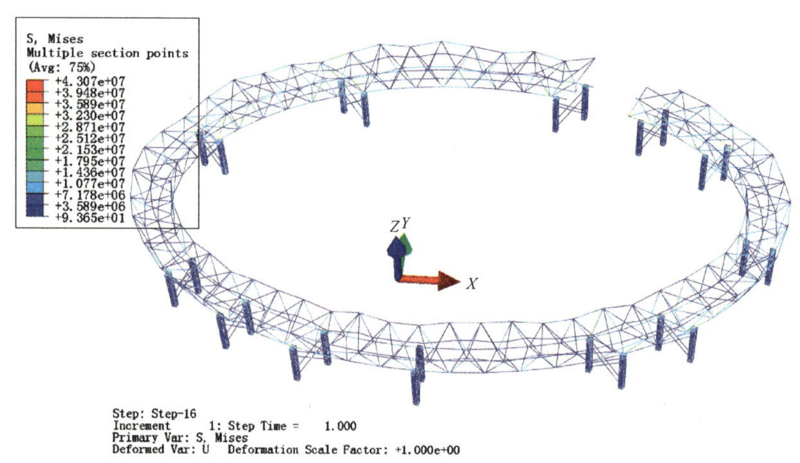

图 5-43 吊装 16 应力（最大 43.0MPa）

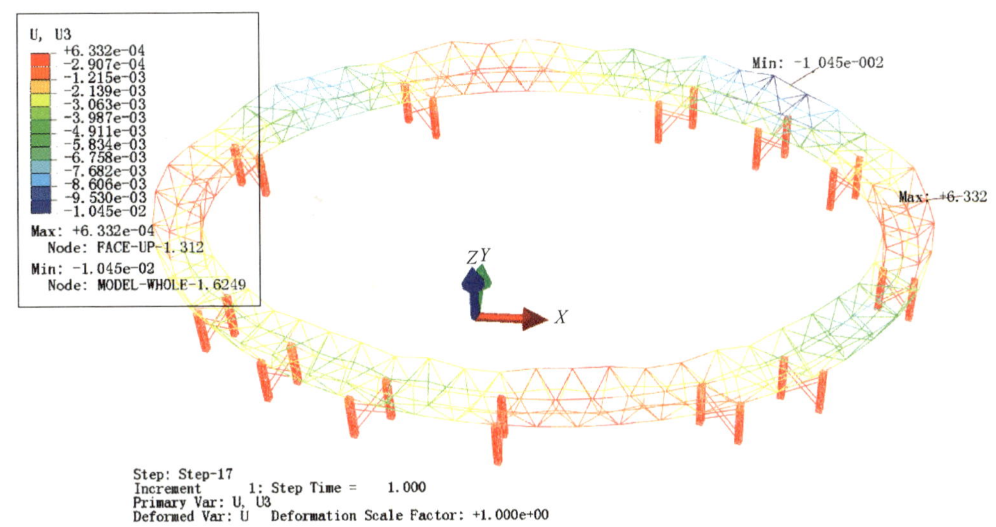

图 5-44 吊装 17 竖向位移（最大 10.5mm）

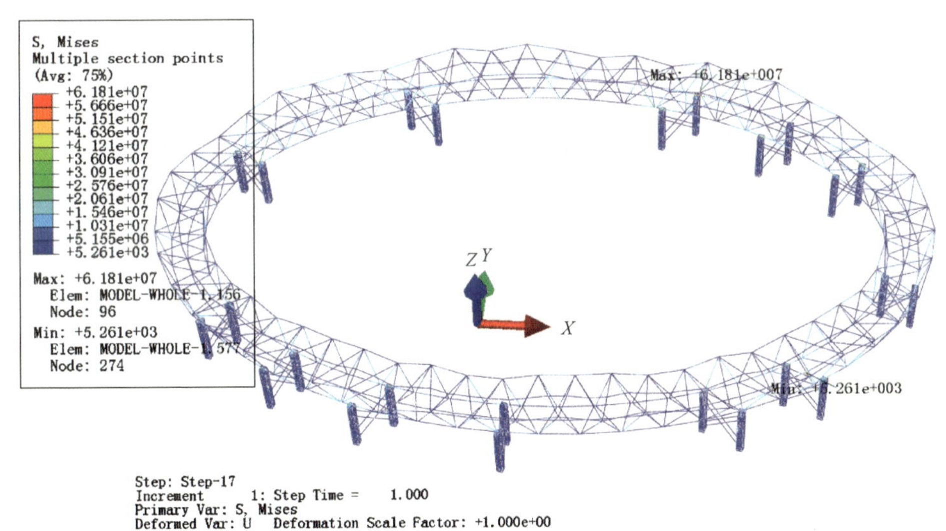

图 5-45 吊装 17 应力（最大 61.8MPa）

2）拆除临时支撑各步骤结果

卸载过程杆件应力及位移结果见图 5-46—图 5-53，计算结果中位移单位为 m，应力单位为 Pa。

3）安装桥面板各步骤结果

安装桥面板后的杆件应力及位移结果见图 5-54—图 5-69。

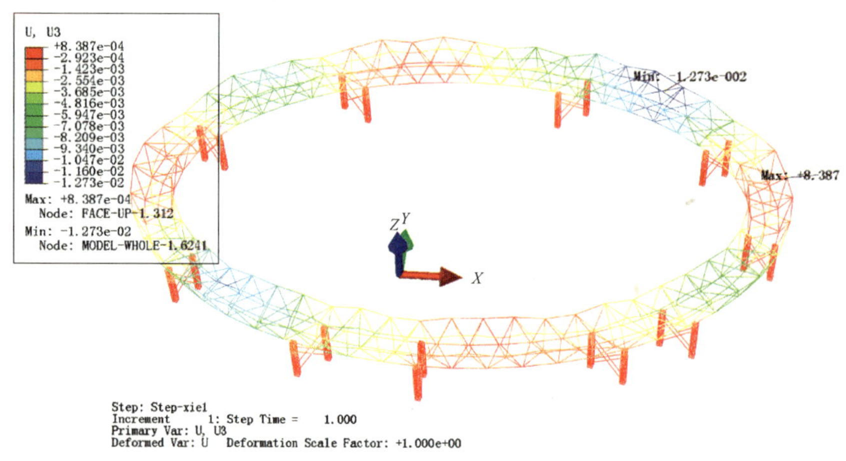

图 5-46 卸载 1 竖向位移（最大 12.7mm）

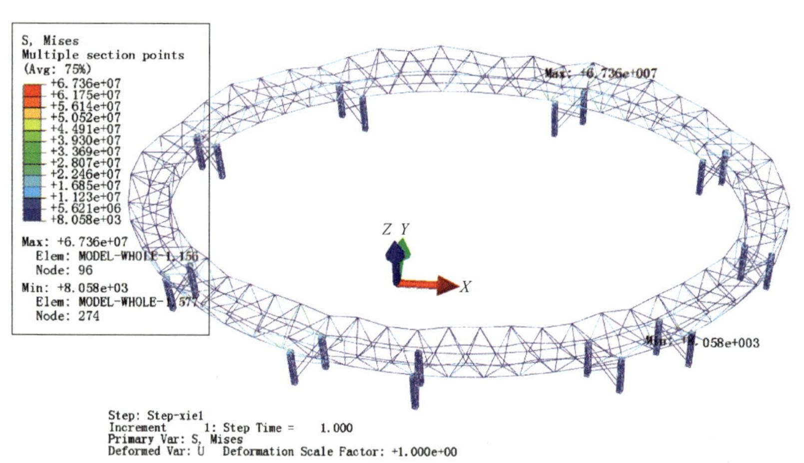

图 5-47 卸载 1 应力（最大 67.4MPa）

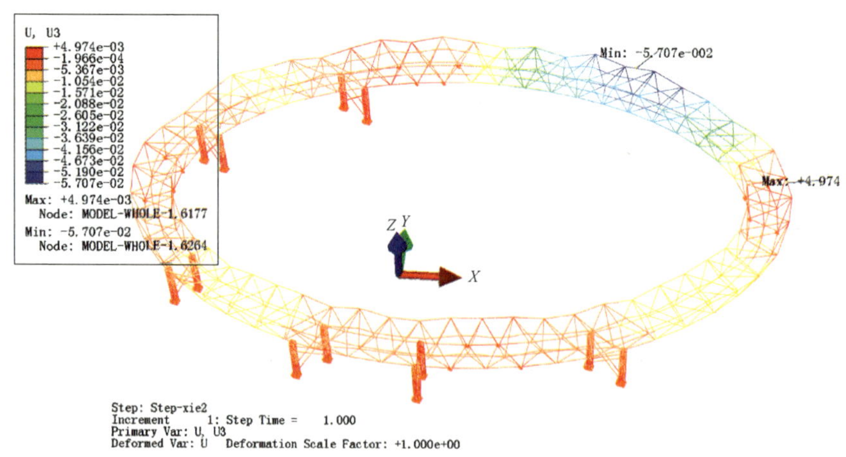

图 5-48 卸载 2 竖向位移（最大 57.1mm）

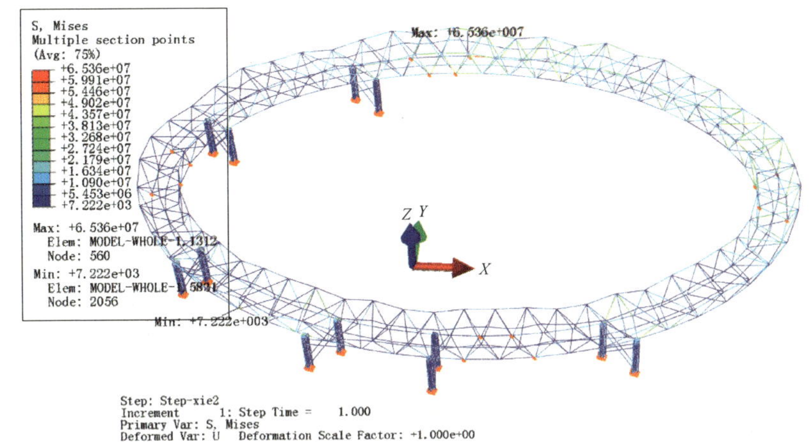

图 5-49　卸载 2 应力（最大 65.4MPa）

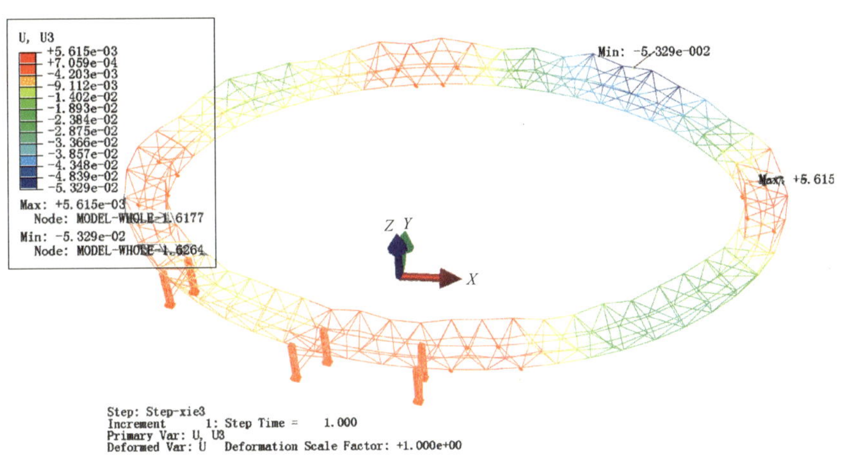

图 5-50　卸载 3 竖向位移（最大 53.3mm）

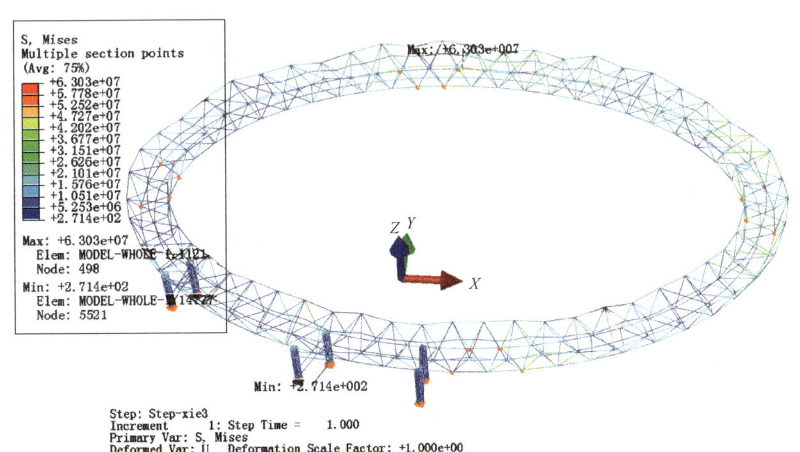

图 5-51　卸载 3 应力（最大 63.0MPa）

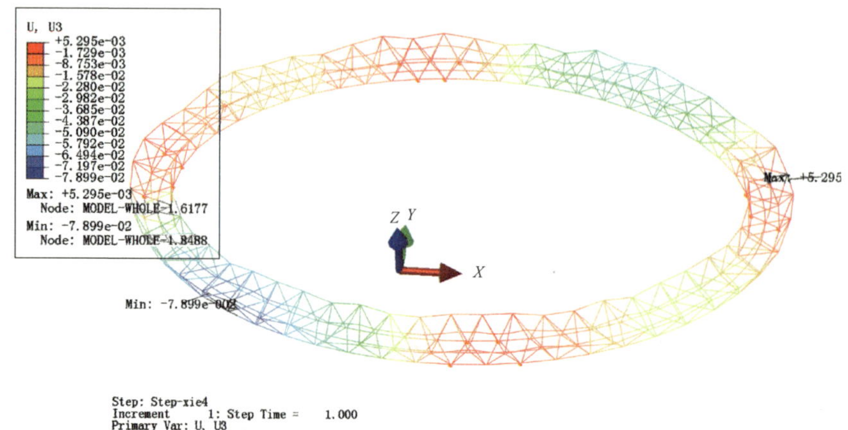

图 5-52　卸载 4 竖向位移（最大 79mm）

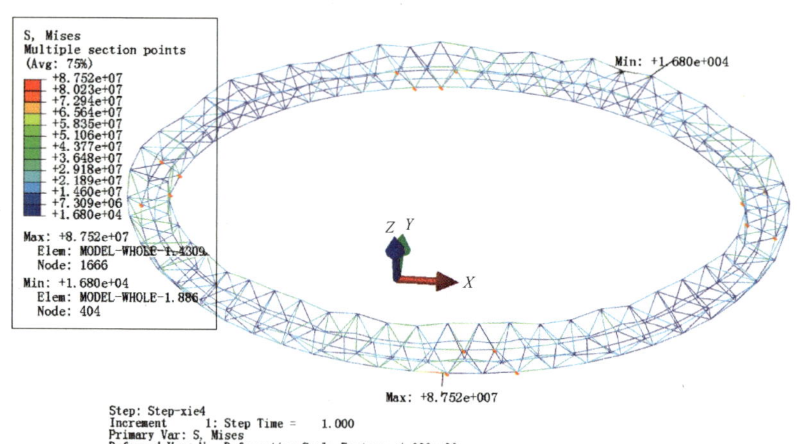

图 5-53　卸载 4 应力（最大 87.5MPa）

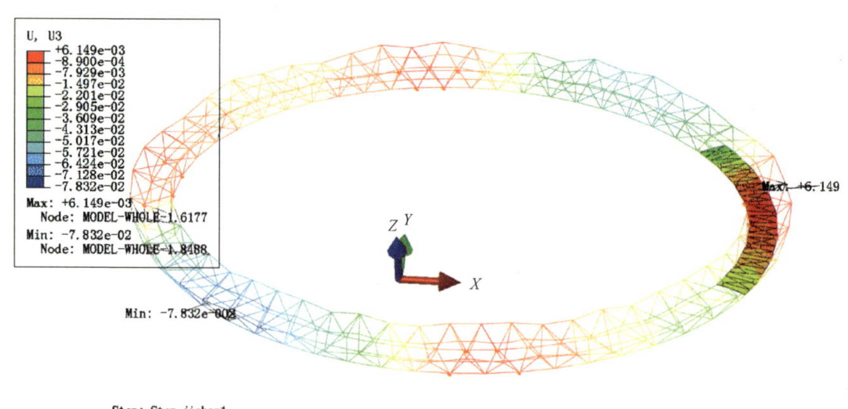

图 5-54　加柱墩支座桥面板 1 竖向位移（最大 78.3mm）

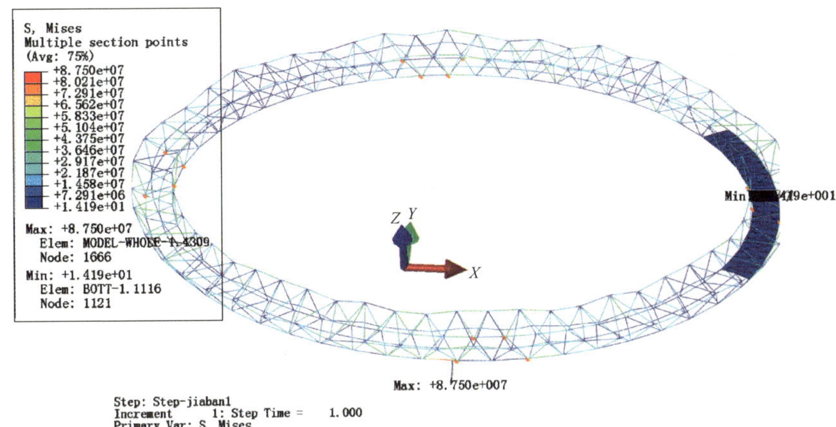

图 5-55 加柱墩支座桥面板 1 应力（最大 87.5MPa）

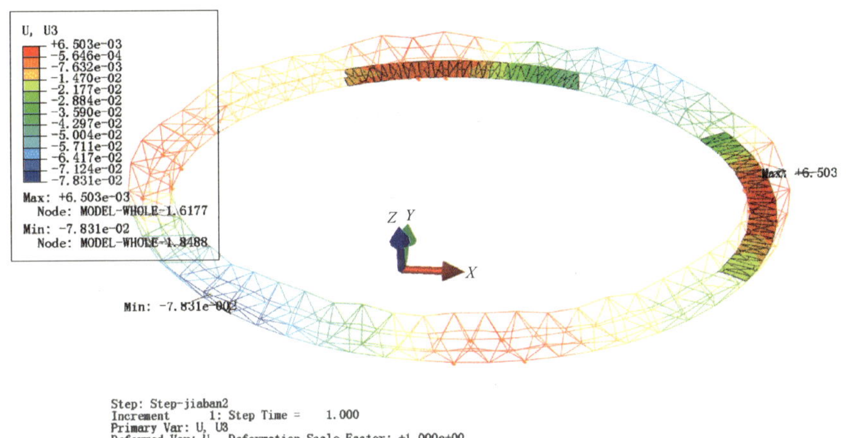

图 5-56 加柱墩支座桥面板 2 竖向位移（最大 78.3mm）

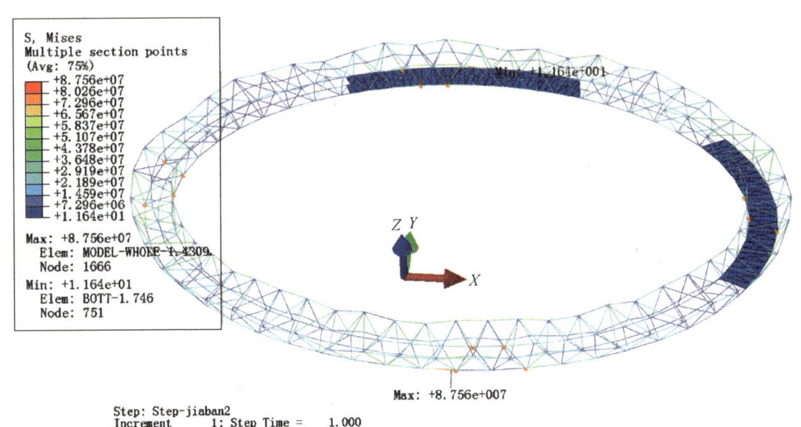

图 5-57 加柱墩支座桥面板 2 应力（最大 87.5MPa）

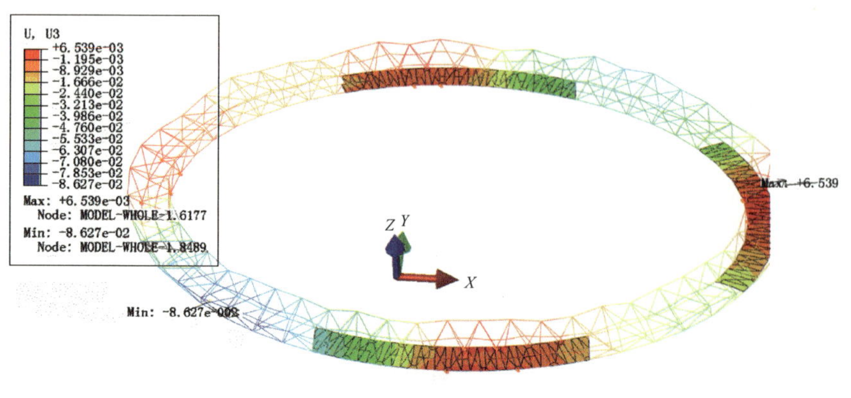

图 5-58 加柱墩支座桥面板 3 竖向位移（最大 86.3mm）

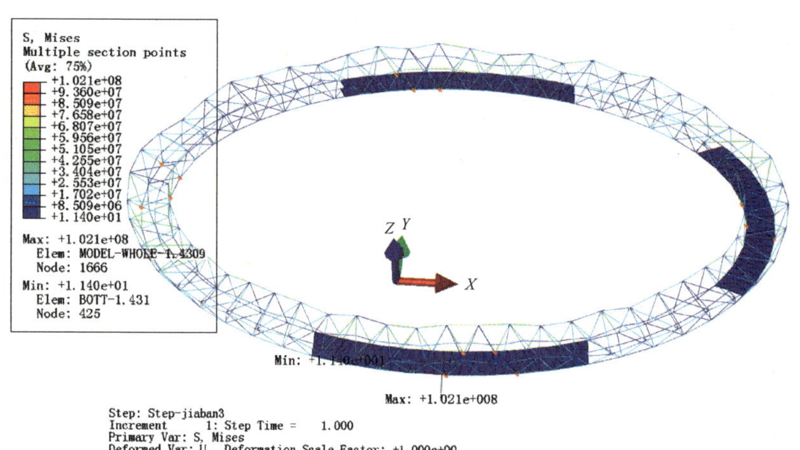

图 5-59 加柱墩支座桥面板 3 应力（最大 102.1MPa）

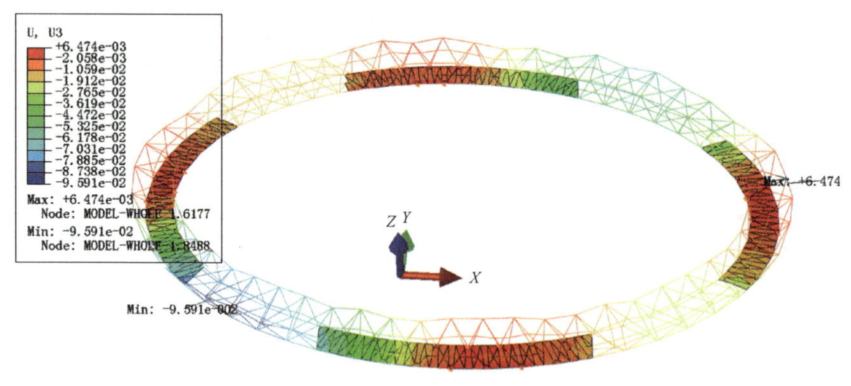

图 5-60 加柱墩支座桥面板 4 竖向位移（最大 95.9mm）

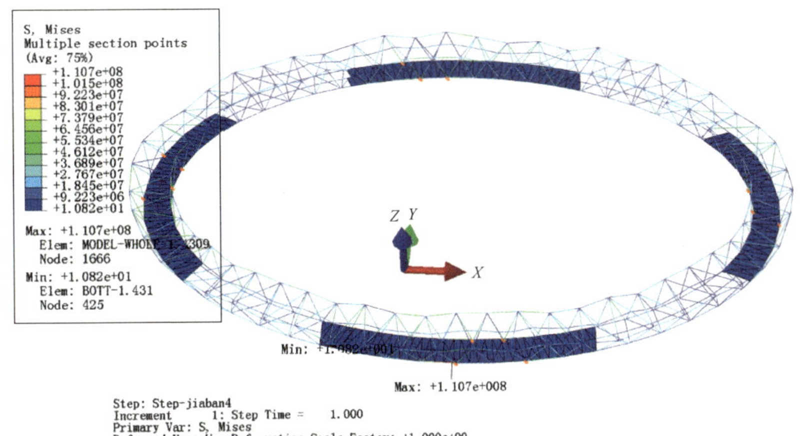

图 5-61 加柱墩支座桥面板 4 应力（最大 110.7MPa）

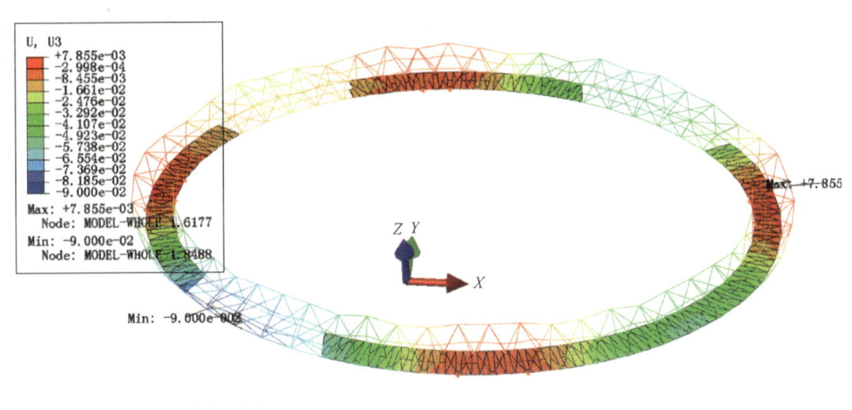

图 5-62 加跨中桥面板 1 竖向位移（最大 90.0mm）

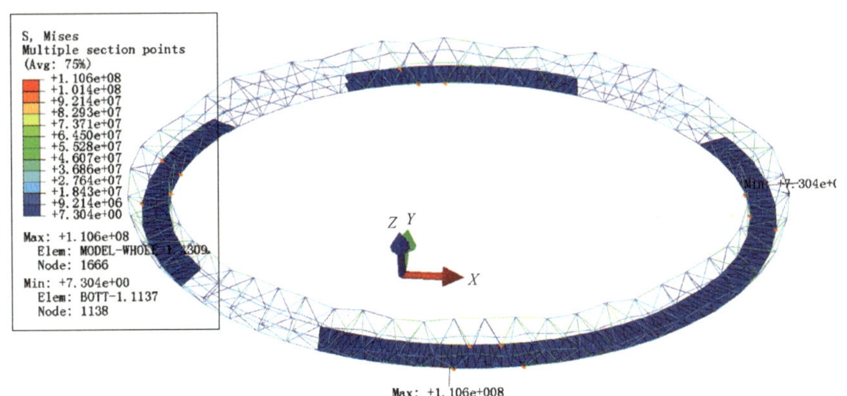

图 5-63 加跨中桥面板 1 应力（最大 110.6MPa）

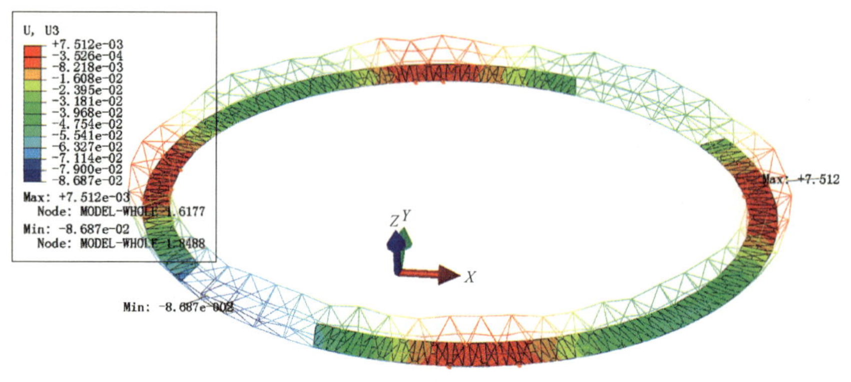

图 5-64 加跨中桥面板 2 竖向位移（最大 86.9mm）

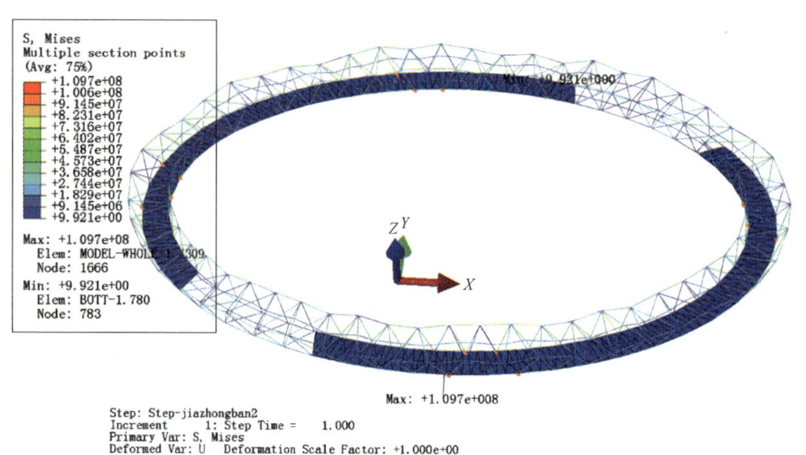

图 5-65 加跨中桥面板 2 应力（最大 109.7MPa）

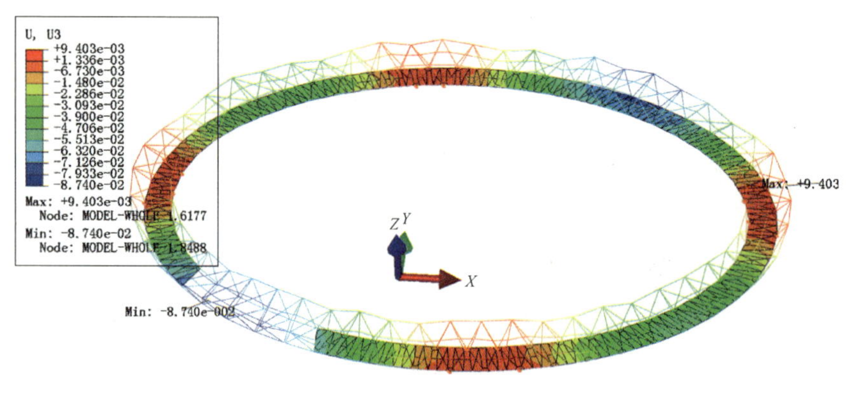

图 5-66 加跨中桥面板 3 竖向位移（最大 87.4mm）

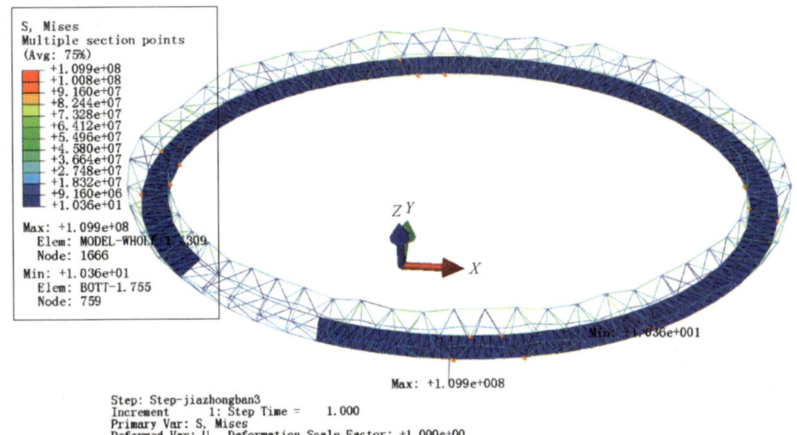

图 5-67 加跨中桥面板 3 应力（最大 109.9MPa）

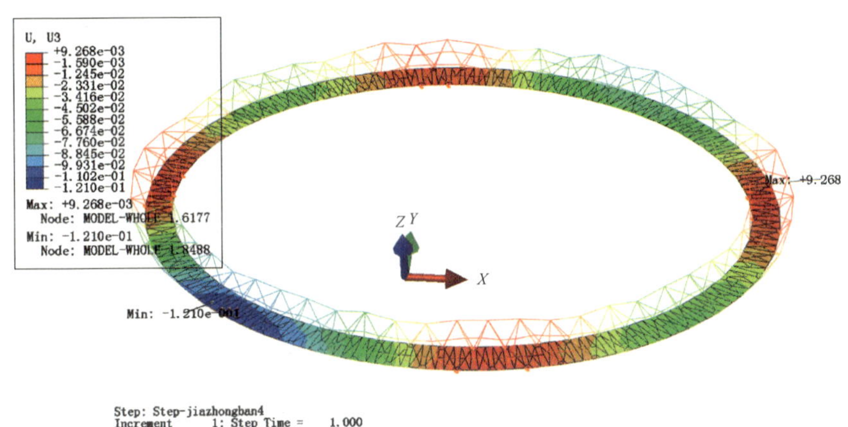

图 5-68 加跨中桥面板 4 竖向位移（最大 121mm）

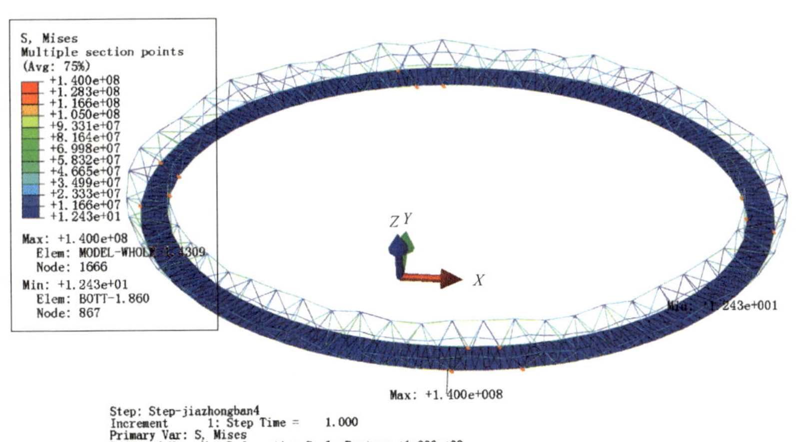

图 5-69 加跨中桥面板 4 应力（最大 140.0MPa）

5.3.4 整个过程最大位移变化

取安装完桥面板后节点最大位移点（图 5-70 节点 1）进行全程记录。最大位移节点位移变化见图 5-71。

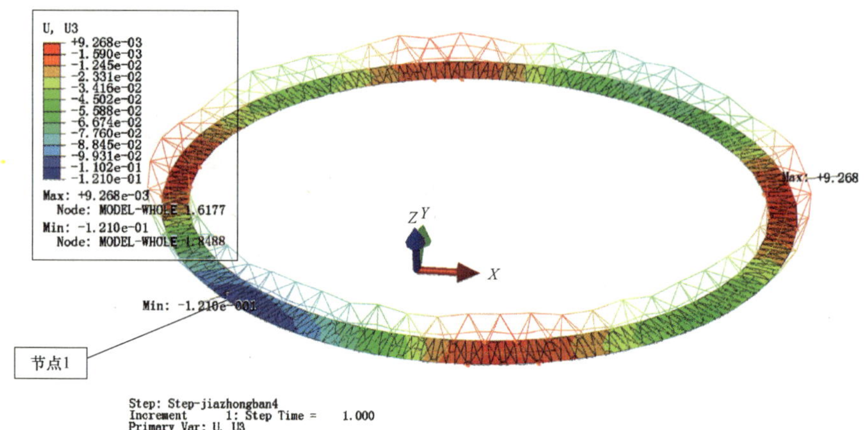

图 5-70 最大位移节点示意图

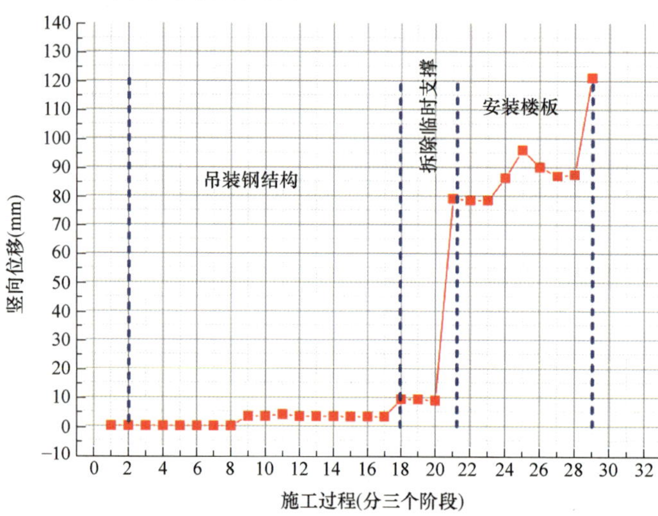

图 5-71 最大位移节点位移变化图

5.3.5 结论

施工过程模拟分析结论如下：

（1）吊装主体钢结构过程中最大竖向位移为 79mm，最大应力为 87.5MPa。

（2）安装桥面板过程中天桥最大竖向位移为 121mm，最大应力为 140MPa。

（3）设计时采用预起拱，施工过程位移满足要求，应力比也较小，强度满足要求。

（4）施工过程分析非线性明显，需要考虑几何非线性。分析过程需要考虑施工荷载。

6 大跨度人行天桥关键节点研究

6.1 钢管节点类型

构件只有通过节点连接才能形成结构。节点破坏常导致其所连杆件的破坏，从而导致整个结构的破坏，因此节点性能的研究是空间钢管结构设计的重要环节。

目前工程中使用的钢管结构节点类型有焊接空心球节点、螺栓球节点、板节点、铸钢节点、钢管鼓节点、套管节点、相贯节点。

1）焊接空心球节点

焊接空心球节点（图 6-1）是我国网架结构中最常用的节点形式之一，可以工厂铸造，也可以把两块钢板冲压成半球后焊接而成，构造十分简单，可批量生产。同时空心球由于没有方向性，可以和任意方向的杆件连接，为现场施工带来极大的方便。但此种节点在施工中不易保证节点的空间位置，现场工作量大。

2）螺栓球节点

螺栓球节点（图 6-2）主要由螺栓球、锥头、螺杆（上有开槽）、套筒组成，螺栓球上开有与球面垂直的螺纹孔，安装时先将螺杆放入锥头（或封板）中，再把锥头（或封板）与钢管焊接，最后旋转套筒，利用套筒中的销子带动螺杆安装至螺栓球中。节点若受拉力则由螺杆承担，压力由套筒承担。该节点机械化程度高，现场焊接工作量小，施工速度快，在平板网架中应用广泛，但此类节点的抗弯能力较差。

图 6-1 焊接空心球节点

图 6-2 螺栓球节点

3）钢板节点

钢板节点可分为开槽连接、尖头连接、扁头连接。该节点用钢量大，焊接工作量大，现已不常用。

4）钢管鼓节点和套管节点

钢管鼓节点如图 6-3 所示，用管径较大的短管，两端封板呈鼓状，弦杆和腹杆与其连接，该节点可增加连接杆的数目，承载力大套管节点实际上也是钢管相贯节点的派生节点，目的是为了使弦杆管壁加厚，增大节点的承载力。这两类管节点均是在直接焊接管节点基础上，为了提高承载力和疲劳寿命，在构造形式、连接方式或制造方法上的改进和加强。

5）铸钢节点

铸钢节点（图 6-4）是根据节点外形将多根杆件的汇交处在工厂内浇铸而成，内腔可以是实心、空心，也可以是半空心半实心。钢管相贯节点是主管直通，支管加工成相贯面后，直接与主管焊接，而铸钢相贯节点可根据各汇交杆件的空间位置铸造成各种形状，不受主管直通的限制。节点无论是实心、空心还是半空心半实心，焊缝都位于钢管上，在管管相交处都存在倒角。为了提高节点的强度与刚度，在节点部可设置铸钢加劲肋。铸钢节点特别适用于空间结构中几何形式复杂、杆件汇交密集、受力集中的部位。由于铸钢件具有各向同性、匀质性好等优点，可以避免大量焊缝引起的热影响区，缓解应力集中，改善构件的抗疲劳性能，因而是近年来被广泛采用的新型节点之一。虽然此类节点适应性强，设计自由度大，但其存在的不足是节点耗钢量较大且受力不够明确。

图 6-3 钢管鼓节点

图 6-4 铸钢球节点

6）钢管相贯节点

相贯节点又称简单节点、无加劲节点或直接焊接节点，它是将支管端部经相贯线加工成相贯面后，吻合在主管的管壁上，经焊接而成的节点，避免了采用任何连接件。因为交汇钢管的数量、角度、尺寸的不同使得相贯线形态各异，而且坡口处理难度大，因此这种节点的实现曾被视为是难度很高的的制造工艺。但多维数控切割技术和设备的诞生，使得这些难点得以克服。

相贯节点具有装配精度高、焊接变形小、节点承载力大等优点，且能节约大量钢材，因此，得到了越来越广泛的应用和发展。

直接焊接管节点从空间关系来讲，可以分为平面管节点和空间管节点两大类。平面管节点是指主管和所有支管均位于一个平面内，而空间管节点是指管节点有平面外的支管。平面管节点可分为 T、Y、K、X 型四种基本类型，如图 6-5（*a*）—图 6-5（*f*）所示。空间组合后，有 XX、TT、TX、KK 型等形式，如图 6-5（*g*）—图 6-5（*l*）所示。

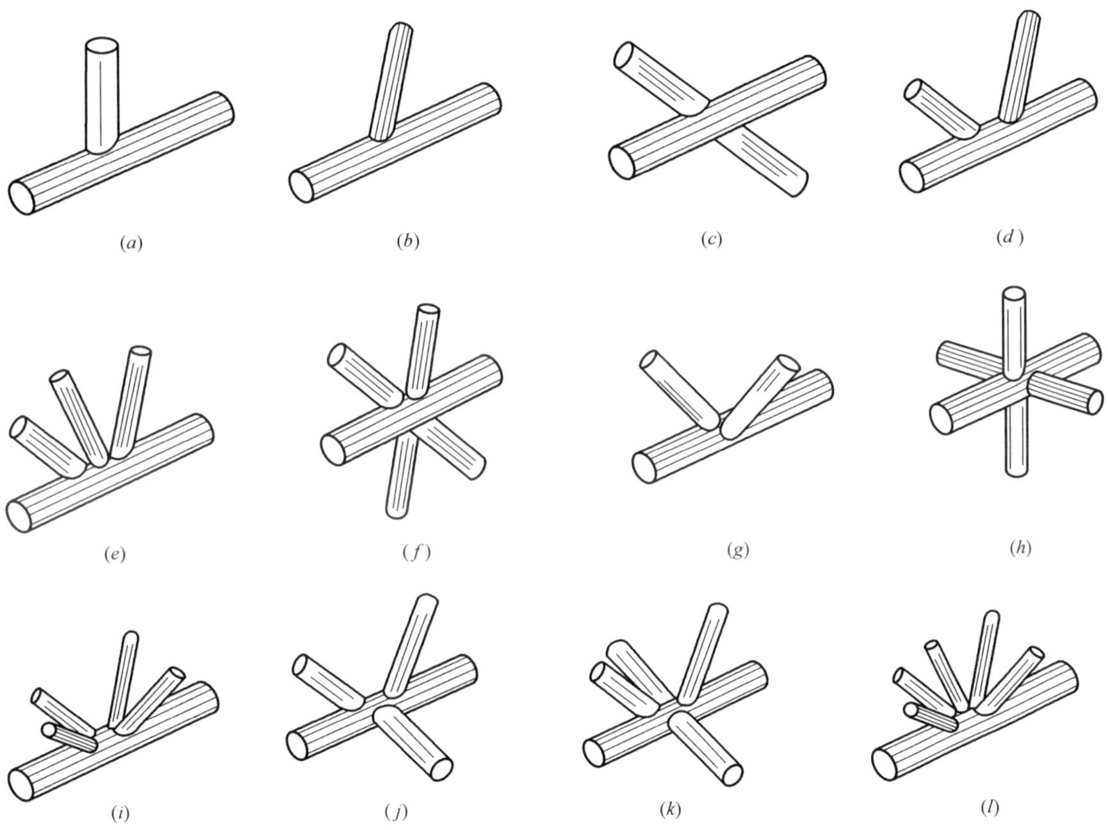

图 6-5　钢管相贯节点类型

（*a*）T 型节点；（*b*）Y 型节点；（*c*）X 型节点；（*d*）K 型节点；（*e*）YK 型节点；（*f*）DK 型节点；（*g*）TT 型节点；（*h*）XX 型节点；（*i*）KK 型节点；（*j*）KT 型节点；（*k*）KX 型节点；（*l*）KKT 型节点

根据节点所连杆件的截面形式分类，相贯节点可分为：圆管-圆管相贯节点、矩形管-矩形管相贯节点、圆管-矩形管相贯节点和矩形管-圆管相贯节点。在工程中前两种节点形式应用较多。

6.2 钢管节点试验研究与分析

6.2.1 铸钢相贯节点

铸钢材料特性不同于普通的钢材，采用铸钢节点的结构形式往往比较复杂，而铸钢节点的理论、试验以及施工技术研究还不够完善，因此需根据各项目实际情况，借助于有限元分析方法和试验开展研究。一般铸钢相贯节点的极限承载力主要通过有限元分析法确定，即利用大型通用有限元程序（如 ANSYS）进行受力分析，根据铸钢材质的屈服强度进行弹性或塑性分析，从而得到节点的应力分布图。通过对应力图的研究，推断节点的应力分布特点，得出节点的应力最大值及其位置，以对节点的承载安全性作出判断。鉴于铸钢材质具有较好的塑性，铸钢相贯节点的强度判断准则可以采用 Von Mises 屈服准则，即当计算点的 Mises 应力超过材料强度，则认为该点进入塑性。对那些受力较大、构造复杂的铸钢相贯节点还有必要进行足尺试件或缩尺模型的试验研究。在试验的基础上，对比测点位置的试验与有限元应力分析值之后借助有限元结果推断整个铸钢节点内部的应力状况。有限元分析得出应力分布后，找到节点域的最大折算应力，按 Von Mises 屈服准则校核铸钢节点的承载安全性。

6.2.2 相贯焊接节点

空间相贯焊接节点交汇杆件数量多，相互约束作用显著，节点区域几何和材料特性比较复杂，焊缝集中，应力集中较为严重，且影响因素繁多，破坏形式多样，现行钢结构设计规范对之没有明确的计算方法。

对相贯焊接节点极限承载力的研究方法可以分为两种：理论分析研究和试验研究。

理论研究主要包括试验统计法、薄壳理论法、简化分析法（包括截面法、圆环模型法、冲剪应力法、有效宽度法、塑性铰线法、弦杆壁承压模型法和弦杆受剪模型法等）、有限元分析法及半解析数值法等。近些年计算机硬件水平的飞速提升使得有限元分析法成为节点理论分析研究的主流。一般采用通用有限元软件建模，考虑材料非线性和几何非线性，分析节点的受力性能，利用 Von Mises 屈服准则和塑性流动法则确定节点的极限承载力。

试验方法是研究相贯节点在静力荷载下的弹性应力分布、极限强度及加载过程中的变形，从而确定节点极限承载力。目前试验研究方面一般采用钢模型、三向光弹性模型试验或原型观测等方法，其中以钢模型试验较为常见。由于试验手段的局限性，且试验所需经费较多，使管节点的试验受到限制。仅依靠试验数据进行承载性能的研究越来越少，但试验作为检验理论计算结果的标准，其意义依然存在。在一定试验数据的基础上，采用有限元法计算，再用部分试验验证计算结果是一种合理、可行的方法。

6.3 上海普陀区金沙江路真北路人行天桥关键节点研究

6.3.1 上弦铸钢节点试验研究

上弦内外圈的节点由于杆件相交复杂，采用铸钢节点。铸钢节点几何构型独特、受力情况复杂，故有必要对某些重要性较高且具有一定代表性的节点进行试验研究，并辅助有限元计算，为其工程应用提供可靠依据。

1）试验概况及试验目的

（1）试验概况

试验节点选择为 MIDAS 整体模型中的 128 号及 146 号节点，试验节点在整体结构中的位置如图 6-6 所示，试验节点的示意如图 6-7 及图 6-8 所示。

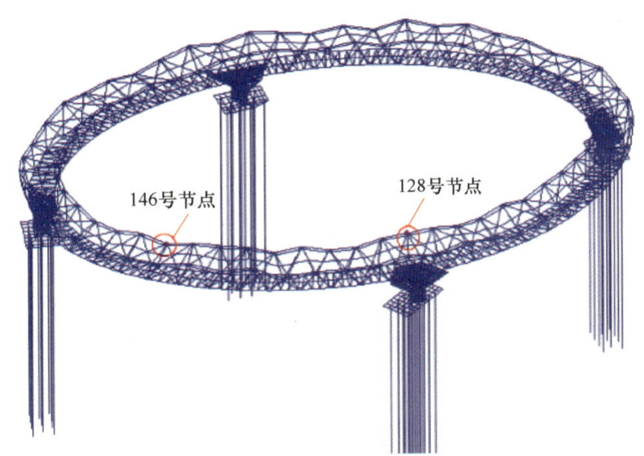

图 6-6 试验节点在整体结构中的位置

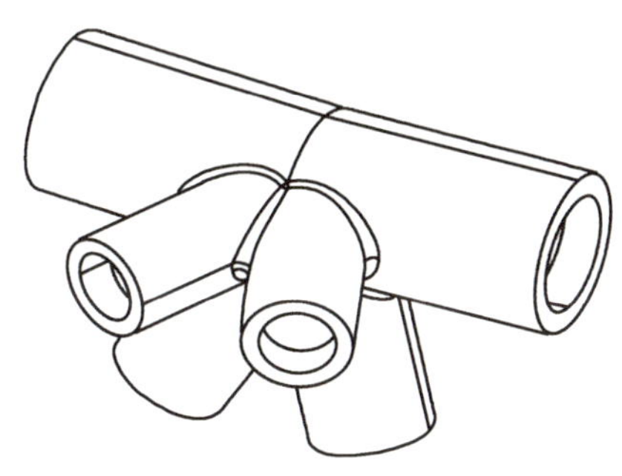

图 6-7 128 号铸钢节点

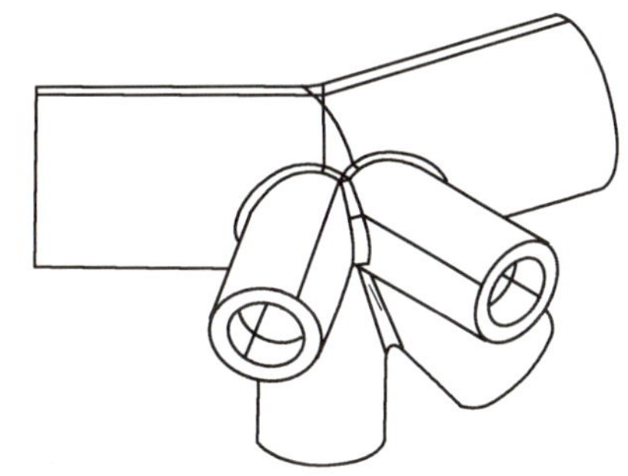

图 6-8 146 号铸钢节点

根据《铸钢节点应用技术规程》（CECS 235：2008）的检验性试验要求，综合考虑工程实际情况和试验能力，本试验采用足尺试件。试验需达到以下目标：

① 试验节点在指定荷载组合下的受力性能；

② 验证节点有限元分析的可靠性；

③ 结合试验与有限元分析结果，对铸钢节点的承载安全性作出判断。

（2）试验目的

为了明确节点在设计荷载的应力分布情况，确保节点在设计荷载下的安全性，有必要对该节点的承载性能进行试验研究。

试验重点考察内容如下：

① 对铸钢节点试件进行加载，考察 1.3 倍设计荷载作用下节点是否进入塑性。

② 利用有限元分析，得到试验测点处的应力值；通过与应力测试值的对比，验证有限元分析模型的正确性，并以此计算和推断整个铸钢节点各处的应力状况。结合试验与有限元分析结果，对铸钢节点的承载安全性作出判断。

2）试验方案

（1）加载系统介绍

本试验研究采用的反力架适用于任意空间相贯节点和铸钢节点的加载，其内部净加载空间为一直径 6200mm 的球腔（图 6-9）。加载能力方面，赤道环梁最大可提供 30000kN 的拉压荷载，8 个经圈上最大可提供达 10000kN 的拉压荷载。

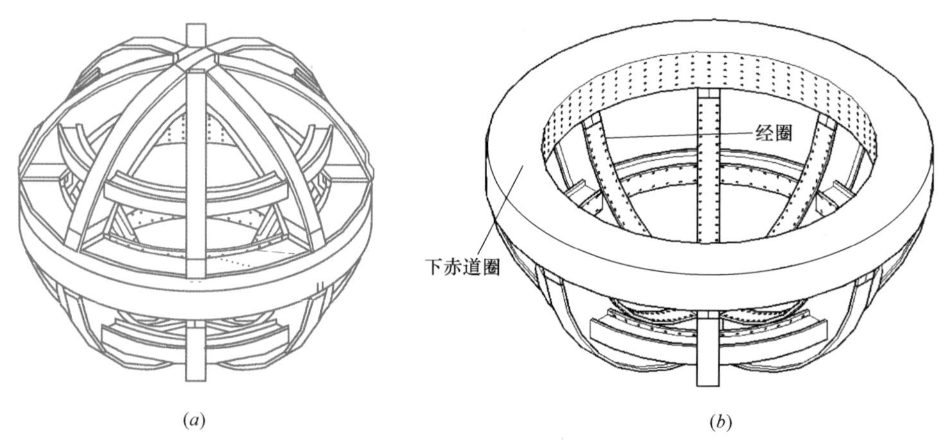

图 6-9 试验加载反力架装置
（a）节点试验全方位通用加载系统；（b）本试验采用的下半球反力架

（2）节点试件的设计及安装

两个试验件均按原型尺寸，根据《铸钢节点应用技术规程》（CECS 235：2008）第 4.4.6 条（铸钢试件应具有一定的外伸尺寸，以消除支座、加载等装置的约束对试验部位应力分布的影响）的要求，四个铸钢节点的每个管端均按实际工程的焊接方法焊接了一段与实际工程材料相同的圆钢管（附连钢管壁厚与实际工程一致），圆钢管的长度考虑加载实际情况，同时为了方便加载和固定，在接管端部设置端板。焊接附连钢管后的铸钢节点模型如图 6-10 和图 6-11 所示，为了方便叙述，分别对各管件进行命名。试验节点各管件基本信息见表 6-1 和表 6-2。

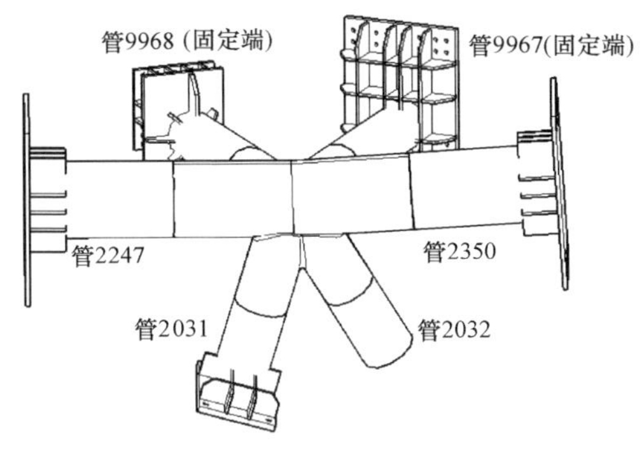

图 6-10 128 号试验节点模型图

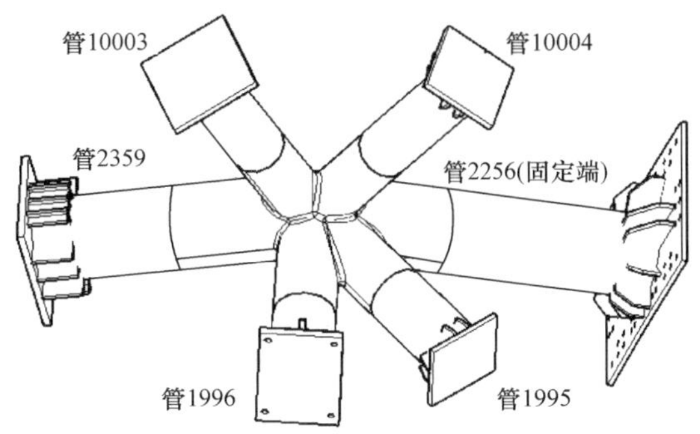

图 6-11 146 号试验节点模型图

表 6-1 128 号试验节点各管件基本信息

管件编号	MIDAS 模型单元号	管件受力情况描述	外径(mm)	铸钢件壁厚(mm)	接管长度(m)	接管壁厚(mm)
管 2031	578	受压水平支管	450	60	0.75	16
管 2032	579	受拉水平支管	450	60	—	—
管 2247	482	弦管	630	80	1.2	35
管 2350	3445	弦管	630	80	1.2	35
管 9967	17268	受压竖向支管	402	60	1.42	20
管 9968	17274	受压竖向支管	402	60	1.3	20

表 6-2 146 号试验节点各管件基本信息

管件编号	MIDAS 模型单元号	管件受力情况描述	外径(mm)	铸钢件壁厚(mm)	接管长度(m)	接管壁厚(mm)
管 1995	542	受压水平支管	450	60	0.8	16
管 1996	543	受拉水平支管	450	60	0.8	16
管 2359	3454	弦管	630	80	1.05	35
管 2256	491	弦管	630	80	1.62	35
管 10003	17323	受压竖向支管	402	60	1.1	20
管 10004	17328	受压竖向支管	402	60	1.2	20

本试验中对节点试件采用统一的加载系统，反力架为节点试验全方位通用加载系统（GPLS）的下半球部分。加载系统的设计思路为：将节点试验件的三维实体模型在 AutoCAD 中进行空间定位，找到最合理的安装方位，然后对各加载端、固定端及连接件进行强度刚度优化设计。固定端直接通过螺栓和反力架连接，加载端设置连接件，连接件通过螺栓与反力架相

连且其端面和节点的加载端板平行。

对承受压弯作用的支管，通过千斤顶在加载端板上的偏心实现双向弯矩的施加。如果试验最大荷载超过单个千斤顶加载能力，则采用双千斤顶并联加载，两千斤顶中心连线的中点即为轴力偏心位置。对承受拉弯荷载作用的节点支管，通过拉力换向装置以及拉力锚杆的合理布置使拉力作用线通过偏心点，从而实现拉力和弯矩的共同加载。

128 号节点安装如图 6-12 所示。该节点的受力以拉力为主，特别是管 2247 和 2350 端部，将承受很大的拉力，现有的拉力换向装置不能满足要求。因此，笔者设计了新的拉力转换装置，在加载时千斤顶活塞端部顶在反力架赤道圈上，通过 10 根锚杆向试件管端施加拉力，合理布置锚杆和试件管端的位置，实现同时施加拉力和弯矩；同时，考虑试验安全和节点受力情况，设计两个固定端，两固定端均安装在反力架赤道圈上；拉力较小的管 2031 采用设置在反力架经圈上的拉力换向装置进行加载，同样通过调整锚杆位置实现弯矩加载。

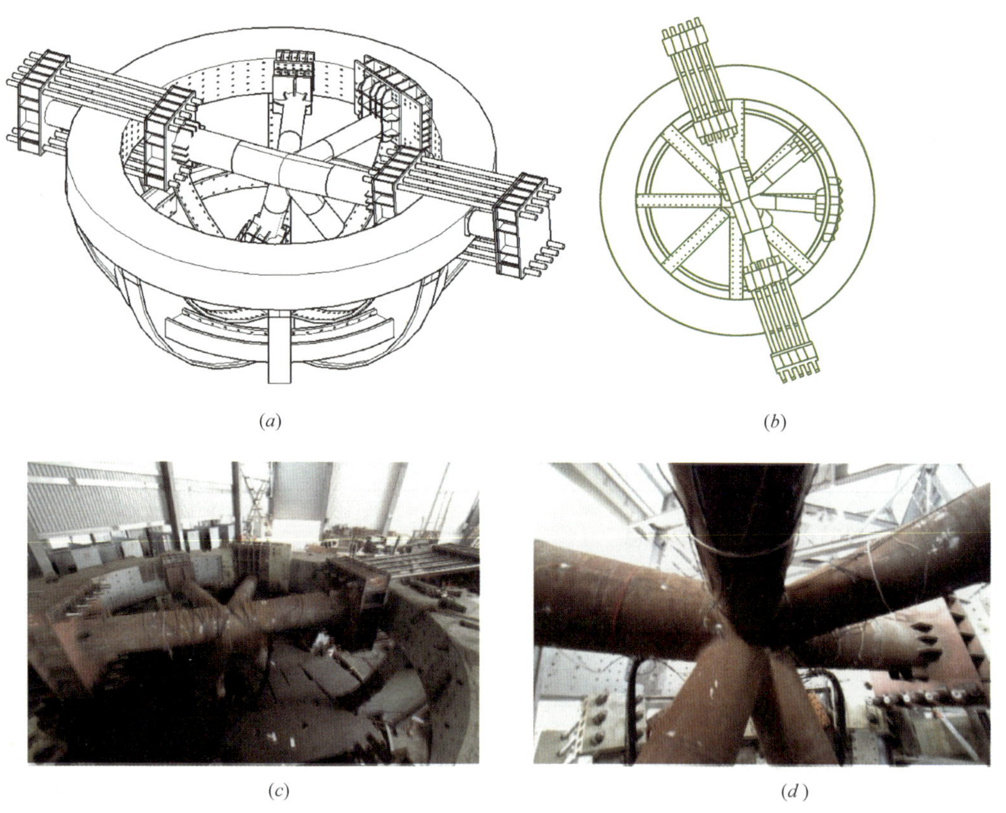

图 6-12 128 号试验节点安装示意图
(a) 轴测图；(b) 俯视图；(c) 安装现场图 A；(d) 安装现场图 B

146 号节点安装如图 6-13 所示。146 号节点各管端受力以压力为主，管 2256 作为固定端，安装在反力架赤道圈上；在赤道圈上还安装有其他连接件，用于对管 2359、10003 和 10004，在安装过程中，按照设计要求将千斤顶放置在连接件上的对应位置，以实现压力和弯矩的同时加载；对于受力较小的管 1995 和 1996，分别采用固定在经圈上的加载装置和拉力换向装置进行加载。

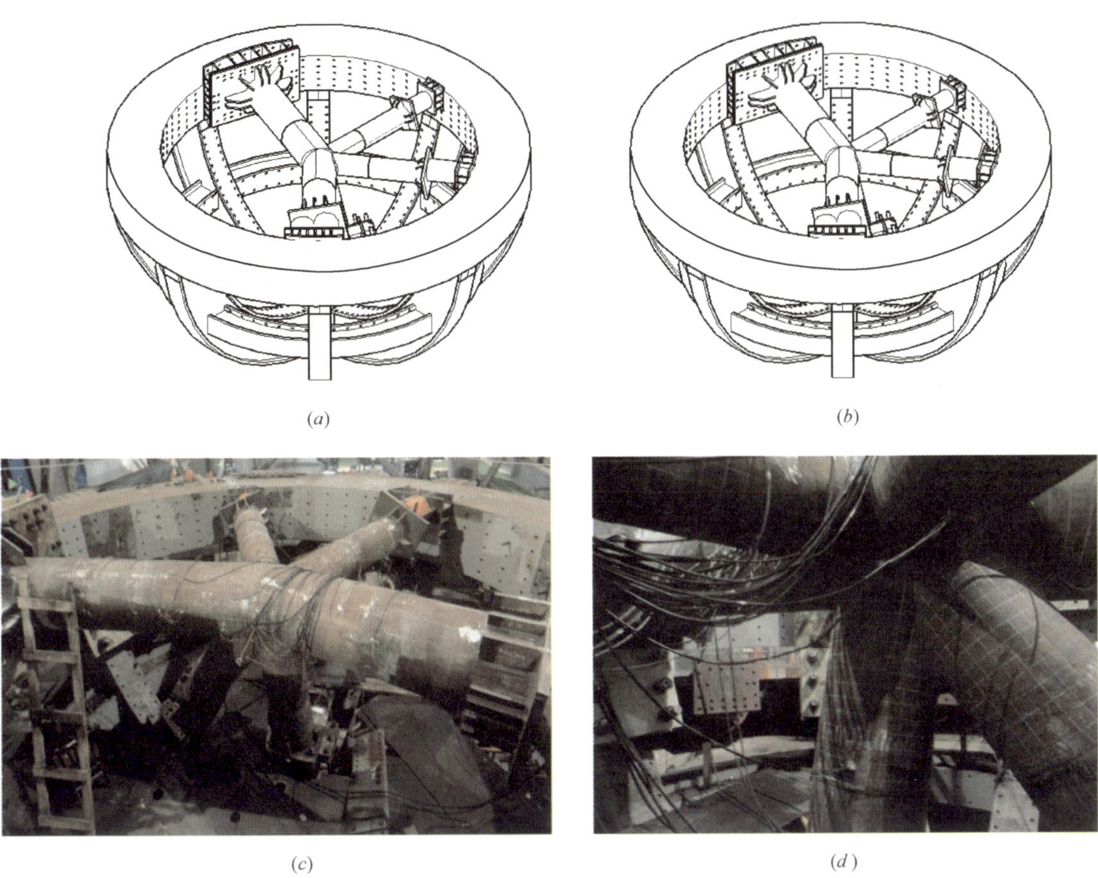

(a) (b) (c) (d)

图 6-13 146 号试验节点安装示意图

(a) 轴测图；(b) 俯视图；(c) 安装现场图 A；(d) 安装现场图 B

(3) 材性试验结果

钢材材性由标准拉伸试验确定。材性试棒从板材或试块中抽取，试棒取样和测试方法依据国家标准《金属材料室温拉伸试验方法》(GB/T 228—2002) 的有关规定进行，材性试棒规格数据见表 6-3，测得屈服强度 f_y、极限强度 f_u、屈强比 f_y/f_u 和伸长率 δ，见表 6-4。

表 6-3 钢材材性试件规格 (mm)

试棒来源	试件类型	$a(d)$	$b(d)$	r	L_o	L_c	L_t	$B(D)$
16 厚板材	棒材试件	10	10	10	50	120	250	16
20 厚板材	棒材试件	10	10	10	50	120	250	16

续表

试棒来源	试件类型	$a(d)$	$b(d)$	r	L_o	L_c	L_t	$B(D)$
35 厚板材	棒材试件	10	10	10	50	120	250	16
铸钢试块	棒材试件	10	10	10	50	120	220	16

注：根据《金属材料室温拉伸试验方法》(GB/T 228—2002)，表中字母含义：a 为矩形横截面试样厚度；b 为矩形横截面试样平行长度的宽度；d 为圆形横截面试样平行长度的直径；r 为过渡弧半径；L_0 为原始标距；L_c 为平行长度；L_t 为试样总长度；$B(D)$ 为管外径（宽度）。

表 6-4 钢材材性试验结果

试棒来源	试件类型	平均屈服强度 f_y(N/mm^2)	平均抗拉强度 f_u(N/mm^2)	平均屈强比 f_y/f_u	平均伸长率 δ(%)
16 厚板材	棒材试件	475	730	0.65	25.47
20 厚板材	棒材试件	440	660	0.67	32.47
35 厚板材	棒材试件	450	725	0.62	27.57
铸钢试块	棒材试件	477	806	0.59	24.76

铸钢试棒从北京机电院提供的材性试块中抽取，共 1 组；接管材性试验试棒从江南重工提供的板材中抽取，三种规格各 1 组，共 3 组。

(4) 节点加载力系归并

本试验中涉及的两个节点为多管汇交节点，各管的内力复杂，而试验室千斤顶的规格和数量有限，同时考虑到便于试验的加载控制，因此对节点管件内力进行适当归并，其原则是：①归并前后节点处荷载的作用效应基本一致；②节点试验中，选取一根或多根管件作为固定端，其余作为主动端施加千斤顶，固定端的反力与对应管件内力产生的应力水平应基本相当；③为便于加载控制，加载油路不宜过多。

根据上述加载力系归并与选取原则，按下列步骤进行节点的加载力系选取与归并：

① 验证设计方提供的加载力系是否平衡；

② 计算节点处各管件的应力水平，辅以节点受力性态分析，给出可不予加载的管端内力；

③ 根据千斤顶规格和油路套数，对步骤②的力系再次归并，然后考察其平衡状态、受力效应、固定端受力效应等，并确定最终试验加载力系。

表 6-5 给出了 128 号节点 1 倍设计荷载时的设计管端力系。

表 6-5 128 号节点 MIDAS 模型杆端力系

管件编号	MIDAS 模型单元号	P (kN)	V_2 (kN)	V_3 (kN)	T (kN·m)	M_2 (kN·m)	M_3 (kN·m)
2031	578	−16.38	−6.85	−20.25	3.55	−48.73	−7.7
2032	579	513.12	−16.25	−81.1	19.71	−177.86	−38.78
2247	482	7897.52	−1.13	−67.766	−30.84	−313.23	−7.74
2350	3445	8703.26	18.01	34.696	−21.59	−230.5	−60.85
9967	17268	1146.68	−33.42	26.82	3.11	65.44	−102.25
9968	17274	−1409.83	37.59	15.86	−0.24	34.04	110.55

注：P 为轴力；V_2 为在 1-2 平面的剪力；V_3 为在 1-3 平面的剪力；T 为轴向扭矩；M_2 为在 1-3 平面（关于 2 轴）的弯矩；M_3 为在 1-2 平面（关于 3 轴）的弯矩。

上述力系作用在各管端产生的应力比如表 6-6 所示，计算应力比采用的屈服强度为 380MPa。

表 6-6 128 号节点实际作用力系下的应力比

管件编号	MIDAS 模型单元号	P (kN)	V_2 (kN)	V_3 (kN)	T (kN·m)	M_2 (kN·m)	M_3 (kN·m)	正向应力比绝对值之和
2031	578	0.00	0.00	0.00	0.00	−0.02	0.00	0.02
2032	579	0.018	0.00	−0.01	0.01	−0.07	−0.02	0.11
2247	482	0.150	0.00	0.00	0.00	−0.05	0.00	0.20
2350	3445	0.166	0.00	0.00	0.00	−0.04	−0.01	0.21
9967	17268	0.047	0.00	0.00	0.00	0.04	−0.06	0.14
9968	17274	−0.058	0.01	0.00	0.00	0.02	0.06	0.14

注：表中字母含义同表 6-5。

根据节点的受力性态和应力水平，可知：

① 管 2350 和管 2247（表 6-5 中 3445、482 杆）上的拉力为主要控制荷载，应当尽量保证精确；

② 为防止由于两套油路加载不同步而使杆件破坏，需要设置两个固定端，选择节点 9967 及 9968 为固定端；

③ 管 2032 对应的杆件 579 的内力很小，因此在管 2032 上不加载，其他杆件的剪应力都较小，可以忽略，弯矩施加可通过千斤顶偏心加载实现。

④ 采用三套油路加载，千斤顶规格包括 160t、630t 等。

荷载归并完成后，采用 MIDAS/GEN 建立杆系有限元模型对实际加载力系中固定约束端的受力进行验证，保证归并的试验荷载工况引起的固定端反力与设计荷载引起的管端应力比基本一致，最终得到试验加载力系。加载至 1 倍设计荷载时的荷载水平如表 6-7 所示，在此力系下各管端应力比如表 6-8 所示。

表 6-7 128 号节点试验拟加载力系

管件编号	MIDAS 模型单元号	P (kN)	V_2 (kN)	V_3 (kN)	T (kN·m)	M_2 (kN·m)	M_3 (kN·m)	千斤顶规格 (t)	油路
2031	579	0	0	0	0	0	0	—	—
2032	578	697	0	0	0	−178	0	160	油路 3
2247	3445	7897	0	0	0	−315	0	630×2	油路 1
2350	482	8780	0	0	0	−231	−61	630×2	油路 2
9967	17268	固定端	固定端	固定端	固定端	固定端	固定端	固定端	—
9968	17274	固定端	固定端	固定端	固定端	固定端	固定端	固定端	—

注：表中字母含义同表 6-5。

表 6-8　128 号节点试验拟加载力系下的应力比

管件编号	MIDAS 模型单元号	P (kN)	V_2 (kN)	V_3 (kN)	T (kN·m)	M_2 (kN·m)	M_3 (kN·m)	正向应力比绝对值和
2031	579	0.00	0.00	0.00	0.00	0.00	0.00	0.00
2032	578	0.025	0.00	0.00	0.00	−0.07	0.00	0.10
2247	3445	0.150	0.00	0.00	0.00	−0.05	0.00	0.20
2350	482	0.167	0.00	0.00	0.00	−0.04	−0.01	0.21
9967	17268	0.055	0.01	0.00	−0.01	0.01	−0.07	0.14
9968	17274	−0.055	−0.01	−0.01	0.03	0.03	0.05	0.14

注：表中字母含义同表 6-5。

表 6-9 给出了 146 号节点 1 倍设计荷载时的设计管端力系。

表 6-9　146 号节点 MIDAS 模型杆端力系

管件编号	MIDAS 模型单元号	P (kN)	V_2 (kN)	V_3 (kN)	T (kN)	M_2 (kN·m)	M_3 (kN·m)
1995	542	−660	−11	−11	−3	79	−21
1996	543	522	−5	−5	16	118	−13
2359	3454	−6955	54	90	−62	411	211
2256	491	−6236	−36	−121	66	387	182
10003	17323	−1510	58	−32	−10	−50	130
10004	17328	−1796	−48	−30	7	−55	−109

注：表中字母含义同表 6-5。

上述力系作用在各管端产生的应力比如表 6-10 所示。

表 6-10　146 号节点实际作用力系下的应力比

管件编号	MIDAS 模型单元号	P (kN)	V_2 (kN)	V_3 (kN)	T (kN·m)	M_2 (kN·m)	M_3 (kN·m)	正向应力比绝对值和
1995	542	−0.02	0.00	0.00	0.00	0.03	−0.01	0.06
1996	543	0.02	0.00	0.00	0.00	0.05	−0.01	0.07
2359	3454	−0.13	0.00	0.01	−0.01	0.06	0.03	0.23
2256	491	−0.12	0.00	−0.01	0.01	0.06	0.03	0.21
10003	17323	−0.06	0.01	0.00	0.00	−0.03	0.07	0.16
10004	17328	−0.07	−0.01	0.00	0.00	−0.03	−0.06	0.16

注：表中字母含义同表 6-5。

根据节点的受力性态和应力水平，可知：

① 管件 2256 和 2359（3454、491 杆）受力较大，考虑试验条件和安全，最终选择节点 2256 为固定端；

② 各杆件的剪应力都较小，可忽略，弯矩可通过千斤顶偏心加载施加；

③ 采用两套油路加载，千斤顶规格包括 160t、200t、500t、630t 等。

荷载归并完成后，采用 MIDAS/GEN 建立杆系有限元模型对实际加载力系中固定约束端的受力进行验证，保证归并的试验荷载工况引起的固定端反力与设计荷载引起的管端应力比基本一致。最终得到试验加载力系，加载至 1 倍设计荷载时的荷载水平如表 6-11 所示，在此力系下各管端应力比如表 6-12 所示。

表 6-11 146 号节点试验拟加载力系

管件编号	MIDAS 模型单元号	P (kN)	V_2 (kN)	V_3 (kN)	T (kN)	M_2 (kN·m)	M_3 (kN·m)	千斤顶规格 (t)	油路
1995	542	−660	0	0	0	79	0	200	油路 2
1996	543	528	0	0	0	122	0	160	油路 2
2359	3454	−6978	0	0	0	500	269	630×2	油路 1
2256	491	固定端	固定端	固定端	固定端	固定端	固定端	—	—
10003	17323	−1650	0	0	0	−38	154	500	油路 2
10004	17328	−1772	0	0	0	−77	−92	320	油路 1

注：表中字母含义同表 6-5。

表 6-12 146 号节点试验拟加载力系下的应力比

管件编号	MIDAS 模型单元号	P (kN)	V_2 (kN)	V_3 (kN)	T (kN·m)	M_2 (kN·m)	M_3 (kN·m)	正向应力比绝对值和
1995	542	−0.02	0.00	0.00	0.00	0.03	0.00	0.06
1996	543	0.02	0.00	0.00	0.00	0.05	0.00	0.07
2359	3454	−0.13	0.00	0.00	0.00	0.08	0.04	0.25
2256	491	−0.12	−0.01	0.00	0.00	0.08	0.02	0.22
10003	17323	−0.07	0.00	0.00	0.00	−0.02	0.08	0.17
10004	17328	−0.07	0.00	0.00	0.00	−0.04	−0.05	0.16

注：表中字母含义同表 6-5。

（5）加载制度

正式加载前进行预加载，检验加载和测试系统是否正常。正式加载时，每级加载完毕后，等待 1min，记录应变片和位移计的读数。128 号节点和 146 号节点荷载分级和加载步骤见表 6-13和表 6-14。其中，荷载比例＝千斤顶施加荷载/设计荷载，第七级荷载对应设计荷载。

表 6-13 128 号节点加载制度

加载级别		比例	2031	2247	2350
预加载	调零	0	0	0	0
	1	0.2	140	1756	1582
	2	0.4	279	3512	3159
	3	0.6	418	5268	4736
	4	0.7	488	6146	5526
正式加载	调零	0	0	0	0
	1	0.2	140	1756	1582
	2	0.4	279	3512	3159
	3	0.6	418	5268	4736

续表

加载级别		比例	2031	2247	2350
正式加载	4	0.7	488	6146	5526
	5	0.8	558	7024	6316
	6	0.9	627	7902	7106
	7	1	697	8780	7896
	8	1.1	767	9658	8686
	9	1.2	836	10536	9476
	10	1.3	906	11414	10266

表 6-14　146 号节点加载制度

加载级别		比例	1995	1996	2359	10003	10004
预加载	调零	0	0	0	0	0	0
	1	0.2	−132	106	−1396	−330	−354
	2	0.4	−264	211	−2791	−660	−709
	3	0.6	−396	317	−4187	−990	−1063
	4	0.7	−462	370	−4885	−1155	−1241
正式加载	调零	0	0	0	0	0	0
	1	0.2	−132	106	−1396	−330	−354
	2	0.4	−264	211	−2791	−660	−709
	3	0.6	−396	317	−4187	−990	−1063
	4	0.7	−462	370	−4885	−1155	−1241
	5	0.8	−528	422	−5583	−1320	−1418
	6	0.9	−594	475	−6281	−1485	−1595
	7	1	−660	528	−6978	−1650	−1772
	8	1.1	−726	581	−7676	−1815	−1950
	9	1.2	−792	634	−8374	−1980	−2127
	10	1.3	−858	686	−9072	−2145	−2304
	11	1.4	−924	739	−9770	−2310	−2481
	12	1.5	−990	792	−10468	−2475	−2658

（6）测试方案

测点布置主要有三类：一是单向应变片，主要测量和监控管件内力；二是三向应变片，主要测量节点区域的应力变化和发展规律；三是位移计，用以监控节点的空间变位。测点布置前，首先采用有限元软件 ABAQUS 进行预分析，根据分析结果布置应变片和位移计。

在试验节点的 5 根接管上共布置 7 个截面 56 个单向应变片 S1—S56；在铸钢节点上布置 37 个三向应变片（111 个通道）T1—T37；布置 9 个位移计 D1—D9，其中 D1—D3 用于监测节点刚体位移，其余位移计布置在管 2247 和管 2350 端部，主要用于保证试验安全。

根据初步有限元计算得到的 1.3 倍设计荷载条件下的节点应力云图来布置三向应变片，测点布置如图 6-14—图 6-16 所示，位移计布置及方向如图 6-17 所示，部分测点现场图如图 6-18 所示。

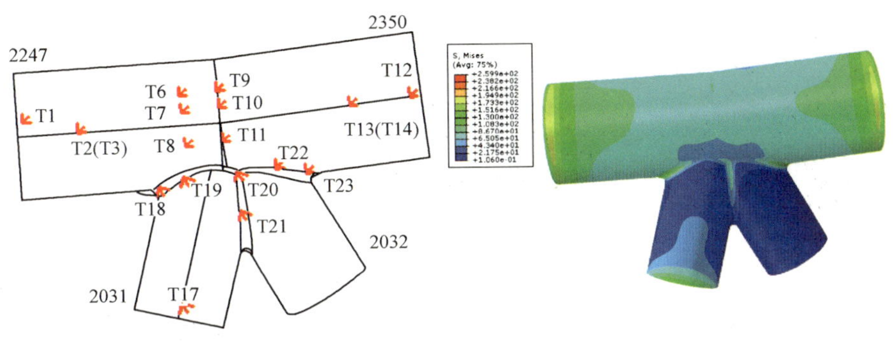

图 6-14　128 号节点贴片示意图 A（侧视）

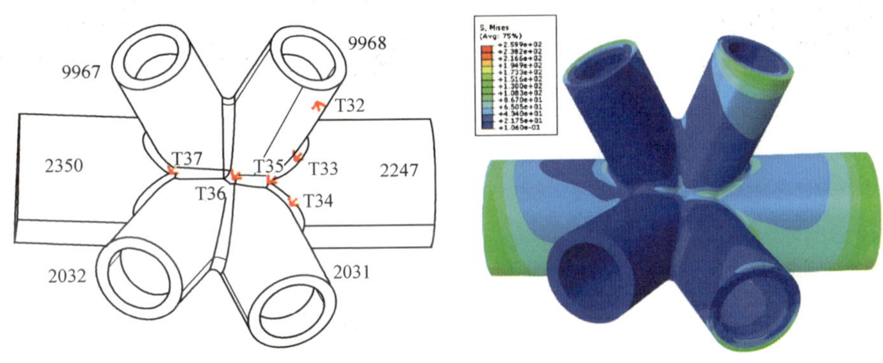

图 6-15　128 号节点贴片示意图 B（仰视）

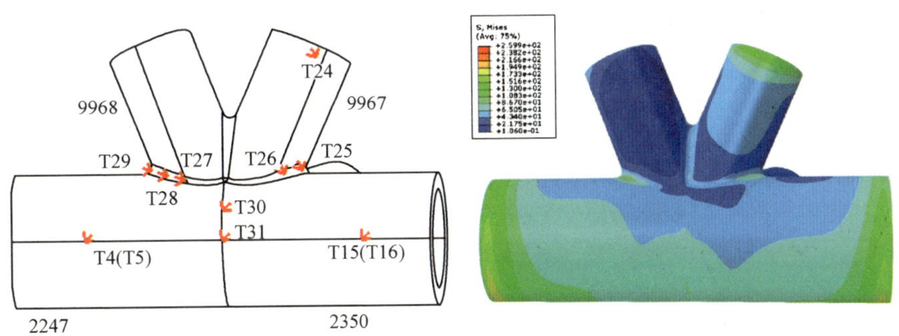

图 6-16　128 号节点贴片示意图 C（俯视）

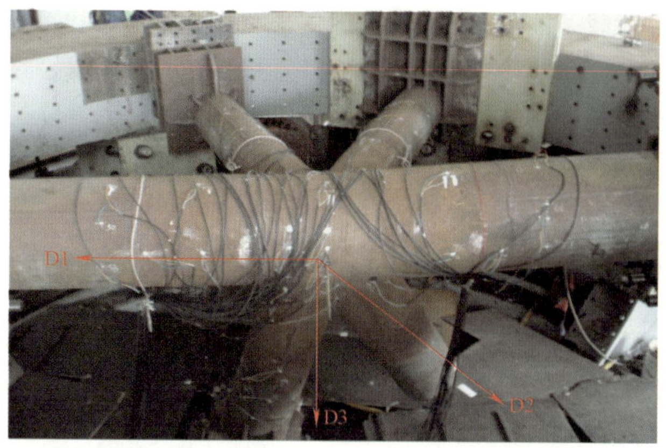

图 6-17 128 号节点位移计 D1—D3 布置图（箭头方向为正）

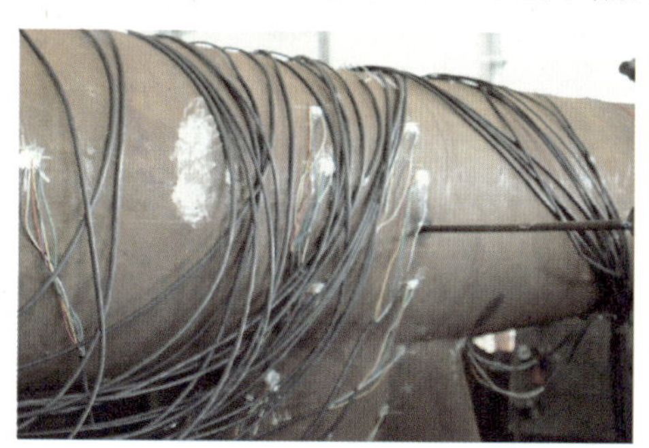

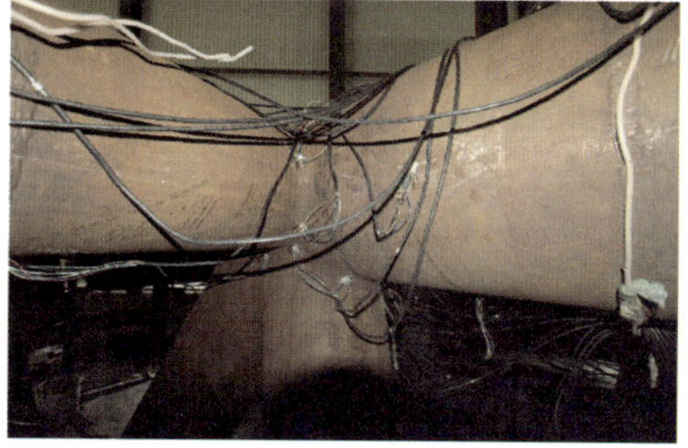

图 6-18 128 号节点部分测点现场图

在试验节点的 6 根接管上共布置 7 个截面 56 个单向应变片 S1—S56；在铸钢节点上布置 42 个三向应变片（126 个通道）T1—T42；布置 5 个位移计 D1—D5，其中 D1—D3 用于监测节点刚体位移，D4 和 D5 布置在固定端端板上，主要用于保证试验安全。

根据有限元计算得到的 1.3 倍设计荷载条件下的节点应力云图布置三向片，测点布置如图 6-19—图 6-21 所示，位移计布置及方向如图 6-22 所示，部分测点现场如图 6-23 所示。

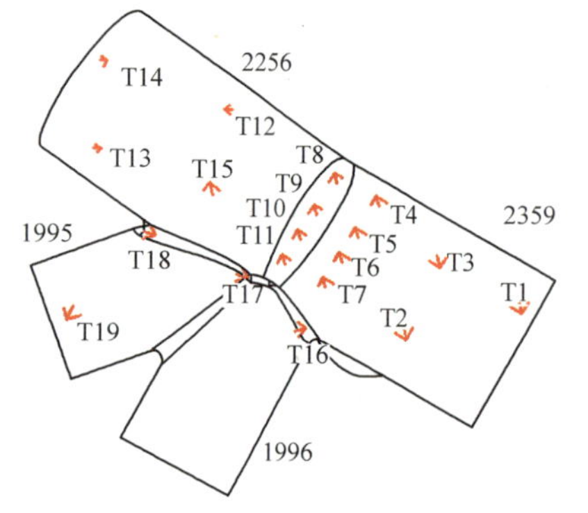

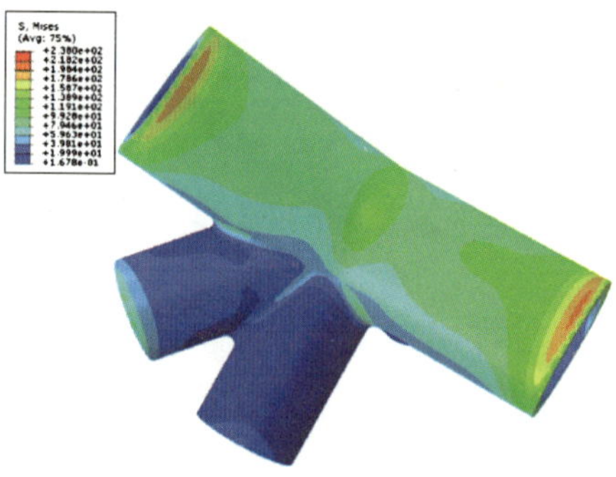

图 6-19 146 号节点贴片示意图 A（侧视）

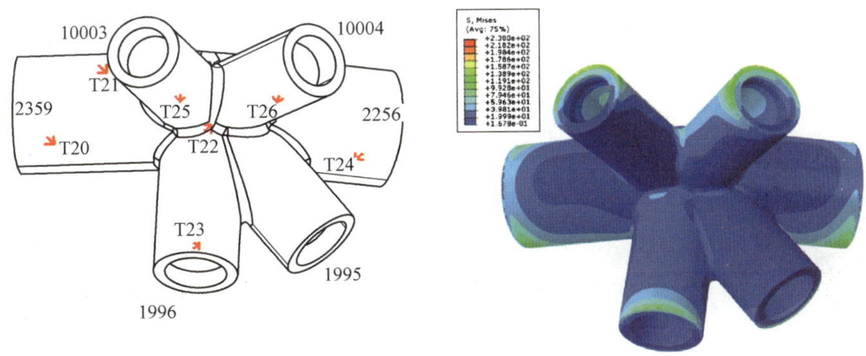

图 6-20 146 号节点贴片示意图 B（仰视）

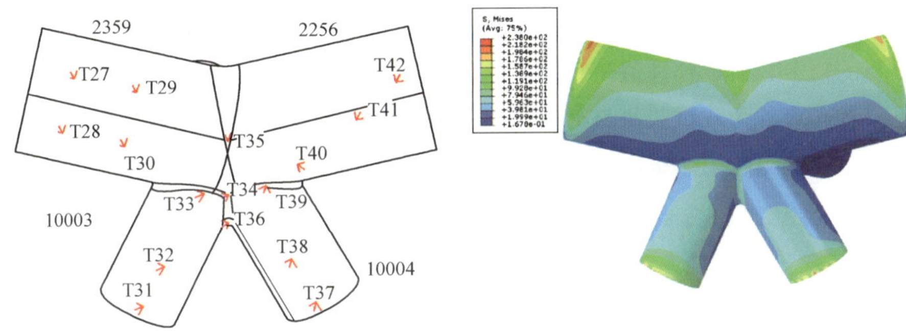

图 6-21 146 号节点贴片示意图 C（俯视）

图 6-22 146 号节点位移计布置（箭头方向为正）

3）试验结果

（1）128 号节点试验结果

图 6-24 给出了 128 号节点各支管在各级荷载下的荷载试验值和荷载预期值的对比曲线。由于各个支管上的加载比例相同，故引入荷载比例（施加荷载/设计荷载）作为纵坐标，以轴

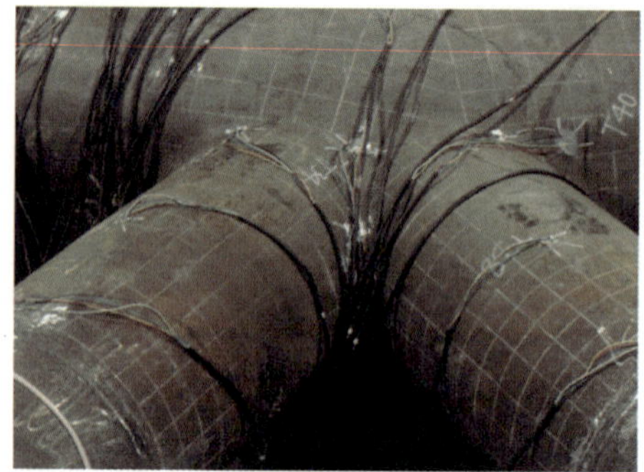

图 6-23 146 号节点部分测点现场图

力为横坐标，曲线图中轴力以受拉为正、受压为负。其中荷载试验值是由各支管上单向应变片反算的轴力，荷载预计值是管端千斤顶所施加的轴力或与此加载力对应的固定端轴力。由图可见，各支管的荷载试验值与荷载预期值基本吻合，各支管上所施加的荷载均已达到预期目标；除固定端轴力在第一级由于数值较小出现不稳定跳动以外，各管轴力均表现为线性增长。

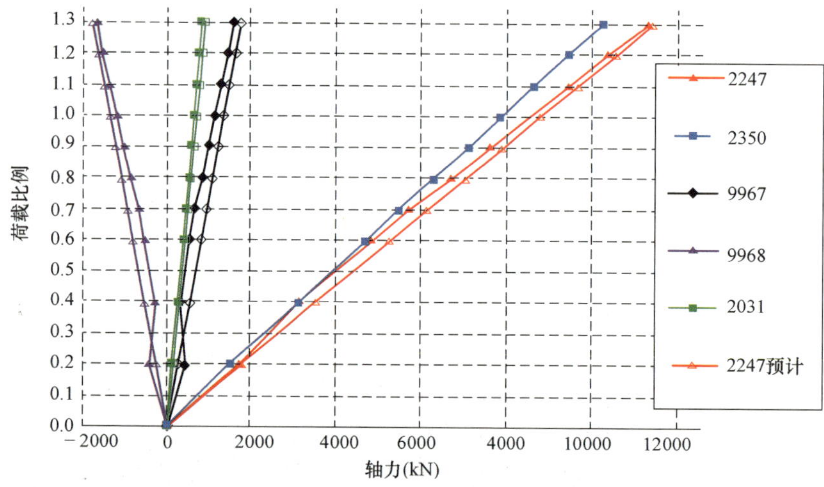

图 6-24 128 号节点各管荷载比例-轴力曲线

当加载到 1 倍设计荷载时，应变片读数显示所有测点均处于弹性状态；最终加载到 1.3 倍设计荷载时，所有测点均处于弹性状态。在试验过程中，节点区域无可见的变形，位移计 D1、D2 和 D3 均有读数，但数值很小。

图 6-25 给出了 128 号节点各个测点处三向应变片的荷载比例-应力变化曲线（18 号测点通道故障，未列出数据）。以荷载比例作为荷载-应力曲线的纵坐标，以应力（MPa）作为横坐标。

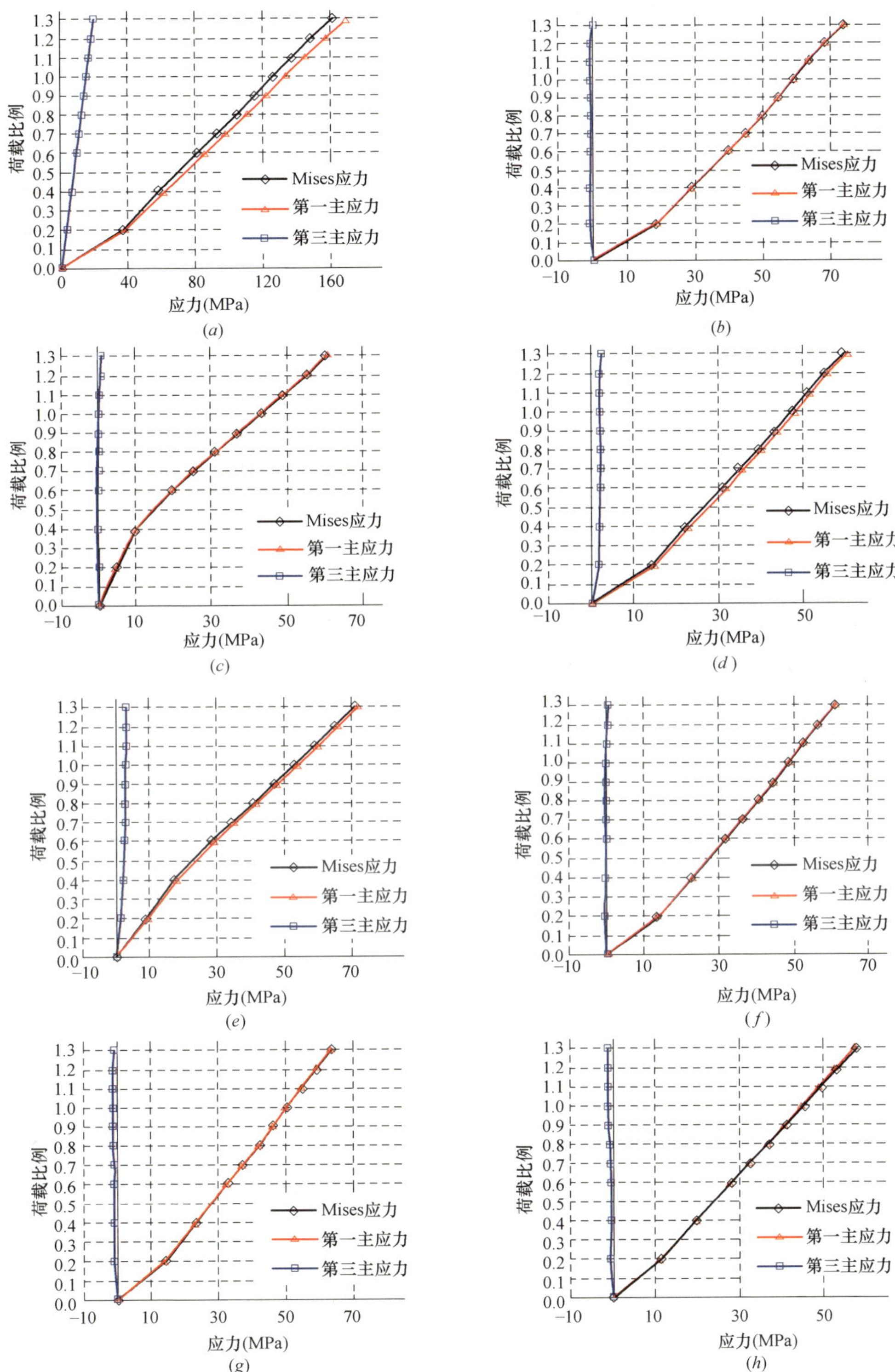

图 6-25 128 号节点各个测点处三向应变片的荷载等级-应力曲线（一）
(*a*) 测点 T1 荷载比例-应力图；(*b*) 测点 T2 荷载比例-应力图；(*c*) 测点 T3 荷载比例-应力图；(*d*) 测点 T4 荷载比例-应力图；(*e*) 测点 T5 荷载比例-应力图；(*f*) 测点 T6 荷载比例-应力图；(*g*) 测点 T7 荷载比例-应力图；(*h*) 测点 T8 荷载比例-应力图

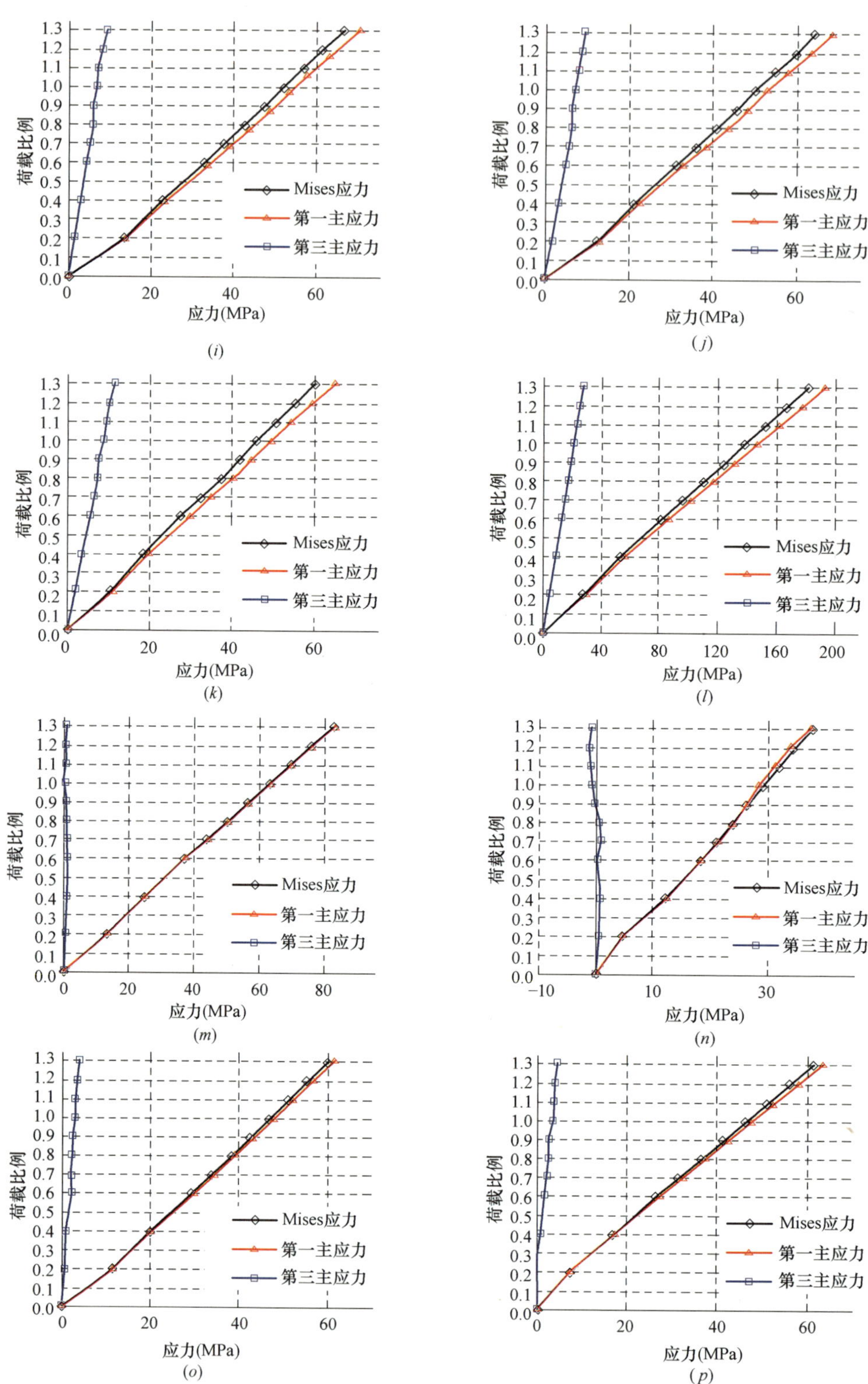

图 6-25　128 号节点各个测点处三向应变片的荷载等级-应力曲线（二）
（*i*）测点 T9 荷载比例-应力图；（*j*）测点 T10 荷载比例-应力图；（*k*）测点 T11 荷载比例-应力图；（*l*）测点 T12 荷载比例-应力图；（*m*）测点 T13 荷载比例-应力图；（*n*）测点 T14 荷载比例-应力图；（*o*）测点 T15 荷载比例-应力图；（*p*）测点 T16 荷载比例-应力图

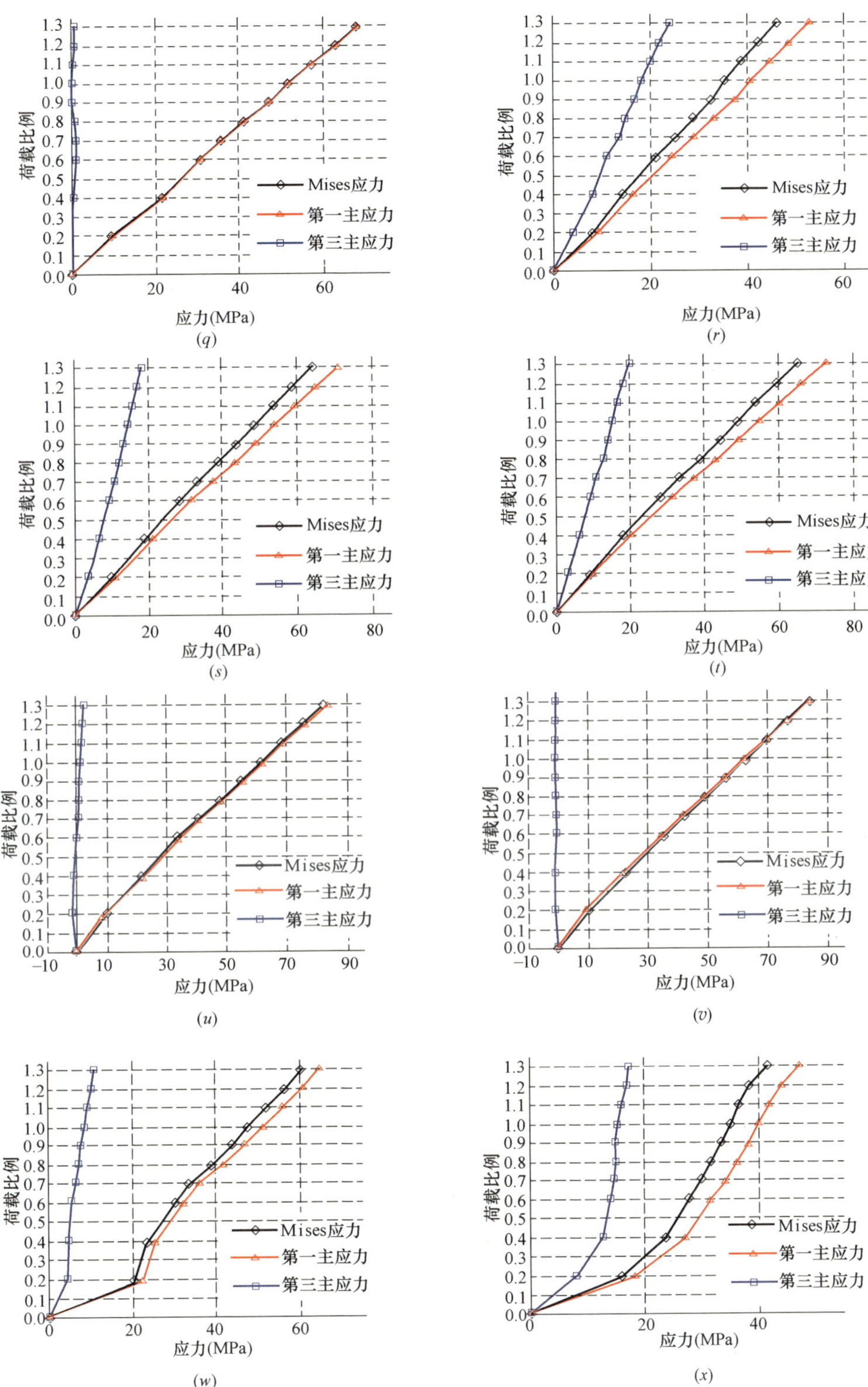

图 6-25 128 号节点各个测点处三向应变片的荷载等级-应力曲线（三）

（q）测点 T17 荷载比例-应力图；（r）测点 T19 荷载比例-应力图；（s）测点 T20 荷载比例-应力图；（t）测点 T21 荷载比例-应力图；（u）测点 T22 荷载比例-应力图；（v）测点 T23 荷载比例-应力图；（w）测点 T24 荷载比例-应力图；（x）测点 T25 荷载比例-应力图

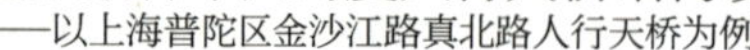

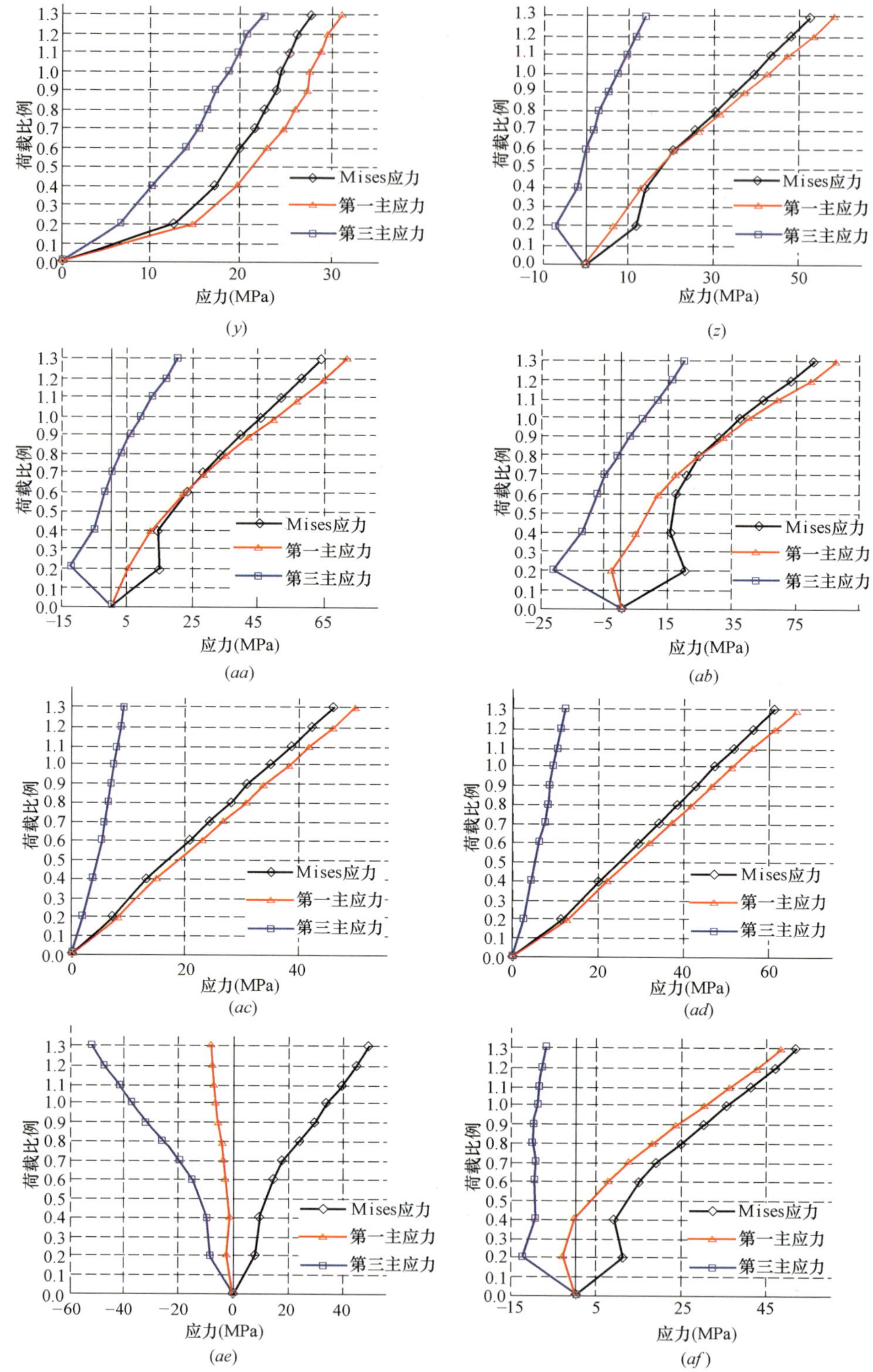

(*y*)

(*z*)

(*aa*)

(*ab*)

(*ac*)

(*ad*)

(*ae*)

(*af*)

图 6-25　128 号节点各个测点处三向应变片的荷载等级-应力曲线（四）
（*y*）测点 T26 荷载比例-应力图；（*z*）测点 T27 荷载比例-应力图；（*aa*）测点 T28 荷载比例-应力图；（*ab*）测点 T29 荷载比例-应力图；（*ac*）测点 T30 荷载比例-应力图；（*ad*）测点 T31 荷载比例-应力图；（*ae*）测点 T32 荷载比例-应力图；（*af*）测点 T33 荷载比例-应力图

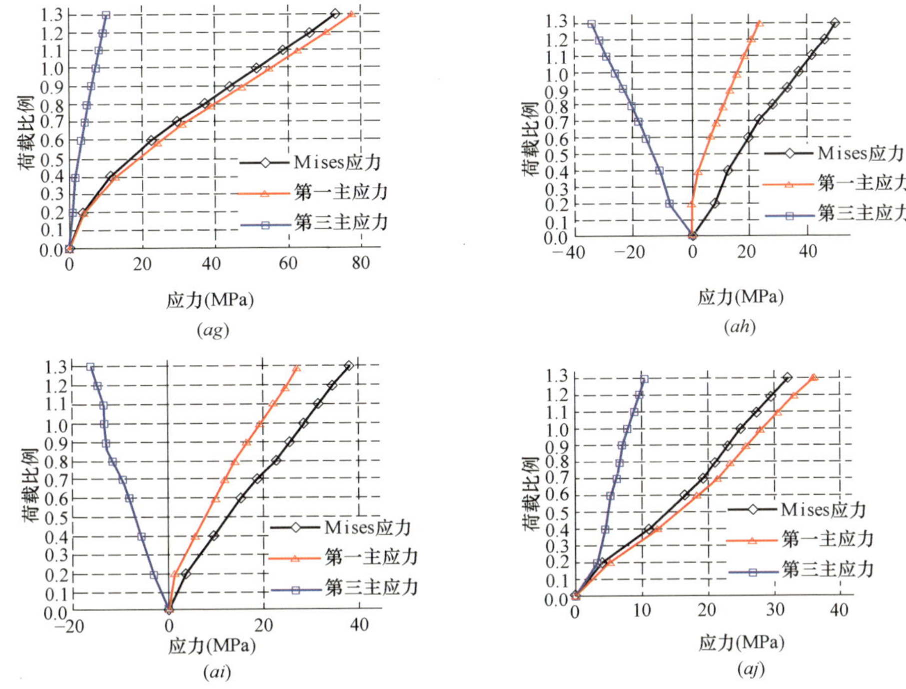

图 6-25 128 号节点各个测点处三向应变片的荷载等级-应力曲线（五）

（ag）测点 T34 荷载比例-应力图；（ah）测点 T35 荷载比例-应力图；（ai）测点 T36 荷载比例-应力图；（aj）测点 T37 荷载比例-应力图

从图 6-25 中可以看到，在整个加载过程中，128 号节点各测点的应力呈线性增长，在加载至 1.3 倍设计荷载时，所有测点都处于弹性状态，节点安全并且有一定的安全储备。36 个有效测点中，T1、T12 的应力明显较大，且表现为多向应力状态，这是由于铸钢管端截面突变产生了应力集中。在距离管端一段距离的测点 T2—T5 以及 T13—T16 处，由于应力集中的影响消失，这些测点表现出单向应力状态，且其相对大小关系与管件的拉弯受力情况对应，即拉弯作用叠加处（T2、T5）应力较大。同时，在两个弦杆 2350、2247 与其余管件的交汇处的倒角区域测点 T19、T20、T22、T23、T28、T29 及 T34 的 Mises 应力明显较大，这是由于 128 号节点受到两个弦管 2350 和 2247 管端很大的拉力，在倒角区域产生应力集中。由于其余管件上的力和弯矩均较小，因此 T35—T37 测点虽然处于多管汇交的区域，但相应测点的 Mises 应力并不大。

（2）146 号节点试验结果

图 6-26 给出 146 号节点各支管在各级荷载下的荷载试验值和荷载预期值的对比曲线，曲线图中轴力以受拉为正、受压为负。其中荷载试验值是由各支管上单向应变片反算的轴力，荷载预计值为管端千斤顶所施加的轴力或与此加载力对应的固定端轴力。由图可见，各支管的荷载试验值与荷载预期值基本吻合，各支管上所施加的荷载均已达到预期目标；各管轴力均表现为线性增长。

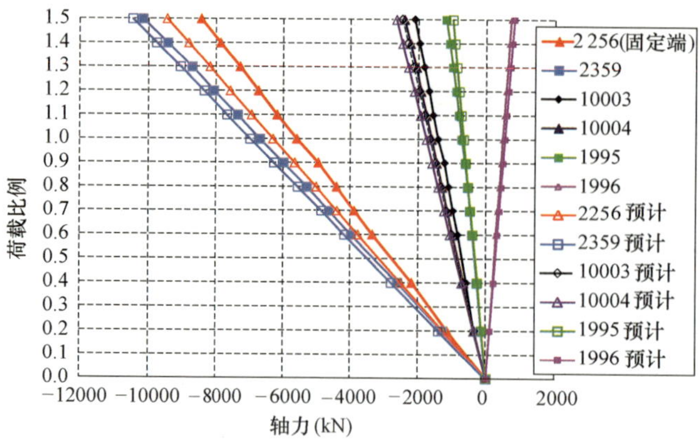

图 6-26 146 号节点各管荷载比例-轴力曲线

当加载到 1 倍设计荷载时，应变读数显示所有测点均处于弹性状态；加载到 1.3 倍设计荷载时，所有测点均处于弹性状态；最终加载至 1.5 倍设计荷载。在试验过程中，节点区域无可见的变形，位移计 D1、D2 和 D3 均有读数，但数值很小。

图 6-27 给出了 146 号节点各个测点处三向应变片的荷载比例-应力变化曲线（3 号、23 号

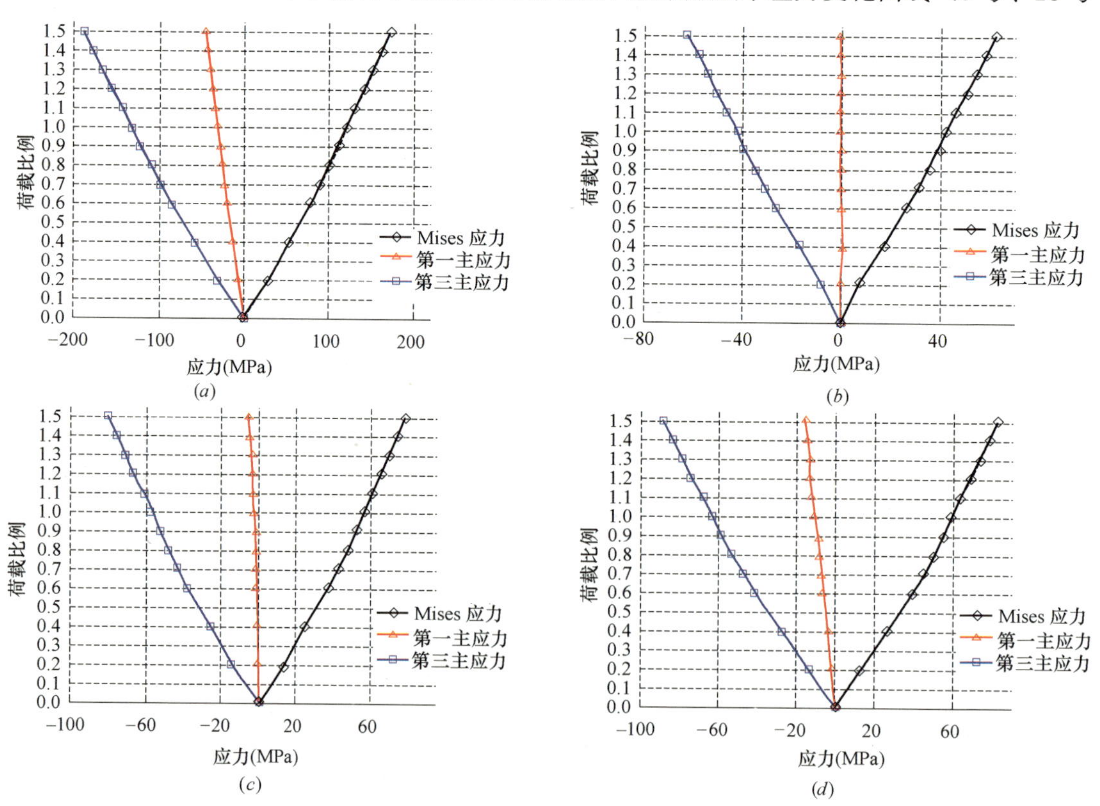

图 6-27 146 号节点各个测点处三向应变片的荷载比例-应力曲线（一）
（a）测点 T1 荷载比例-应力图；（b）测点 T2 荷载比例-应力图；（c）测点 T4 荷载比例-应力图；
（d）测点 T5 荷载比例-应力图

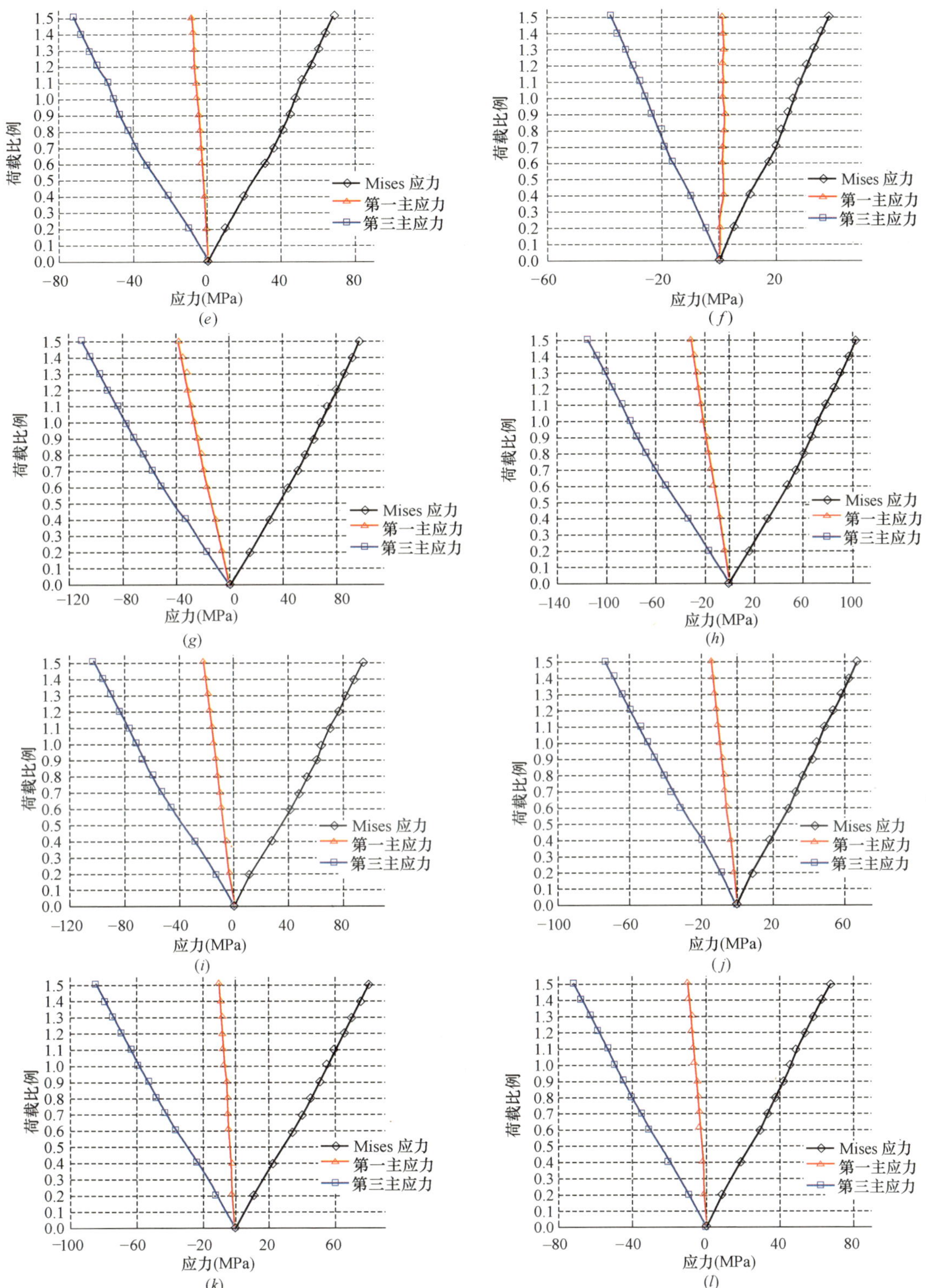

图 6-27　146 号节点各个测点处三向应变片的荷载比例-应力曲线（二）

（e）测点 T6 荷载比例-应力图；（f）测点 T7 荷载比例-应力图；（g）测点 T8 荷载比例-应力图；（h）测点 T9 荷载比例-应力图；（i）测点 T10 荷载比例-应力图；（j）测点 T11 荷载比例-应力图；（k）测点 T12 荷载比例-应力图；（l）测点 T13 荷载比例-应力图

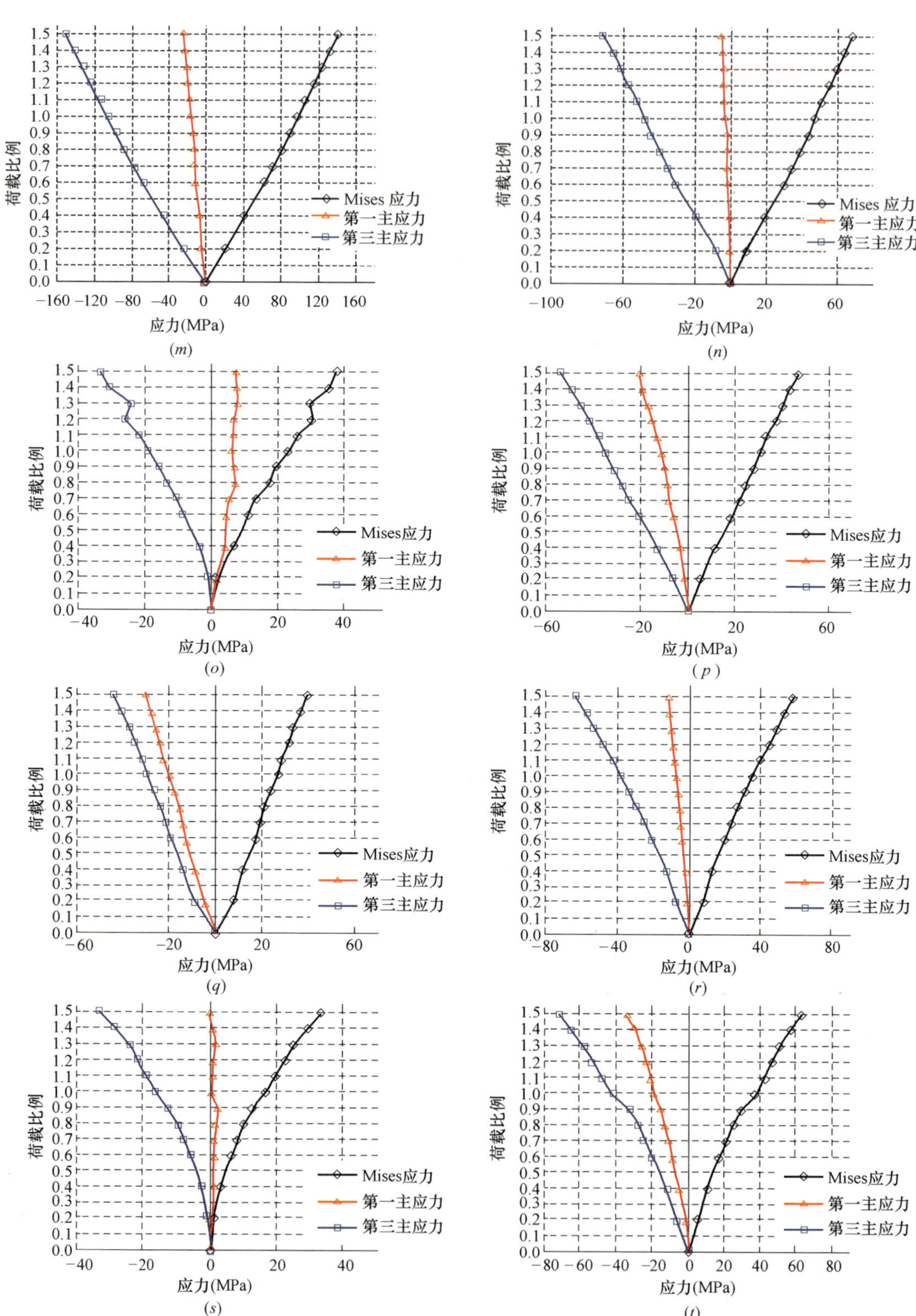

图 6-27 146 号节点各个测点处三向应变片的荷载比例-应力曲线（三）
（m）测点 T14 荷载比例-应力图；（n）测点 T15 荷载比例-应力图；（o）测点 T16 荷载比例-应力图；（p）测点 T17 荷载比例-应力图；（q）测点 T18 荷载比例-应力图；（r）测点 T19 荷载比例-应力图；（s）测点 T20 荷载比例-应力图；（t）测点 T21 荷载比例-应力图

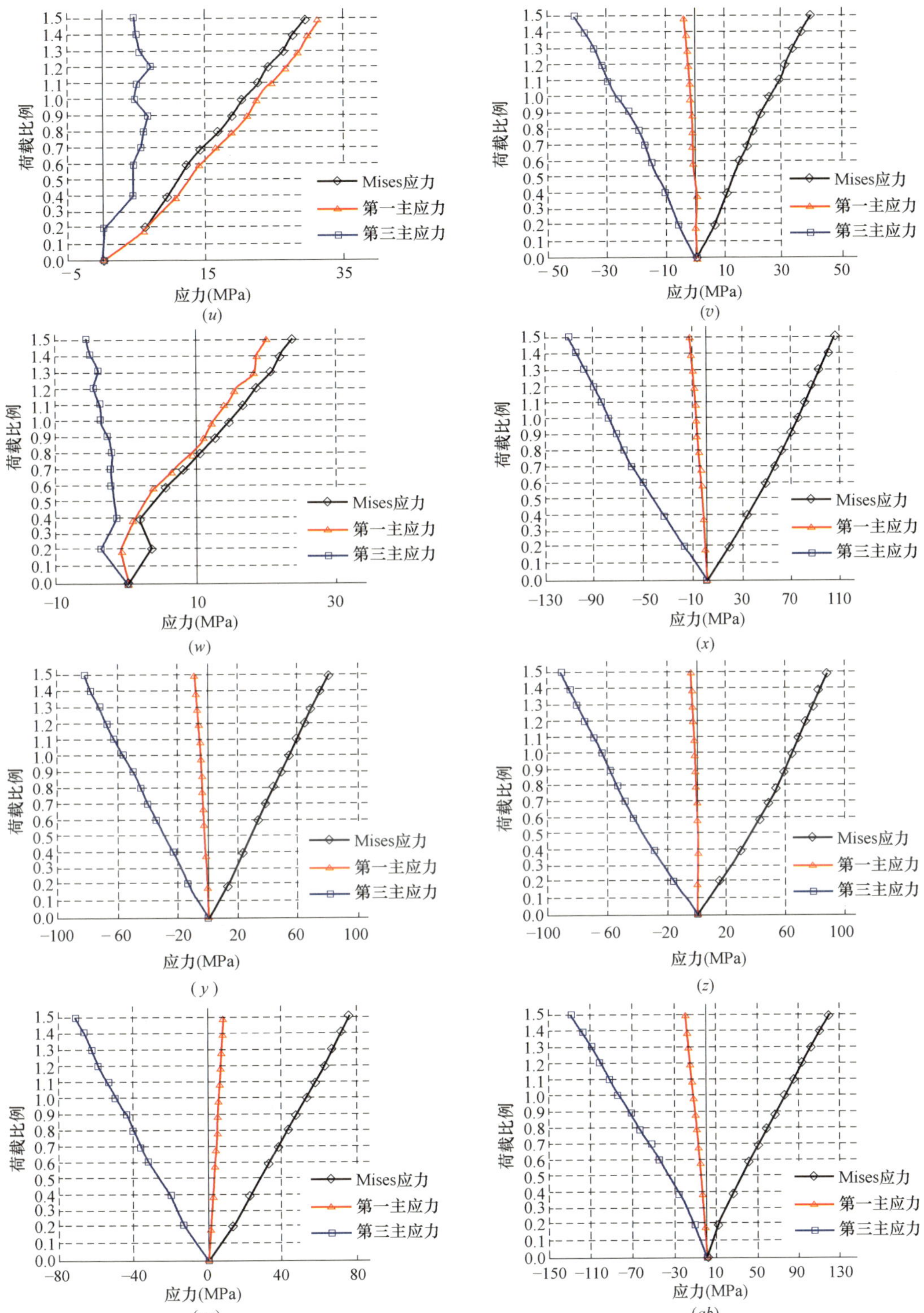

图 6-27 146 号节点各个测点处三向应变片的荷载比例-应力曲线（四）
（u）测点 T22 荷载比例-应力图；（v）测点 T24 荷载比例-应力图；（w）测点 T25 荷载比例-应力图；（x）测点 T27 荷载比例-应力图；（y）测点 T28 荷载比例-应力图；（z）测点 T29 荷载比例-应力图；（aa）测点 T30 荷载比例-应力图；（ab）测点 T31 荷载比例-应力图

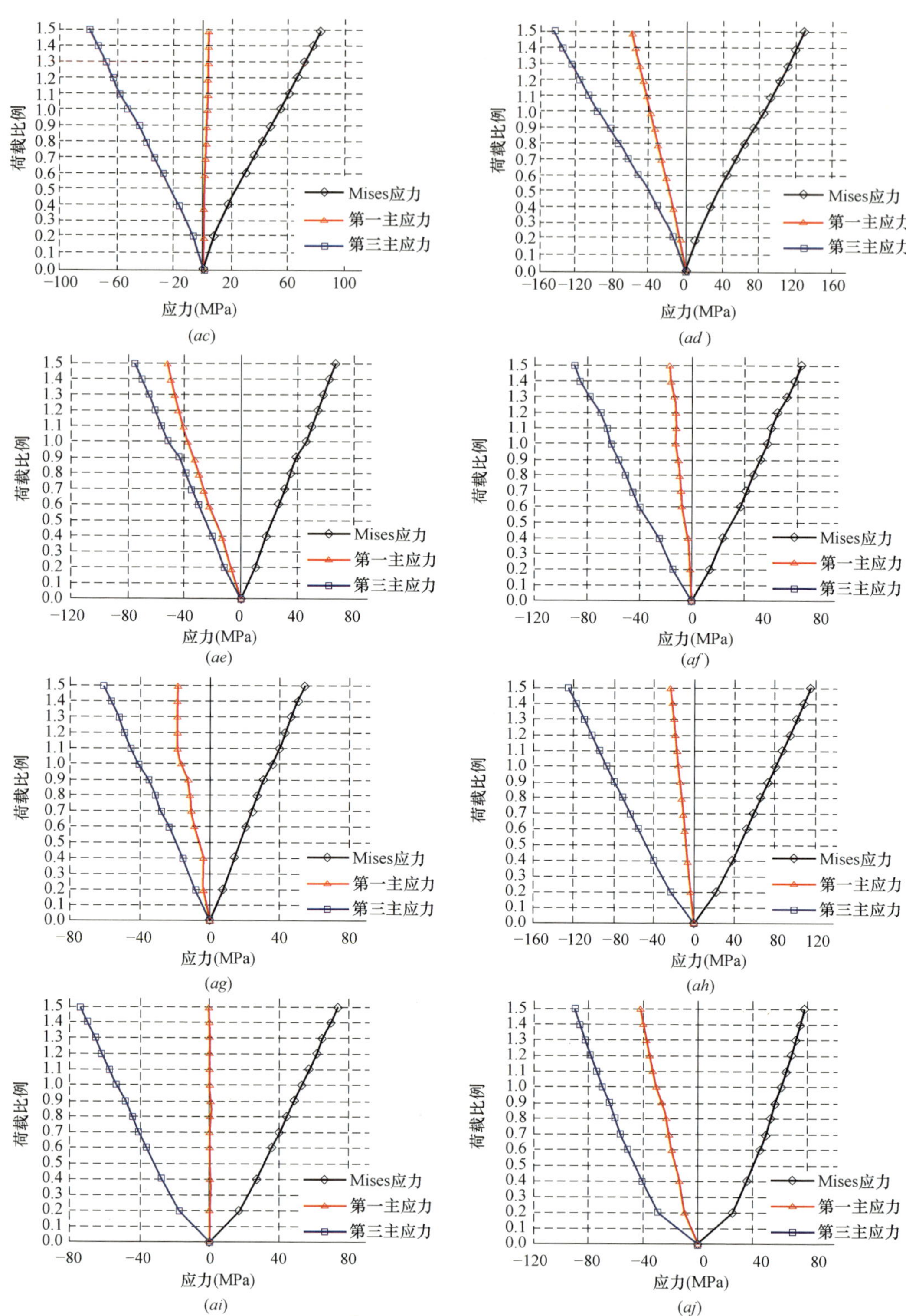

图 6-27 146 号节点各个测点处三向应变片的荷载比例-应力曲线（五）
（ac）测点 T32 荷载比例-应力图；（ad）测点 T33 荷载比例-应力图；（ae）测点 T34 荷载比例-应力图；（af）测点 T35 荷载比例-应力图；（ag）测点 T36 荷载比例-应力图；（ah）测点 T37 荷载比例-应力图；（ai）测点 T38 荷载比例-应力图；（aj）测点 T39 荷载比例-应力图

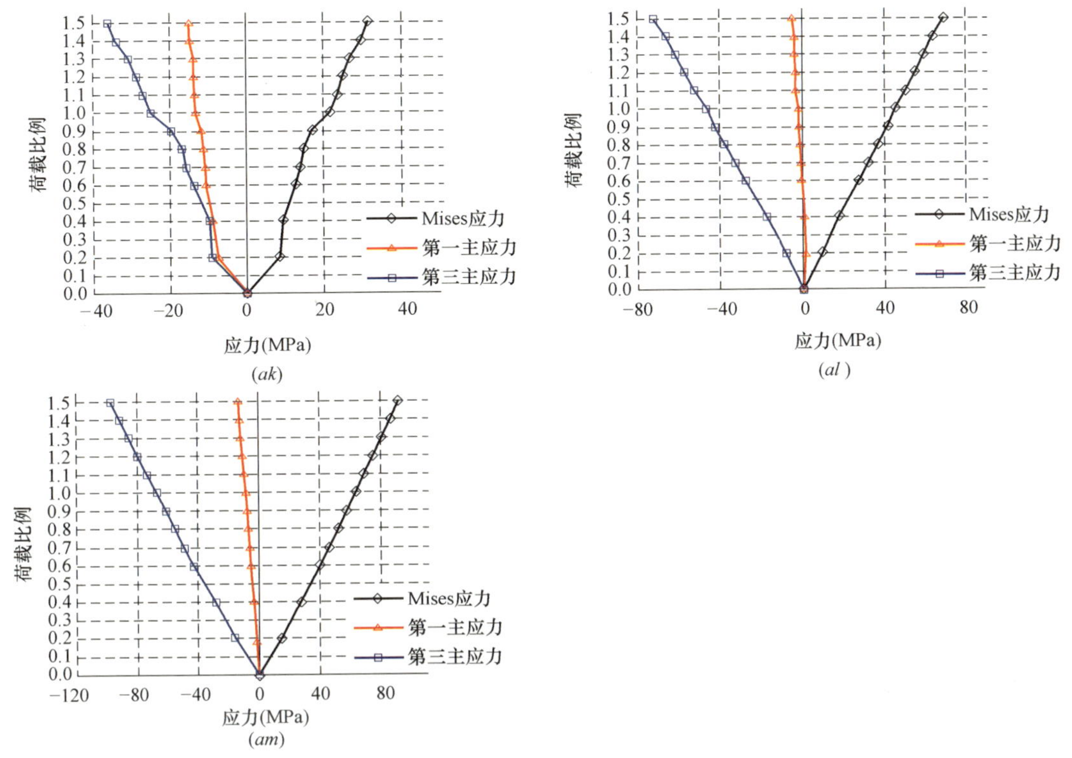

图 6-27 146 号节点各个测点处三向应变片的荷载比例-应力曲线（六）

（ak）测点 T40 荷载比例-应力图；（al）测点 T41 荷载比例-应力图；（am）测点 T42 荷载比例-应力图

和 26 号测点通道故障，未列出数据），同样以荷载比例作为荷载-应力曲线的纵坐标，以应力（MPa）作为横坐标。

从图 6-27 中可以看到，在整个加载过程中，146 号节点各测点的应力基本呈线性增长，在加载至 1.5 倍设计荷载时，所有测点都处于弹性状态，节点受力安全并且有一定的安全储备。39 个有效测点中，T1、T14、T31 和 T37 的应力明显较大，且表现为多向应力状态，这是由于在铸钢与接管连接处管端截面突变产生了应力集中。在距离管端一段距离的测点如 T2、T15、T32 以及 T38 处，由于应力集中的影响消失，这些测点表现出单向应力状态，且其相对大小与管件的拉弯或压弯受力情况对应。在两个弦管 2256、2359 的交汇处的倒角区域测点 T8—T11 的 Mises 应力明显大于倒角区域外对应的测点 T4—T7；在两弦管与受力较大的管 10003 和管 10004 相交的倒角处（测点 T33、T39）的应力也较大，且应力集中区域也和杆件的弯压叠加区域基本对应。T22 虽然处于多管汇交的倒角区域，但由于四支管上的力相对较小，且轴力和弯矩的作用相互抵消，使得此处的应力较小。

4）有限元分析

根据《铸钢节点应用技术规程》（CECS235：2008）第 4.4.8 条规定，铸钢节点试验必须辅以有限元分析和对比，此次试验研究利用 ABAQUS 有限元分析软件对铸钢节点进行有限元分析，并与试验结果进行对比分析。

本试验涉及的两个铸钢节点几何造型独特，存在倒角区域和实心区域，即使在弹性受力阶段，其应力状态也较为复杂。同时，由于试验中测点布置数量有限，测点位置的选择也受到制约，很难全方位地了解节点的受力性能。因此，有限元法作为从整体把握节点力学性能的重要手段之一，是试验研究的重要补充。

（1）计算模型

① 边界条件

采用有限元软件 ABAQUS6.11 对试件进行弹塑性有限元计算分析。本节点有限元分析根据试验实际情况加设接管，用于传递轴力和弯矩。

考虑试验的实际加载边界，数值模拟过程中 146 号节点采用一端为固定约束，其余全部自由的边界条件；而 128 号节点采用两端固定的边界条件。几何模型如图 6-28 所示。

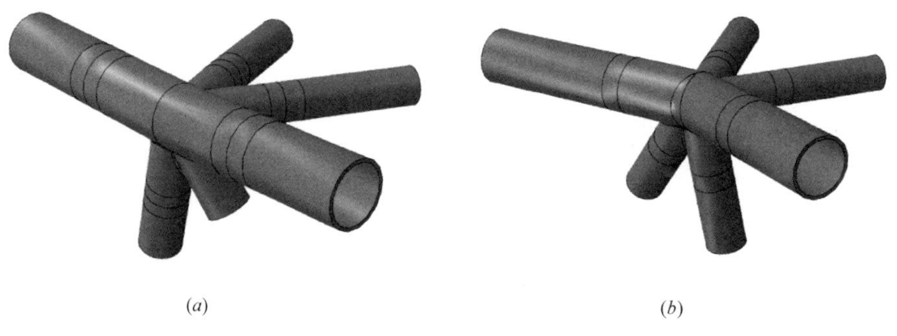

(*a*) (*b*)

图 6-28 试验节点有限元模型

(*a*) 128 号节点有限元模型；(*b*) 146 号节点有限元模型

② 加载方式

有限元分析的加载方式总体上有位移加载和力加载两类。考虑到节点试验中采用力加载的方式方便对比试验结果和有限元分析结果，因此本试验的有限元模型中采用力加载的方式。各支管端部均根据实际加载工况建立相应的局部坐标系，在局部坐标下施加轴力和弯矩。荷载与试验荷载完全相同，荷载形式为从零线性增加到最大值。在建模时，首先在各管件截面中心处分别设置参考点，并使这些参考点与相应的管端截面相约束，在此参考点处施加集中荷载。

③ 单元选择

节点有限元模型采用实体单元，由于铸钢节点几何构型复杂，因此本节点模型采用四面体单元 C3D10，该单元适用于 ABAQUS/Standard 中的小位移无接触问题。同时，在保证铸钢节点厚度方向有足够的单元数的前提下，考虑计算成本，选择单元尺寸为 25mm。

④ 材料性能

铸钢材料采用其材性试验数据进行定义。

⑤ 几何非线性

当节点出现较大变形时，小变形条件下的几何方程平衡条件将不再适用。因此，有限元计算时应考虑几何非线性的影响。本节点在进行分析步设置时，选择软件中自带的 nonlinear 选项，即考虑几何非线性的影响。

(2) 有限元计算结果分析

① 128 号节点

128 号节点在 1.3 倍设计荷载时的 Mises 应力云图如图 6-29—图 6-31 所示。

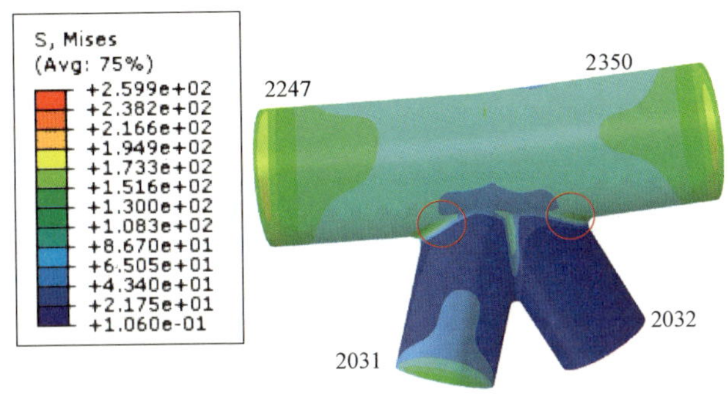

图 6-29 1.3 倍设计荷载下 128 号节点 Mises 应力云图 A

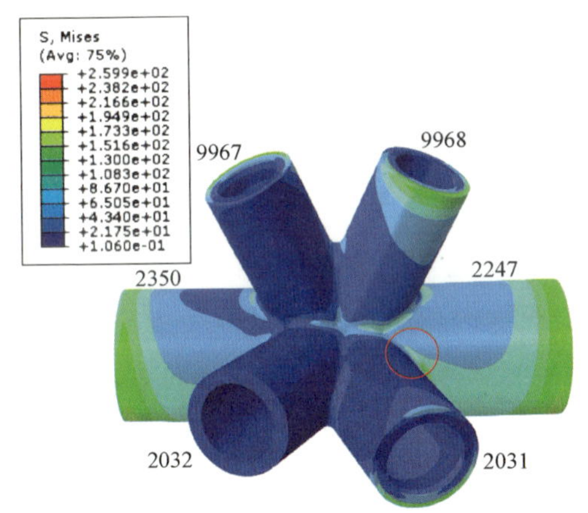

图 6-30 1.3 倍设计荷载下 128 号节点 Mises 应力云图 B

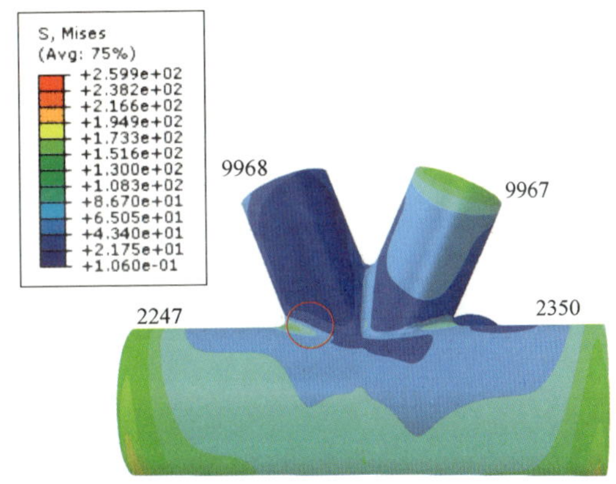

图 6-31 1.3 倍设计荷载下 128 号节点 Mises 应力云图 C

关键测点处的 Mises 应力试验测量值和有限元计算值对比如图 6-32 所示。需要说明的是，试验测点处的 Mises 应力由铸钢件表面的三向应变片（三个应变分量）的应变值求得（σ_{m3}），而非由空间一点的应变分量求得；而有限元分析得到的 Mises 应力为测点对应单元的 6 个空间应变分量的计算值（σ_{m6}），两者有一定的差别。一般情况，σ_{m3} 和 σ_{m6} 差别不大，可采用 σ_{m6} 与试验值对比。

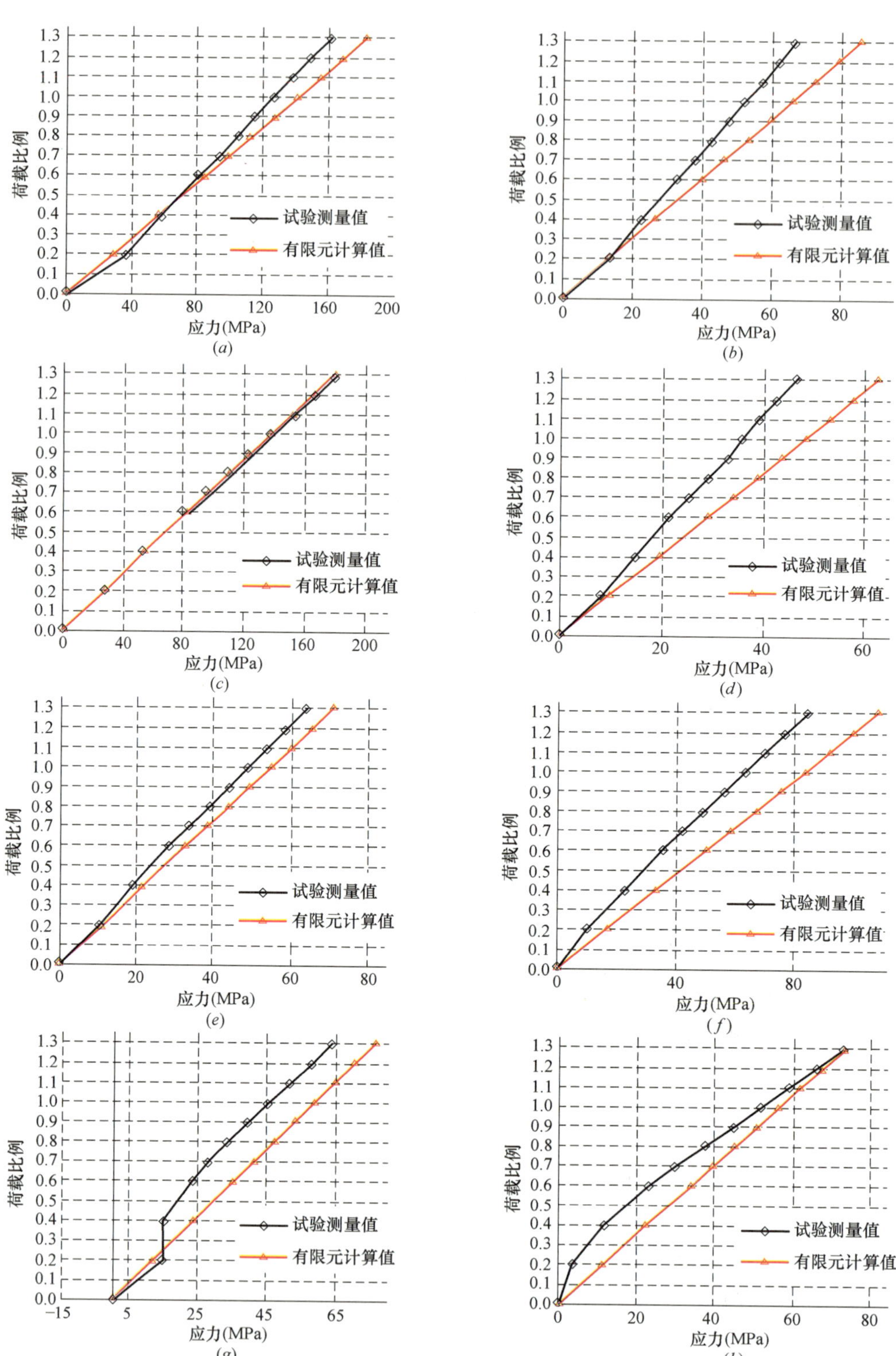

图 6-32 128 号节点关键测点实测应力值与有限元计算值的对比
（a）测点 T1 试验测量值与有限元计算值对比图；（b）测点 T9 试验测量值与有限元计算值对比图；（c）测点 T12 试验测量值与有限元计算值对比图；（d）测点 T19 试验测量值与有限元计算值对比图；（e）测点 T20 试验测量值与有限元计算值对比图；（f）测点 T23 试验测量值与有限元计算值对比图；（g）测点 T28 试验测量值与有限元计算值对比图；（h）测点 T34 试验测量值与有限元计算值对比图

从图 6-32 来看，有限元计算结果和试验测试值总体上吻合较好。节点整体应力水平不高，且在关键测点处有限元计算得出的 Mises 应力均大于试验测量值，因此可以认为有限元分析结果是安全的。

从图 6-29—图 6-31 中可以看出，128 号节点在 1.3 倍设计荷载作用下处于弹性状态，且节点整体应力水平不高；在铸钢件管端和接管相连的部分由于截面的突变，产生应力集中的情况，在受力较大的 2247、2350 杆件上，铸钢节点上上述位置的 Mises 应力相对较大；同时，在两个弦杆 2350、2247 与其余管件的交汇处的倒角区域存在应力集中（图中红圈处）。由于 128 号节点主要受到两个弦管 2350 和 2247 管端很大的拉力，因此在两个弦管 2350、2247 与其余管件交汇处的倒角区域的 Mises 应力明显较大。而由于其余管件上的力和弯矩均较小，因此图 6-30 中展示的区域虽然为四管汇交的区域，但相应测点的 Mises 应力并不大。试验和有限元的结果都验证了以上的分析。

图 6-33 给出了 128 号节点两个方向的剖视图，可以看出，在 1.3 倍设计荷载时，节点内部应力水平很低，节点安全。

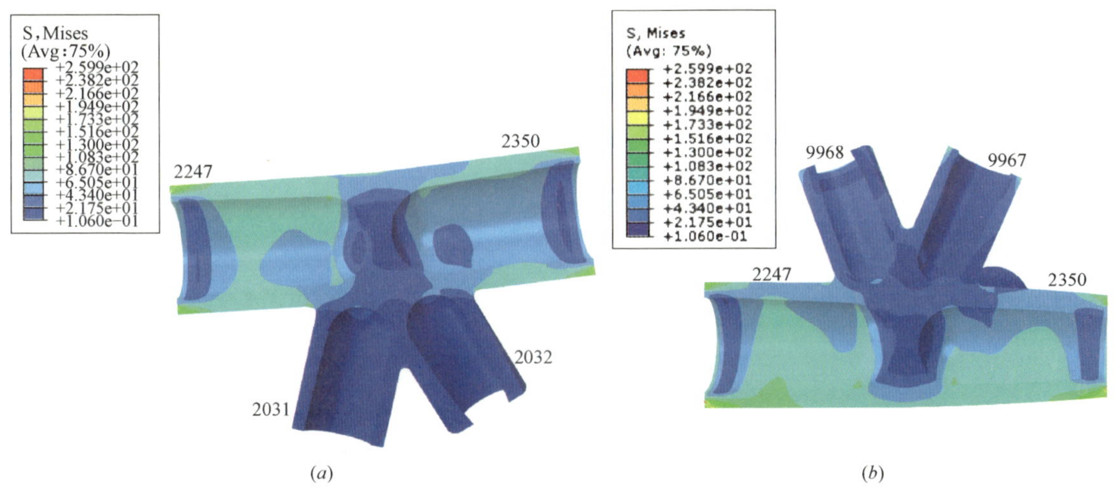

图 6-33　1.3 倍设计荷载下 128 号节点内部应力分布图

(*a*) 1.3 倍设计荷载下 128 号节点内部应力分布 A；(*b*) 1.3 倍设计荷载下 128 号节点内部应力分布 B

② 146 号节点

146 号节点在 1.5 倍设计荷载时 Mises 应力云图如图 6-34—图 6-36 所示。

图 6-37 给出了关键测点处的 Mises 应力试验测量值和有限元计算值对比。

从图 6-37 中可以看出，有限元计算结果和试验测试值总体上吻合较好，且在关键测点处有限元计算得出的 Mises 应力均大于试验测量值，因此可以认为有限元分析结果是安全的。

从图 6-34—图 6-36 中可以看出，146 号节点在 1.5 倍设计荷载作用下处于弹性状态，且节点整体应力水平不高；在铸钢件管端和接管相连的部分由于截面的突变，产生应力集中的情

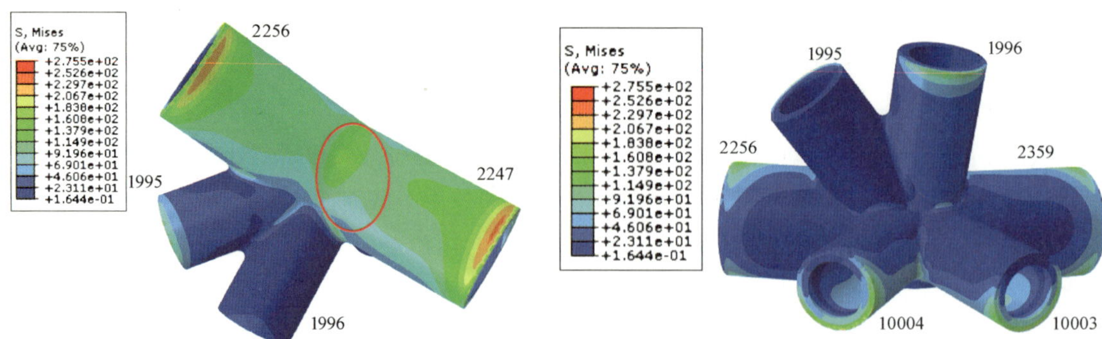

图 6-34 1.5 倍设计荷载下 146 号节点 Mises 应力云图 A

图 6-35 1.5 倍设计荷载下 146 号节点 Mises 应力云图 B

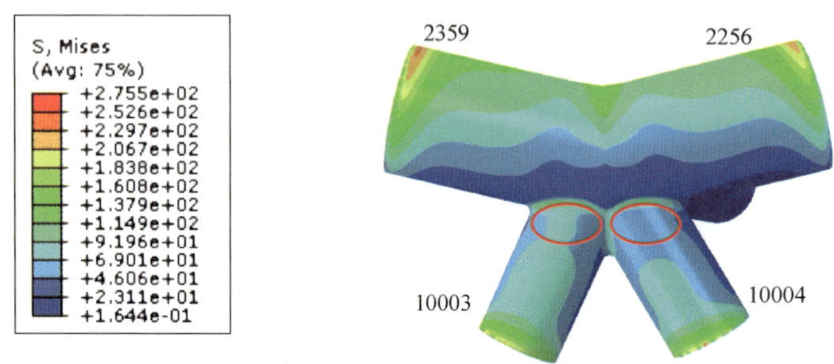

图 6-36 1.5 倍设计荷载下 146 号节点 Mises 应力云图 C

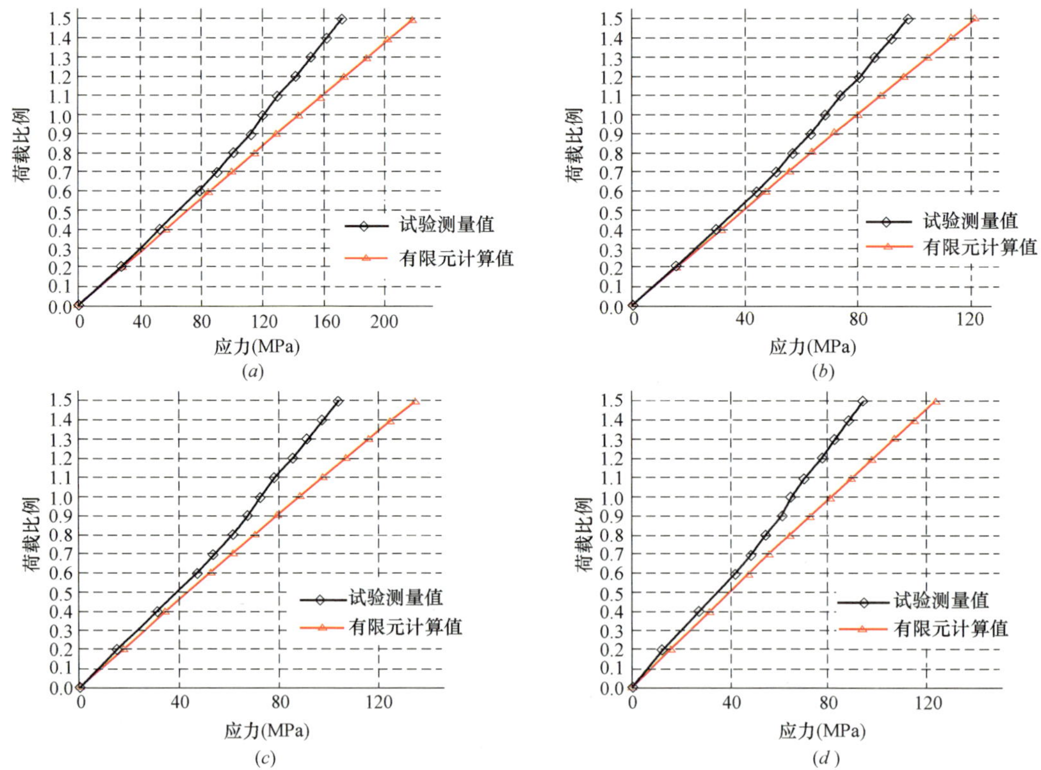

图 6-37 146 号节点关键测点实测应力值与有限元计算值的对比（一）
（a）测点 T1 试验测量值与有限元计算值对比图；（b）测点 T8 试验测量值与有限元计算值对比图；
（c）测点 T9 试验测量值与有限元计算值对比图；（d）测点 T10 试验测量值与有限元计算值对比图

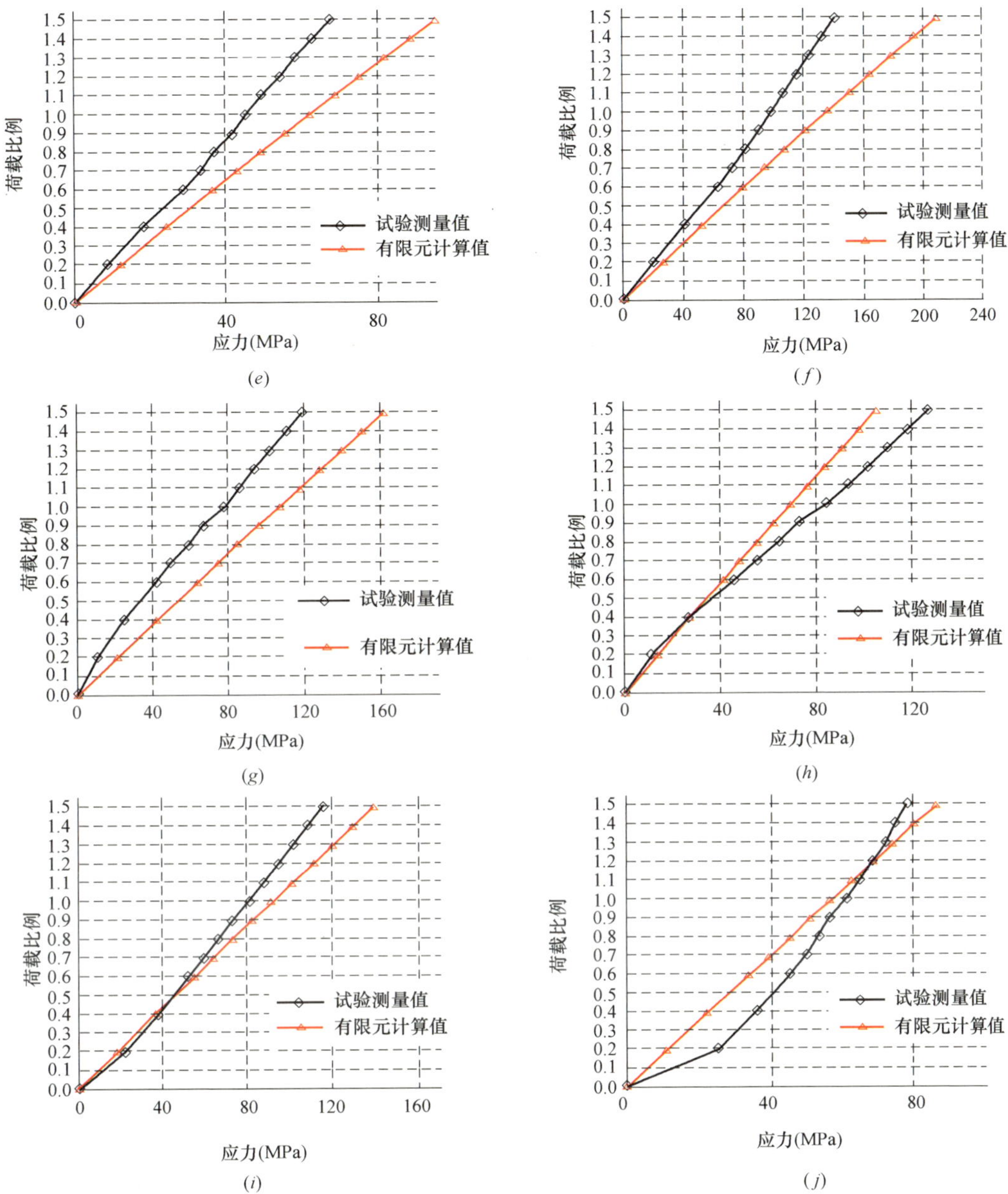

图 6-37 146 号节点关键测点实测应力值与有限元计算值的对比（二）

（*e*）测点 T11 试验测量值与有限元计算值对比图；（*f*）测点 T14 试验测量值与有限元计算值对比图；（*g*）测点 T31 试验测量值与有限元计算值对比图；（*h*）测点 T33 试验测量值与有限元计算值对比图；（*i*）测点 T37 试验测量值与有限元计算值对比图；（*j*）测点 T39 试验测量值与有限元计算值对比图

况，在受力较大的 2256、2359 杆件上，铸钢节点上上述位置的 Mises 应力相对较大；同时，两个弦管 2256 和 2359 的交汇倒角区域存在应力集中（图 6-34 中红圈处），表现为测点 T8—T11 处应力较大，这是由于两根弦杆轴力和弯矩的叠加作用，而 T4—T7 号测点由于处在倒角区域之外，应力比 T8—T11 测点有明显减小；类似地，10003 号和 10004 号杆件与弦杆之间倒角处（图 6-36 中红圈处）也存在应力集中区域，且该区域和杆件的弯压叠加区域基本对应；相应地，由于弯矩和轴力作用的相互抵消，图 6-35 中展示的区域应力均很小，特别是 T22 测点位置处，尽管处于多管交汇的倒角处，但应力仍然很小。试验和有限元的结果都验证了以上的分析。

图 6-38 给出了 146 号节点两个方向的剖视图，可以看出，在 1.5 倍设计荷载时，节点内部应力水平仍较低，节点安全。

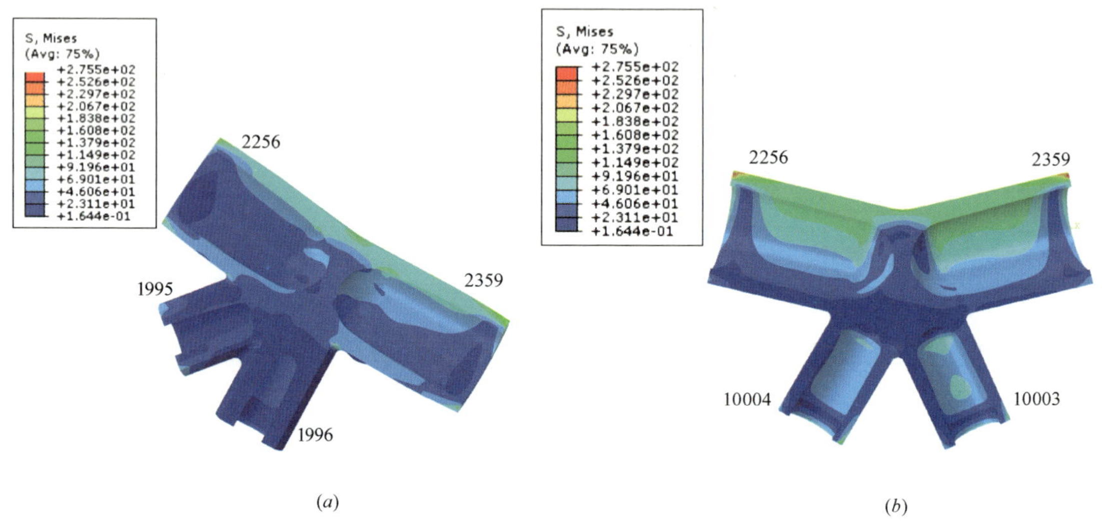

图 6-38 1.5 倍设计荷载下 146 号节点内部应力分布图

（a）1.5 倍设计荷载下 146 号节点内部应力分布 A；（b）1.5 倍设计荷载下 146 号节点内部应力分布 B

6.3.2 下弦焊接节点试验研究

天桥结构下弦内外圈由焊接节点组成，下弦焊接节点内部加劲复杂、空间受力特征明显、传力复杂，焊接工艺要求高，无规范设计公式可依据，因此，有必要对这些节点进行试验，并辅助有限元分析，为结构设计及工程安全提供可靠依据。

1）试验概况及试验目的

（1）试验概况

整体模型建模和计算采用结构设计软件 MIDAS。试验节点选择为 MIDAS 整体模型中的外圈 20 号和内圈 119 号节点，其在整体结构中的位置如图 6-39 所示。

节点试验采用足尺度试件，并最终加载至设计荷载的 2 倍，以考察各节点在设计荷载下的应力分布、受力性态以及安全富余度；同时考察节点焊接性能，从而为工程安全性提供必要的支撑。

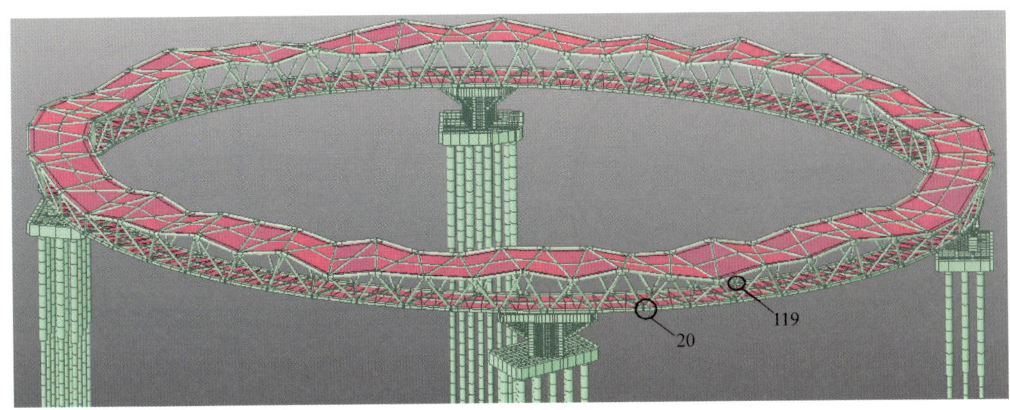

图 6-39 整体模型及试验节点位置

(2) 试验目的

为了明确节点在设计荷载的应力分布情况，确保节点在设计荷载下的安全性，有必要对该节点的承载性能进行试验研究。在此基础上，考察节点在 2 倍设计荷载条件下的受力性能，检验节点的承载力富余度以及构造的合理性。

试验重点考察内容如下：

① 节点在设计荷载下最大 Mises 应力应低于钢材设计强度，且焊缝不发生破坏；

② 节点在 2 倍设计荷载下的力学性态，以判断节点的承载力富余度以及构造的合理性；

③ 以试验数据校核有限元模型，在模型可信的基础上对节点进行分析，得到节点试件整体的应力分布状态，最终结合试验与有限元分析结果，对焊接节点的安全性作出判断。

2) 试验方案

(1) 加载系统介绍

本试验反力架适用于任意角度的空间相贯节点和铸钢节点的加载，其内部净加载空间为一直径 6200mm 的球腔（图 6-40）。加载能力方面，赤道环梁最大可提供 30000kN 的拉压荷载，8 个经圈上最大可提供达 10000kN 的拉压荷载。

(2) 节点试件的设计及安装

外圈 20 号节点工程模型见图 6-41，内圈 119 号节点工程模型见图 6-42。由于结构为环形，所以主管在面内的每个节点处都有一定角度的转折。内圈、外圈节点在外形上较为相似，只是外圈节点的面内方支管贯于主管折角内侧，内圈节点的面内方支管贯于主管折角外侧，内外圈节点的圆支管都贯于主管上表面，以连接上弦铸钢节点。节点尺寸信息见表 6-15 和表 6-16，其中圆支管与主管相贯表面均为 40mm 厚。

此工程焊接节点的制作过程与铸钢节点类似，加工方首先制作各杆长为 1m 的节点，再将杆件与节点进行连接。根据归并后的节点力系对节点的加载端进行设计，节点试验件见图 6-43、图 6-44。

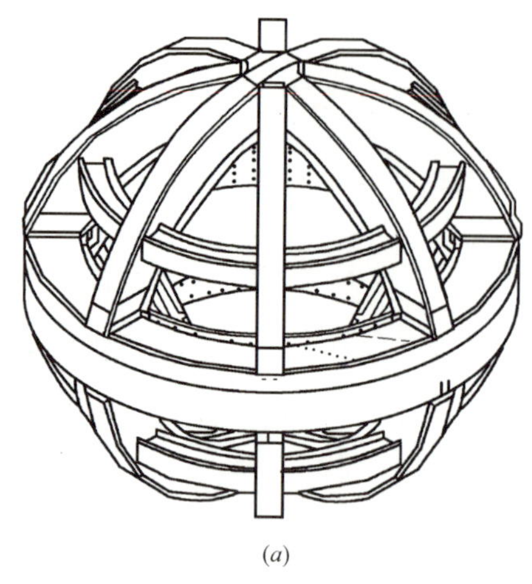

(a)

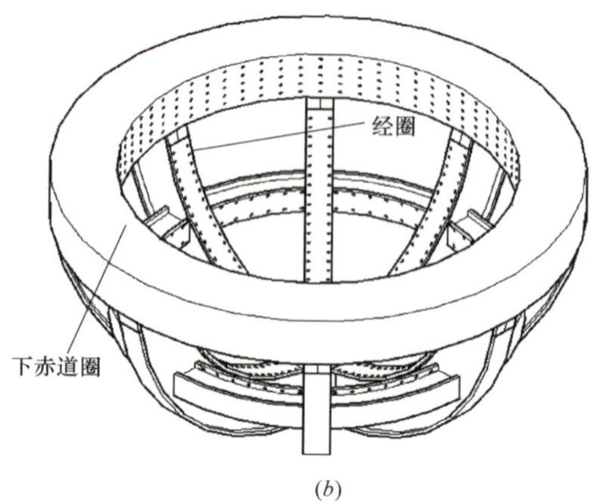

(b)

图 6-40　试验加载反力架装置
（a）全球反力架；（b）半球反力架

图 6-41　外圈 20 号工程节点示意图

图 6-42　内圈 119 号工程节点示意图

表 6-15　20 号试验节点管件基本信息

管件编号	节点区域	外接管
受拉方支管	B500×300×16×32	B500×300×16×20
受压方支管	B500×300×16×32	B500×300×16×20
受拉圆支管	D402×35	D402×24
受压圆支管	D402×35	D402×24
受压方弦管	B500×650×32×32	B500×650×28×28
固定端	B500×650×32×32	B500×650×28×28

表 6-16　119 号试验节点管件基本信息

管件编号	节点区域	外接管
受拉方支管	B500×300×16×32	B500×300×16×20
受压方支管	B500×300×16×32	B500×300×16×20
受拉圆支管	D351×20	D351×14
受压圆支管	D402×35	D402×20
受压方弦管	B500×650×32×32	B500×650×28×28
固定端	B500×650×32×32	B500×650×28×28

节点试验件是根据设计院提供的 20 号、119 号节点 CAD 模型，在节点各管端外，焊接所需长度的带有加载头的外接管（由图 6-43、图 6-44 中棕色的端板以及粉色加劲肋构成，加劲肋的两个方向是设计院提供的 MIDAS 模型各杆件的 2、3 轴方向），其中 20 号节点包括 1 个固定端、2 个拉力杆件、3 个压力杆件，119 号节点包括 1 个固定端、3 个拉力杆件、2 个压力杆件。固定端端板开多个螺栓孔，用于固定试验件；拉力杆件端板开 4 个螺杆孔，以施加锚杆拉力；压力杆件端板无需开孔。

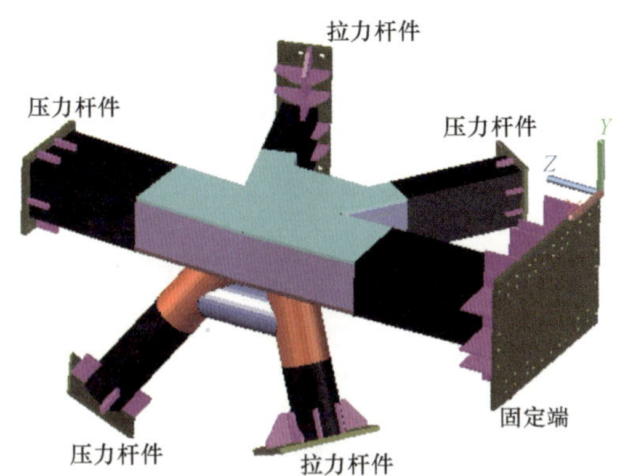

图 6-43 20 号试验节点示意图

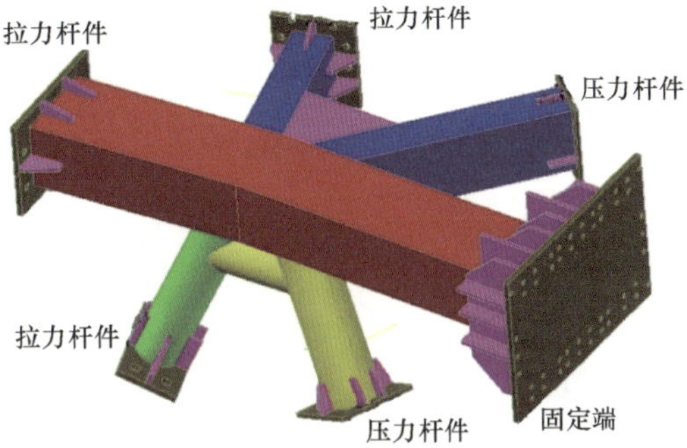

拉力杆件
拉力杆件
压力杆件
拉力杆件
压力杆件
固定端

图 6-44 119 号试验节点示意图

为便于采购，加工方对部分试验件的截面厚度进行了调整，其中将 20 号节点圆接管由设计方要求的 24mm 厚，调整为 25mm 厚；将 119 号节点拉力圆接管由设计方要求的 14mm 厚，调整为 16mm 厚。

节点安装放样见图 6-45、图 6-46。

节点安装时，先安装连接件，再吊装节点，最后安装千斤顶及拉力装置，安装遵循自上而下的原则，节点安装见图 6-47—图 6-50。

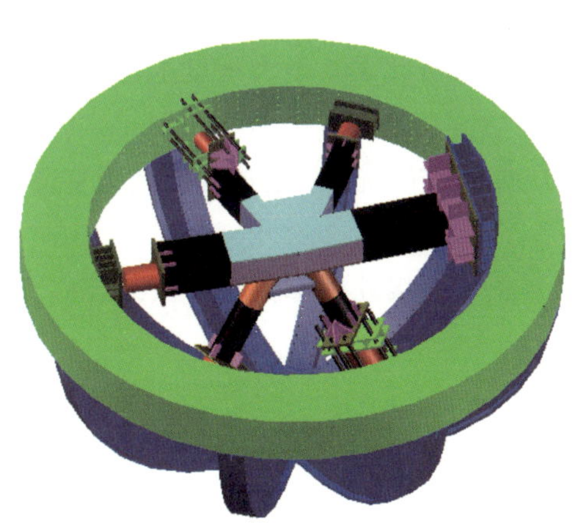

图 6-45 20 号试验节点安装示意图

图 6-46 119 号试验节点安装示意图

图 6-47　20 号试验节点安装图（俯视）

图 6-48　20 号试验节点安装图（仰视）

图 6-49　119 号试验节点安装图（俯视）

图 6-50　119 号试验节点安装图（仰视）

安装过程中发现 119 号拉力圆杆件加工有较大的角度误差，导致安装十分困难。加工方试图用火烤以矫正误差，但是由于节点两圆支管中间圆管的加劲作用未能成功，最终加工方将拉力圆管与主管连接处的焊缝、加劲圆管与压力圆管连接处的焊缝用气刨的方法各刨掉一半，同时用手拉葫芦对拉力圆杆进行矫正，最后再进行焊接，从而使得此误差很大程度上得到了矫正，加工误差报告已发送各方。

圆主管与主管在主管轴向以及垂直主管轴向的两个方向上都有倾斜，定位加工较为复杂，出厂前须严格检查以避免返工造成损失。

对比图 6-49 与图 6-50，加工方在 20 号节点方支管与主管连接处做了倒角，以减轻应力集中。

（3）材性试验结果

钢材材性由标准拉伸试验确定。材性试件为由钢板抽取而成的钢棒。测试方法依据国家标准《金属材料室温拉伸试验方法》（GB/T 228—2002）的有关规定进行，规格数据见表 6-17，测得屈服强度 f_y、极限强度 f_u、屈强比 f_y/f_u 和伸长率 δ，见表 6-18。

材性试验板材由江南造船厂提供，共 8 组。试验件中的圆管由钢板卷成，含两道焊缝，加工方提供的是卷前的板，而非卷后的，材性结果可能会有所偏差。如上节所述，加工方将 14mm 厚的板件用 16mm 厚的替代，24mm 厚的板件用 25mm 厚的替代，所以材性试验无 14mm、24mm 厚的板件数据。

表 6-17　钢材材性试件规格　(mm)

板材类型	试件类型	$a(d)$	$b(d)$	r	L_o	L_c	L_t	$B(D)$
16 厚板材	棒材试件	10	10	10	50	120	250	14
20 厚板材	棒材试件	10	10	10	50	120	250	16
25 厚板材	棒材试件	10	10	10	50	120	250	16
28 厚板材	棒材试件	10	10	10	50	120	250	16
30 厚板材	棒材试件	10	10	10	50	120	250	16
32 厚板材	棒材试件	10	10	10	50	120	250	16
35 厚板材	棒材试件	10	10	10	50	120	250	16
40 厚板材	棒材试件	10	10	10	50	120	250	16

注：表中字母含义同表 6-3。

表 6-18　钢材材性试验结果

板材类型	试件类型	平均屈服强度 f_y(N/mm^2)	平均抗拉强度 f_u(N/mm^2)	平均屈强比 f_y/f_u	伸长率 δ
16 厚板材	棒材试件	475	730	0.65	25.47
20 厚板材	棒材试件	440	660	0.67	32.47
25 厚板材	棒材试件	450	700	0.59	27.89
28 厚板材	棒材试件	475	740	0.64	28.28
30 厚板材	棒材试件	440	720	0.61	28.93
32 厚板材	棒材试件	457	740	0.62	27.52
35 厚板材	棒材试件	450	725	0.62	27.57
40 厚板材	棒材试件	440	700	0.63	32.04

(4) 节点加载力系归并

节点设计荷载按照设计方提供的最不利工况（恒载+活载）确定。

考虑到试验节点的管件多、各管内力复杂，而试验室千斤顶、加载油路的规格和数量有限，同时为便于试验控制和加载，拟对设计院提供的节点管件内力进行适当归并，其原则是：①归并前后节点处荷载的作用效应基本一致（应力分析和必要的有限元预分析）；②节点试验中，选取一根管件作为固定端，其余作为主动端施加轴力，该固定端的反力与对应管件内力产生的应力水平应基本相当；③为便于加载控制，尤其是有塑性发展后的控制，加载油路的选取不宜超过两套。

根据上述加载力系归并与选取原则，按下列步骤进行节点的加载力系选取与归并：

① 验证设计方提供的加载力系是否平衡；

② 计算节点处各管件的应力水平，辅以节点受力和破坏性态分析，给出可不予加载的管端内力；

③ 根据千斤顶规格和油路套数，对步骤②的力系再次归并，然后考察其平衡状态、受力效应等，并确定最终试验加载力系。

表 6-19 给出 20 号节点 1m 杆端处的力系，表 6-20 给出此力系下的应力分量，为了直观比较，表 6-21 给出应力比（正应力除以屈服强度、剪应力除以抗剪强度）。

表 6-19　20 号节点试验杆端的力系

杆件内力	P (kN)	V_2 (kN)	V_3 (kN)	T (kN·m)	M_2 (kN·m)	M_3 (kN·m)
受拉方支管	838	−75	−38	3	160	−64
受压方支管	−857	−54	68	−27	28	67
受拉圆支管	2557	−19	14	0	−39	83
受压圆支管	−2494	−7	21	−4	78	−22
受压方弦管	−1446	−27	27	6	114	64
固定端	−2995	−38	−105	36	−175	−111

注：表中字母含义同表 6-5。

表 6-20　作用力系下的应力分量　(MPa)

杆件内力	P (kN)	V_2 (kN)	V_3 (kN)	T (kN·m)	M_2 (kN·m)	M_3 (kN·m)
受拉方支管	31	−6	−3	1	42	−25
受压方支管	−32	−4	5	−5	7	26
受拉圆支管	86	−1	1	0	−15	31
受压圆支管	−84	0	1	−1	30	−9
受压方弦管	−24	−1	1	0	12	6
固定端	−49	−1	−3	2	−18	−10

注：表中字母含义同表 6-5。

表 6-21　作用力系下的应力比

杆件内力	P (kN)	V_2 (kN)	V_3 (kN)	T (kN·m)	M_2 (kN·m)	M_3 (kN·m)	正向应力比绝对值和
受拉方支管	0.07	−0.03	−0.01	0.00	0.10	−0.06	0.23
受压方支管	−0.08	−0.02	0.02	−0.02	0.02	0.06	0.16
受拉圆支管	0.21	−0.01	0.00	0.00	−0.04	0.07	0.32
受压圆支管	−0.20	0.00	0.01	0.00	0.07	−0.02	0.29
受压方弦管	−0.06	0.00	0.00	0.00	0.03	0.01	0.10
固定端	−0.12	−0.01	−0.02	0.01	−0.04	−0.02	0.18

注：表中字母含义同表 6-5。

根据节点的受力性态和应力水平，可知：

① 选受力较大弦杆作为固定端；

② 杆件的剪应力都较小，可不予考虑，所以剪力及扭矩都忽略；

③ 初步归并施加 5 个管件管端的弯矩和轴力，弯矩的施加可通过千斤顶或者锚杆的偏心实现；

④ 采用两套油路加载，千斤顶规格包括 200t、320t、500t、630t 等。

经过千斤顶的归并，并反复调试，最终确定试验加载至 1 倍设计荷载时的荷载水平如表 6-22所示，对应杆件应力分量见表 6-23，应力比及与原力系的误差见表 6-24。

表 6-22　20 号节点最终试验拟加载力系

杆件内力	P (kN)	V_2 (kN)	V_3 (kN)	T (kN·m)	M_2 (kN·m)	M_3 (kN·m)	千斤顶规格 (t)	个数
受拉方支管	792				158	−63	200	油路 1
受压方支管	−925					74	320	油路 2
受拉圆支管	2494					100	630	油路 1
受压圆支管	−2494				90		630	油路 1
受压方弦管	−1446				164		500	油路 2
固定端								

注：表中字母含义同表 6-5。

表 6-23　最终力系下的应力分量　(MPa)

杆件内力	P (kN)	V_2 (kN)	V_3 (kN)	T (kN·m)	M_2 (kN·m)	M_3 (kN·m)
受拉方支管	30	0	0	0	42	−25
受压方支管	−35	0	0	0	0	29
受拉圆支管	84	0	0	0	0	38
受压圆支管	−84	0	0	0	34	0
受压方弦管	−24	0	0	0	17	0
固定端						

注：表中字母含义同表 6-5。

表 6-24　最终力系下的应力比

杆件内力	P (kN)	V_2 (kN)	V_3 (kN)	T (kN·m)	M_2 (kN·m)	M_3 (kN·m)	正向应力比绝对值和	正应力比和与原力系差
受拉方支管	0.07	0.00	0.00	0.00	0.10	−0.06	0.23	2.38%
受压方支管	−0.08	0.00	0.00	0.00	0.00	0.07	0.15	2.78%
受拉圆支管	0.20	0.00	0.00	0.00	0.00	0.09	0.29	7.88%
受压圆支管	−0.20	0.00	0.00	0.00	0.08	0.00	0.28	3.10%
受压方弦管	−0.06	0.00	0.00	0.00	0.04	0.00	0.10	1.23%
固定端								

注：表中字母含义同表 6-5。

表 6-25 给出 119 号节点杆端 1m 处的力系，表 6-26 给出此力系下的应力分量，为了直观比较，表 6-27 给出应力比。

表 6-25 119 号节点试验杆端的力系

杆件内力	P (kN)	V_2 (kN)	V_3 (kN)	T (kN·m)	M_2 (kN·m)	M_3 (kN·m)
受拉方支管	802	28	86	15	64	−7
受压方支管	−752	15	−56	−7	96	13
受拉圆支管	1892	−1	−10	−5	−28	−8
受压圆支管	−1590	12	−17	−14	67	−25
受压方弦管	1148	−20	−68	−18	−23	−50
固定端	3251	−12	32	21	239	33

注：表中字母含义同表 6-5。

表 6-26 作用力系下的应力分量 （MPa）

杆件内力	P (kN)	V_2 (kN)	V_3 (kN)	T (kN·m)	M_2 (kN·m)	M_3 (kN·m)
受拉方支管	30	2	6	3	17	−3
受压方支管	−28	1	−4	−1	25	5
受拉圆支管	112	0	−1	−2	−21	−6
受压圆支管	−66	1	−1	−3	31	−12
受压方弦管	19	−1	−2	−1	−2	−4
固定端	53	0	1	1	25	3

注：表中字母含义同表 6-5。

表 6-27 作用力系下的应力比

杆件内力	P (kN)	V_2 (kN)	V_3 (kN)	T (kN·m)	M_2 (kN·m)	M_3 (kN·m)	正向应力比绝对值和
受拉方支管	0.07	0.01	0.03	0.01	0.04	−0.01	0.12
受压方支管	−0.07	0.00	−0.02	−0.01	0.06	0.01	0.14
受拉圆支管	0.27	0.00	0.00	−0.01	−0.05	−0.01	0.33
受压圆支管	−0.16	0.00	−0.01	−0.01	0.07	−0.03	0.26
受压方弦管	0.04	0.00	−0.01	0.00	−0.01	−0.01	0.06
固定端	0.13	0.00	0.00	0.01	0.06	0.01	0.19

注：表中字母含义同表 6-5。

根据节点的受力性态和应力水平，可知：

① 选受力较大弦杆作为固定端；

② 杆件的剪应力都较小，可以忽略，所以剪力及扭矩都忽略；

③ 初步归并施加 5 个杆件的弯矩和轴力，弯矩的施加可通过千斤顶或者锚杆的偏心实现；

④ 采用两套油路加载，千斤顶规格包括 200t、320t、500t 等。

经过千斤顶的归并，并反复调试，最终确定试验加载至 1 倍设计荷载时的荷载水平如表 6-28所示，对应杆件应力分量见表 6-29，应力比及与原力系的误差见表 6-30。

表 6-28　119 号节点最终试验拟加载力系

杆件内力	P (kN)	V_2 (kN)	V_3 (kN)	T (kN・m)	M_2 (kN・m)	M_3 (kN・m)	千斤顶规格 (t)	个数
受拉方支管	757				64		200	油路 2
受压方支管	−757				50	40	200	油路 2
受拉圆支管	1769				−50		500	油路 1
受压圆支管	−1769				80		500	油路 1
受压方弦管	1210				−80		320	油路 2
固定端								

注：表中字母含义同表 6-5。

表 6-29　作用力系下的应力分量

杆件内力	P (kN)	V_2 (kN)	V_3 (kN)	T (kN・m)	M_2 (kN・m)	M_3 (kN・m)
受拉方支管	28	0	0	0	17	0
受压方支管	−28	0	0	0	13	15
受拉圆支管	105	0	0	0	−37	0
受压圆支管	−74	0	0	0	37	0
受压方弦管	20	0	0	0	−8	0
固定端						

注：表中字母含义同表 6-5。

表 6-30　作用力系下的应力比

杆件内力	P (kN)	V_2 (kN)	V_3 (kN)	T (kN・m)	M_2 (kN・m)	M_3 (kN・m)	正向应力比绝对值和	正应力比和与原力系差
受拉方支管	0.07	0.00	0.00	0.00	0.04	0.00	0.11	8.76%
受压方支管	−0.07	0.00	0.00	0.00	0.03	0.04	0.14	2.33%
受拉圆支管	0.25	0.00	0.00	0.00	−0.09	0.00	0.34	−2.06%
受压圆支管	−0.18	0.00	0.00	0.00	0.09	0.00	0.26	−1.78%
受压方弦管	0.05	0.00	0.00	0.00	−0.02	0.00	0.07	−10.30%
固定端								

注：表中字母含义同表 6-5。

（5）加载制度

正式加载前进行预加载，检验千斤顶是否对中、测试系统是否正常。正式加载时，每级加载完毕后，等待 1min，记录应变片和位移计的稳定读数。20 号节点荷载分级与加载步骤见表

6-31，119 号节点荷载分级与加载步骤见表 6-32。其中第 5 级荷载水平相当于 1 倍设计荷载，加载比例＝千斤顶施加荷载/设计荷载。

表 6-31 20 号节点加载制度 (kN)

加载级别		比例	方管拉	方管压	圆管拉	圆管压	弦管压
预加载	调零	0.0	0	0	0	0	0
	1	0.2	158	−185	499	−499	−289
	2	0.4	317	−370	997	−997	−578
	3	0.6	475	−555	1496	−1496	−868
	4	0.8	634	−740	1995	−1995	−1157
正式加载	调零	0.0	0	0	0	0	0
	1	0.2	158	−185	499	−499	−289
	2	0.4	317	−370	997	−997	−578
	3	0.6	475	−555	1496	−1496	−868
	4	0.8	634	−740	1995	−1995	−1157
	5	1.0	792	−925	2494	−2494	−1446
	6	1.2	950	−1110	2992	−2992	−1735
	7	1.4	1109	−1295	3491	−3491	−2024
	8	1.6	1267	−1480	3990	−3990	−2313
	9	1.7	1346	−1573	4239	−4239	−2458
	10	1.8	1426	−1665	4489	−4489	−2603
	11	1.9	1505	−1758	4738	−4738	−2747
	12	2.0	1584	−1850	4987	−4987	−2892

20 号节点加载制度的前 8 级均以 0.2 倍设计荷载为一级，此后以 0.1 倍设计荷载为一级，最终共分 12 级加载到 2 倍设计荷载。

表 6-32 119 号节点加载制度 (kN)

加载级别		比例	方管拉	方管压	圆管拉	圆管压	弦管拉
预加载	调零	0.0	0	0	0	0	0
	1	0.2	151	−151	354	−354	242
	2	0.4	303	−303	708	−708	484
	3	0.6	454	−454	1061	−1061	726
	4	0.8	605	−605	1415	−1415	968
正式加载	调零	0.0	0	0	0	0	0
	1	0.2	151	−151	354	−354	242
	2	0.4	303	−303	708	−708	484
	3	0.6	454	−454	1061	−1061	726

续表

加载级别		比例	方管拉	方管压	圆管拉	圆管压	弦管拉
正式加载	4	0.8	605	−605	1415	−1415	968
	5	1.0	757	−757	1769	−1769	1210
	6	1.2	908	−908	2123	−2123	1452
	7	1.4	1059	−1059	2477	−2477	1694
	8	1.6	1211	−1211	2830	−2830	1936
	9	1.8	1362	−1362	3184	−3184	2178
	10	2.0	1513	−1513	3538	−3538	2420
	11	2.2	1665	−1665	3892	−3892	2662

119 号节点加载制度均以 0.2 倍设计荷载为一级，最终共分 11 级加载到 2.2 倍设计荷载。

（6）测试方案

测点布置主要有三类：一是单向应变片，主要监控管件内力；二是三向应变片，主要测量节点区域的应力变化和发展规律；三是位移计，用以监控节点变形和空间变位。以有限元预分析结果作为参考，布置应变片和位移计。

20 号节点试件共布置单向应变片 58 个，其中 56 个（S1—S56）用于反算管件轴力、剪力和弯矩，另外 2 个单向片 J1、J2 用于测量受压圆管接管焊接处的应力集中程度；布置三向应变片 39 个（T1—T39，117 个通道），用于测量节点区域的应力状态；在圆支管与主管相贯的冠点和鞍点等 6 个位置布置测量热点应力的梯度片，压力圆管上梯度片编号为 R1、R2、R3，相应主管表面为 R1′、R2′、R3′，拉力圆管上梯度片编号为 R4、R5、R6，相应主管表面为 R4′、R5′、R6′；布置位移计 7 个，其中 D6、D7 用于测量管件变形，其余均用于监控节点的空间位移，测点布置见图 6-51—图 6-56。

梯度片距离焊缝距离为 2mm，且垂直于焊缝，此距离满足相关要求。每一组热点应力 R*i* 的具体布置如图 6-57 所示，其中 R*i*-1 离焊缝最近。

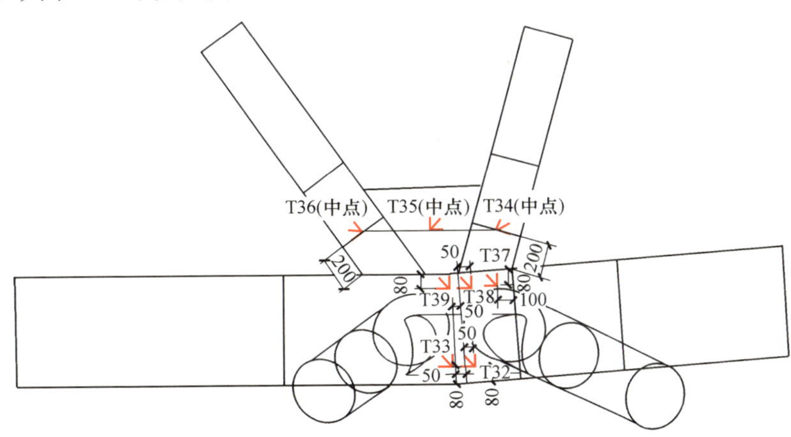

图 6-51　20 号节点测点布置（俯视图）

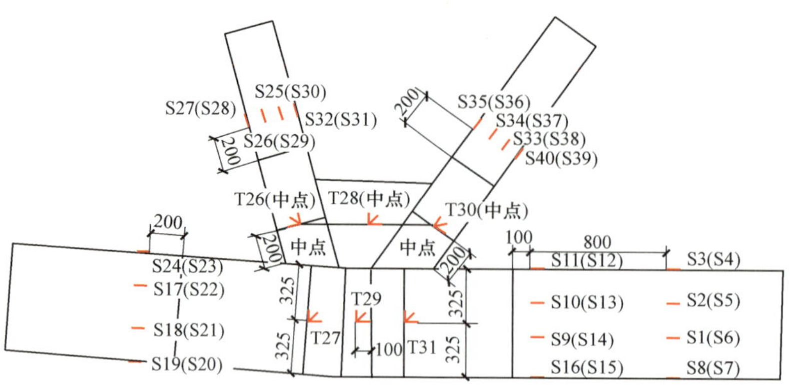

图 6-52　20 号节点测点布置（仰视图）

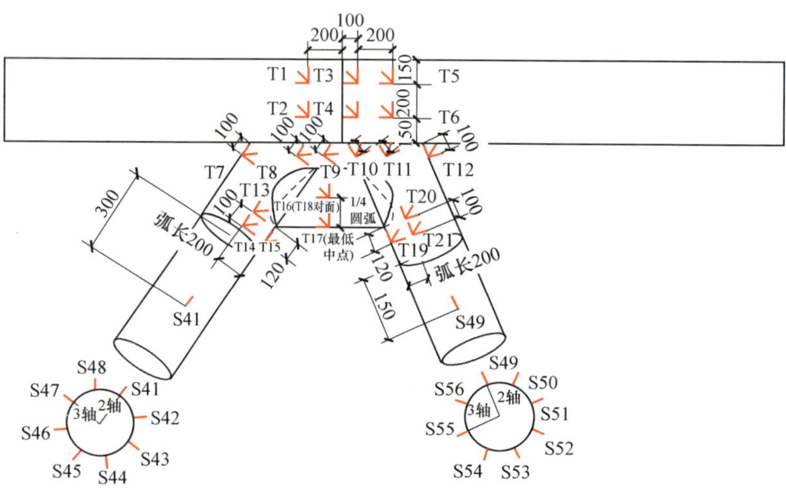

图 6-53　20 号节点测点布置（正视图）

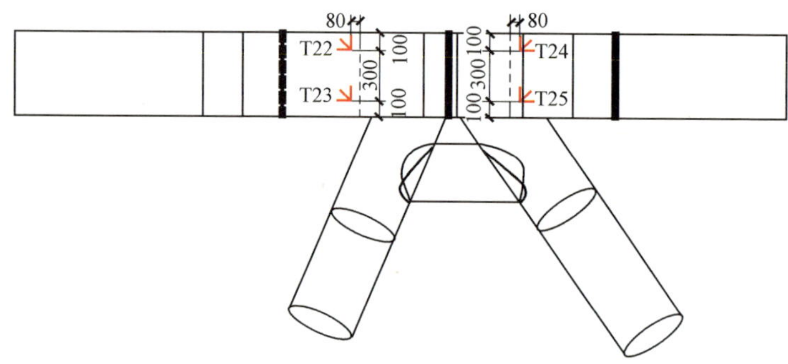

图 6-54　20 号节点测点布置（后视图）

119 号节点试件共布置单向应变片 50 个，用于反算管件轴力、剪力和弯矩；布置三向应变片 42 个（126 个通道），用于测量节点处的应力状态；布置位移计 9 个，其中 D6、D7、D8、D9 用于测量管件变形，其余均用于监控节点的空间位移，测点布置见图 6-58—图 6-61。

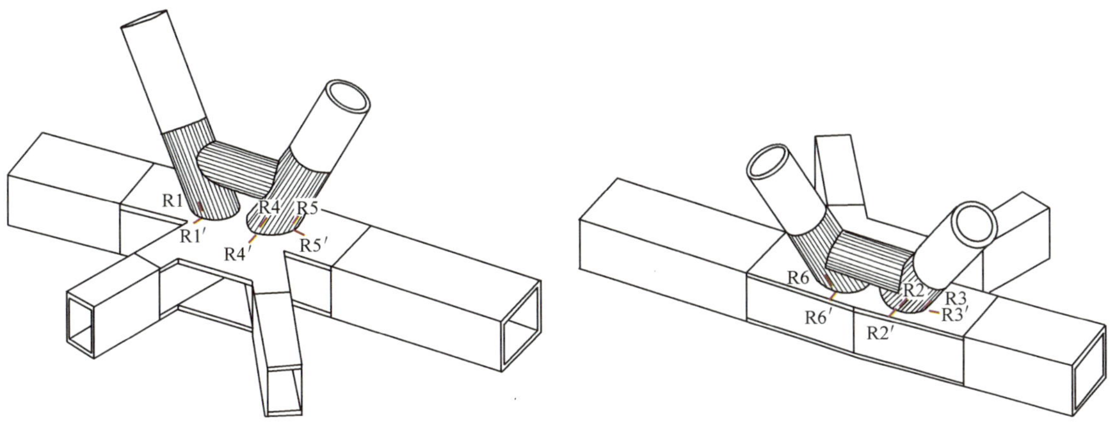

图 6-55 20 号节点应力云图及相应的测点布置（俯视图）

图 6-56 20 号节点应力云图及相应的测点布置（俯视图）

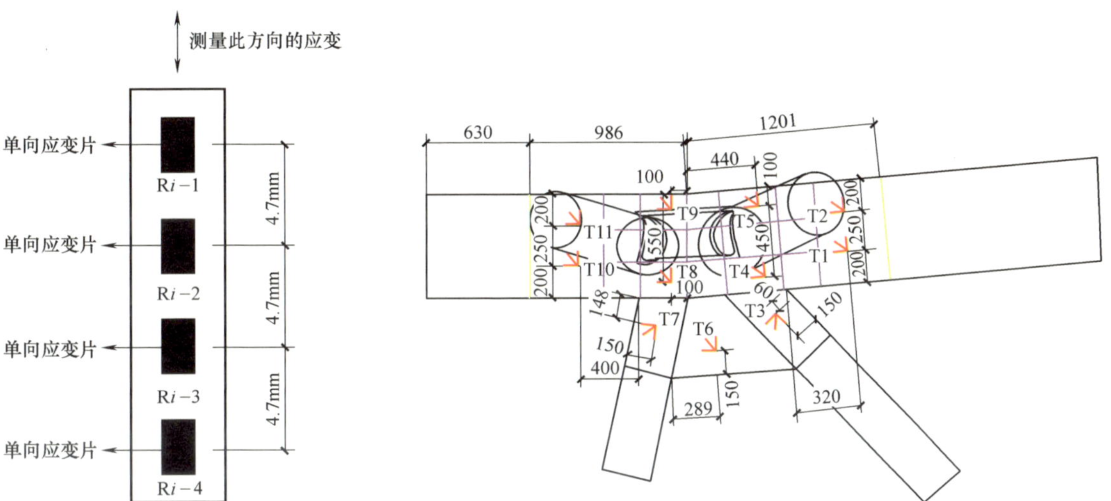

图 6-57 热点应力布置图

图 6-58 119 号节点测点布置（俯视图）

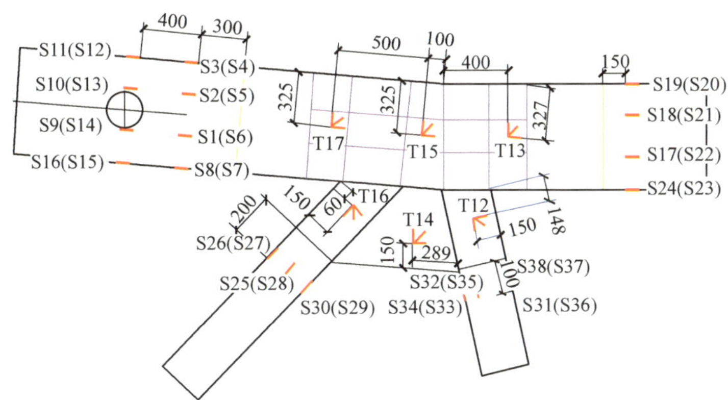

图 6-59 119 号节点测点布置（仰视图）

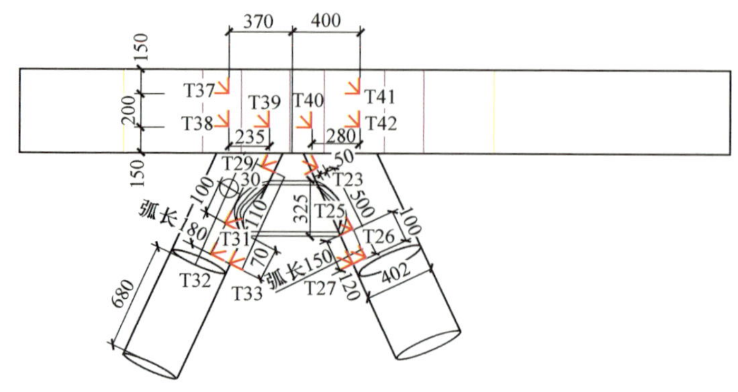

图 6-60　119 号节点测点布置（正视图）

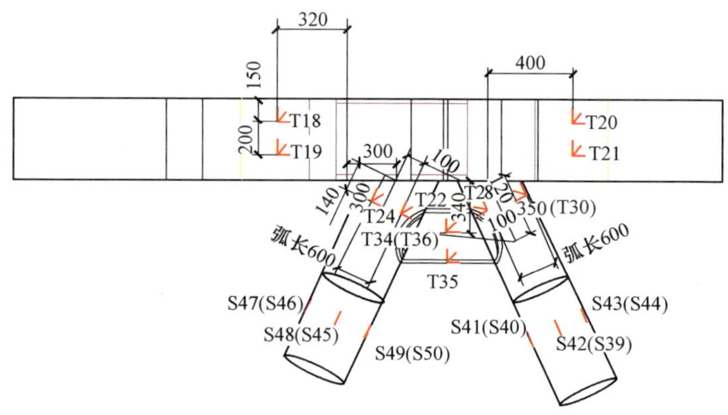

图 6-61　119 号节点测点布置（后视图）

3）试验结果

（1）20 号节点试验结果

图 6-62 给出了管件加载比例与单向应变片反算的管件轴力的关系，可以看出，所有管件的轴力线性很好，且数值除受拉方支管外，其余管件数值准确。此受拉方管为受力最小杆件，轴力误差约 17%，但从表 6-21 可以看出，此轴力误差带来的正应力误差仅为 $\frac{0.07\times17\%}{0.23}=5.2\%$，所以此力系满足试验需求，试验加载是正确的。

当加载到 1 倍设计荷载时，所有测点均处于弹性状态；当加载至 2 倍设计荷载时，所有测点仍然显示为弹性状态。自始至终节点未出现宏观破坏的现象。

管件直到试验结束，只有极微小变形，故在此未做出其荷载-变形曲线。位移计显示的最大位移为 1 号、2 号和 3 号位移计显示的刚体位移，据此 3 个位移计数据给出如图 6-63 所示的节点刚体位移-加载比例曲线。位移计方向见图 6-64，沿着箭头方向数据为正，从图 6-63 可看出节点刚体位移基本呈线性，且数值较小。

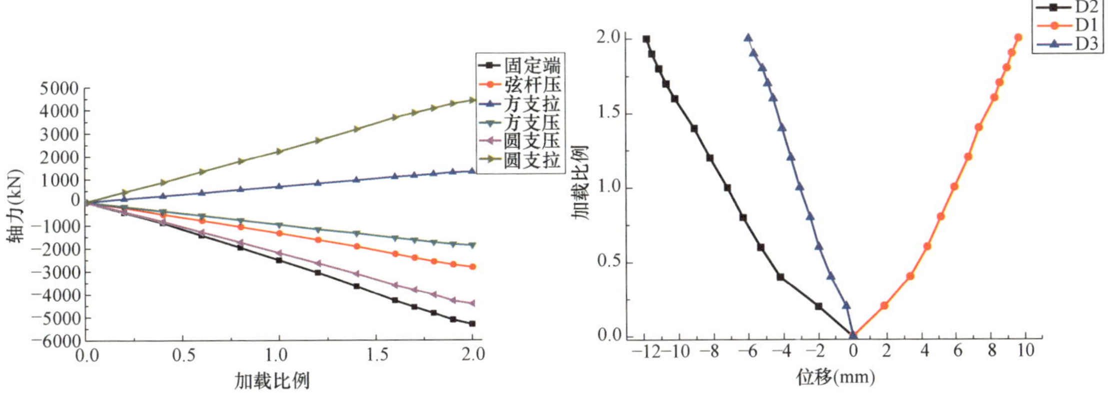

图 6-62 20 号节点管件加载比例-荷载曲线

图 6-63 节点刚体位移-加载比例曲线

节点试件中 Mises 应力最大的测点 T11 的加载比例-Mises 应力变化曲线如图 6-65 所示，可见直到 2 倍设计荷载时此测点仍处在弹性状态。

图 6-64 1 号、2 号、3 号位移计方向

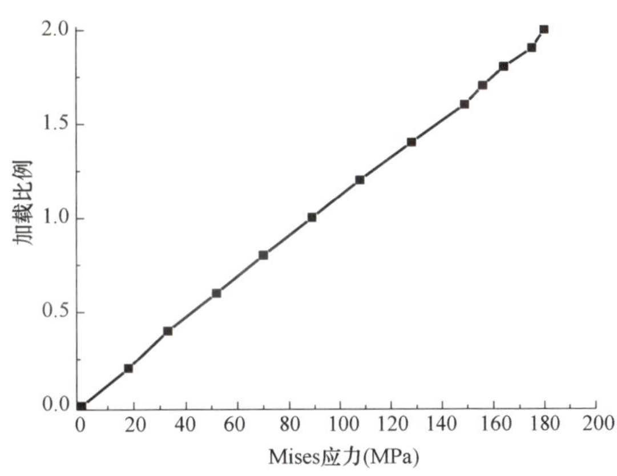

图 6-65 T11 测点的加载比例-Mises 应力曲线

图 6-66（*a*）—图 6-66（*al*）给出节点区三向应变片测点的加载比例-主应变关系曲线，图中横坐标为主应变值，纵坐标为设计荷载倍数。由于电压、噪声等不可抗力干扰因素会产生很大的影响，导致其中主应变在 100（微应变，余同）以下的测点的数值存在误差，而 100 微应变对应的应力相对较小，所以不会对节点的应力分布判断等产生很大的影响。

（2）119 号节点试验结果

图 6-67 给出了管件加载比例与单向应变片反算的管件轴力的关系。可以看出，所有管件的轴力线性很好，且数值准确，完全满足试验需求，试验加载是正确的。

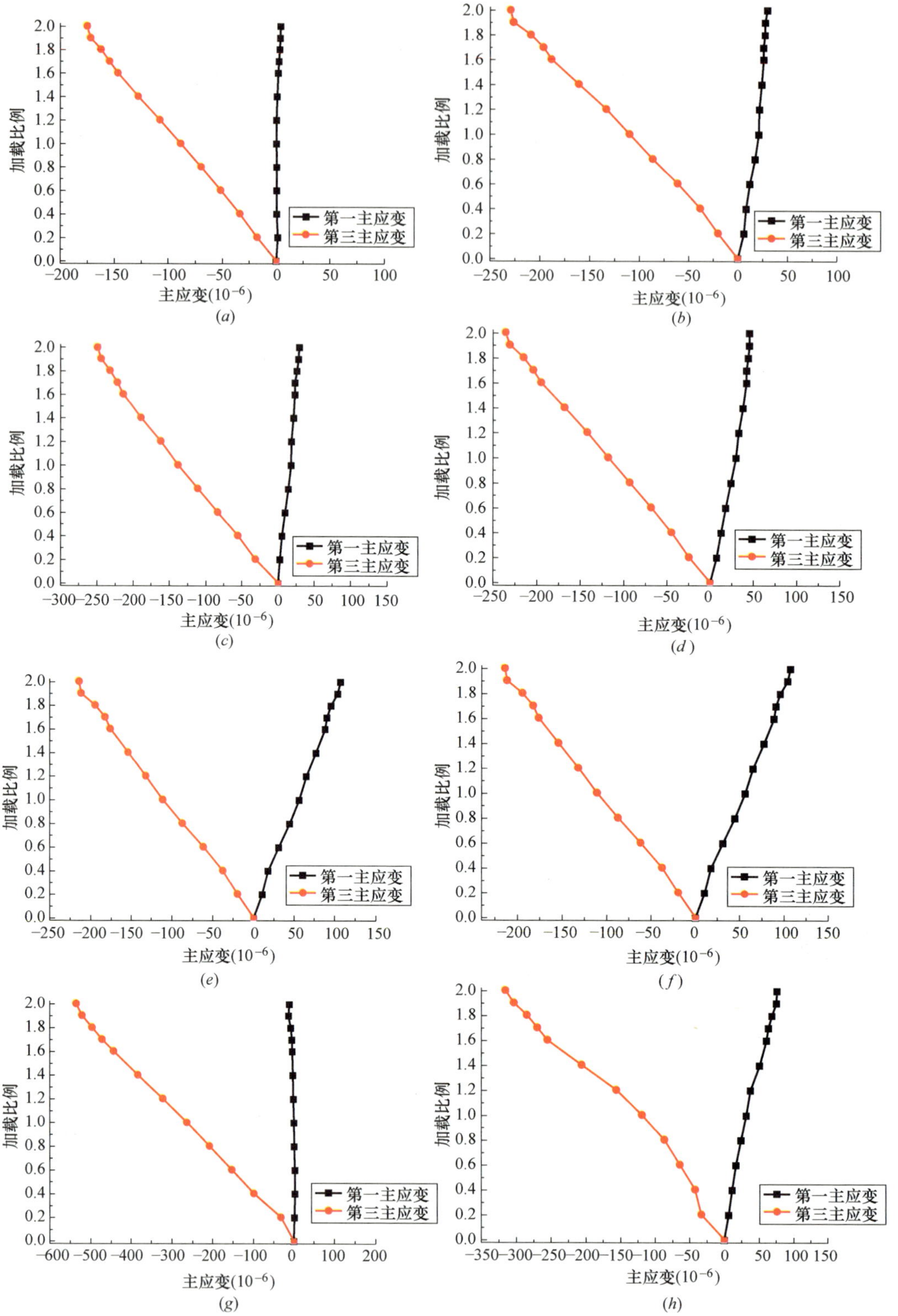

(a)

(b)

(c)

(d)

(e)

(f)

(g)

(h)

图 6-66　20 号节点三向应变片测点加载比例-主应变曲线（一）
（a）测点 T1 加载比例-主应变曲线；（b）测点 T2 加载比例-主应变曲线；（c）测点 T3 加载比例-主应变曲线；（d）测点 T4 加载比例-主应变曲线；（e）测点 T5 加载比例-主应变曲线；（f）测点 T6 加载比例-主应变曲线；（g）测点 T7 加载比例-主应变曲线；（h）测点 T8 加载比例-主应变曲线

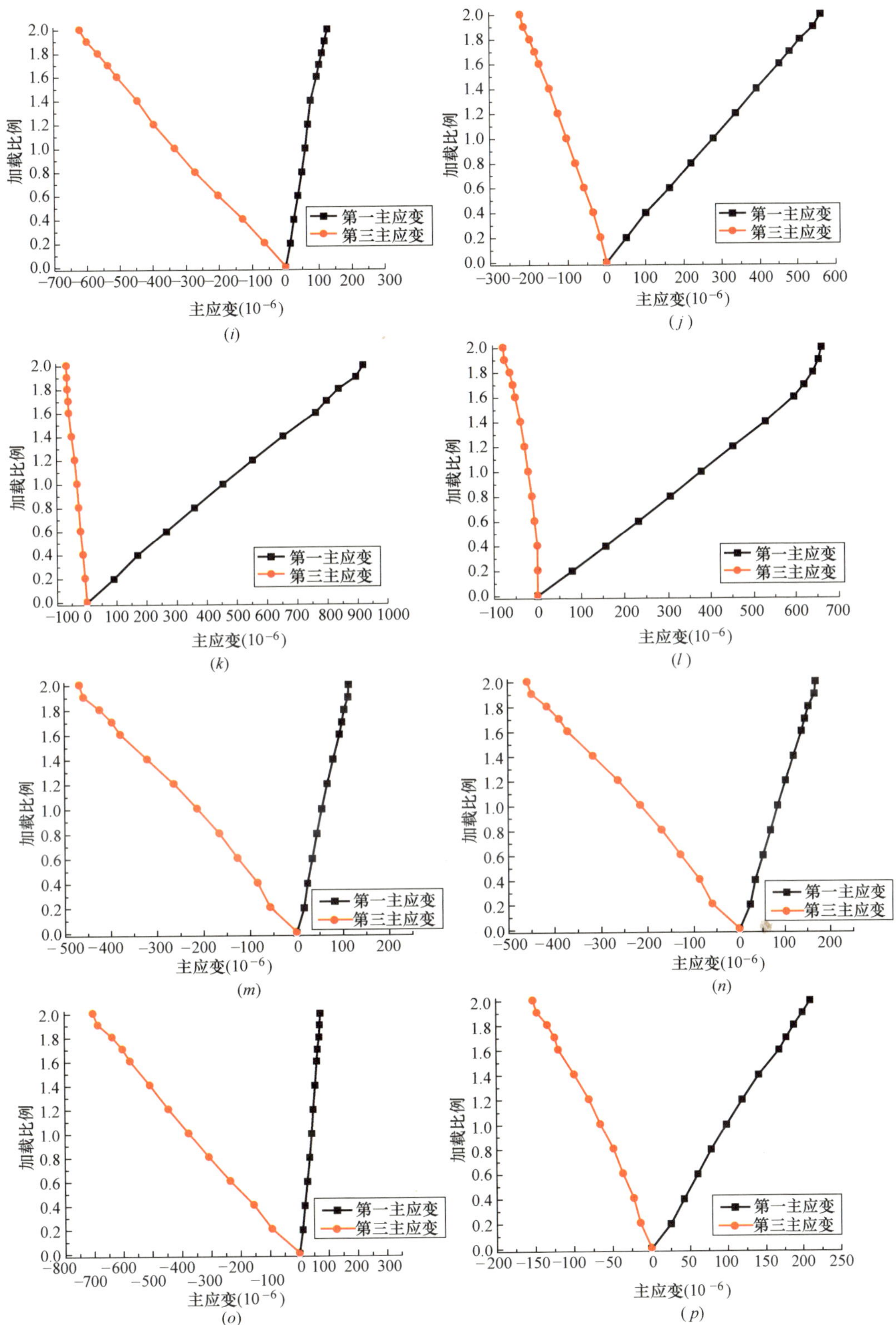

图 6-66 20 号节点三向应变片测点加载比例-主应变曲线（二）
(i) 测点 T9 加载比例-主应变曲线；(j) 测点 T10 加载比例-主应变曲线；(k) 测点 T11 加载比例-主应变曲线；(l) 测点 T12 加载比例-主应变曲线；(m) 测点 T13 加载比例-主应变曲线；(n) 测点 T14 加载比例-主应变曲线；(o) 测点 T15 加载比例-主应变曲线；(p) 测点 T16 加载比例-主应变曲线

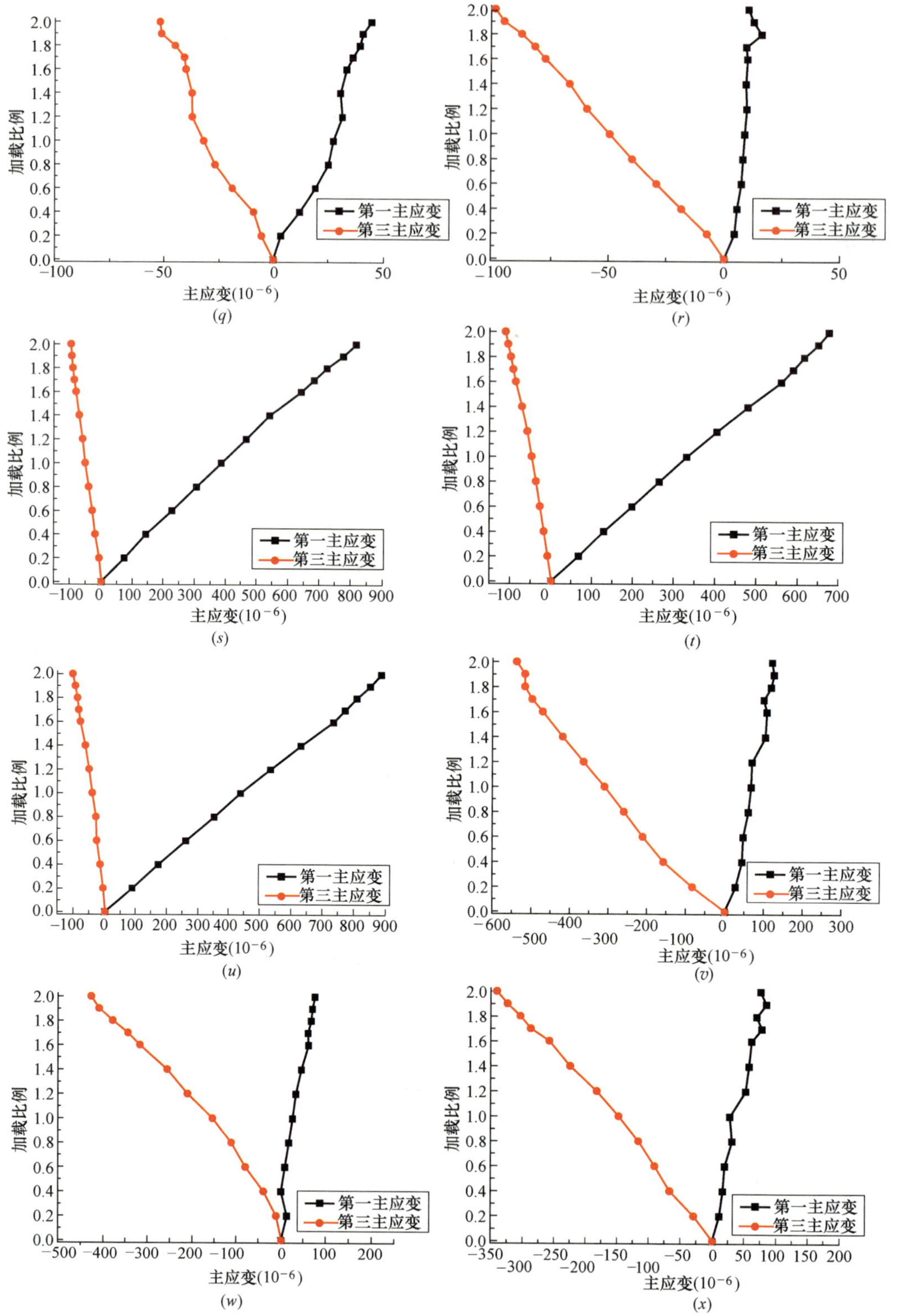

图 6-66　20 号节点三向应变片测点加载比例-主应变曲线（三）
（*q*）测点 T17 加载比例-主应变曲线；（*r*）测点 T18 加载比例-主应变曲线；（*s*）测点 T19 加载比例-主应变曲线；（*t*）测点 T20 加载比例-主应变曲线；（*u*）测点 T21 加载比例-主应变曲线；（*v*）测点 T22 加载比例-主应变曲线；（*w*）测点 T23 加载比例-主应变曲线；（*x*）测点 T25 加载比例-主应变曲线

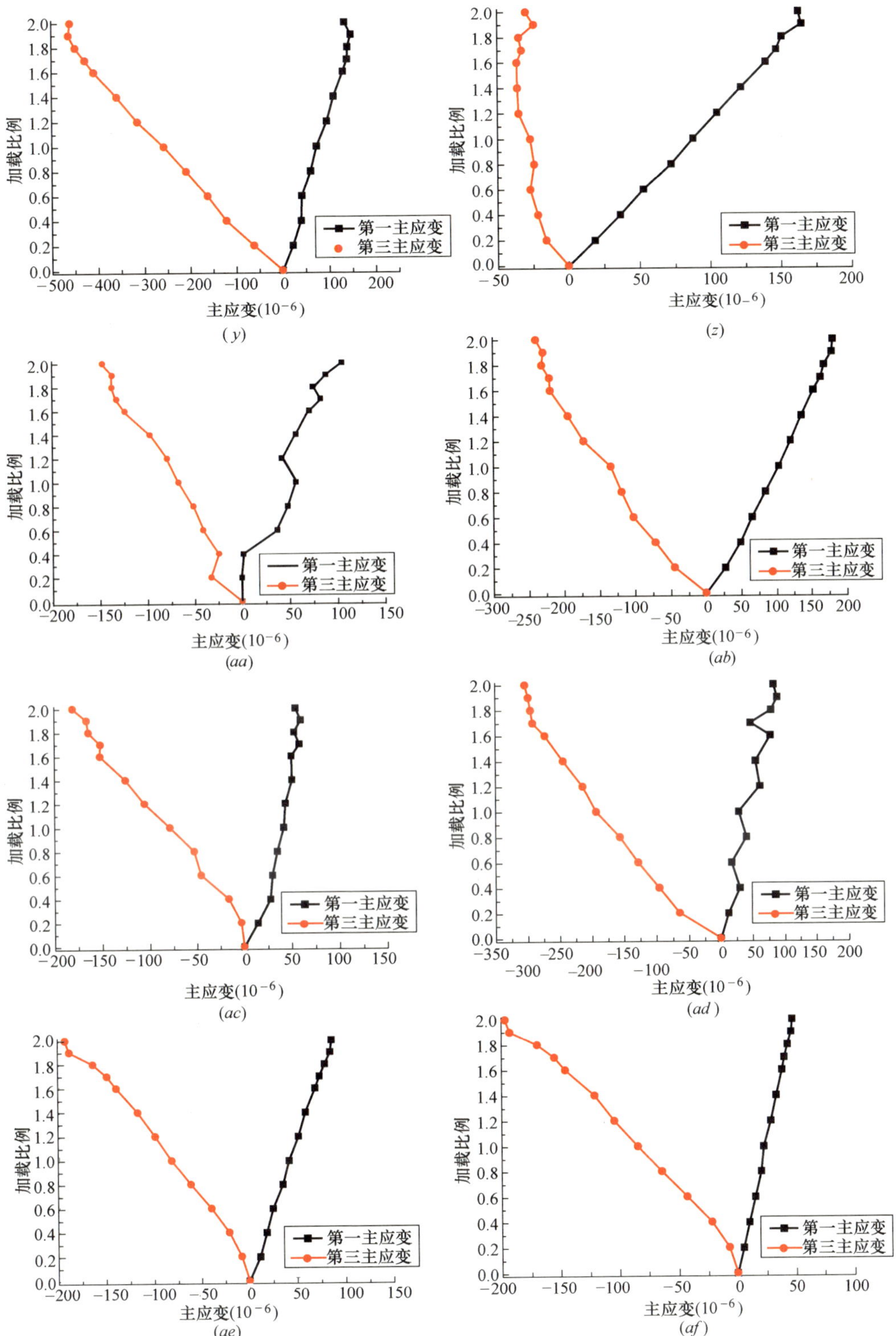

图 6-66 20 号节点三向应变片测点加载比例-主应变曲线（四）
（*y*）测点 T26 加载比例-主应变曲线；（*z*）测点 T27 加载比例-主应变曲线；（*aa*）测点 T28 加载比例-主应变曲线；（*ab*）测点 T29 加载比例-主应变曲线；（*ac*）测点 T30 加载比例-主应变曲线；（*ad*）测点 T31 加载比例-主应变曲线；（*ae*）测点 T32 加载比例-主应变曲线；（*af*）测点 T33 加载比例-主应变曲线

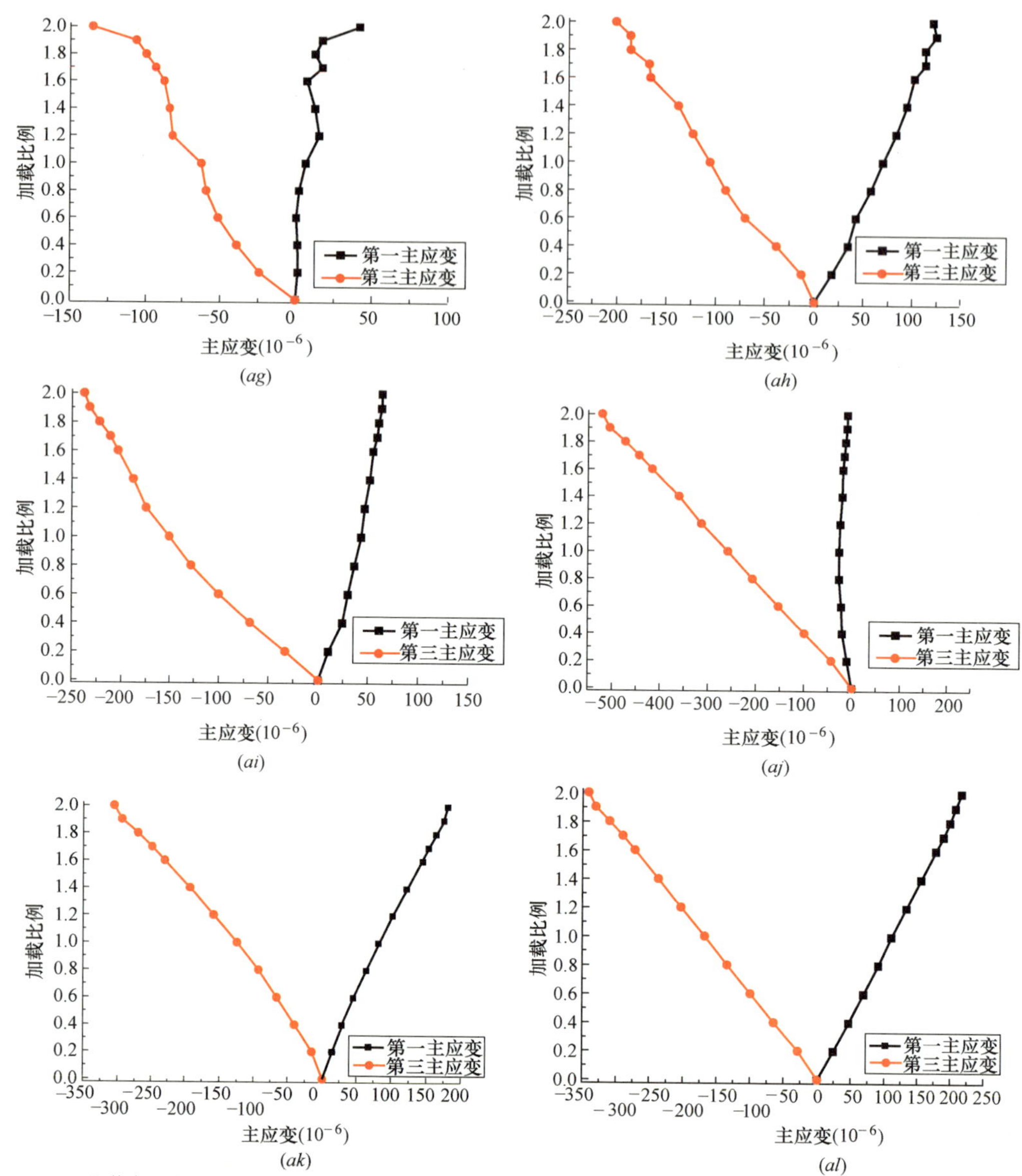

图 6-66 20 号节点三向应变片测点加载比例-主应变曲线（五）
（ag）测点 T34 加载比例-主应变曲线；（ah）测点 T35 加载比例-主应变曲线；（ai）测点 T36 加载比例-主应变曲线；（aj）测点 T37 加载比例-主应变曲线；（ak）测点 T38 加载比例-主应变曲线；（al）测点 T39 加载比例-主应变曲线

当加载到 1 倍设计荷载时，所有测点均处于弹性状态；当加载至 2 倍设计荷载时，所有测点仍然显示为弹性状态。自始至终节点未出现宏观破坏的现象。

管件直到试验结束，只有微小变形，最大的变形测量值不到 1mm，故在此未做出其荷载-变形曲线。位移计显示的最大位移为 1 号和 2 号位移计显示的刚体位移，据这两个位移计数据给出图 6-68 所示节点的刚体位移-加载比例曲线。位移计方向见图 6-69，其中 D1 为水平向，D2 为竖直向，沿着箭头方向为正。

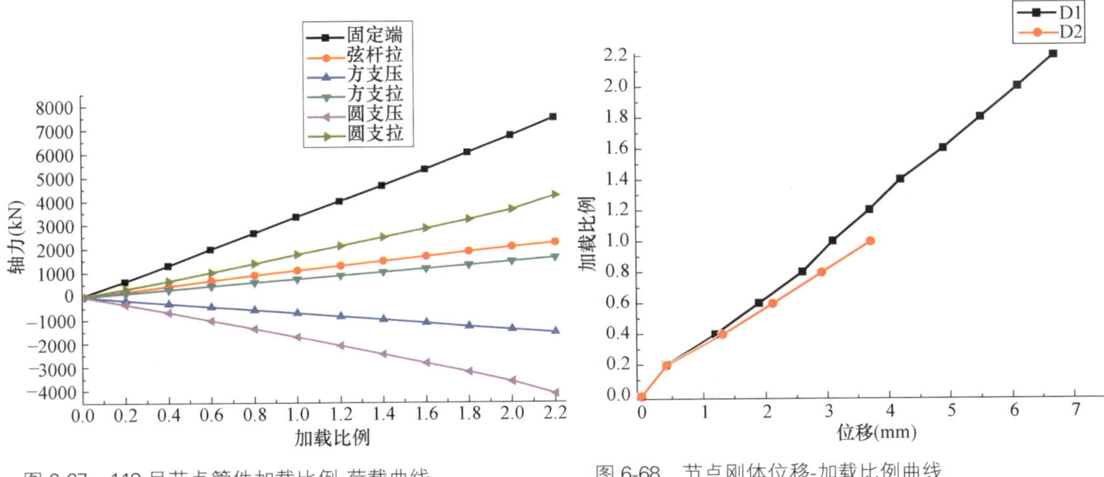

图 6-67 119 号节点管件加载比例-荷载曲线

图 6-68 节点刚体位移-加载比例曲线

其中 2 号位移计的数据只给到 1 倍设计荷载下的数据，这是因为后期荷载大，圆管拉力装置的锚杆螺牙与连接件相刮碰（1 倍设计荷载后加载球内发出响声），使得节点在竖直方向产生一定的震动，从图 6-68 可见，2 号位移计直接测量节点的竖向刚体位移，因而导致此位移计后期数据不稳定。如上所述，刮碰主要引起节点在竖直方向上的震动，并只对此方向的刚体位移有所影响，因而其对节点整体受力性能并不会产生很大影响，并且此刮碰引起的震动相对整个节点的几何尺寸是很小的，所以在进行节点受力性能的研究时忽略刮碰因素。从图 6-67、图 6-68 也可以看出，节点受力线性很好，刮碰对节点受力性能的研究确无影响。

节点试件中 Mises 应力最大的测点 T33 的加载比例-Mises 应力变化曲线如图 6-70 所示，可见直到 2.2 倍设计荷载时此测点仍处在弹性状态。

图 6-71（*a*）—图 6-71（*ao*）给出了节点区三向应变片测点的加载比例-主应变曲线，图中横坐标为主应变强度值，纵坐标为设计荷载倍数。由于电压、噪声等不可抗力干扰因素会产生很大的影响，导致其中主应变在 100 微应变以下时测点的数值存在误差，而 100 微应变对应的应力很小，所以不会对节点的应力分布判断等产生很大的影响。

图 6-69 1 号、2 号位移计方向

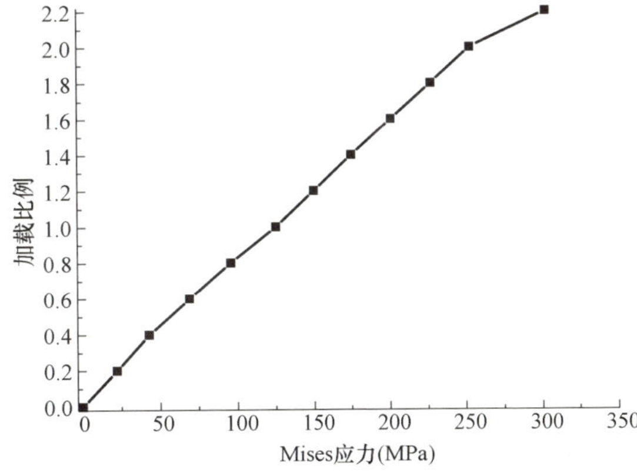

图 6-70 T33 测点的加载比例-Mises 应力曲线

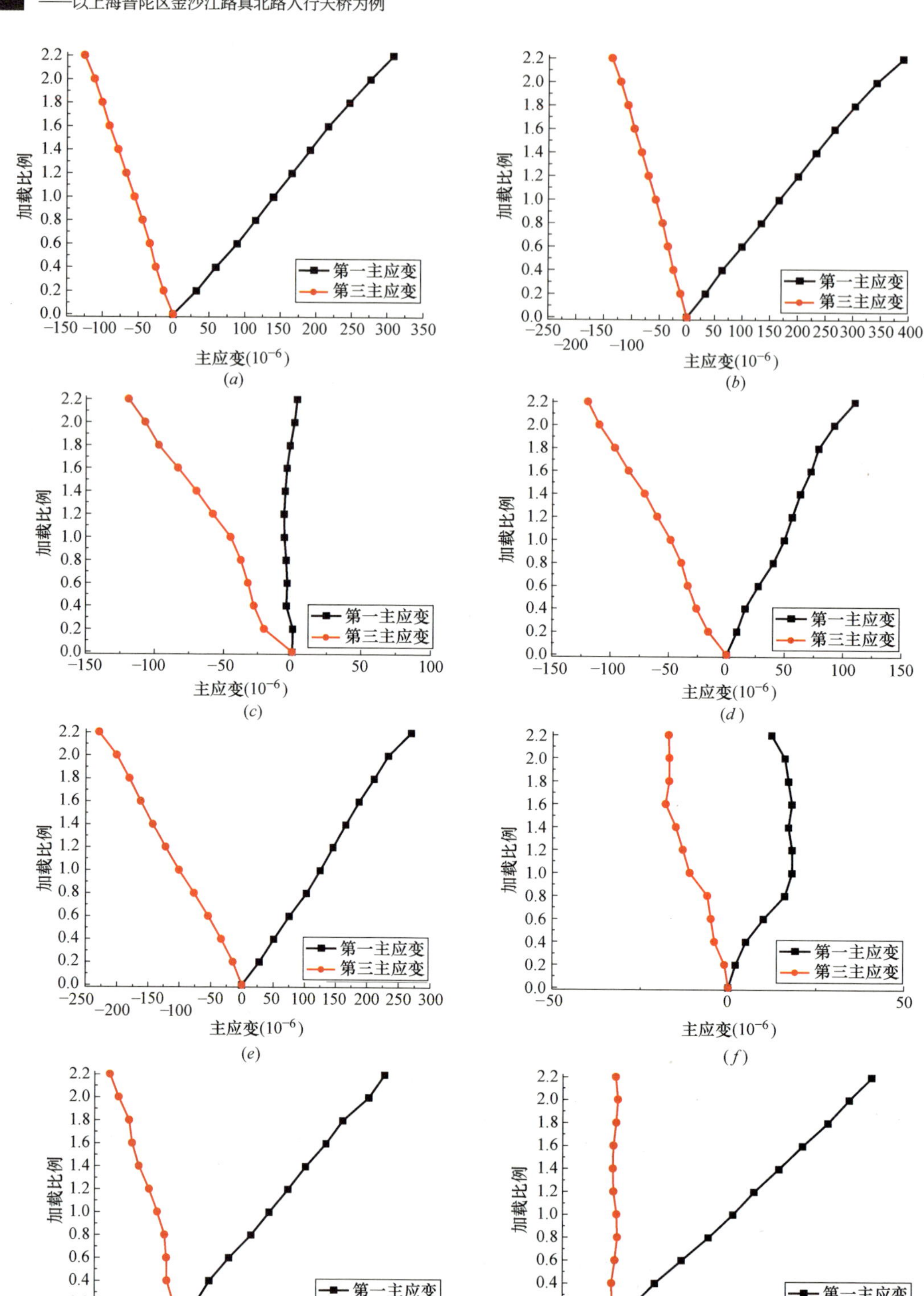

图 6-71　119 号节点三向应变片测点加载比例-主应变曲线（一）
（a）测点 T1 加载比例-主应变曲线；（b）测点 T2 加载比例-主应变曲线；（c）测点 T3 加载比例-主应变曲线；（d）测点 T4 加载比例-主应变曲线；（e）测点 T5 加载比例-主应变曲线；（f）测点 T6 加载比例-主应变曲线；（g）测点 T7 加载比例-主应变曲线；（h）测点 T8 加载比例-主应变曲线

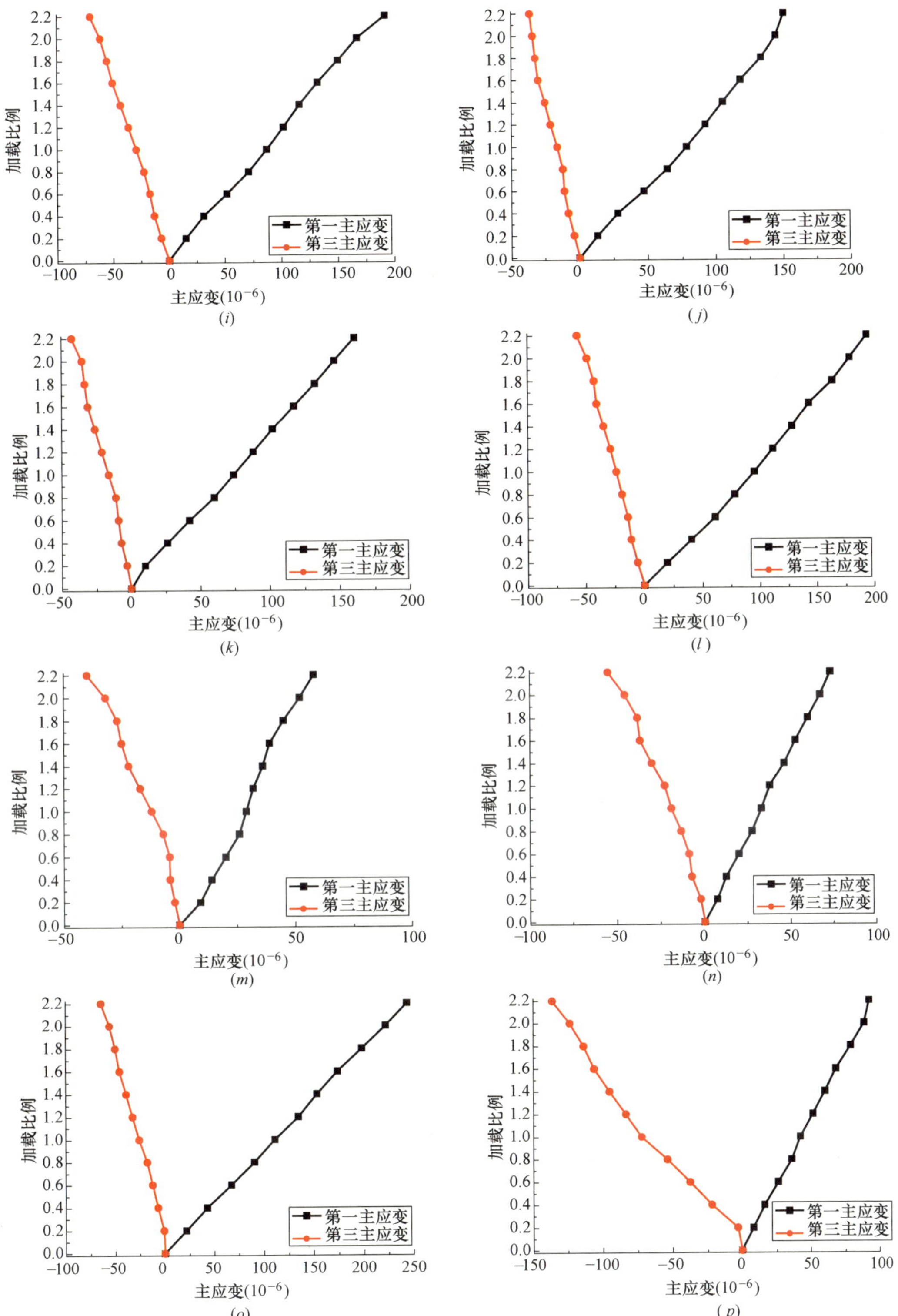

图 6-71 119 号节点三向应变片测点加载比例-主应变曲线（二）
（i）测点 T9 加载比例-主应变曲线；（j）测点 T10 加载比例-主应变曲线；（k）测点 T11 加载比例-主应变曲线；（l）测点 T12 加载比例-主应变曲线；（m）测点 T13 加载比例-主应变曲线；（n）测点 T14 加载比例-主应变曲线；（o）测点 T15 加载比例-主应变曲线；（p）测点 T16 加载比例-主应变曲线

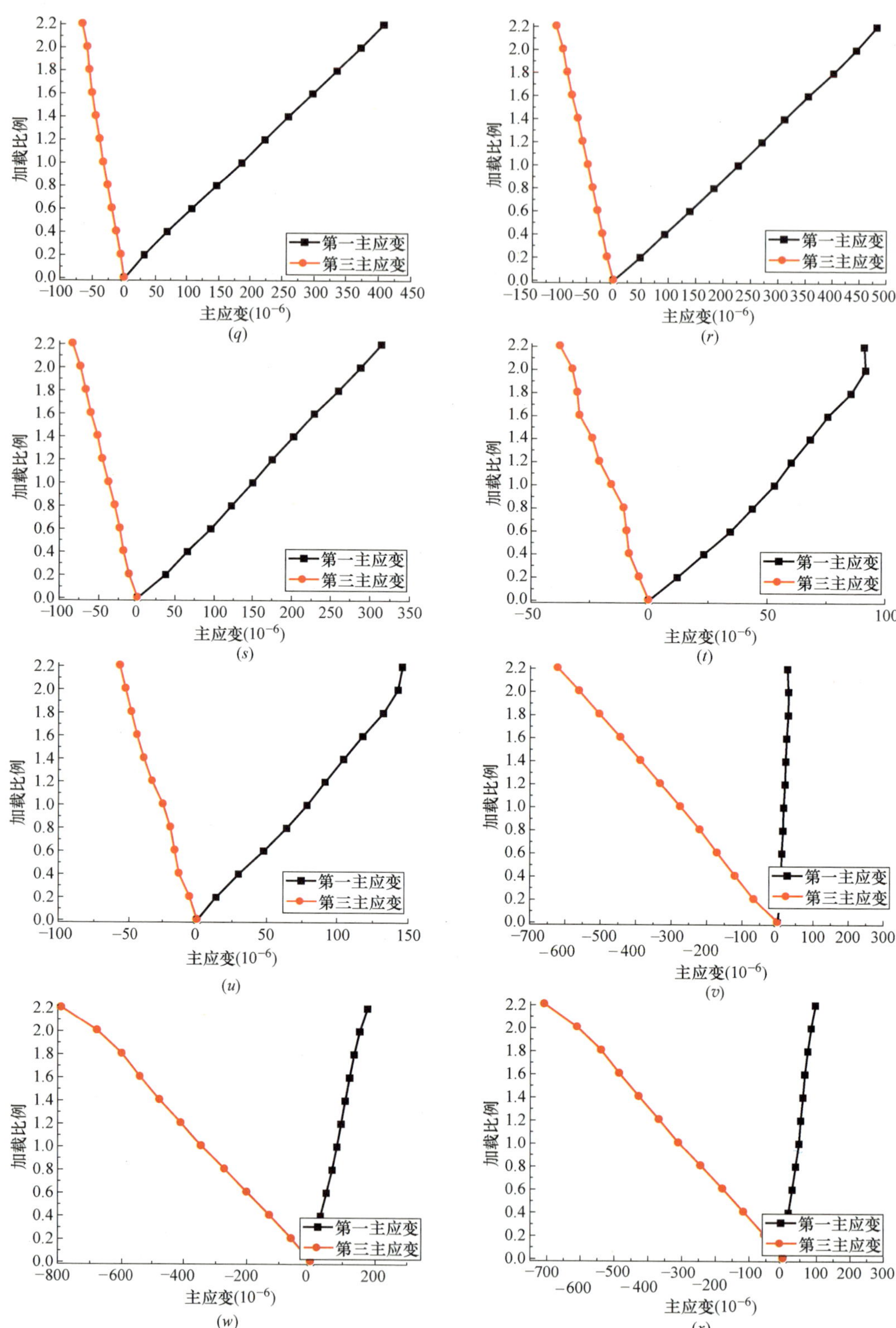

图 6-71 119 号节点三向应变片测点加载比例-主应变曲线（三）
（q）测点 T17 加载比例-主应变曲线；（r）测点 T18 加载比例-主应变曲线；（s）测点 T19 加载比例-主应变曲线；（t）测点 T20 加载比例-主应变曲线；（u）测点 T21 加载比例-主应变曲线；（v）测点 T22 加载比例-主应变曲线；（w）测点 T23 加载比例-主应变曲线；（x）测点 T25 加载比例-主应变曲线

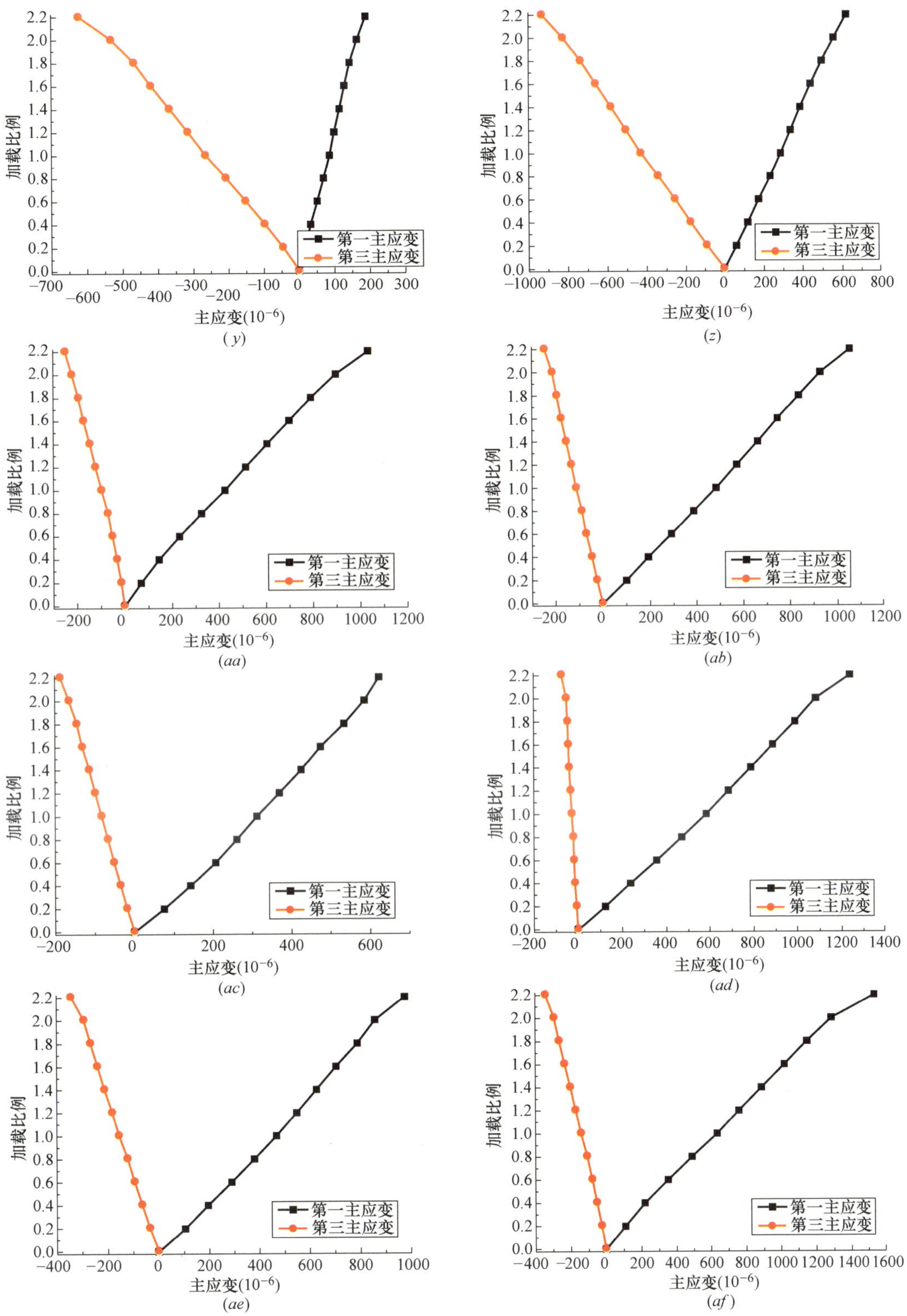

图 6-71 119 号节点三向应变片测点加载比例-主应变曲线（四）
（y）测点 T26 加载比例-主应变曲线；（z）测点 T27 加载比例-主应变曲线；（aa）测点 T28 加载比例-主应变曲线；（ab）测点 T29 加载比例-主应变曲线；（ac）测点 T30 加载比例-主应变曲线（ad）测点 T31 加载比例-主应变曲线；（ae）测点 T32 加载比例-主应变曲线；（af）测点 T33 加载比例-主应变曲线

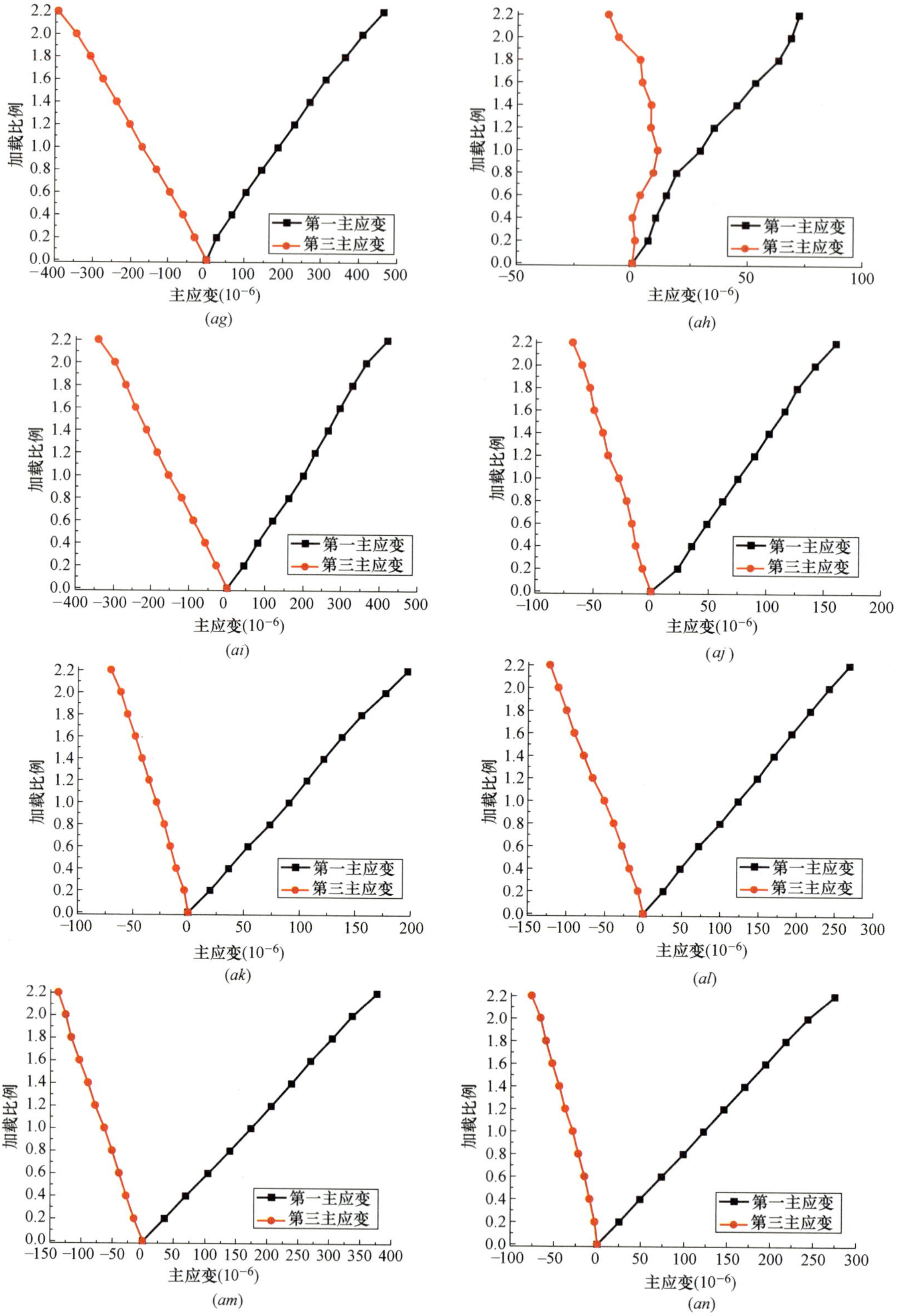

图 6-71　119 号节点三向应变片测点加载比例-主应变曲线（五）
（*ag*）测点 T34 加载比例-主应变曲线；（*ah*）测点 T35 加载比例-主应变曲线；（*ai*）测点 T36 加载比例-主应变曲线；（*aj*）测点 T37 加载比例-主应变曲线；（*ak*）测点 T38 加载比例-主应变曲线；（*al*）测点 T39 加载比例-主应变曲线；（*am*）测点 T40 加载比例-主应变曲线；（*an*）测点 T41 加载比例-主应变曲线

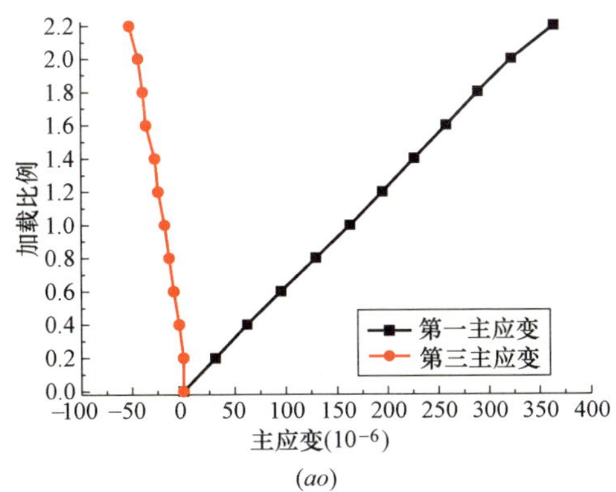

图 6-71 119 号节点三向应变片测点加载比例-主应变曲线（六）

（ao）测点 T42 加载比例-主应变曲线

4）有限元分析

（1）计算模型

节点几何构型复杂，即使在弹性受力阶段，其应力状态也非常复杂。由于试验过程中测点数量有限，不可能通过跟踪测试方式全方位地了解节点的受力性能，因此，有限单元法成为从整体把握节点力学性能的重要手段之一，同时也是试验研究的重要补充。

有限元模型建立的合理与精确与否，是决定有限元分析结果正确与否的关键因素，它包括单元选取、材料特性、加载方式和边界条件的模拟等一系列问题。

目前，可用于有限元分析的软件很多，本节采用 ABAQUS 对各试件进行弹塑性有限元分析。

① 边界条件

考虑试验的实际加载边界，数值模拟过程中均采用一端为固定约束，其余全部为自由端。

② 加载方式

有限元分析中的加载方式分为力加载和位移加载两种形式，尽管位移加载形式相对于力加载来说更容易收敛，但考虑到实际节点试验中采用力加载，故有限元模拟中也采用力加载。具体而言，在管件截面圆心处设置一个参考点，这个点与截面周边节点相约束，在此参考点处施加集中荷载。

③ 单元选择

节点模型采用以 S4R 为主的壳单元，选取管壁表面和中面对搭接节点进行建模和计算，并沿壁厚方向设置 5 个积分点，以反映管壁厚度方向的塑性应力行为。

④ 材料性能

用于适应性分析的有限元模型中，钢材强度采用试验中节点管材的实测材性数据。泊松比取为 0.3，遵循 VonMises 屈服准则及随动强化流动法则。

⑤ 几何非线性

当节点存在较大变形时，小变形情况的几何方程平衡条件不再适用，此时由几何变形引起的结构几何非线性在有限元分析中应予以考虑。通过在 ABAQUS 软件的分析步设置中选取 nonlinear 分析选项，考虑几何非线性对节点受力性能的影响。

（2）有限元计算结果分析

① 20 号节点

测点 Mises 应力较大区域为两圆管管面上，其上测点布置见图 6-72，T 为三向应变片编号。图 6-73、图 6-74 给出上述三向应变片试验和有限元 Mises 应力对比，从图中看出试验测量结果和有限元分析结果吻合较好。

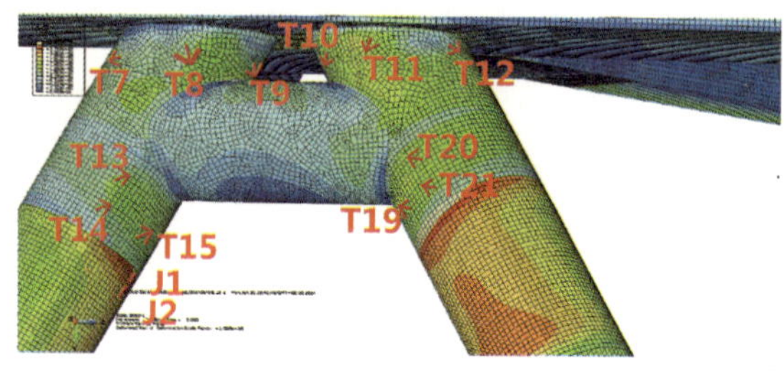

图 6-72 圆管三向应变片测点位置

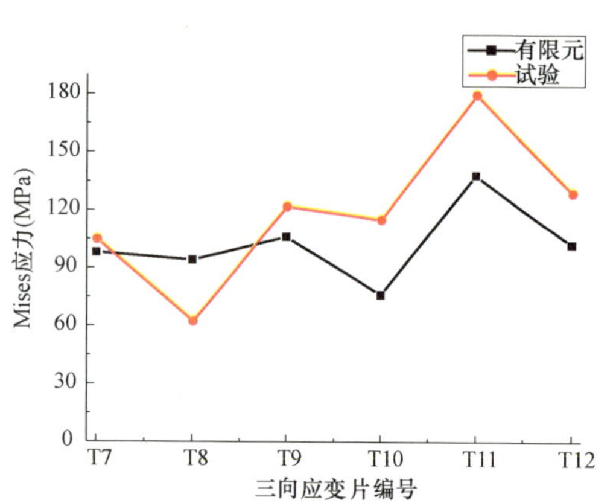

图 6-73 圆加劲上部测点应力对比

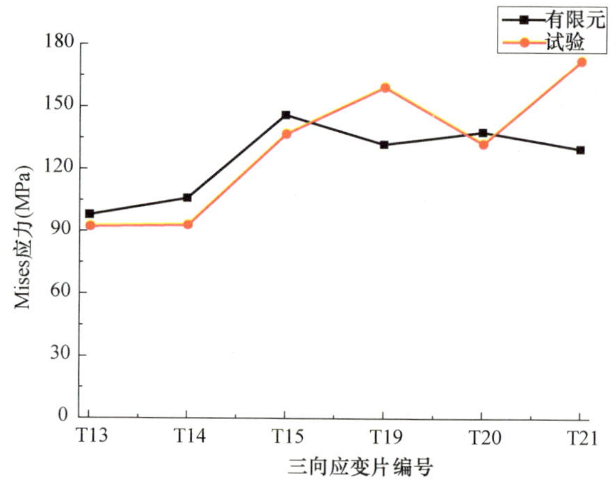

图 6-74 圆加劲下部测点应力对比

由于焊缝处截面突变，会产生较大的应力集中，所以在受压圆支管焊缝边布置了两个单向应变片以测量此处轴向应变，以便了解支管集中应力的大小，J 为其编号，测得 2 倍设计荷载下 J1 微应变较大，为 1158。

② 119 号节点

拉力圆管上的 T31、T32、T33 和压力圆管上的 T25、T26、T27 处由于圆管的加劲作用产生了应力集中，见图 6-75、图 6-76。两圆管上三向应变片测点见图 6-75、图 6-76。这些测点的对比见图 6-77、图 6-78，其中 T24 测点未得出有效数据，故未给出。从图中看出，试验测量结果和有限元分析结果吻合较好。

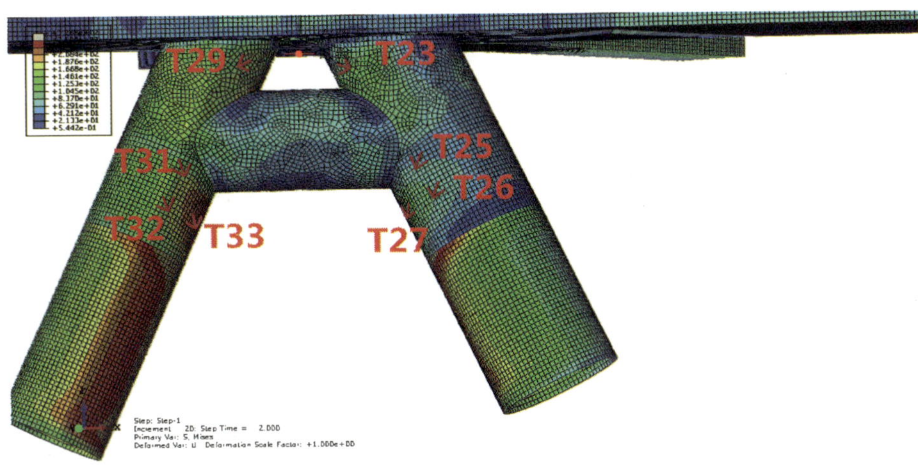

图 6-75　圆管三向应变片测点位置（正视）

图 6-76　圆管三向应变片测点位置（后视）

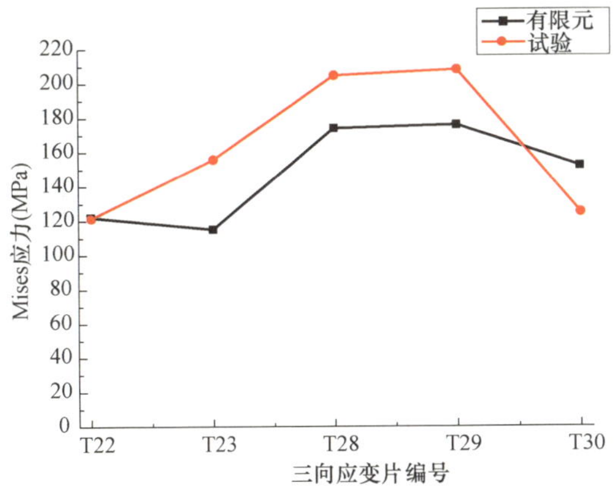

图 6-77　圆加劲上部测点应力对比

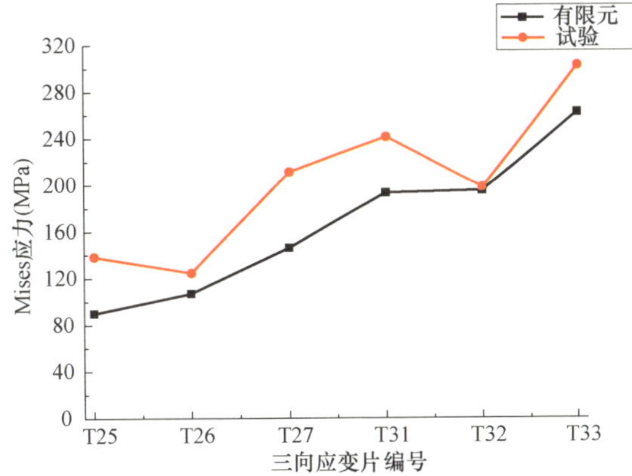

图 6-78　圆加劲下部测点应力对比

(3) 节点应力分布及传力路径分析

20 号、119 号两节点受力状况极为相似，节点在主管两个受力面上均表现出典型的 K 形间隙节点受力特性，即主管面上两支管的轴力方向相反、大小相当。不同之处在于 20 号节点主管主动加载端受压，且支管轴力分量使主管固定端受压，因而主管固定端承受较大压力；119 号节点主管加载端受拉，且支管轴力分量使主管固定端受拉，因而主管固定端承受较大拉力。

在几何构型上，两节点也几近相同，所以下述分析主要以圆支管受力较大的 20 号节点为基础。

① 方支管处应力分布及传力路径分析

方支管及与其相贯的方主管 Mises 应力分布如图 6-79 所示，其中蓝色区域应力很低，绿色区域较高。

由图 6-79 知，方支管上 Mises 应力分布并不均匀，表明方支管的应力分布主要由弯矩作用控制，轴力是次要的，其中左边受压支管只受到一个方向的弯矩，右边受拉支管受到两个方向弯矩。图中板件 B1 的应力极低，B1 对节点受力起不到很大作用。图中 L1 为受拉方支管的弯矩和轴力的传递路径；L2 为受压方支管的弯矩和轴力的传递路径，沿着 L2 传递轴力和弯矩使得支管、主管相贯角点处产生应力集中，所以 20 号节点在加工时将此处进行倒角是合理的。

② 圆支管处应力分布及传力路径分析

圆支管受力很大，其与主管相贯组成的类似平面 K 形节点是此空间节点的核心受力部分。圆管区域的 Mises 应力分布如图 6-80—图 6-82 所示。

由图 6-80 知，圆支管有四个位置出现应力集中，上面两处的集中是由于接管与节点区域圆管厚度不同，刚度有所差异导致；下面两处是由于力和弯矩的传递受到加劲圆管的阻碍。由于圆管本身受力很大，且为了尽量避免应力集中，所以圆接管的厚度不宜过小。

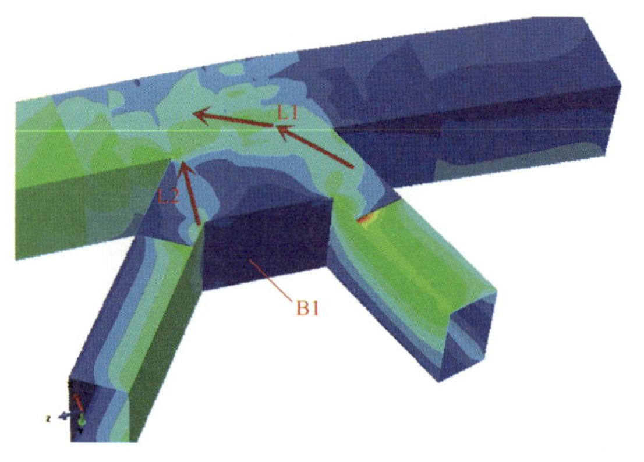

图 6-79 方支管处 Mises 应力分布图

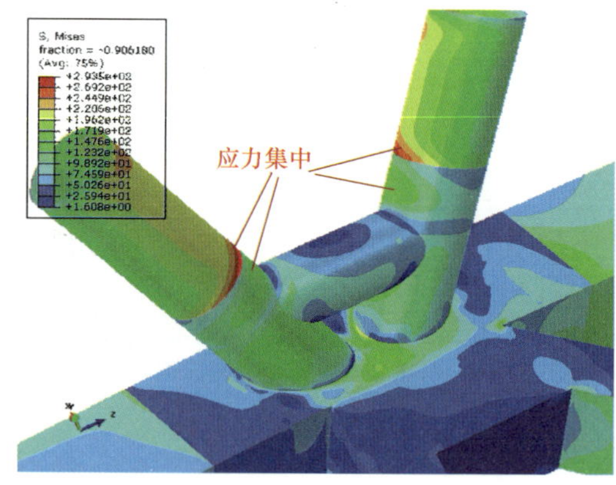

图 6-80 圆管 Mises 应力分布图

由图 6-81 知，圆管中两个加劲板对荷载的传递并无很大影响。圆管荷载通过外部加劲区域后继续传递到主管表面，由于主管内加劲板的作用，主管不会产生较大的表面变形，圆管与内加劲的直接相贯处（图中红圈处）由于刚度差别大，所以其 Mises 应力较大。

由图 6-82 知，圆管间的加劲圆管对 Mises 应力的分布并无很大影响。主管内加劲板大部分区域应力水平较低，与圆管直接相贯的纵向内加劲板局部受力较大。整体来说节点内加劲很强，足以达到有效传递荷载、减小主管表面变形的目的。

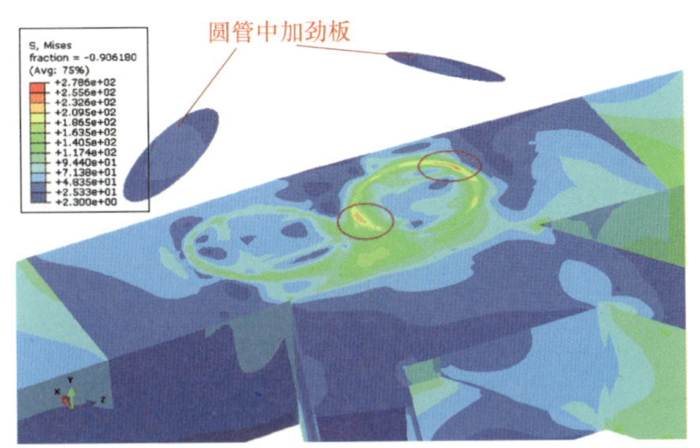

图 6-81 主管表面 Mises 应力分布图

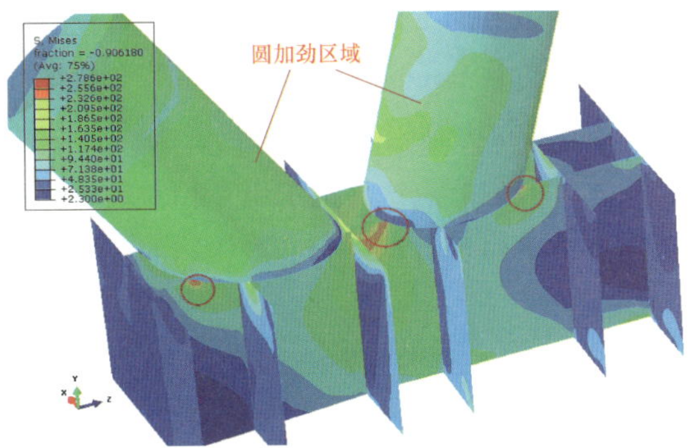

图 6-82 节点内加劲 Mises 应力分布图

6.3.3 结论

1）上弦铸钢节点

本试验对金沙江路真北路人行桥的 128 号铸钢节点及 146 号铸钢节点进行了足尺模型静力试验和有限元分析，初步得到如下结论：

(1) 节点足尺试验在节点试件、加载系统、加载力系、边界约束等方面与实际节点的工作状况趋于一致，因此节点试验是正确的。

(2) 128 号铸钢节点在加载至设计荷载时，所有测点均处于弹性状态，加载至 1.3 倍设计荷载时，所有测点仍处于弹性状态，节点在设计荷载作用下是安全的，且有一定的强度储备，可应用于实际工程。

(3) 146 号铸钢节点在加载至设计荷载时，所有测点均处于弹性状态，加载至 1.5 倍设计荷载时，所有测点仍处于弹性状态，节点在设计荷载作用下是安全的，且有一定的强度储备，可应用于实际工程。

(4) 128 号和 146 号铸钢节点材料性能较好，各管之间的角度准确。为保证工程安全，实际工程用节点应与试验节点具有相同的材料性能和加工精度。

2）下弦焊接点

研究团队对金沙江路真北路人行桥的下弦焊接节点进行了足尺模型静力试验和有限元分析，得到如下结论：

(1) 节点足尺试验在节点试件、加载系统、加载力系、边界约束等方面与实际节点的工作状况趋于一致，因此节点试验是正确的。

（2）无论试验测试还是有限元分析均表明所有测点自始至终均处于弹性状态，节点在设计荷载作用下是安全的，且有一定的强度储备。

（3）试件安装过程中发现 119 号节点拉力圆管存在加工误差，此管与弦杆有两个方向的角度，定位困难，焊接复杂，因此加工时尤其应注意，以防现场安装困难。

（4）虽然加工试验件时，厂方将 20 号节点中 24mm 厚的拉力圆接管替换为 25mm 厚，将 119 号节点中 14mm 厚的拉力圆接管替换为 16mm 厚，但从有限元应力分布图可看出，20 号、119 号节点拉力圆管接管应力仍较大。

本试验的节点试件加工质量相对较好，且其内隐蔽焊缝已焊接，为确保相同的安全度，实际工程节点应具有与试验节点相同的节点构造和加工质量。

7 大跨度人行天桥交通影响研究

7.1 环境振动对桥梁结构的影响

随着结构形式的复杂化以及结构跨度的增大，人行天桥变得更为轻柔，结构刚度小，自振频率低，阻尼小，再加上周围交通环境日益复杂，当桥下地面车辆靠近桥墩行驶或是地铁从桥墩基础下方通过时，基础、桥墩周围土体及地面都会受到不同程度的激振，这种振动会通过基础及桥墩传到上部结构，从而引起桥梁结构的振动。

地铁、道路车辆荷载造成人行天桥的振动问题主要从三个方面考虑：首先是振源；再者是振动传递的媒介；最后是振动接受者，也就是周围地下或地面上的结构。一般采用对天桥进行振动数据采集，利用有限元分析软件建立桥梁结构的有限元模型，利用实测数据结合有限元分析方法对天桥上部结构振动进行模态参数分析。对于建造在复杂交通环境下的建筑物，应做好隔振措施：对车辆和行人的随机激励的振动采用吸振器减振，或安装消能减振装置，或设置TMD减振，或对柱基础采取隔振处理等措施，以减小振动量。

7.2 上海普陀区金沙江路真北路人行天桥交通影响研究

7.2.1 测试概况

本工程为一座人行天桥，位于上海市普陀区真北路与金沙江路交汇处，同时也是中环线和地铁13号线的交叉点，项目位置如图7-1所示。本人行天桥造型独特，属于非规则桥梁，平面由一个椭圆构成，工程拟采用桩+独立承台（筏板）基础，桩型拟采用桩端后注浆钻孔灌注桩。地铁13号线沿金沙江路地下布置，并在真北路东侧设站，测试期间处于试运营阶段。天桥桥墩距地铁13号线隧道边的水平距离为11～44m，地铁运行可能会对天桥的振动产生不利影响。

7.2.2 测试目的

近年来我国城市人行天桥向轻质、大跨方向发展，由于这种结构形式的固有频率较低，在道路车辆和行人的随机激励荷载作用下有明显的振感，道路车辆、地铁等交通荷载引起的人行天桥振动问题日益突出。由于中环线（真北路）和金沙江路为上海城市干路和次干路，其交通流量较大，因此交通荷载引起的振动对天桥的影响不可忽视。另外，本工程邻近有地铁13号线，为评估并尽可能减小道路交通荷载和地铁交通荷载对本天桥的不利影响，受上海市普陀

图 7-1 项目位置

区市政配套综合建设办公室委托，笔者所在研究团队进行了有针对性的测试与分析研究。结合工程实际情况，本工程共分为天然场地条件、天桥基础设计与施工期、天桥主体结构施工完成后三个测试分析研究阶段，各阶段测试目的如下：

（1）第一阶段：天然场地条件测试分析研究阶段

通过对天然场地对应于拟建人行天桥桥墩位置的振动进行测试，了解天然场地在道路交通荷载和地铁交通荷载作用下的振动特性，如天然场地在道路交通荷载和地铁交通荷载作用下振动加速度的主要频率成分及大小，同时为计算分析提供输入荷载。

（2）第二阶段：天桥基础设计与施工期测试分析研究阶段

通过对天桥桩基础的振动进行现场测试，了解天桥基础在道路交通荷载和地铁交通荷载作用下的振动特性，如基础在道路交通荷载和地铁交通荷载作用下振动加速度的主要频率成分及大小，同时为计算分析提供输入荷载。

（3）第三阶段：天桥主体结构施工完成后测试分析研究阶段

在天桥主体结构施工完成后，通过对天桥振动的现场测试，了解天桥在道路交通荷载和地铁交通荷载作用下的振动特性，并与第一阶段和第二阶段的分析结果及振动控制标准进行比较，同时为进行 TMD 减振提供参考。

7.2.3 测试依据

测试依据如下：

《城市区域环境振动标准》(GB 10070—1988);

《城市区域环境振动测量方法》(GB 10071—1988)。

7.2.4 测试仪器

测试仪器主要包括 941B 型超低频拾振器、G01 通用数据采集仪、G01NET 通用数据采集分析系统、笔记本电脑等。

7.2.5 振源

1) 第一阶段

(1) 地铁交通测试

振源主要为地铁 13 号线,但因测试期间道路交通一直较繁忙,所以实测振动不可避免包含一定量的道路交通荷载引起的振动。

(2) 道路交通测试

因测试期间地铁 13 号线尚未通车,因此振源主要为真北路与金沙江路上行驶的车辆。

2) 第二阶段

(1) 地铁交通测试

振源主要为地铁 13 号线,但因测试期间桥墩周边还有部分施工活动,且道路交通一直较繁忙,因此实测数据中不可避免地掺杂了施工荷载、道路交通荷载等其他环境振动的影响。

(2) 道路交通测试

本次测试振源主要为真北路与金沙江路上行驶的车辆。因为测试期间桥墩周边还有部分施工活动,因此数据中不可避免地掺杂了施工荷载等其他环境振动的影响。

3) 第三阶段

(1) 地铁交通测试

振源主要为地铁 13 号线,但因测试期间道路交通一直较繁忙,因此实测数据中不可避免地掺杂了道路交通荷载等其他环境振动的影响。

(2) 道路交通测试

本次测试振源主要为真北路与金沙江路上行驶的车辆。需要说明的是,因为环境振动振源较多,因此数据中不可避免地掺杂了其他环境振动振源的影响。

7.2.6 测点布置

1) 第一阶段

(1) 地铁交通测试

根据拟建人行天桥四个桥墩的布置情况,结合现场场地条件,在天然场地表面对应于拟建人行天桥桥墩的位置布置测点,对天桥西南侧(邻近 118 广场)、西北侧(邻近绿洲中环中心)、东南侧(邻近长风南区)、东北侧(邻近长风北区)四个区域地铁交通荷载引起天然场地的振动进行现场测试,测点布置如图 7-2 所示。

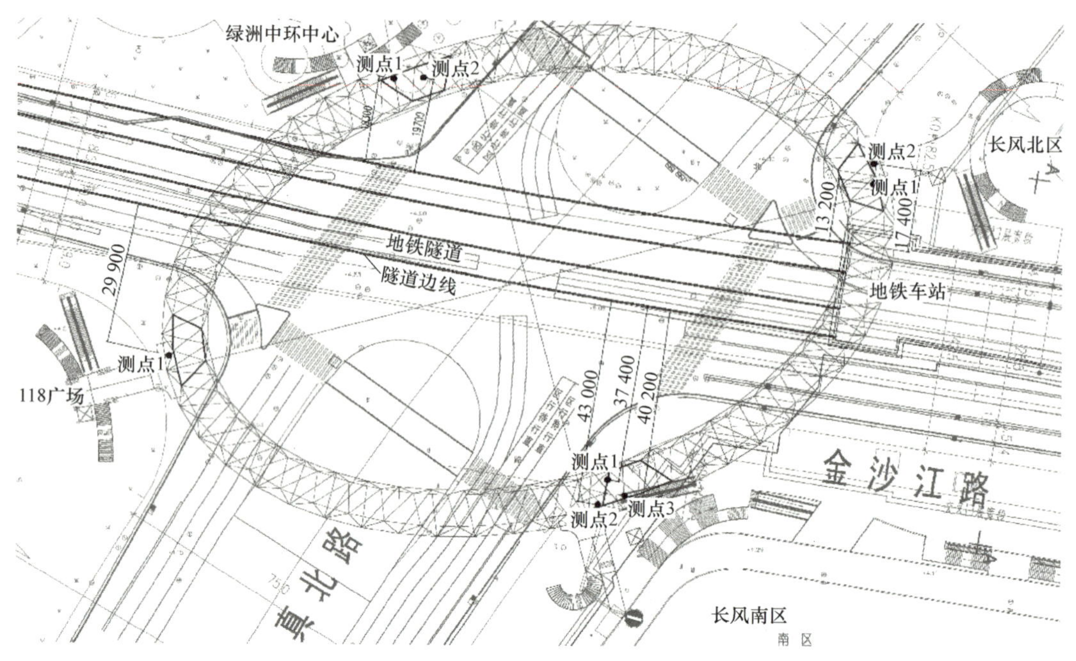

图 7-2 第一阶段地铁交通测试测点布置图

各测点到隧道边的距离详见表 7-1。

表 7-1 第一阶段测点到隧道边的距离

测点	西南侧（邻近 118 广场）	西北侧（邻近绿洲中环中心）		东南侧（邻近长风南区）			东北侧（邻近长风北区）	
	测点 1	测点 1	测点 2	测点 1	测点 2	测点 3	测点 1	测点 2
到隧道边的距离(m)	29.9	18.3	19.7	37.4	43.0	40.2	13.2	17.4

① 西南侧（邻近 118 广场）

测试时间为 2013 年 4 月 2 日 12：18—15：29，现场测试照片如图 7-3 所示。

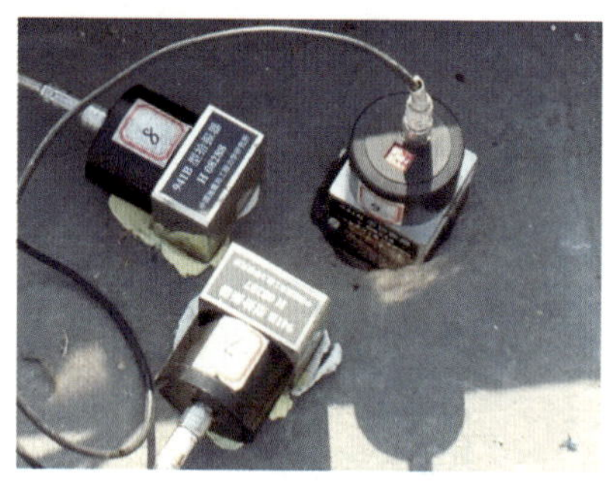

图 7-3 第一阶段地铁交通测试西南侧测点 1 现场测试照片

② 西北侧（邻近绿洲中环中心）

测试时间为 2013 年 4 月 2 日 17：01—20：03，现场测试照片如图 7-4 所示。

③ 东南侧（邻近长风南区）

测试时间为 2013 年 4 月 3 日 11：02—13：57，现场测试照片如图 7-5 所示。

(a)

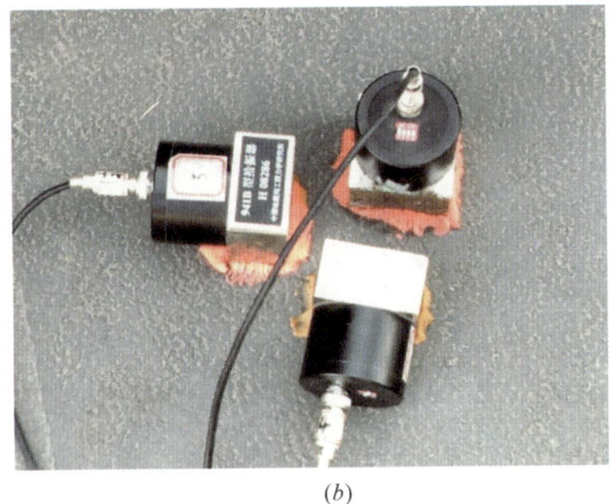

(b)

图 7-4　第一阶段地铁交通测试西北侧现场测试照片

(a) 测点 1；(b) 测点 2

(a)

(b)

(c)

(d)

图 7-5　第一阶段地铁交通测试东南侧现场测试照片

(a) 测点 1；(b) 测点 2；(c) 测点 3；(d) 测点总体布置

④ 东北侧（邻近长风北区）

测试时间为 2013 年 4 月 1 日 16：00—19：06，现场测试照片如图 7-6 所示。

(*a*)

(*b*)

(*c*)

图 7-6　第一阶段地铁交通测试东北侧现场测试照片
（*a*）测点 1；（*b*）测点 2；（*c*）测点总体布置

（2）道路交通测试

根据拟建人行天桥四个桥墩的布置情况，结合现场场地条件，在天然场地表面对应于拟建人行天桥桥墩的位置布置测点，对天桥西南侧（邻近 118 广场）、西北侧（邻近绿洲中环中心）、东南侧（邻近长风南区）、东北侧（邻近长风北区）四个区域道路交通荷载引起的天然场地的振动进行了现场测试，测点布置如图 7-7 所示。

① 西南侧（邻近 118 广场）

测试时间为 2012 年 10 月 12 日 13：00—18：50，部分现场测试照片如图 7-8 所示。

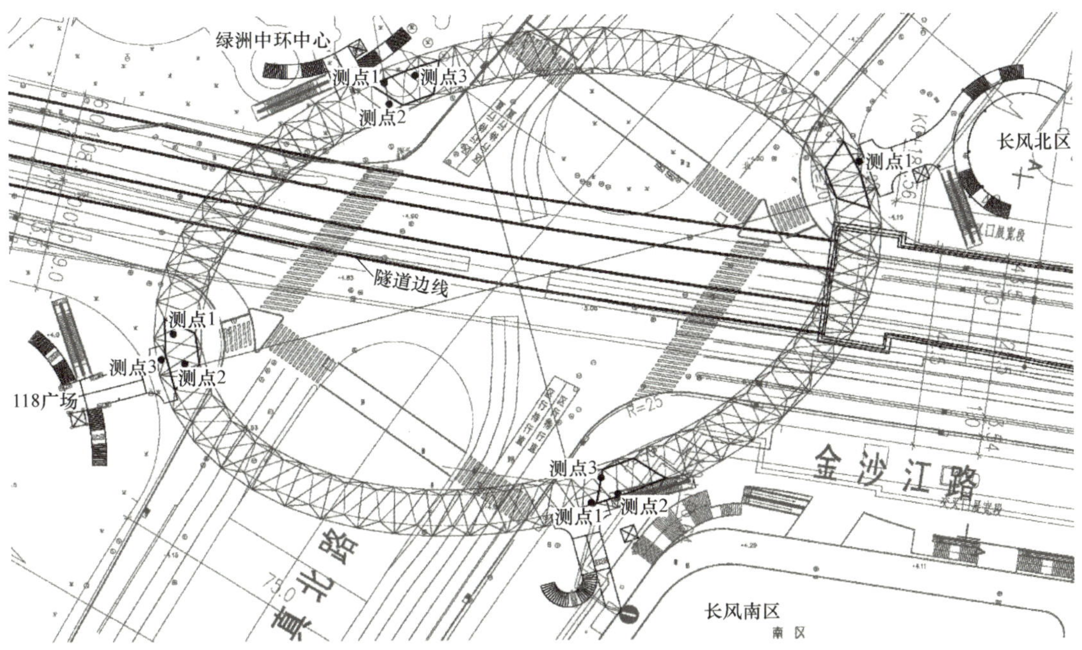

图 7-7　第一阶段道路交通测试测点布置图

(*a*)　(*b*)　(*c*)　(*d*)

图 7-8　第一阶段道路交通测试西南侧现场测试照片

（*a*）测点 1；（*b*）测点 2；（*c*）测点 3；（*d*）总体布置

② 西北侧（邻近绿洲中环中心）

测试时间为 2012 年 10 月 15 日 13：40—18：40，部分现场测试照片如图 7-9 所示。

(a)

(b)

(c)

图 7-9　第一阶段道路交通测试西北侧现场测试照片
(a) 测点 1；(b) 测点 2；(c) 测点 3

③ 东南侧（邻近长风南区）

测试时间为 2012 年 10 月 17 日 11：05—21：40，由于 11：37—19：00 长风南区工地正在进行混凝土支撑凿除施工，引起的振动干扰较大，数据处理时将该部分数据剔除，部分现场测试照片如图 7-10 所示。

④ 东北侧（邻近长风北区）

测试时间为 2012 年 12 月 17 日 15：13—18：57，部分现场测试照片如图 7-11 所示。

2）第二阶段

(1) 地铁交通测试

根据人行天桥桥墩的布置情况，结合现场场地条件，在桥墩和桥墩下地面布置了若干测点，对天桥西北侧（邻近绿洲中环中心）、东北侧（邻近近铁城市广场北座）地铁交通荷载引起的桥墩和桥墩下地面的振动进行了现场测试，测点布置如图 7-12 和表 7-2 所示。

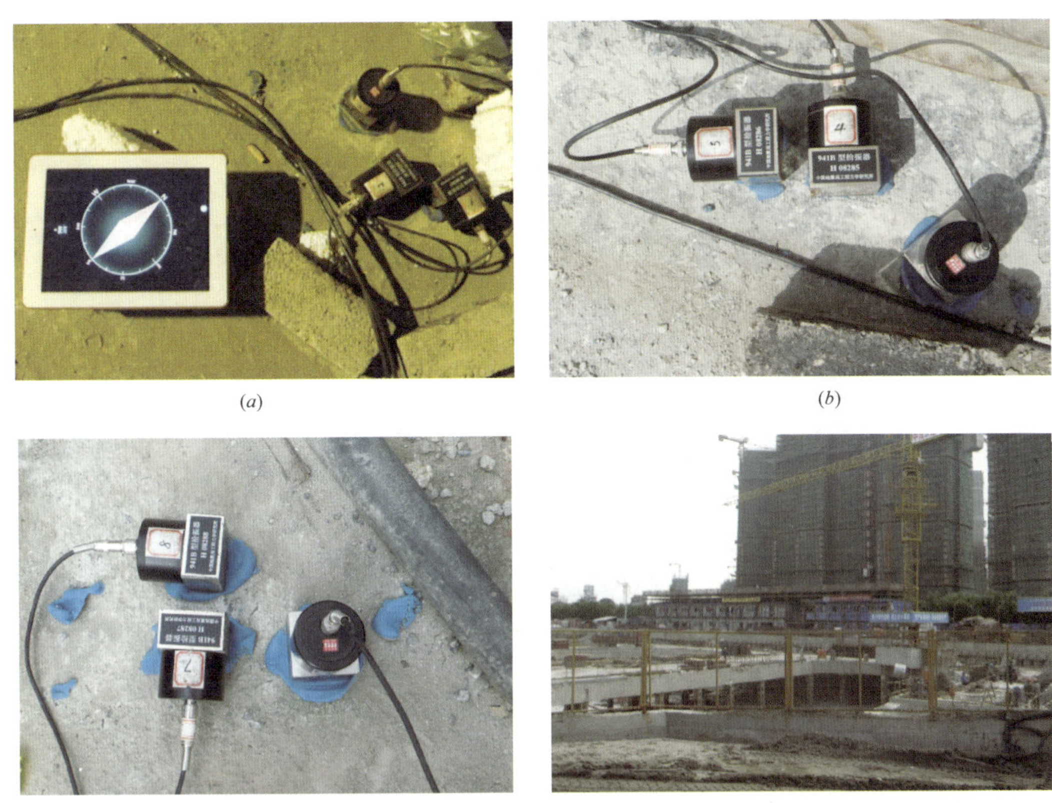

图 7-10 第一阶段道路交通测试东南侧现场测试照片

(a) 测点 1；(b) 测点 2；(c) 测点 3；(d) 测点临近的基坑

图 7-11 第一阶段道路交通测试东北侧测点 1 现场照片

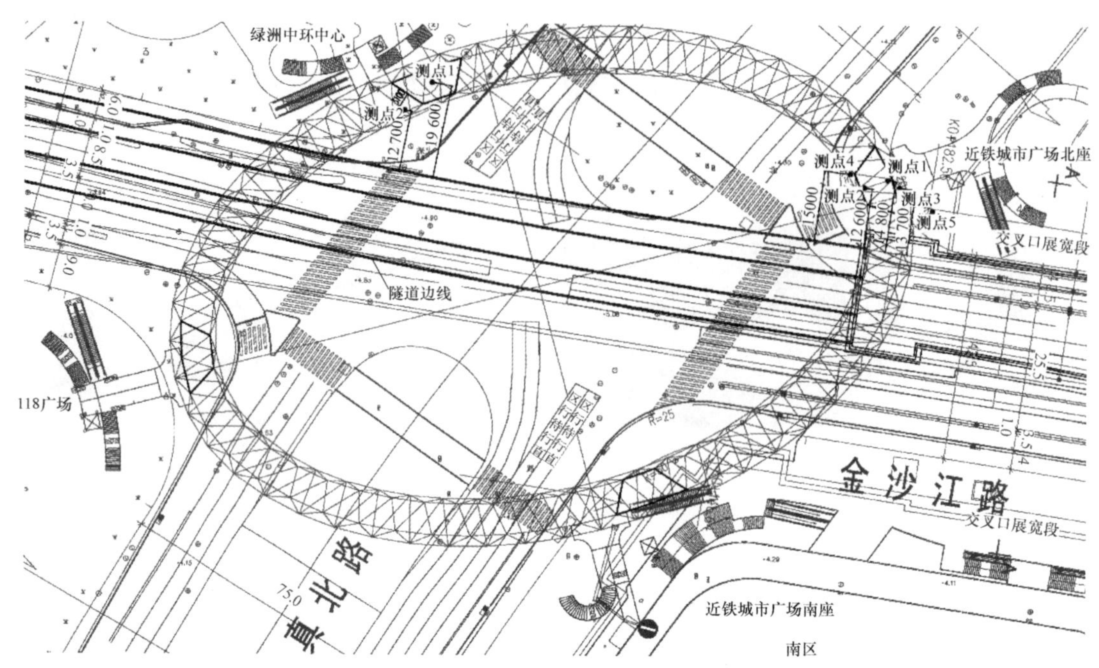

图 7-12 第二阶段地铁交通测试测点布置图

表 7-2 第二阶段地铁交通测试测点布置一览

测点	西北侧(邻近绿洲中环)		东北侧(邻近近铁城市广场北座)				
	测点 1	测点 2	测点 1	测点 2	测点 3	测点 4	测点 5
位置	桥墩中	桥墩下地面(距桥墩约 3.1m)	桥墩边外圈	桥墩边里圈	桥墩下地面外圈(紧邻桥墩)	桥墩下地面里圈(紧邻桥墩)	小承台上，距桥墩约5m
到隧道边的距离(m)	19.6	12.7	14.8	12.6	13.7	15.0	约 10

① 西北侧（邻近绿洲中环中心）

测试时间为 2015 年 7 月 3 日 11：15—15：21，部分现场测试照片如图 7-13 所示。

② 东北侧（邻近近铁城市广场）

测试时间为 2015 年 8 月 31 日 11：33—17：15，部分现场测试照片如图 7-14 所示。

（2）道路交通测试

根据人行天桥桥墩的布置情况，结合现场场地条件，在桥墩和桥墩下地面布置了若干测点，对天桥西北侧（邻近绿洲中环中心）、东北侧（邻近近铁城市广场北座）道路交通荷载引起的桥墩和桥墩下地面的振动进行了现场测试，测点布置如图 7-15 和表 7-3 所示。

(a)

(b)

图 7-13　第二阶段地铁交通测试西北侧现场照片
(a) 测点 1 (桥墩中); (b) 测点 2 (桥墩下地面，距桥墩约 3.1m)

(a)

(b)

(c)

(d)

图 7-14　第二阶段地铁交通测试东北侧现场照片
(a) 测点 1 (桥墩边外圈); (b) 测点 2 (桥墩边里圈);
(c) 测点 3 (桥墩下地面外圈); (d) 测点 4 (桥墩下地面里圈)

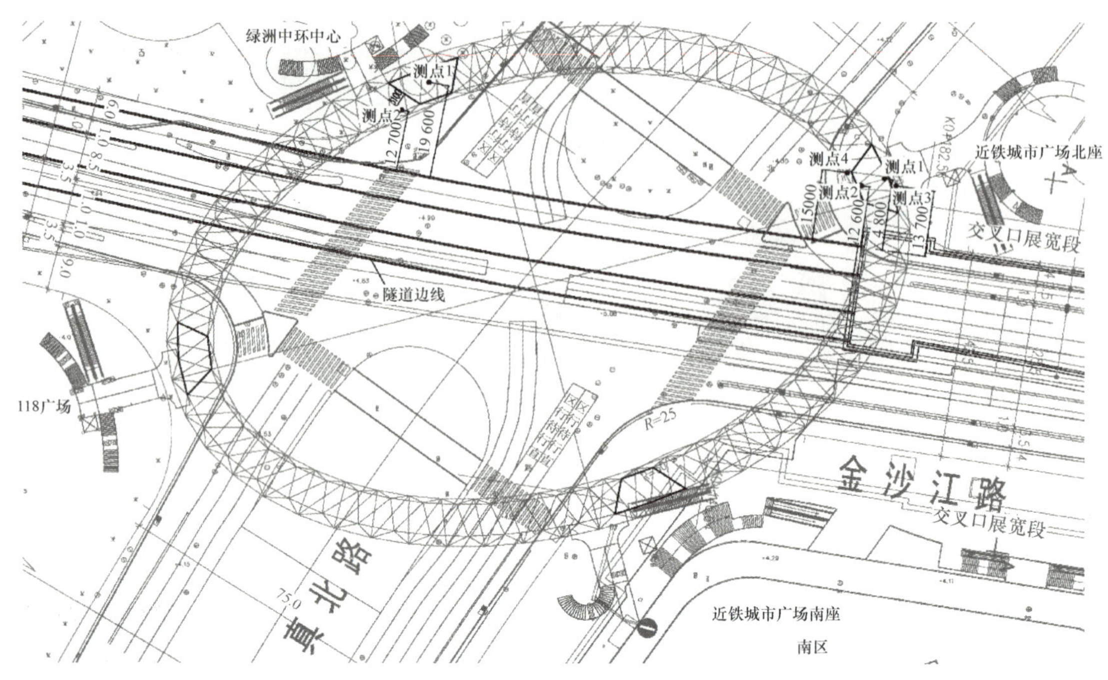

图 7-15 第二阶段道路交通测试测点布置图

表 7-3 第二阶段道路交通测试测点布置一览

测点	西北侧（邻近绿洲中环中心）		东北侧（邻近近铁城市广场北区）			
	测点 1	测点 2	测点 1	测点 2	测点 3	测点 4
位置	桥墩中	桥墩下地面（距桥墩约 3.1m）	桥墩边外圈	桥墩边里圈	桥墩下地面外圈（紧邻桥墩）	桥墩下地面里圈（紧邻桥墩）

① 西北侧（邻近绿洲中环中心）

测试时间为 2015 年 7 月 3 日 11：15—15：21，部分现场测试照片如图 7-16 所示。

(a)

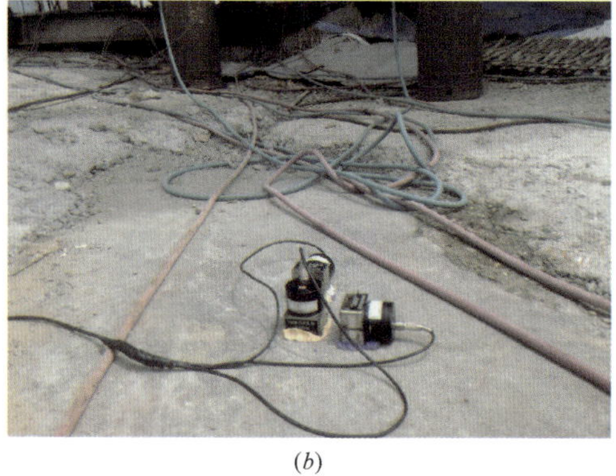

(b)

图 7-16 第二阶段道路交通测试西北侧现场测试照片

(a) 测点 1（桥墩中）；(b) 测点 2［桥墩下地面（距桥墩约 3.1m）］

② 东北侧（邻近近铁城市广场）

测试时间为 2015 年 8 月 31 日 11：33—17：15，部分现场测试照片如图 7-17 所示。

图 7-17 第二阶段道路交通测试东北侧现场测试照片

(a) 测点 1（桥墩边外圈）；(b) 测点 2（桥墩边里圈）；

(c) 测点 3（桥墩下地面外圈）；(d) 测点 4（桥墩下地面里圈）

3）第三阶段

(1) 地铁交通测试

在人行天桥的桥墩和跨中布置了切向、径向、竖向三个方向的加速度传感器，对道路交通荷载引起桥墩和跨中的振动进行了现场测试。此外，为了便于区分地铁经过时的振动数据，在邻近绿洲中环区域地面上布置了一个竖向加速度测点。测点布置如图 7-18 和表 7-4 所示。测试时间为 2016 年 5 月 27 日，中雨～小雨，东北风微风，部分现场测试照片如图 7-19 所示。

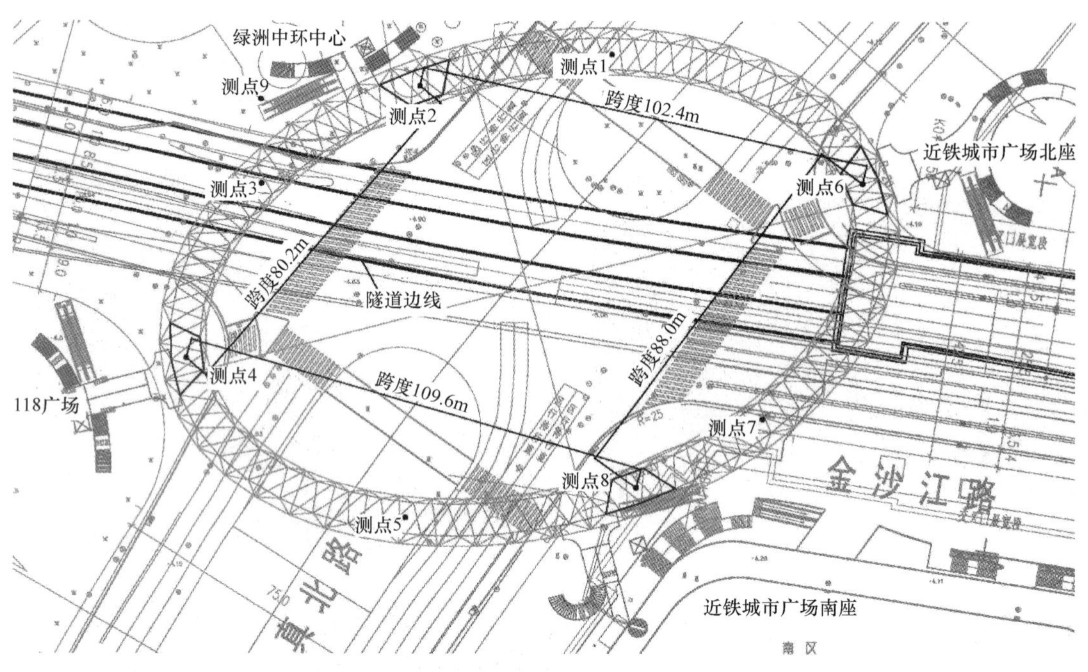

图 7-18　第三阶段地铁交通测试测点布置图

表 7-4　第三阶段地铁交通测试测点布置一览

编号	测点 1	测点 2	测点 3	测点 4	测点 5	测点 6	测点 7	测点 8	测点 9
测点位置	跨中	桥墩	跨中	桥墩	跨中	桥墩	跨中	桥墩	地面
	102.4m		80.2m		109.6m		88.0m	仅径向和切向	仅竖向
测试时间	12:17—14:07	12:17—14:07,14:41—16:26,16:26—17:06			12:17—14:07	14:41—16:26,16:26—17:06	14:41—16:26	16:26—17:06	
备注	桥墩、跨中测点均位于铺装完成的桥面上								

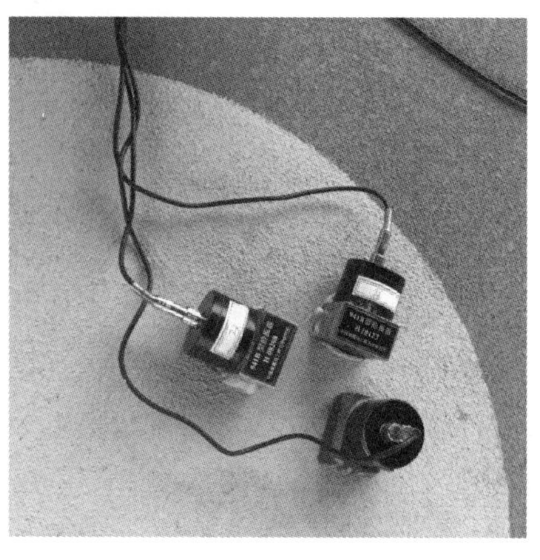

图 7-19　第三阶段地铁交通测试现场测试照片

（2）道路交通测试

在人行天桥的桥墩和跨中布置了切向、径向、竖向三个方向的加速度传感器，对道路交通荷载引起桥墩和跨中的振动进行了现场测试。此外，为了便于区分地铁经过时的振动数据，在邻近绿洲中环区域地面上布置了一个竖向加速度测点。测点布置如图 7-20 和表 7-5 所示。测试时间为 2016 年 5 月 27 日，中雨—小雨，东北风微风，部分现场测试照片如图 7-21 所示。

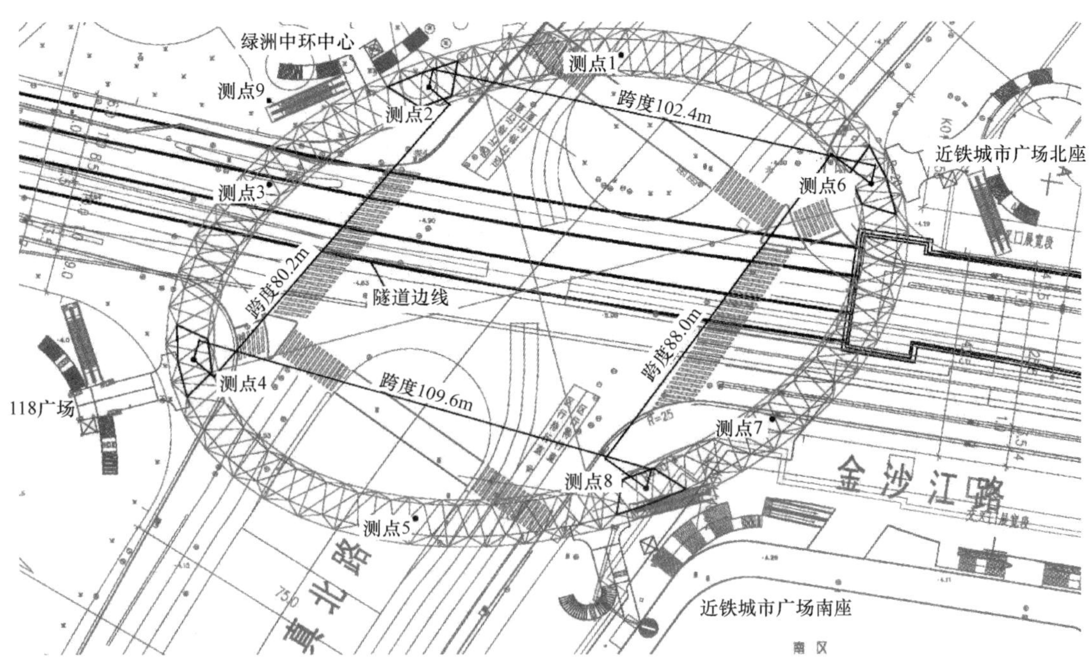

图 7-20 第三阶段道路交通测试测点布置图

表 7-5 第三阶段道路交通测试测点布置一览

编号	测点 1	测点 2	测点 3	测点 4	测点 5	测点 6	测点 7	测点 8	测点 9
测点位置	跨中	桥墩	跨中	桥墩	跨中	桥墩	跨中	桥墩	地面
	102.4m		80.2m		109.6m		88.0m	仅径向和切向	仅竖向
测试时间	12:17—14:07	12:17—14:07,14:41—16:26,16:26—17:06			12:17—14:07	14:41—16:26，16:26—17:06	14:41—16:26	16:26—17:06	
备注	桥墩、跨中测点均位于铺装完成的桥面上								

7.2.7 数据分析

1）分析方法

（1）时域与频域

根据现场记录的振动加速度数据，绘制加速度时程图，并计算各测点振动加速度的功率谱密

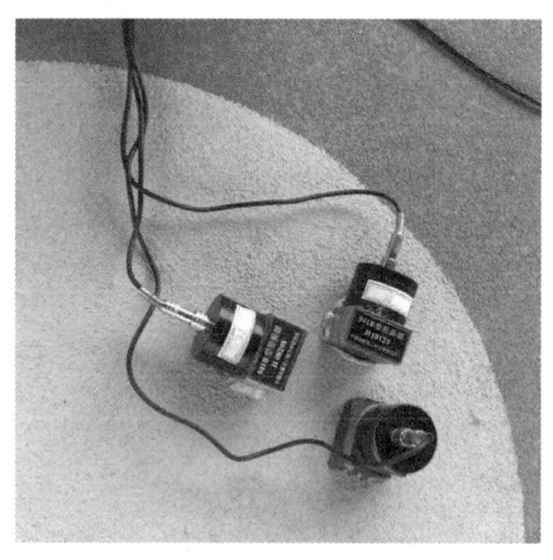

图 7-21　第三阶段道路交通测试现场测试照片

度，绘制功率谱密度曲线，得到各测点振动加速度包含的主要频率成分，为结构设计提供参考。

（2）振动评价

根据《城市区域环境振动标准》，计算各测点的振级，评价各测点振动的大小。

目前国内外表征振动对人体影响的主要物理量为加速度，为测量与表示方便，一般采用振动加速度级来表示其大小，按照全身不同频率计权因子修正后得到的振动加速度级简称为振级。

① 加速度有效值

均方根加速度，或称加速度有效值，是评价环境振动的基本指标。加速度有效值对平移振动以 m/s^2 表示，对旋转运动以 rad/s^2 表示。加速度有效值在连续信号中按下式计算：

$$a_r = \sqrt{\frac{1}{T}\int_0^T a^2(t)\mathrm{d}t}$$

式中：a_r——振动加速度有效值（m/s^2）；

$a(t)$——作为时间函数的加速度时程；

T——测量时间（s）。

② 振动加速度级

振动加速度级按下式计算：

$$VAL = 20\log\left(\frac{a_r}{a_0}\right)$$

式中：VAL——振动加速度级（dB）；

a_0——基准加速度，$a_0 = 10^{-6}\,m/s^2$。

在计算振级 VL 和 z 向振级 VL_z 时，加速度有效值 a_r 用计权后的加速度有效值 a_w 代替，按下列公式计算：

$$VL = 20\log\left(\frac{a_w}{a_0}\right)$$

$$a_{\mathrm{w}}=\sqrt{\sum_{i=1}^{n}a_{\mathrm{w}i}^{2}}=\sqrt{\sum_{i=1}^{n}(a_{\mathrm{r}i}w_{i})^{2}}$$

式中：VL——计权后振动加速度级（dB）；

a_{w}——振动计权加速度有效值（$\mathrm{m/s^2}$）；

$a_{\mathrm{r}i}$——第 i 个频段中心频率处的振动加速度有效值（$\mathrm{m/s^2}$）；

$a_{\mathrm{w}i}$——第 i 个频段中心频率处的计权后振动加速度有效值（$\mathrm{m/s^2}$）；

w_i——加速度频率计权因子（无量纲量），详见表 7-6。

表 7-6 各规范频率 z 计权因子

中心频率 f_c(Hz)	加速度 频率计权因子 w_i	加速度振级 频率计权因子 c_i(dB)
1.0	0.5012	−6
1.25	0.5623	−5
1.6	0.631	−4
2.0	0.7079	−3
2.5	0.7943	−2
3.15	0.8913	−1
4.0	1	0
6.3	1	0
8.0	1	0
10.0	0.7943	−2
12.5	0.631	−4
16.0	0.5012	−6
20.0	0.3981	−8
25.0	0.3162	−10
31.5	0.2512	−12
40.0	0.1995	−14
50.0	0.1585	−16
63.0	0.1259	−18
80.0	0.1	−20

注：加速度振级频率计权因子与加速度频率计权因子之间关系为：$c_i=10^{w_i/20}$。

③ 规范限值

《城市区域环境振动标准》中的环境振动限值如表 7-7 所示。

表 7-7 《城市区域环境振动标准》中的环境振动限值 (dB)

适用地带范围	昼间	夜间
特殊住宅区	65	65
居民、文教区	70	67
混合区、商业中心区	75	72
工业集中区	75	72
交通干线道路两侧	75	72
铁路干线两侧	80	80

2）第一阶段地铁交通测试分析结果

选取地铁经过时各测点的振动加速度数据进行分析。因测试期间道路交通一直存在，选取的各测点的振动响应实际上是地铁交通与道路交通共同作用的结果，但在选取样本时尽量选取道路交通干扰较小的数据。

（1）西南侧（邻近 118 广场）

① 典型加速度时程及功率谱密度

地铁经过时，典型加速度时程及功率谱密度（PSD）如图 7-22 所示。

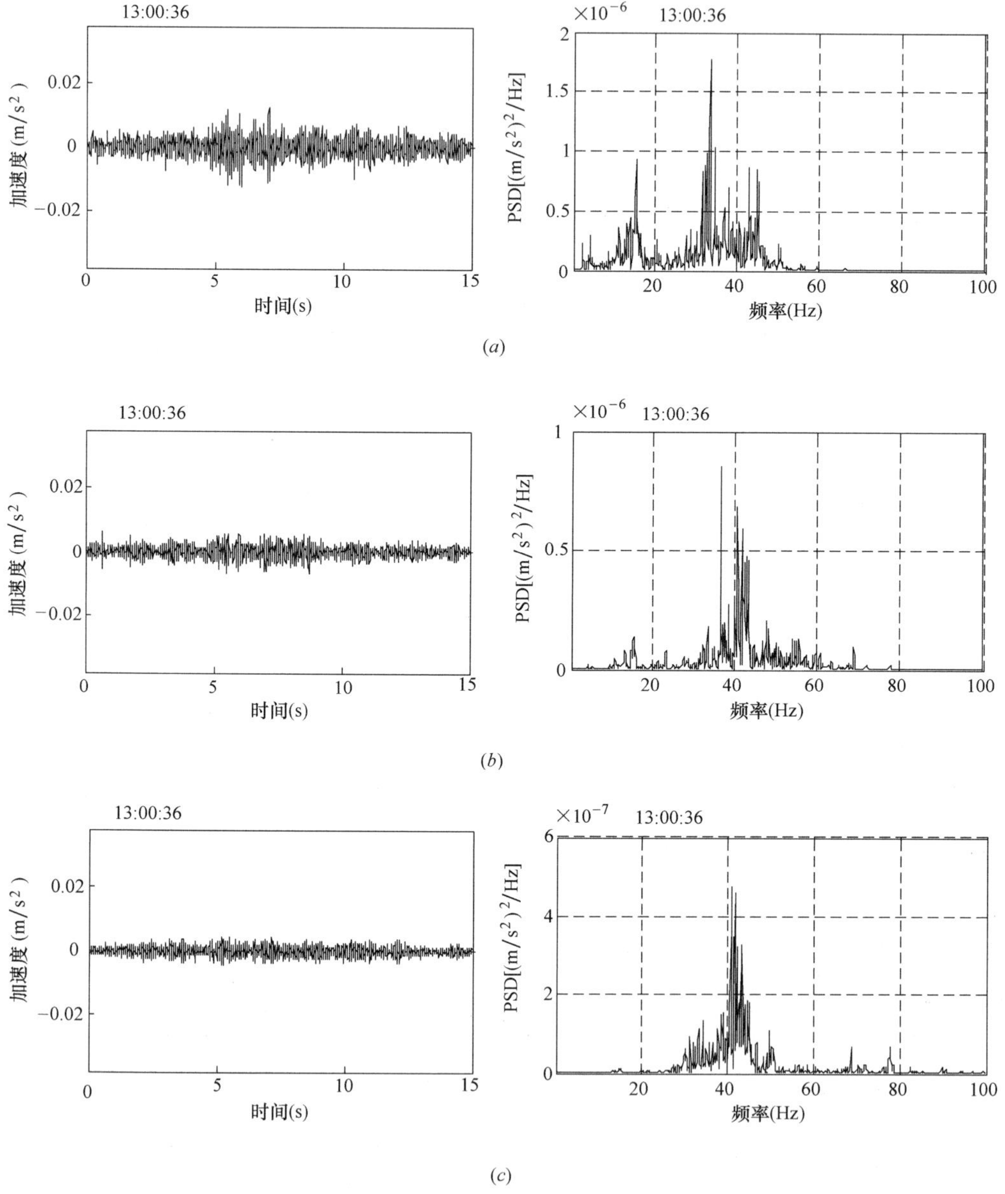

图 7-22　第一阶段地铁交通测试西南侧测点典型加速度时程及功率谱密度
（a）测点 1，竖向；（b）测点 1，东西向；（c）测点 1，南北向

由图 7-22 可知：竖向加速度振幅较东西向、南北向大。各测点振动的频率成分主要分布在 30～50Hz。由第一阶段道路交通部分的测试报告可知，道路交通引起的天然场地振动频率成分主要分布在 20Hz 以内，与地铁交通引起的振动不同，地铁交通引起的天然场地振动频率较高。

② 振级

根据《城市区域环境振动标准》，将每个加速度样本以 1s 为间隔等分，计算每秒的 z 振级 [具体计算方法详见本书 7.2.7 节“1）分析方法”之下的“（2）振动评价”]，然后取最大值即为该样本的最大 z 振级 VL_{zmax}。因目前仅有竖向振动的评价标准，因此仅计算竖向振级，振级计算结果和与之对应的加速度峰值及计权后的加速度有效值如表 7-8 所示。测点到隧道边的距离详见表 7-1。

表 7-8 测点 1 的振级、加速度峰值及有效值

时间	振级(dB)	加速度峰值(m/s^2)	加速度有效值(m/s^2)
12:25:45	63.2	0.0074	0.0014
13:00:36	65.8	0.0119	0.0019
13:11:05	65.1	0.0078	0.0018
13:31:09	67.4	0.0170	0.0023
13:50:44	62.0	0.0117	0.0013
14:00:50	68.0	0.0083	0.0025
14:21:27	66.1	0.0078	0.0020
14:40:54	66.1	0.0149	0.0020
14:50:27	64.3	0.0081	0.0016
15:01:19	62.4	0.0079	0.0013
最大值	68.0	0.0170	0.0025
最小值	62.0	0.0074	0.0013
平均值	65.0	0.0103	0.0018

（2）西北侧（邻近绿洲中环中心）

① 典型加速度时程及功率谱密度

地铁经过时，典型加速度时程及功率谱密度（PSD）如图 7-23 所示。

由图 7-23 可知：竖向加速度振幅较东西向、南北向大。竖向振动的频率成分主要分布在 20～60Hz，水平向振动的频率成分主要分布在 40～60Hz。个别测点的功率谱密度在 20Hz 附近也有峰值，如测点 2 的南北向振动，这是由于地铁交通引起测点 2 的南北向振动较小，因而道路交通引起测点 2 的南北向振动（由第一阶段道路交通部分的测试报告可知，道路交通引起的天然场地振动频率成分主要分布在 20Hz 以内）有所突显。

② 振级

根据《城市区域环境振动标准》计算竖向振级，计算结果如表 7-9 所示，与之对应的加速度峰值及计权后的加速度有效值见表 7-10 和表 7-11。测点到隧道边的距离详见表 7-1。

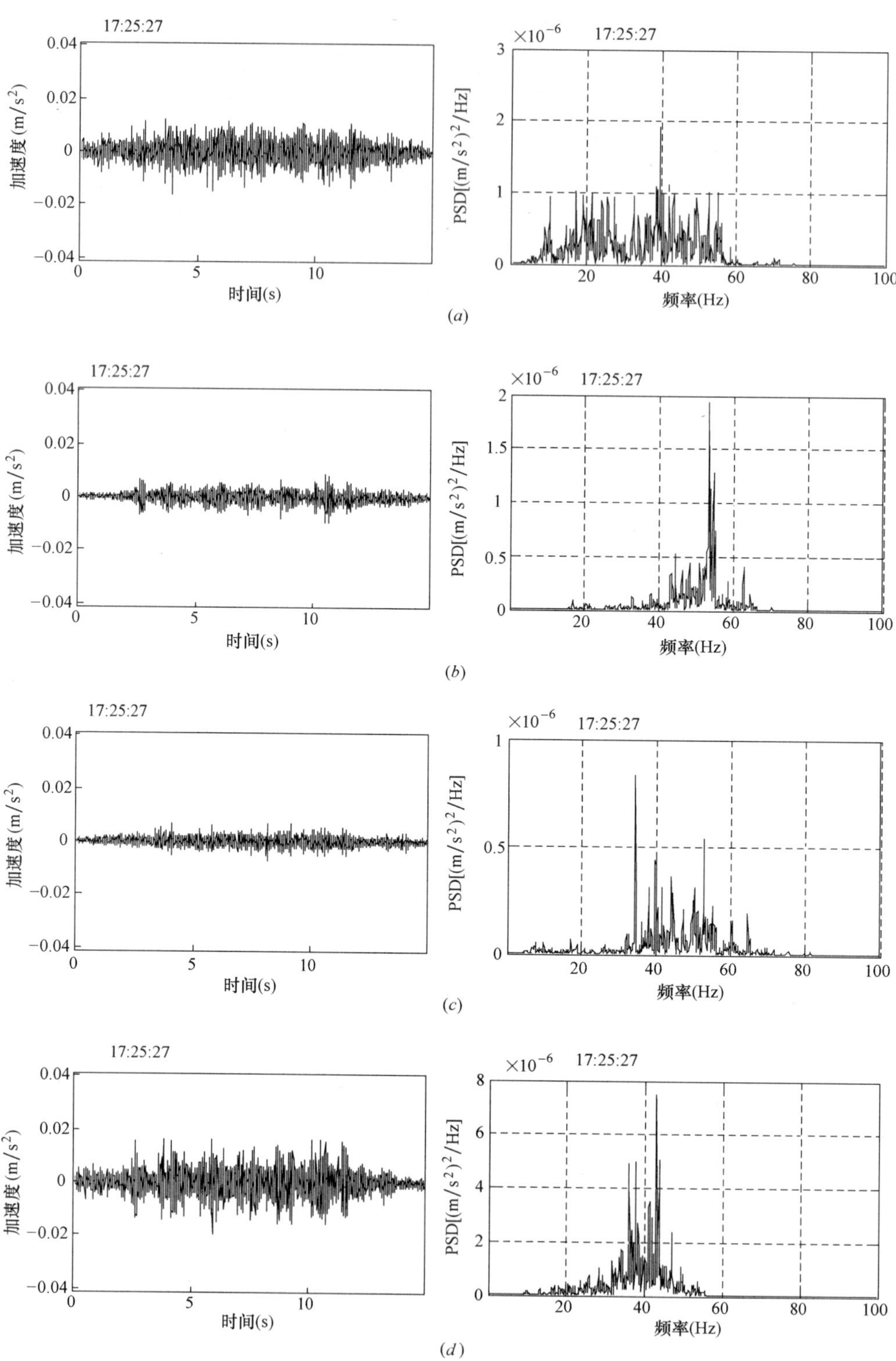

图 7-23　第一阶段地铁交通测试西北侧测点典型加速度时程及功率谱密度（一）
(*a*) 测点 1，竖向；(*b*) 测点 1，东西向；(*c*) 测点 1，南北向 (*d*) 测点 2，竖向；

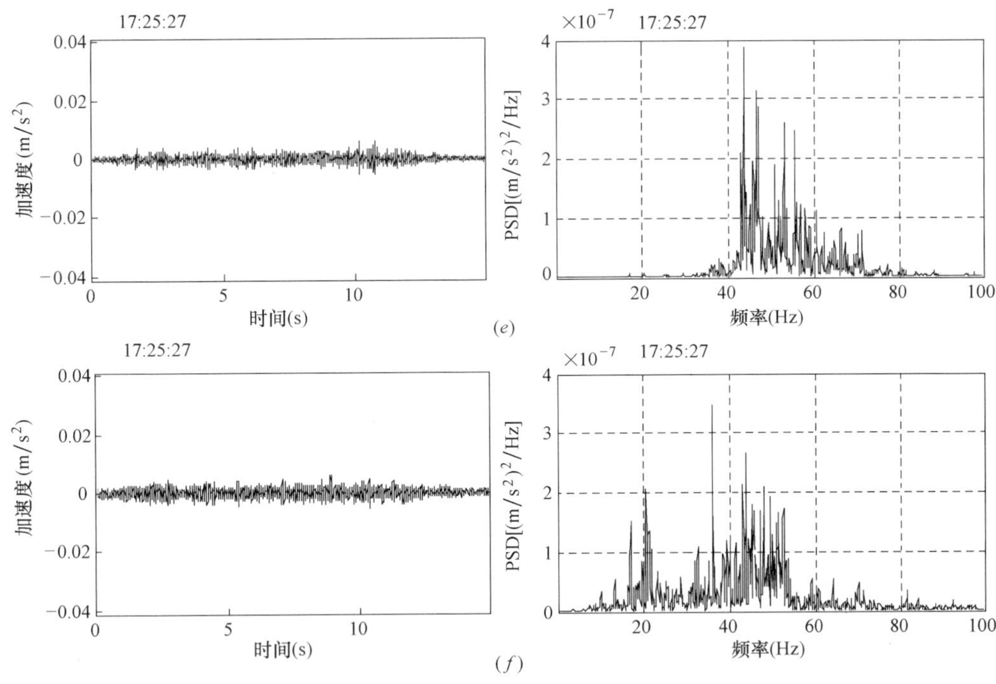

图 7-23 第一阶段地铁交通测试西北侧测点典型加速度时程及功率谱密度（二）
（e）测点 2，东西向；（f）测点 2，南北向

表 7-9 各测点的振级

(dB)

时间	测点 1 竖向	测点 2 竖向
17:15:53	63.7	63.6
17:25:27	65.7	63.0
17:35:49	63.4	63.8
17:45:45	70.5	65.6
17:56:01	63.0	62.7
18:05:36	71.6	64.9
18:25:56	63.0	63.6
18:36:00	64.2	64.0
18:45:18	64.3	63.9
18:55:52	65.1	64.0
19:05:29	65.6	64.8
19:15:41	64.4	64.7
19:25:48	62.6	64.7
19:35:57	62.7	64.1
19:45:44	62.2	64.3
19:55:52	62.6	64.7
最大值	71.6	65.6
最小值	62.2	62.7
平均值	64.7	64.1

表 7-10 各测点的加速度峰值 (m/s²)

时间	测点 1 竖向	测点 2 竖向
17:15:53	0.0135	0.0221
17:25:27	0.0164	0.0163
17:35:49	0.0152	0.0216
17:45:45	0.0133	0.0073
17:56:01	0.0139	0.0165
18:05:36	0.0183	0.0194
18:25:56	0.0126	0.0212
18:36:00	0.0163	0.0254
18:45:18	0.0154	0.0176
18:55:52	0.0106	0.0198
19:05:29	0.0154	0.0203
19:15:41	0.0145	0.0253
19:25:48	0.0145	0.0197
19:35:57	0.0113	0.0238
19:45:44	0.0154	0.0221
19:55:52	0.0135	0.0200
最大值	0.0183	0.0254
最小值	0.0106	0.0073
平均值	0.0144	0.0199

表 7-11 各测点计权后的加速度有效值 (m/s²)

时间	测点 1 竖向	测点 2 竖向
17:15:53	0.0015	0.0015
17:25:27	0.0019	0.0014
17:35:49	0.0015	0.0015
17:45:45	0.0033	0.0019
17:56:01	0.0014	0.0014
18:05:36	0.0038	0.0018
18:25:56	0.0014	0.0015
18:36:00	0.0016	0.0016
18:45:18	0.0016	0.0016
18:55:52	0.0018	0.0016
19:05:29	0.0019	0.0017
19:15:41	0.0017	0.0017
19:25:48	0.0013	0.0017
19:35:57	0.0014	0.0016
19:45:44	0.0013	0.0016

续表

时间	测点 1 竖向	测点 2 竖向
19:55:52	0.0013	0.0017
最大值	0.0038	0.0019
最小值	0.0013	0.0014
平均值	0.0018	0.0016

(3) 东南侧（邻近长风南区）

① 典型加速度时程及功率谱密度

地铁经过时，典型加速度时程及功率谱密度（PSD）如图 7-24 所示。

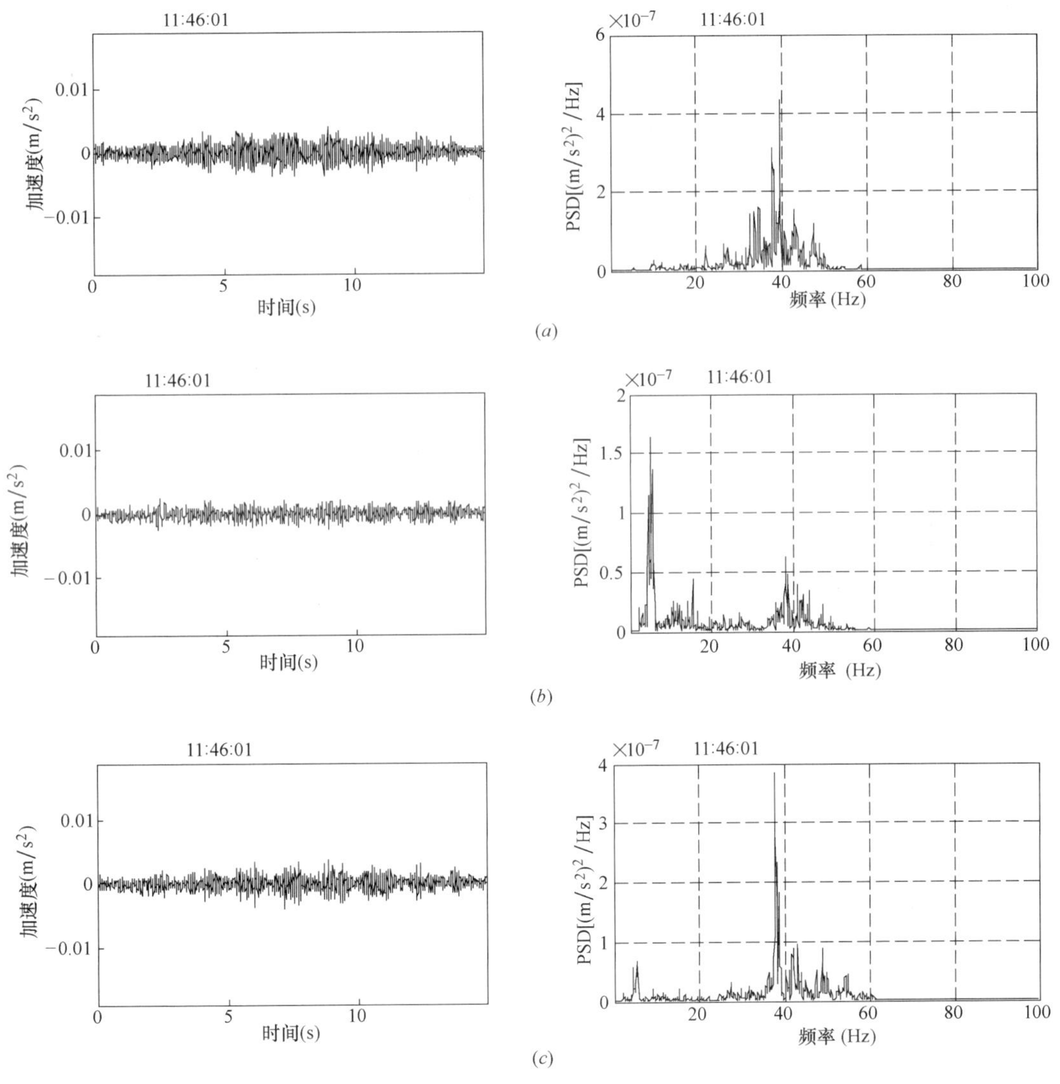

图 7-24　第一阶段地铁交通测试东南侧测点典型加速度时程及功率谱密度（一）

(a) 测点 1，竖向；(b) 测点 1，东西向；(c) 测点 1，南北向

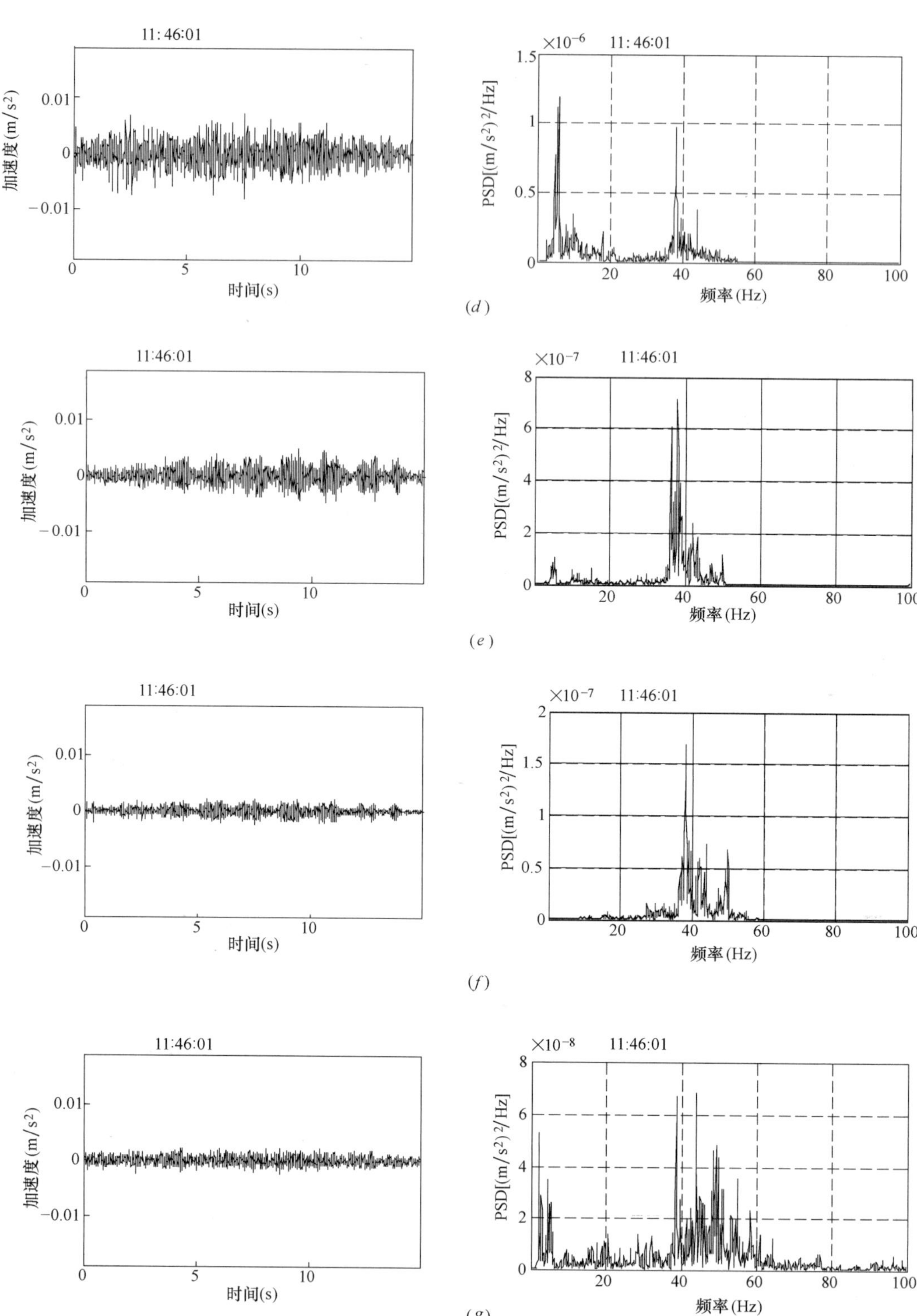

图 7-24 第一阶段地铁交通测试东南侧测点典型加速度时程及功率谱密度（二）
(*d*) 测点 2，竖向；(*e*) 测点 2，东西向；(*f*) 测点 2，南北向；(*g*) 测点 3，竖向

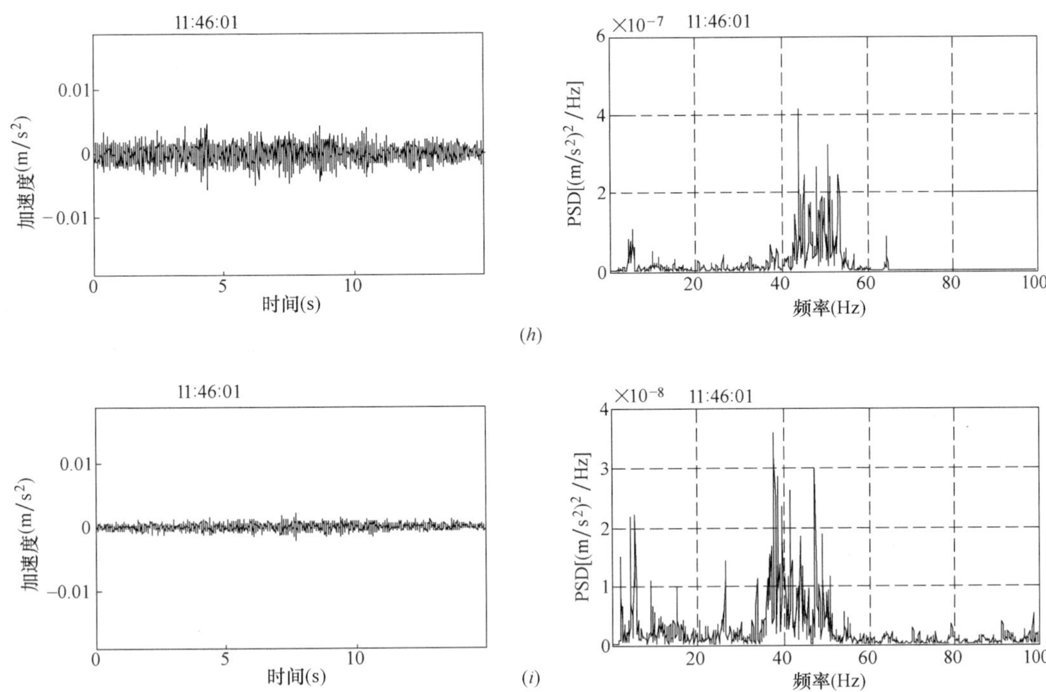

图 7-24 第一阶段地铁交通测试东南侧测点典型加速度时程及功率谱密度（三）

(*h*) 测点 3，东西向；(*i*) 测点 3，南北向；

由图 7-24 可知：竖向加速度振幅较东西向、南北向大。振动的频率成分主要分布在 30～60Hz。个别测点的功率谱密度在 20Hz 以内也有峰值，如测点 2 的竖向振动，这是由于地铁交通引起测点 2 的竖向振动较小，因而道路交通引起测点 2 的竖向振动（由第一阶段道路交通部分的测试报告可知，道路交通引起的天然场地振动频率成分主要分布在 20Hz 以内）有所突显。

② 振级

根据《城市区域环境振动标准》计算竖向振级，计算结果如表 7-12 所示，与之对应的加速度峰值及计权后的加速度有效值见表 7-13 和表 7-14。测点到隧道边的距离详见表 7-1。

表 7-12 各测点的振级 (dB)

时间	测点 1 竖向	测点 2 竖向	测点 3 竖向
11:05:39	52.9	63.7	49.8
11:35:32	52.4	65.1	52.5
11:46:01	51.4	66.1	53.5
12:25:58	52.6	62.4	48.6

续表

时间	测点 1 竖向	测点 2 竖向	测点 3 竖向
12:51:14	55.0	69.9	57.3
12:55:22	54.2	66.4	54.1
13:11:18	54.8	66.8	53.9
13:15:32	51.7	61.8	51.1
13:35:38	52.7	67.8	55.5
13:45:20	59.3	70.3	57.4
最大值	59.3	70.3	57.4
最小值	51.4	61.8	48.6
平均值	53.7	66.0	53.4

表 7-13　各测点的加速度峰值　(m/s^2)

时间	测点 1 竖向	测点 2 竖向	测点 3 竖向
11:05:39	0.0038	0.0063	0.0018
11:35:32	0.0037	0.0068	0.0019
11:46:01	0.0037	0.0075	0.0025
12:25:58	0.0054	0.0065	0.0025
12:51:14	0.0038	0.0094	0.0032
12:55:22	0.0033	0.0082	0.0023
13:11:18	0.0043	0.0080	0.0025
13:15:32	0.0042	0.0064	0.0024
13:35:38	0.0032	0.0108	0.0022
13:45:20	0.0050	0.0120	0.0050
最大值	0.0054	0.0120	0.0050
最小值	0.0032	0.0063	0.0018
平均值	0.0040	0.0082	0.0026

表 7-14　各测点计权后的加速度有效值　(m/s^2)

时间	测点 1 竖向	测点 2 竖向	测点 3 竖向
11:05:39	0.0004	0.0015	0.0003
11:35:32	0.0004	0.0018	0.0004
11:46:01	0.0004	0.0020	0.0005
12:25:58	0.0004	0.0013	0.0003
12:51:14	0.0006	0.0031	0.0007
12:55:22	0.0005	0.0021	0.0005
13:11:18	0.0005	0.0022	0.0005

续表

时间	测点 1 竖向	测点 2 竖向	测点 3 竖向
13:15:32	0.0004	0.0012	0.0004
13:35:38	0.0004	0.0024	0.0006
13:45:20	0.0009	0.0033	0.0007
最大值	0.0009	0.0033	0.0007
最小值	0.0004	0.0012	0.0003
平均值	0.0005	0.0021	0.0005

(4) 东北侧（近长风北区）

① 典型加速度时程及功率谱密度

地铁经过时，典型加速度时程及功率谱密度（PSD）如图 7-25 所示。

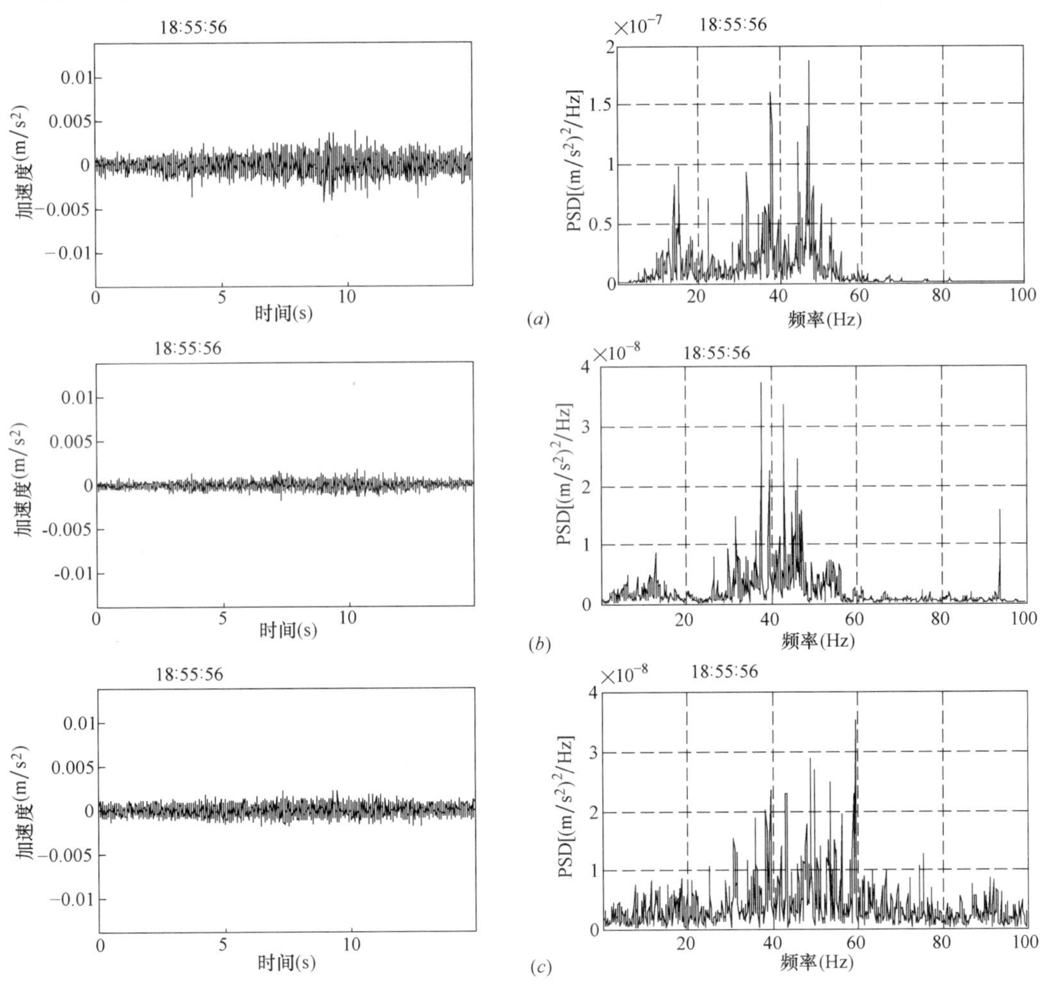

图 7-25 第一阶段地铁交通测试东北侧测点典型加速度时程及功率谱密度（一）

(*a*) 测点 1，竖向；(*b*) 测点 1，东西向；(*c*) 测点 1，南北向

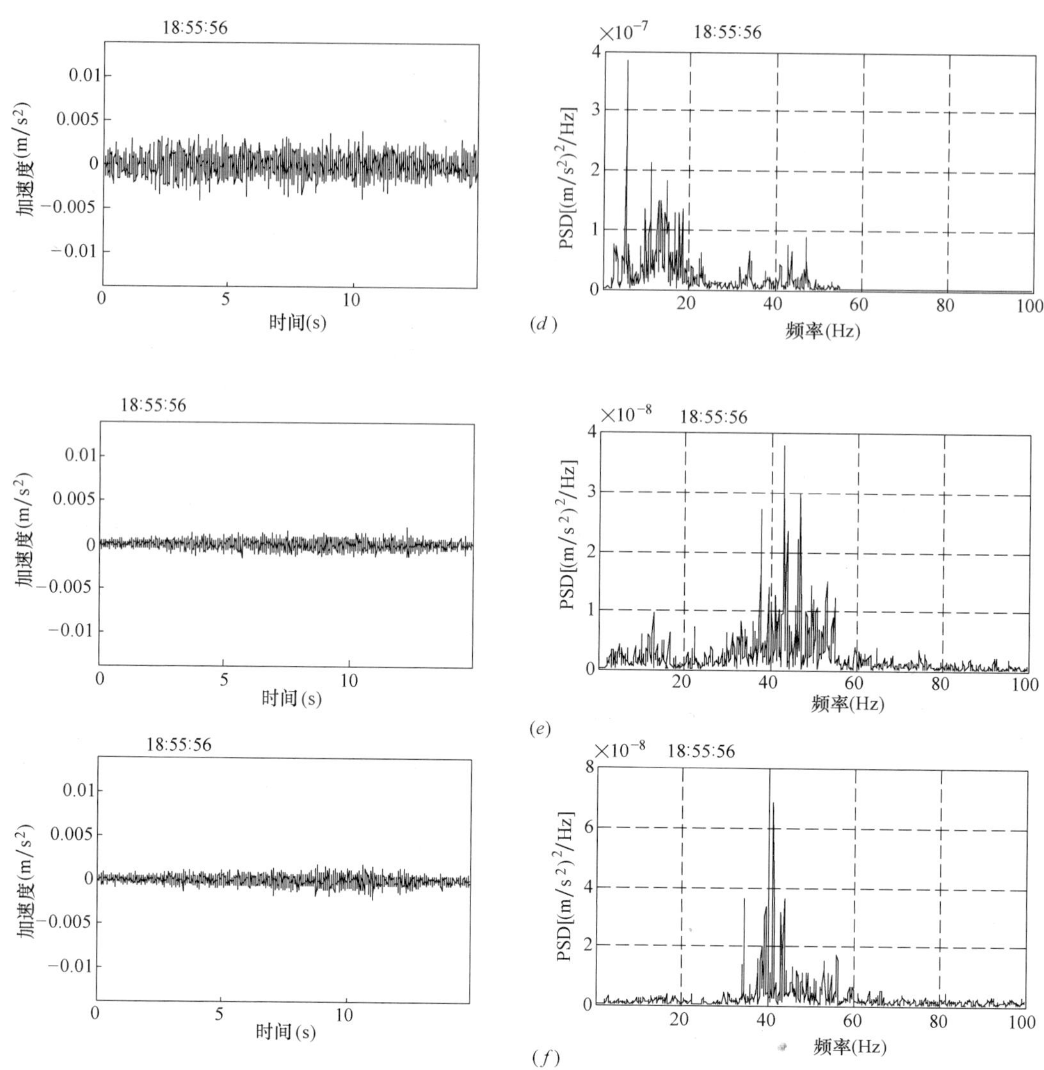

图 7-25 第一阶段地铁交通测试东北侧测点典型加速度时程及功率谱密度（二）
（d）测点 2，竖向；（e）测点 2，东西向；（f）测点 2，南北向

由图 7-25 可知：竖向加速度振幅较东西向、南北向大。振动的频率成分主要分布在 20～60Hz。个别测点的功率谱密度在 20Hz 以内较大，如测点 2 的竖向振动，这是由于地铁交通引起测点 2 的竖向振动较小，因而道路交通引起测点 2 的竖向振动（由第一阶段道路交通部分的测试报告可知，道路交通引起的天然场地振动频率成分主要分布在 20Hz 以内）占了主要部分。

② 振级

根据《城市区域环境振动标准》计算竖向振级，计算结果如表 7-15 所示，与之对应的加速度峰值及计权后的加速度有效值见表 7-16 和表 7-17。测点到隧道边的距离详见表 7-1。

表 7-15 各测点的振级 (dB)

时间	测点 1 竖向	测点 2 竖向
16:35:43	62.8	64.0
17:15:24	63.4	63.2
17:25:58	60.8	64.8
17:35:48	60.5	64.2
17:45:38	59.2	65.0
18:35:41	55.8	63.7
18:45:19	60.8	67.4
18:55:56	52.2	62.4
最大值	63.4	67.4
最小值	52.2	62.4
平均值	59.4	64.3

表 7-16 各测点的加速度峰值 (m/s^2)

时间	测点 1 竖向	测点 2 竖向
16:35:43	0.0063	0.0076
17:15:24	0.0046	0.0043
17:25:58	0.0049	0.0063
17:35:48	0.0037	0.0050
17:45:38	0.0038	0.0099
18:35:41	0.0027	0.0078
18:45:19	0.0048	0.0082
18:55:56	0.0039	0.0034
最大值	0.0063	0.0099
最小值	0.0027	0.0034
平均值	0.0043	0.0066

表 7-17 各测点计权后的加速度有效值 (m/s^2)

时间	测点 1 竖向	测点 2 竖向
16:35:43	0.0014	0.0016
17:15:24	0.0015	0.0014
17:25:58	0.0011	0.0017
17:35:48	0.0011	0.0016
17:45:38	0.0009	0.0018
18:35:41	0.0006	0.0015
18:45:19	0.0011	0.0023
18:55:56	0.0004	0.0013

续表

时间	测点 1 竖向	测点 2 竖向
最大值	0.0015	0.0023
最小值	0.0004	0.0013
平均值	0.0010	0.0017

3）第一阶段道路交通测试分析结果

将各测点的振动加速度时程数据以时长 300s 为单位进行分段，每段作为一个样本进行分析。

（1）西南侧（近 118 广场）

① 典型加速度时程及功率谱密度

典型加速度时程及功率谱密度（PSD）如图 7-26 所示。

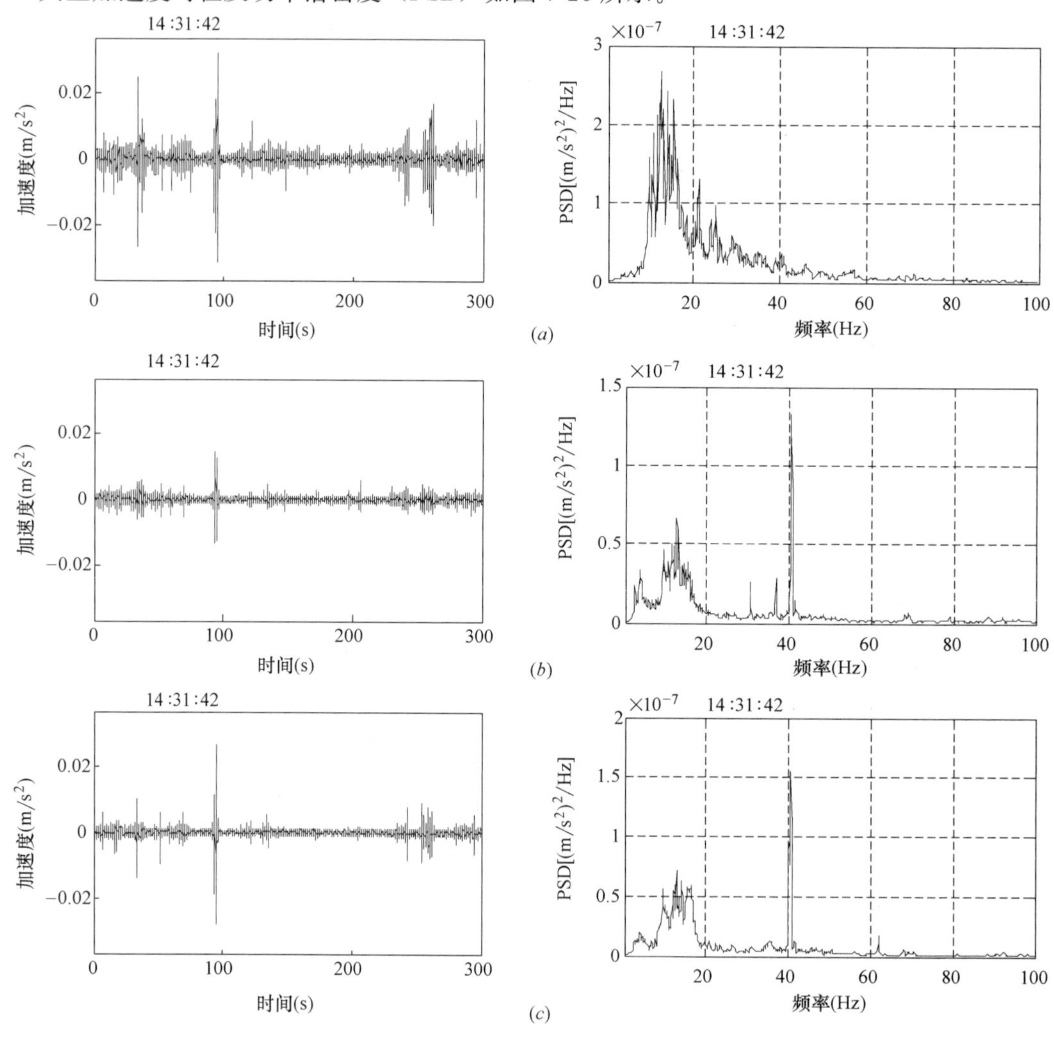

图 7-26 第一阶段道路交通测试西南侧测点典型加速度时程及功率谱密度（一）
（a）测点 1，竖向；（b）测点 1，东西向；（c）测点 1，南北向

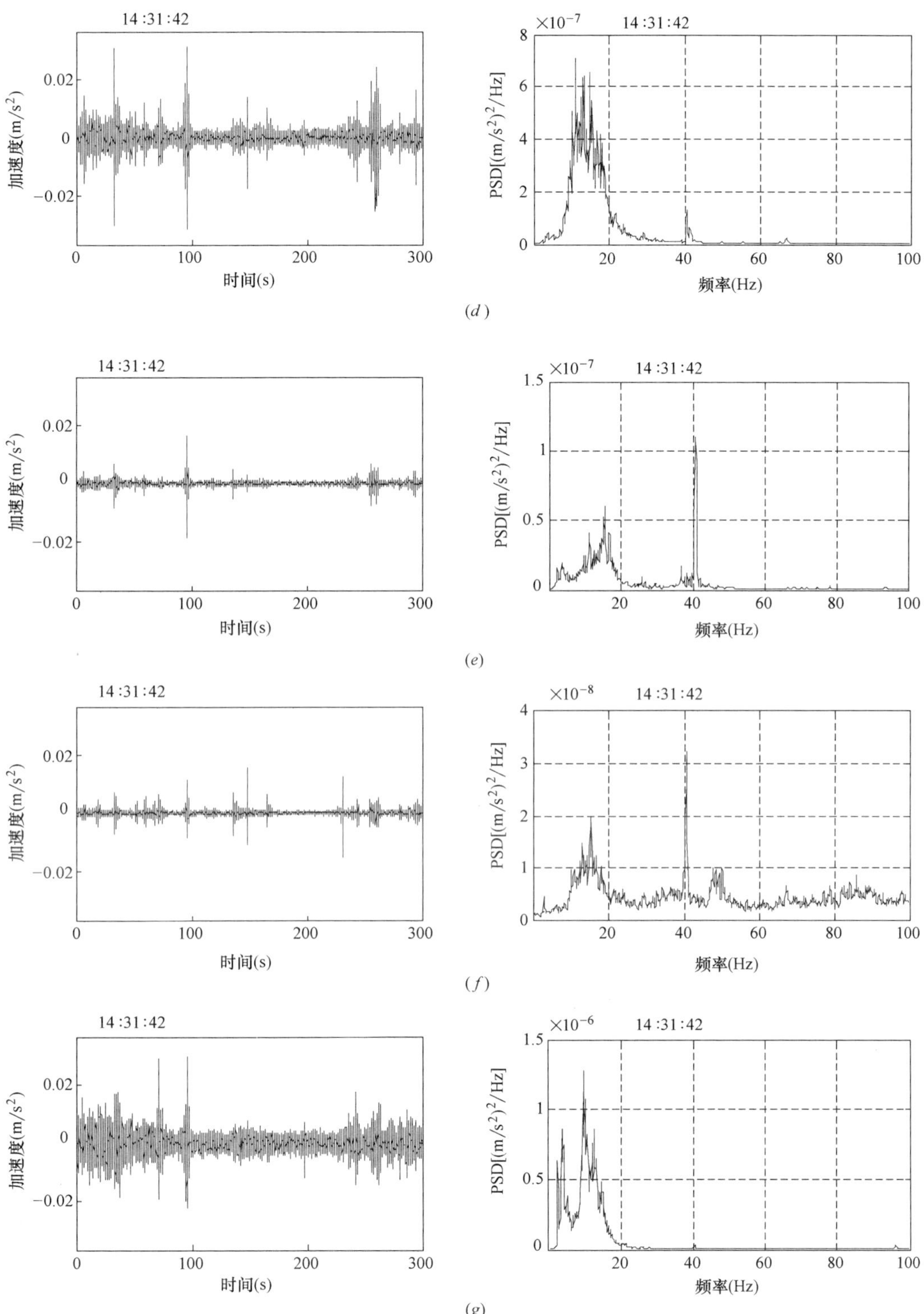

图 7-26 第一阶段道路交通测试西南侧测点典型加速度时程及功率谱密度（二）
(*d*) 测点 2，竖向；(*e*) 测点 2，东西向；(*f*) 测点 2，南北向；(*g*) 测点 3，竖向

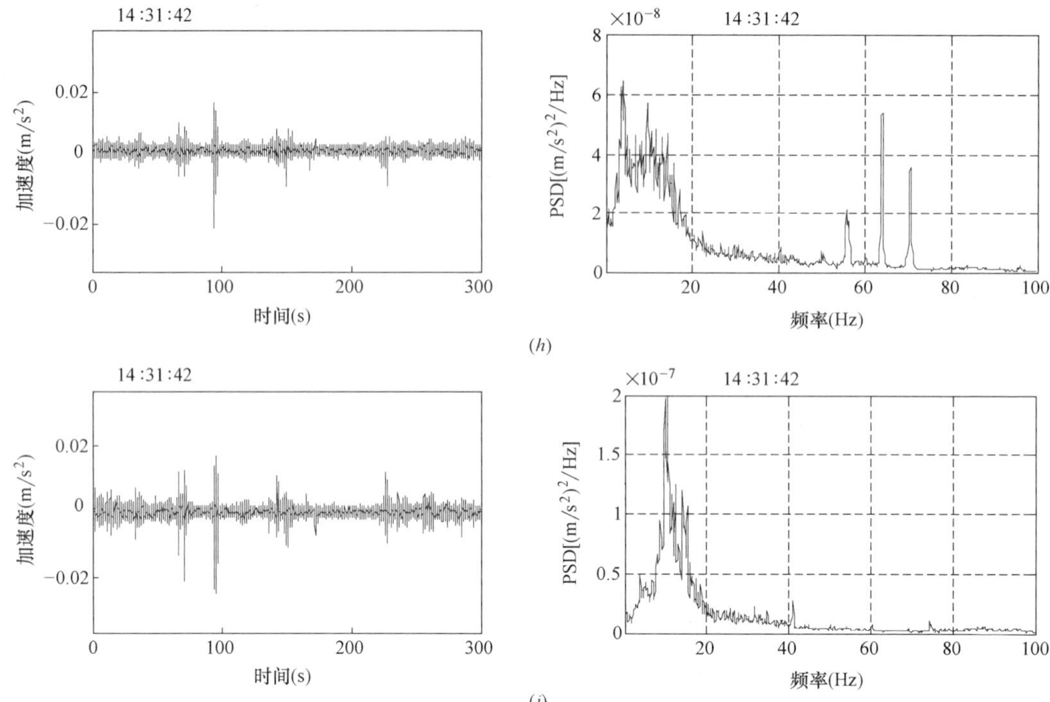

图 7-26 第一阶段道路交通测试西南侧测点典型加速度时程及功率谱密度（三）

（h）测点 3，东西向；（i）测点 3，南北向

由图 7-26 可知：竖向加速度振幅较东西向、南北向大，各测点振动的频率成分主要分布在 20Hz 以内，其中部分测点水平向振动在 20Hz 以内的频率分量比较小，因此这些测点振动频率大于 20Hz 的分量也有所突显。

② 振级

根据《城市区域环境振动标准》，将每个加速度样本以 1s 为间隔等分，计算每秒的 z 振级[具体计算方法详见本书 7.2.7 节“1）分析方法”之下的“（2）振动评价”]，然后取最大值即为该样本的最大 z 振级 VL_{zmax}。因目前仅有竖向振动的评价标准，因此仅计算竖向振级，计算结果如表 7-18 所示，与之对应的加速度峰值及计权后的加速度有效值见表 7-19 和表 7-20。

表 7-18 各测点的振级 (dB)

时间	测点 1 竖向	测点 2 竖向	测点 3 竖向
12:54:26	71.2	76.2	74.3
12:59:26	62.9	71.3	74.0
13:04:26	63.6	70.2	73.3
13:09:26	72.7	80.7	79.2
13:14:26	70.8	78.8	76.2

续表

时间	测点1竖向	测点2竖向	测点3竖向
13:19:26	66.0	70.2	72.4
13:24:26	64.2	70.7	70.5
13:29:26	71.6	79.6	77.0
13:34:26	67.0	71.8	73.4
13:39:26	71.3	78.1	76.9
13:44:26	68.3	75.7	72.8
13:49:26	63.2	74.4	73.9
13:54:26	70.6	77.4	77.0
13:59:26	70.9	74.5	73.6
14:04:26	68.7	74.0	75.7
14:11:42	66.8	72.9	73.1
14:16:42	69.7	74.4	76.6
14:21:42	66.7	70.7	72.7
14:26:42	65.0	69.9	75.0
14:31:42	75.6	77.2	75.6
14:36:42	74.7	76.2	78.7
14:41:42	74.0	77.7	74.5
14:46:42	75.2	76.1	76.4
14:51:42	69.0	70.8	70.1
14:56:42	73.3	74.9	73.6
15:01:42	73.2	78.7	73.0
15:06:42	75.3	74.6	74.5
15:11:42	77.5	75.7	75.6
15:16:42	80.0	82.0	81.1
15:23:41	73.4	70.6	72.2
15:28:41	75.4	75.1	71.9
15:33:41	75.7	76.5	73.4
15:38:41	73.6	71.6	74.1
15:43:41	74.9	73.3	77.0
15:48:41	75.9	75.7	76.3
15:53:41	73.1	71.1	74.1
15:58:41	77.0	77.3	76.2
16:03:41	72.0	69.2	75.0
16:08:41	71.0	72.8	73.7
16:13:41	75.5	75.8	72.2
16:18:41	71.0	69.4	76.1

续表

时间	测点 1 竖向	测点 2 竖向	测点 3 竖向
16:23:41	75.0	75.6	74.4
16:33:45	75.4	74.6	73.6
16:38:45	70.4	69.4	73.6
16:43:45	75.1	74.6	72.4
16:48:45	76.2	76.3	73.9
16:53:45	77.7	77.1	75.2
16:58:45	75.7	73.2	74.7
17:03:45	76.1	77.3	74.3
17:08:45	74.8	73.8	74.1
17:13:45	71.9	69.8	70.8
17:18:45	71.4	70.5	72.2
17:23:45	75.2	73.3	73.1
17:28:45	71.8	71.3	72.7
17:38:53	79.0	81.9	77.9
17:43:53	75.4	73.2	73.4
17:48:53	76.9	75.9	74.2
17:53:53	71.0	69.9	73.1
17:58:53	76.1	74.8	74.1
18:03:53	77.2	75.9	76.5
18:08:53	68.5	68.4	73.9
18:13:53	75.7	74.8	75.3
18:18:53	74.3	73.1	72.9
18:23:53	74.5	71.5	73.6
18:28:53	66.7	65.9	69.7
18:33:53	74.0	73.1	72.9
18:38:53	76.3	80.2	77.2
18:43:53	75.8	75.3	75.1
最大值	80.0	82.0	81.1
最小值	62.9	65.9	69.7
平均值	72.6	74.2	74.4

表 7-19　各测点的加速度峰值 (m/s^2)

时间	测点 1 竖向	测点 2 竖向	测点 3 竖向
12:54:26	0.032	0.031	0.021
12:59:26	0.007	0.026	0.016
13:04:26	0.018	0.015	0.012
13:09:26	0.030	0.032	0.032

续表

时间	测点 1 竖向	测点 2 竖向	测点 3 竖向
13:14:26	0.031	0.032	0.023
13:19:26	0.020	0.011	0.017
13:24:26	0.014	0.023	0.014
13:29:26	0.032	0.032	0.028
13:34:26	0.030	0.029	0.017
13:39:26	0.029	0.032	0.024
13:44:26	0.019	0.031	0.014
13:49:26	0.006	0.018	0.017
13:54:26	0.024	0.031	0.031
13:59:26	0.033	0.032	0.018
14:04:26	0.027	0.030	0.014
14:11:42	0.030	0.031	0.015
14:16:42	0.032	0.031	0.017
14:21:42	0.011	0.017	0.016
14:26:42	0.012	0.014	0.023
14:31:42	0.033	0.031	0.030
14:36:42	0.033	0.031	0.022
14:41:42	0.032	0.030	0.029
14:46:42	0.033	0.032	0.030
14:51:42	0.030	0.029	0.012
14:56:42	0.030	0.031	0.017
15:01:42	0.034	0.033	0.012
15:06:42	0.032	0.027	0.016
15:11:42	0.033	0.025	0.018
15:16:42	0.033	0.032	0.032
15:23:41	0.029	0.019	0.013
15:28:41	0.033	0.032	0.025
15:33:41	0.033	0.031	0.016
15:38:41	0.016	0.032	0.017
15:43:41	0.033	0.014	0.023
15:48:41	0.032	0.031	0.028
15:53:41	0.016	0.011	0.022
15:58:41	0.033	0.032	0.031
16:03:41	0.012	0.008	0.019
16:08:41	0.016	0.017	0.017
16:13:41	0.032	0.031	0.016

续表

时间	测点 1 竖向	测点 2 竖向	测点 3 竖向
16:18:41	0.030	0.024	0.018
16:23:41	0.032	0.032	0.032
16:33:45	0.033	0.023	0.026
16:38:45	0.017	0.015	0.021
16:43:45	0.034	0.032	0.030
16:48:45	0.035	0.033	0.033
16:53:45	0.032	0.032	0.026
16:58:45	0.032	0.029	0.021
17:03:45	0.032	0.031	0.021
17:08:45	0.032	0.032	0.032
17:13:45	0.012	0.010	0.014
17:18:45	0.031	0.031	0.013
17:23:45	0.032	0.026	0.019
17:28:45	0.027	0.014	0.016
17:38:53	0.033	0.032	0.029
17:43:53	0.032	0.031	0.023
17:48:53	0.032	0.031	0.025
17:53:53	0.016	0.019	0.018
17:58:53	0.033	0.032	0.013
18:03:53	0.032	0.032	0.031
18:08:53	0.009	0.023	0.014
18:13:53	0.033	0.031	0.015
18:18:53	0.031	0.025	0.023
18:23:53	0.019	0.015	0.020
18:28:53	0.022	0.016	0.011
18:33:53	0.025	0.025	0.014
18:38:53	0.032	0.031	0.028
18:43:53	0.034	0.031	0.018
最大值	0.035	0.033	0.033
最小值	0.006	0.008	0.011
平均值	0.027	0.026	0.021

表 7-20 各测点计权后的加速度有效值 (m/s^2)

时间	测点 1 竖向	测点 2 竖向	测点 3 竖向
12:54:26	0.004	0.006	0.005
12:59:26	0.001	0.004	0.005
13:04:26	0.002	0.003	0.005

续表

时间	测点 1 竖向	测点 2 竖向	测点 3 竖向
13:09:26	0.004	0.011	0.009
13:14:26	0.003	0.009	0.006
13:19:26	0.002	0.003	0.004
13:24:26	0.002	0.003	0.003
13:29:26	0.004	0.010	0.007
13:34:26	0.002	0.004	0.005
13:39:26	0.004	0.008	0.007
13:44:26	0.003	0.006	0.004
13:49:26	0.001	0.005	0.005
13:54:26	0.003	0.007	0.007
13:59:26	0.004	0.005	0.005
14:04:26	0.003	0.005	0.006
14:11:42	0.002	0.004	0.005
14:16:42	0.003	0.005	0.007
14:21:42	0.002	0.003	0.004
14:26:42	0.002	0.003	0.006
14:31:42	0.006	0.007	0.006
14:36:42	0.005	0.006	0.009
14:41:42	0.005	0.008	0.005
14:46:42	0.006	0.006	0.007
14:51:42	0.003	0.003	0.003
14:56:42	0.005	0.006	0.005
15:01:42	0.005	0.009	0.004
15:06:42	0.006	0.005	0.005
15:11:42	0.008	0.006	0.006
15:16:42	0.010	0.013	0.011
15:23:41	0.005	0.003	0.004
15:28:41	0.006	0.006	0.004
15:33:41	0.006	0.007	0.005
15:38:41	0.005	0.004	0.005
15:43:41	0.006	0.005	0.007
15:48:41	0.006	0.006	0.007
15:53:41	0.005	0.004	0.005
15:58:41	0.007	0.007	0.006
16:03:41	0.004	0.003	0.006
16:08:41	0.004	0.004	0.005

续表

时间	测点 1 竖向	测点 2 竖向	测点 3 竖向
16:13:41	0.006	0.006	0.004
16:18:41	0.004	0.003	0.006
16:23:41	0.006	0.006	0.005
16:33:45	0.006	0.005	0.005
16:38:45	0.003	0.003	0.005
16:43:45	0.006	0.005	0.004
16:48:45	0.006	0.007	0.005
16:53:45	0.008	0.007	0.006
16:58:45	0.006	0.005	0.005
17:03:45	0.006	0.007	0.005
17:08:45	0.006	0.005	0.005
17:13:45	0.004	0.003	0.003
17:18:45	0.004	0.003	0.004
17:23:45	0.006	0.005	0.005
17:28:45	0.004	0.004	0.004
17:38:53	0.009	0.012	0.008
17:43:53	0.006	0.005	0.005
17:48:53	0.007	0.006	0.005
17:53:53	0.004	0.003	0.005
17:58:53	0.006	0.005	0.005
18:03:53	0.007	0.006	0.007
18:08:53	0.003	0.003	0.005
18:13:53	0.006	0.005	0.006
18:18:53	0.005	0.005	0.004
18:23:53	0.005	0.004	0.005
18:28:53	0.002	0.002	0.003
18:33:53	0.005	0.005	0.004
18:38:53	0.007	0.010	0.007
18:43:53	0.006	0.006	0.006
最大值	0.010	0.013	0.011
最小值	0.001	0.002	0.003
平均值	0.005	0.006	0.005

（2）西北侧（邻近绿洲中环中心）

① 典型加速度时程及功率谱密度

典型加速度时程及功率谱密度（PSD）如图 7-27 所示。

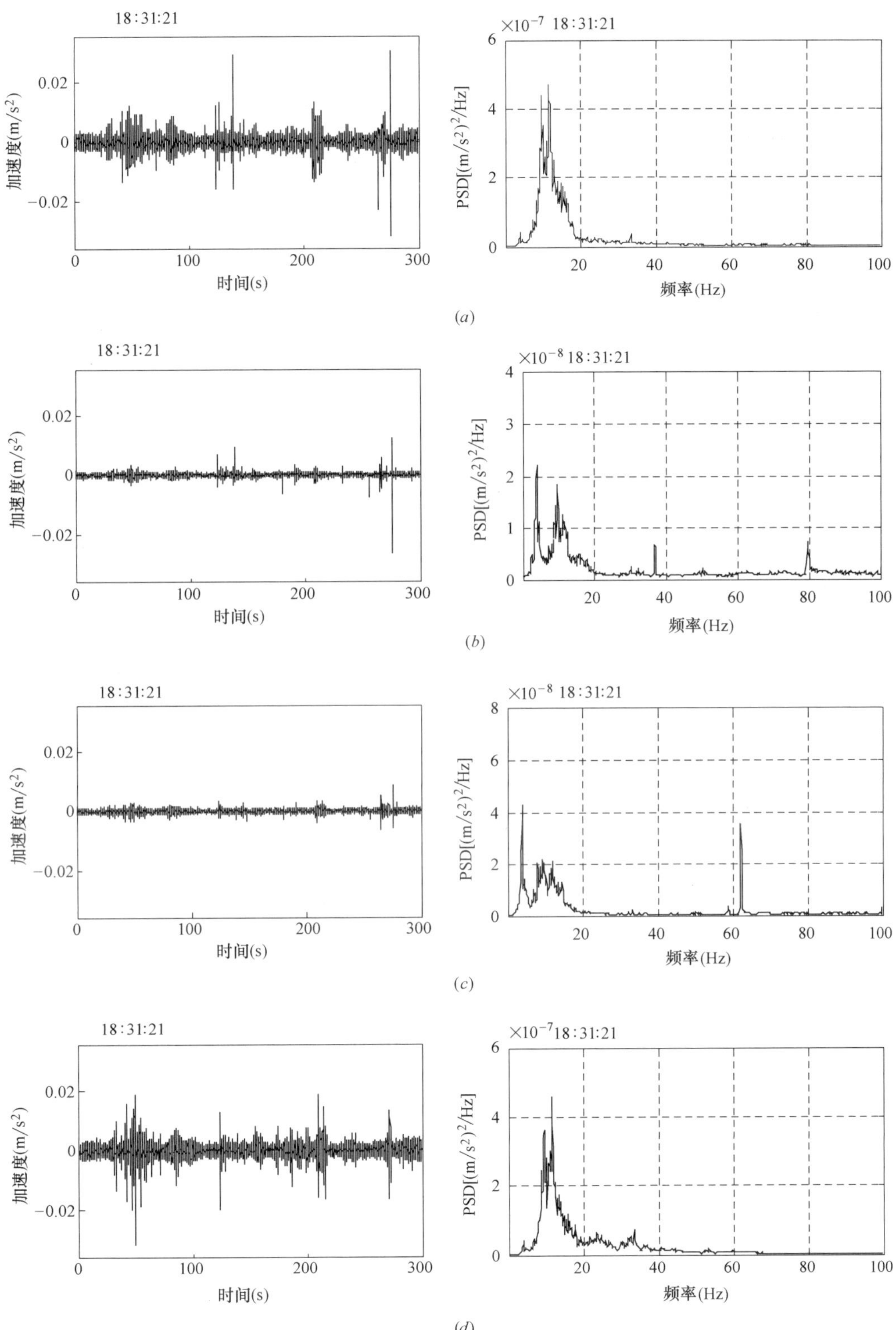

图 7-27 第一阶段道路交通测试西北侧测点典型加速度时程及功率谱密度（一）

(*a*) 测点 1，竖向；(*b*) 测点 1，东西向；(*c*) 测点 1，南北向；(*d*) 测点 2，竖向

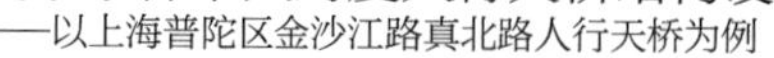

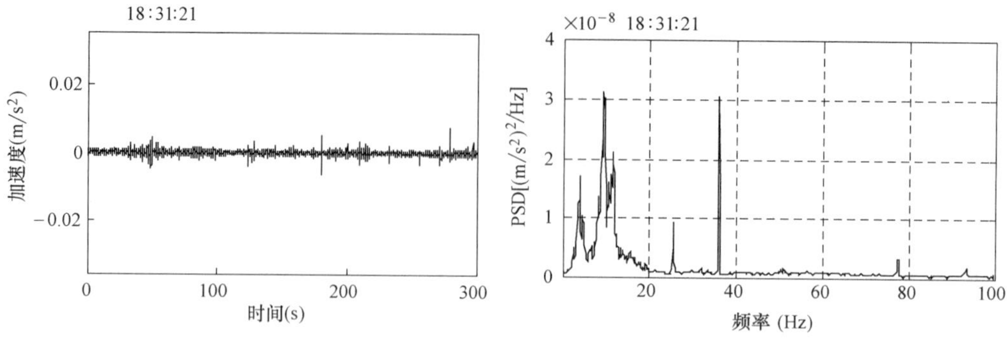

(e)

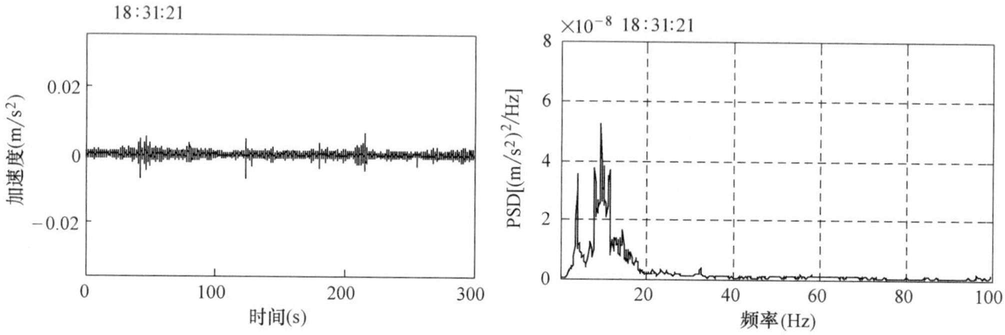

(f)

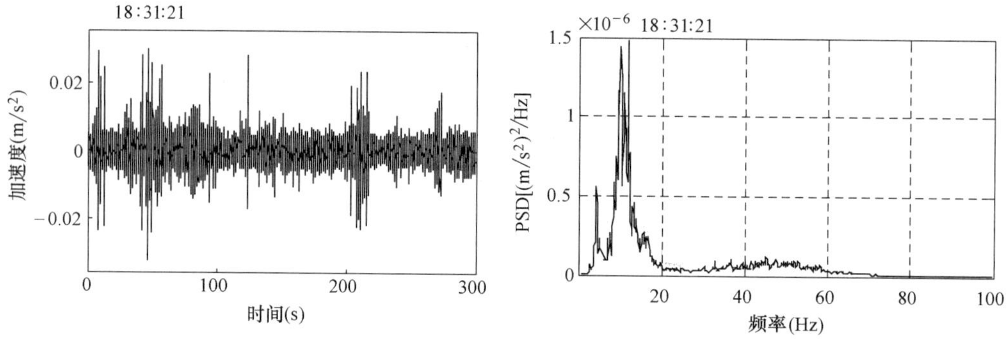

(g)

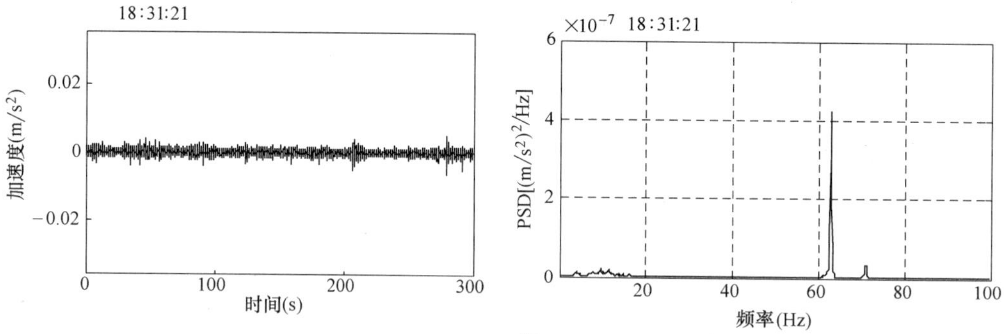

(h)

图 7-27　第一阶段道路交通测试西北侧测点典型加速度时程及功率谱密度（二）

(e) 测点 2，东西向；(f) 测点 2，南北向；(g) 测点 3，竖向；(h) 测点 3，东西向

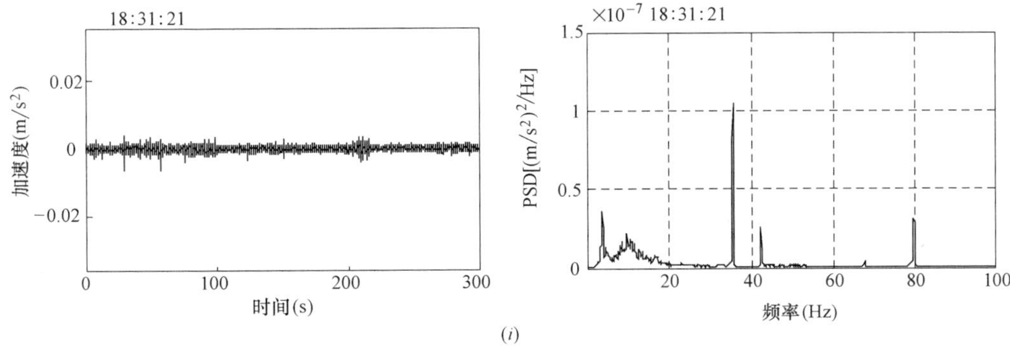

图 7-27 第一阶段道路交通测试西北侧测点典型加速度时程及功率谱密度（三）
（i）测点 3，南北向

由图 7-27 可知：竖向加速度振幅较东西向、南北向大，各测点振动的频率成分主要分布在 20Hz 以内，其中部分测点水平向振动在 20Hz 以内的频率分量比较小，因此这些测点振动频率大于 20Hz 的分量也有所突显。

② 振级

根据《城市区域环境振动标准》计算竖向振级，计算结果如表 7-21 所示，与之对应的加速度峰值及计权后的加速度有效值见表 7-22 和表 7-23。

表 7-21 各测点的振级 (dB)

时间	测点 1 竖向	测点 2 竖向	测点 3 竖向
13:40:03	69.3	73.3	74.6
13:45:03	71.1	73.8	72.3
13:50:03	70.2	77.1	77.0
13:55:03	68.3	78.0	76.9
14:00:03	62.1	78.1	76.7
14:05:03	62.8	78.5	75.5
14:10:03	63.9	76.1	74.1
14:15:03	61.0	76.8	76.0
14:20:03	62.5	82.0	78.7
14:25:03	63.0	78.2	74.7
14:30:03	60.6	73.4	74.5
14:35:03	60.8	76.5	76.8
14:40:03	66.8	78.7	79.9
14:45:03	55.9	72.6	69.6
14:50:03	62.5	78.5	77.7

续表

时间	测点1竖向	测点2竖向	测点3竖向
14:55:25	62.8	78.9	75.9
15:00:25	59.1	75.5	72.4
15:05:25	61.4	74.4	73.3
15:10:25	60.1	78.4	76.2
15:15:25	65.0	77.7	77.8
15:20:25	67.1	82.1	79.2
15:25:25	62.0	74.5	76.9
15:30:25	62.8	79.1	76.6
15:35:25	63.0	79.4	76.9
15:40:25	60.6	75.9	73.5
15:45:25	61.8	73.5	77.0
15:50:25	59.8	72.2	72.3
15:57:14	61.4	78.6	77.3
16:02:14	62.5	76.5	78.9
16:07:14	57.7	70.8	69.4
16:12:14	63.2	77.2	79.1
16:17:14	57.4	71.4	72.5
16:22:14	64.3	78.7	75.7
16:27:14	61.0	74.4	74.2
16:32:14	61.0	76.0	76.7
16:37:14	61.0	74.3	75.7
16:42:14	65.1	79.4	78.8
16:47:14	60.4	74.3	77.1
16:52:14	62.7	78.2	78.4
17:00:22	61.5	76.5	73.9
17:05:22	63.2	75.4	78.2
17:10:22	59.2	72.1	72.8
17:15:22	66.0	78.0	74.7
17:20:22	60.5	72.9	73.4
17:25:22	61.5	78.5	76.9
17:30:22	58.7	72.2	71.3
17:35:22	62.0	73.0	76.1
17:40:22	65.3	77.4	77.3
17:45:22	61.1	60.2	66.1
17:50:22	65.6	67.3	73.3
17:55:22	71.8	73.7	79.0

续表

时间	测点 1 竖向	测点 2 竖向	测点 3 竖向
18:01:21	74.1	77.7	79.2
18:06:21	69.9	69.5	70.7
18:11:21	70.2	75.1	74.9
18:16:21	68.9	69.1	73.7
18:21:21	66.6	64.0	72.9
18:26:21	68.4	68.1	72.5
18:31:21	70.0	75.2	78.9
最大值	74.1	82.1	79.9
最小值	55.9	60.2	66.1
平均值	63.6	75.2	75.4

表 7-22　各测点的加速度峰值　(m/s^2)

时间	测点 1 竖向	测点 2 竖向	测点 3 竖向
13:40:03	0.011	0.017	0.019
13:45:03	0.013	0.018	0.014
13:50:03	0.011	0.029	0.029
13:55:03	0.014	0.032	0.029
14:00:03	0.006	0.027	0.026
14:05:03	0.006	0.032	0.021
14:10:03	0.007	0.026	0.013
14:15:03	0.004	0.018	0.021
14:20:03	0.005	0.032	0.027
14:25:03	0.005	0.021	0.017
14:30:03	0.004	0.016	0.016
14:35:03	0.010	0.022	0.024
14:40:03	0.010	0.030	0.032
14:45:03	0.003	0.016	0.009
14:50:03	0.005	0.031	0.031
14:55:25	0.007	0.029	0.022
15:00:25	0.004	0.027	0.019
15:05:25	0.004	0.015	0.017
15:10:25	0.005	0.032	0.028
15:15:25	0.007	0.032	0.029
15:20:25	0.008	0.032	0.028
15:25:25	0.006	0.019	0.026
15:30:25	0.006	0.031	0.030
15:35:25	0.007	0.028	0.030

续表

时间	测点1竖向	测点2竖向	测点3竖向
15:40:25	0.004	0.020	0.016
15:45:25	0.006	0.020	0.028
15:50:25	0.007	0.011	0.023
15:57:14	0.005	0.032	0.032
16:02:14	0.005	0.024	0.031
16:07:14	0.006	0.012	0.010
16:12:14	0.005	0.027	0.030
16:17:14	0.004	0.019	0.014
16:22:14	0.009	0.031	0.024
16:27:14	0.007	0.024	0.022
16:32:14	0.008	0.024	0.027
16:37:14	0.005	0.024	0.020
16:42:14	0.009	0.028	0.032
16:47:14	0.003	0.019	0.028
16:52:14	0.006	0.031	0.029
17:00:22	0.004	0.029	0.022
17:05:22	0.006	0.020	0.026
17:10:22	0.007	0.016	0.016
17:15:22	0.011	0.031	0.026
17:20:22	0.006	0.015	0.018
17:25:22	0.004	0.031	0.023
17:30:22	0.003	0.019	0.016
17:35:22	0.006	0.018	0.028
17:40:22	0.008	0.024	0.027
17:45:22	0.006	0.009	0.012
17:50:22	0.007	0.011	0.021
17:55:22	0.016	0.027	0.031
18:01:21	0.014	0.031	0.024
18:06:21	0.011	0.016	0.012
18:11:21	0.015	0.029	0.025
18:16:21	0.009	0.011	0.018
18:21:21	0.007	0.008	0.018
18:26:21	0.014	0.012	0.022
18:31:21	0.011	0.032	0.032
最大值	0.016	0.032	0.032
最小值	0.003	0.008	0.009
平均值	0.007	0.023	0.023

表 7-23 各测点计权后的加速度有效值 (m/s²)

时间	测点 1 竖向	测点 2 竖向	测点 3 竖向
13:40:03	0.003	0.005	0.005
13:45:03	0.004	0.005	0.004
13:50:03	0.003	0.007	0.007
13:55:03	0.003	0.008	0.007
14:00:03	0.001	0.008	0.007
14:05:03	0.001	0.008	0.006
14:10:03	0.002	0.006	0.005
14:15:03	0.001	0.007	0.006
14:20:03	0.001	0.013	0.009
14:25:03	0.001	0.008	0.005
14:30:03	0.001	0.005	0.005
14:35:03	0.001	0.007	0.007
14:40:03	0.002	0.009	0.010
14:45:03	0.001	0.004	0.003
14:50:03	0.001	0.008	0.008
14:55:25	0.001	0.009	0.006
15:00:25	0.001	0.006	0.004
15:05:25	0.001	0.005	0.005
15:10:25	0.001	0.008	0.006
15:15:25	0.002	0.008	0.008
15:20:25	0.002	0.013	0.009
15:25:25	0.001	0.005	0.007
15:30:25	0.001	0.009	0.007
15:35:25	0.001	0.009	0.007
15:40:25	0.001	0.006	0.005
15:45:25	0.001	0.005	0.007
15:50:25	0.001	0.004	0.004
15:57:14	0.001	0.009	0.007
16:02:14	0.001	0.007	0.009
16:07:14	0.001	0.003	0.003
16:12:14	0.001	0.007	0.009
16:17:14	0.001	0.004	0.004
16:22:14	0.002	0.009	0.006

续表

时间	测点 1 竖向	测点 2 竖向	测点 3 竖向
16:27:14	0.001	0.005	0.005
16:32:14	0.001	0.006	0.007
16:37:14	0.001	0.005	0.006
16:42:14	0.002	0.009	0.009
16:47:14	0.001	0.005	0.007
16:52:14	0.001	0.008	0.008
17:00:22	0.001	0.007	0.005
17:05:22	0.001	0.006	0.008
17:10:22	0.001	0.004	0.004
17:15:22	0.002	0.008	0.005
17:20:22	0.001	0.004	0.005
17:25:22	0.001	0.008	0.007
17:30:22	0.001	0.004	0.004
17:35:22	0.001	0.004	0.006
17:40:22	0.002	0.007	0.007
17:45:22	0.001	0.001	0.002
17:50:22	0.002	0.002	0.005
17:55:22	0.004	0.005	0.009
18:01:21	0.005	0.008	0.009
18:06:21	0.003	0.003	0.003
18:11:21	0.003	0.006	0.006
18:16:21	0.003	0.003	0.005
18:21:21	0.002	0.002	0.004
18:26:21	0.003	0.003	0.004
18:31:21	0.003	0.006	0.009
最大值	0.005	0.013	0.010
最小值	0.001	0.001	0.002
平均值	0.002	0.006	0.006

(3) 东南侧(邻近长风南区)

① 典型加速度时程及功率谱密度

典型加速度时程及功率谱密度(PSD)如图 7-28 所示。

由图 7-28 可知:竖向加速度振幅较东西向、南北向大,各测点振动的频率成分主要分布在 20Hz 以内,其中部分测点水平向振动在 20Hz 以内的频率分量比较小,因此这些测点振动频率大于 20Hz 的分量也有所突显。

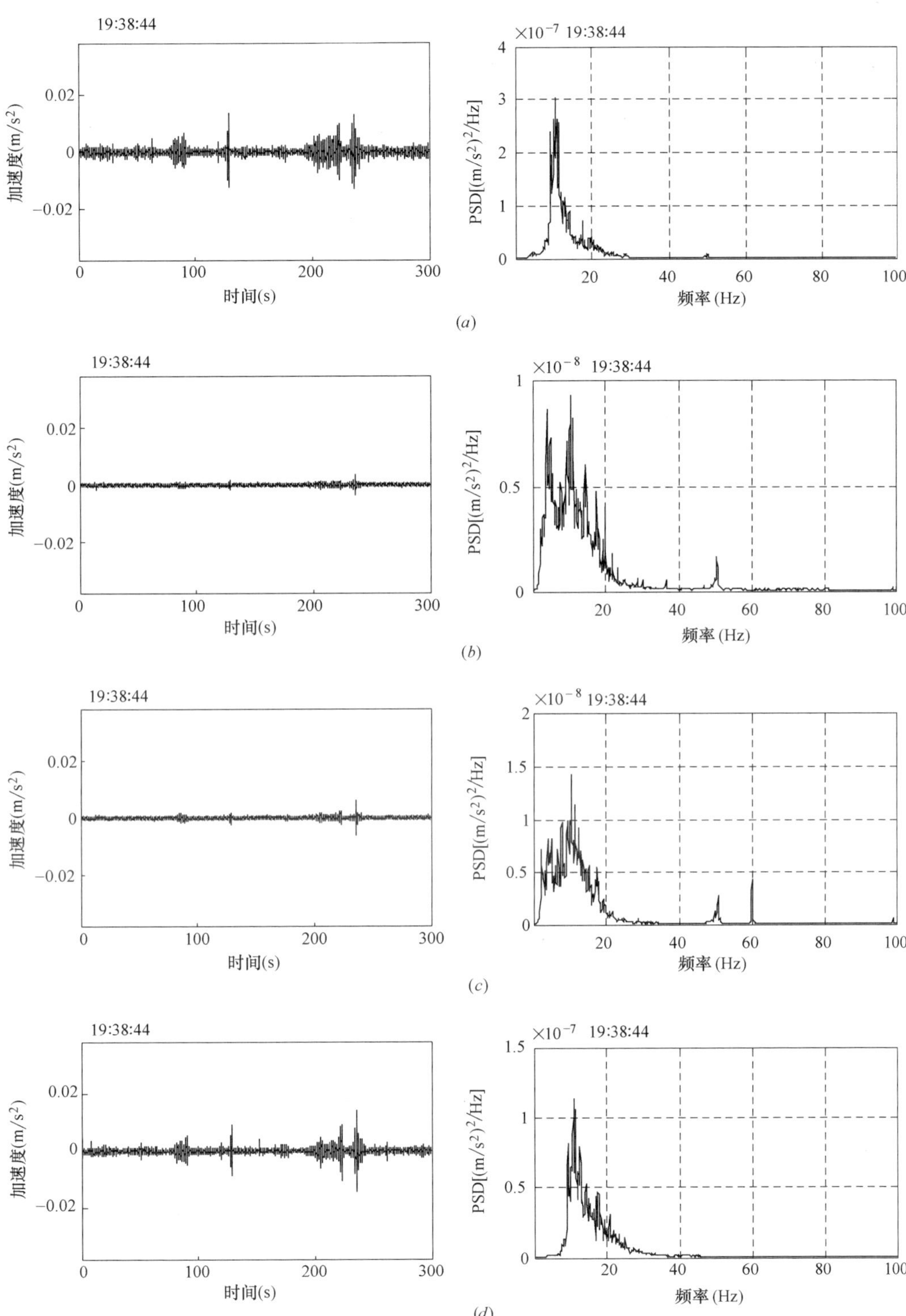

图 7-28 第一阶段道路交通测试东南侧测点典型加速度时程及功率谱密度（一）

(*a*) 测点 1，竖向；(*b*) 测点 1，东西向；(*c*) 测点 1，南北向；(*d*) 测点 2，竖向

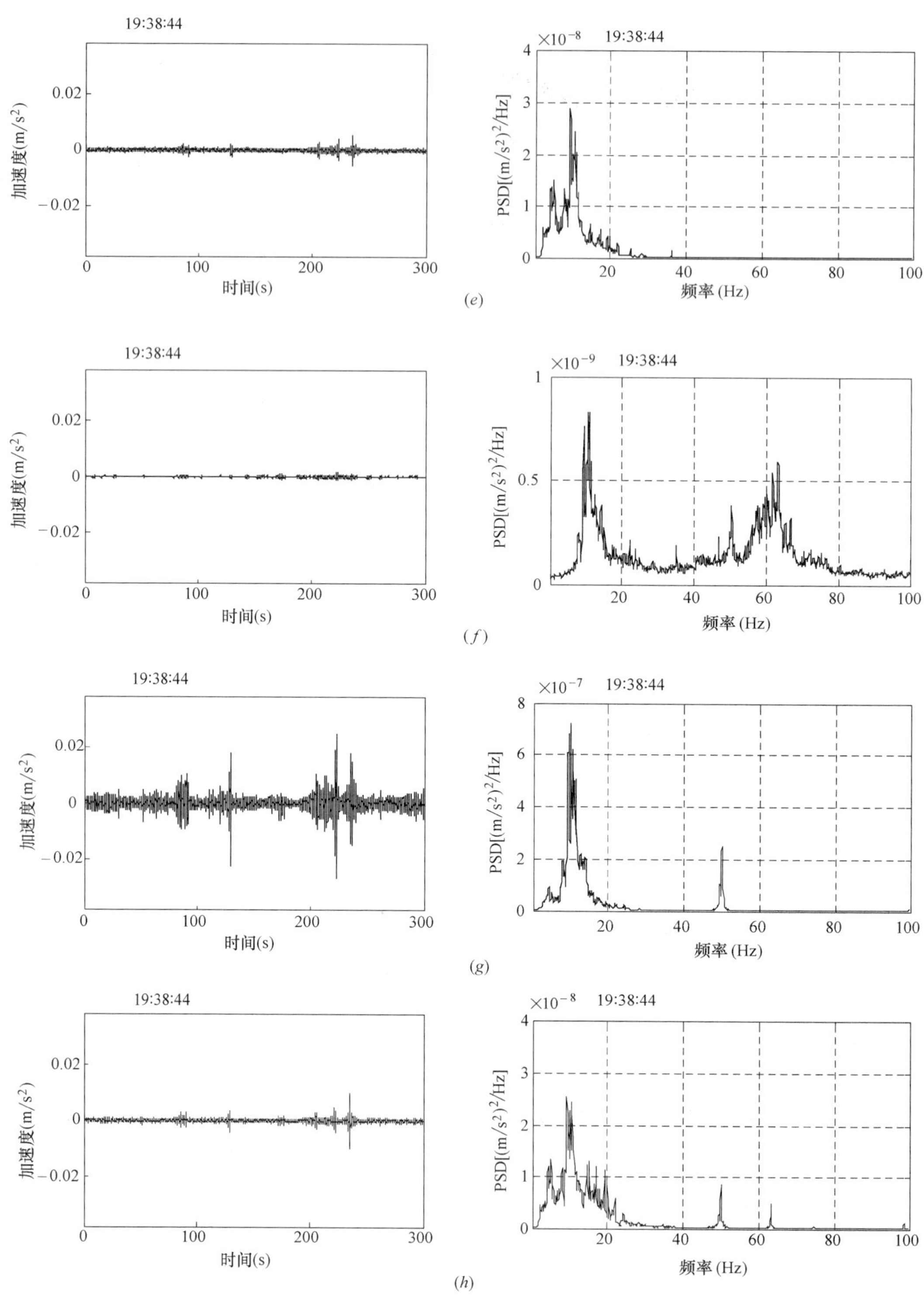

图 7-28 第一阶段道路交通测试东南侧测点典型加速度时程及功率谱密度（二）
（*e*）测点 2，东西向；（*f*）测点 2，南北向；（*g*）测点 3，竖向；（*h*）测点 3，东西向

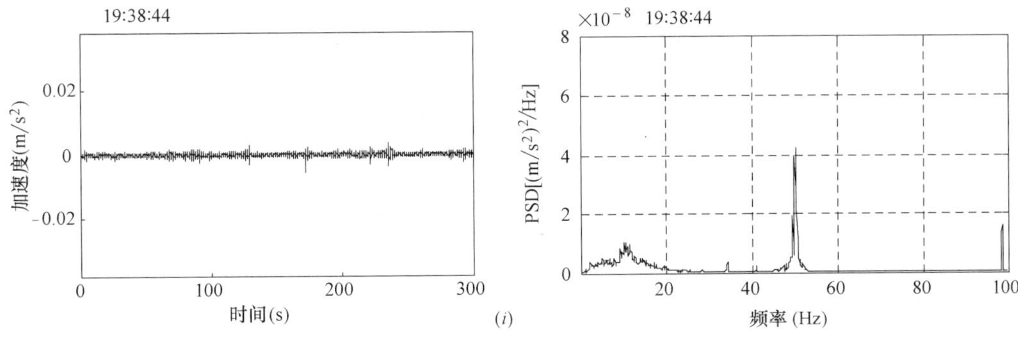

图 7-28 第一阶段道路交通测试东南侧测点典型加速度时程及功率谱密度（三）
（i）测点 3，南北向

② 振级

根据《城市区域环境振动标准》计算竖向振级，计算结果如表 7-24 所示，与之对应的加速度峰值及计权后的加速度有效值见表 7-25 和表 7-26。

表 7-24 各测点的振级 (dB)

时间	测点 1 竖向	测点 2 竖向	测点 3 竖向
11:05:35	64.8	64.2	71.4
11:10:35	60.1	68.3	74.6
11:15:35	60.2	67.9	77.9
11:20:35	63.6	67.0	76.4
11:25:35	62.9	67.6	75.7
19:01:30	71.0	66.6	75.1
19:06:30	66.1	62.2	69.4
19:11:30	70.7	70.0	74.5
19:16:30	72.6	68.1	75.1
19:21:30	72.8	67.8	76.7
19:28:44	73.0	67.2	76.6
19:33:44	69.8	67.5	75.3
19:38:44	70.2	67.5	76.9
19:43:44	71.6	66.1	74.6
19:48:44	67.9	63.2	71.5
19:53:44	74.1	70.3	76.9
19:58:44	69.6	66.1	73.2
20:03:44	73.7	68.9	78.4

续表

时间	测点 1 竖向	测点 2 竖向	测点 3 竖向
20:08:44	67.6	64.1	71.2
20:13:44	69.6	67.3	74.4
20:18:44	66.2	59.7	69.4
20:23:44	72.9	67.3	75.9
20:28:44	73.9	68.0	76.9
20:33:44	64.8	60.2	71.4
20:38:44	68.3	62.8	71.9
20:43:44	69.9	64.4	73.8
20:48:44	71.4	65.7	74.5
21:08:51	70.1	67.9	73.7
21:13:51	70.2	68.0	75.6
21:18:51	72.5	68.0	77.5
21:23:51	72.2	67.1	75.0
21:28:51	67.2	63.2	68.9
21:33:51	74.3	73.4	78.6
最大值	74.3	73.4	78.6
最小值	60.1	59.7	68.9
平均值	69.3	66.5	74.5

表 7-25 各测点的加速度峰值 (m/s^2)

时间	测点 1 竖向	测点 2 竖向	测点 3 竖向
11:05:35	0.033	0.009	0.016
11:10:35	0.004	0.012	0.018
11:15:35	0.004	0.010	0.031
11:20:35	0.007	0.009	0.026
11:25:35	0.006	0.011	0.025
19:01:30	0.015	0.010	0.021
19:06:30	0.006	0.005	0.011
19:11:30	0.016	0.014	0.024
19:16:30	0.013	0.011	0.019
19:21:30	0.017	0.010	0.027
19:28:44	0.015	0.008	0.025
19:33:44	0.012	0.011	0.025
19:38:44	0.014	0.011	0.027
19:43:44	0.020	0.009	0.035
19:48:44	0.009	0.004	0.011

续表

时间	测点 1 竖向	测点 2 竖向	测点 3 竖向
19:53:44	0.013	0.016	0.031
19:58:44	0.012	0.009	0.015
20:03:44	0.022	0.011	0.037
20:08:44	0.011	0.006	0.012
20:13:44	0.013	0.010	0.020
20:18:44	0.008	0.004	0.010
20:23:44	0.019	0.010	0.028
20:28:44	0.019	0.009	0.026
20:33:44	0.006	0.005	0.010
20:38:44	0.010	0.010	0.017
20:43:44	0.012	0.008	0.017
20:48:44	0.018	0.008	0.025
21:08:51	0.015	0.012	0.024
21:13:51	0.010	0.009	0.020
21:18:51	0.019	0.012	0.032
21:23:51	0.016	0.009	0.023
21:28:51	0.007	0.005	0.008
21:33:51	0.013	0.014	0.023
最大值	0.033	0.016	0.037
最小值	0.004	0.004	0.008
平均值	0.013	0.009	0.022

表 7-26 各测点计权后的加速度有效值 (m/s^2)

时间	测点 1 竖向	测点 2 竖向	测点 3 竖向
11:05:35	0.002	0.002	0.004
11:10:35	0.001	0.003	0.005
11:15:35	0.001	0.002	0.008
11:20:35	0.002	0.002	0.007
11:25:35	0.001	0.002	0.006
19:01:30	0.004	0.002	0.006
19:06:30	0.002	0.001	0.003
19:11:30	0.003	0.003	0.005
19:16:30	0.004	0.003	0.006
19:21:30	0.004	0.002	0.007
19:28:44	0.004	0.002	0.007
19:33:44	0.003	0.002	0.006
19:38:44	0.003	0.002	0.007
19:43:44	0.004	0.002	0.005

续表

时间	测点 1 竖向	测点 2 竖向	测点 3 竖向
19:48:44	0.002	0.001	0.004
19:53:44	0.005	0.003	0.007
19:58:44	0.003	0.002	0.005
20:03:44	0.005	0.003	0.008
20:08:44	0.002	0.002	0.004
20:13:44	0.003	0.002	0.005
20:18:44	0.002	0.001	0.003
20:23:44	0.004	0.002	0.006
20:28:44	0.005	0.003	0.007
20:33:44	0.002	0.001	0.004
20:38:44	0.003	0.001	0.004
20:43:44	0.003	0.002	0.005
20:48:44	0.004	0.002	0.005
21:08:51	0.003	0.002	0.005
21:13:51	0.003	0.003	0.006
21:18:51	0.004	0.003	0.007
21:23:51	0.004	0.002	0.006
21:28:51	0.002	0.001	0.003
21:33:51	0.005	0.005	0.009
最大值	0.005	0.005	0.009
最小值	0.001	0.001	0.003
平均值	0.003	0.002	0.006

（4）东北侧（近长风北区）

① 典型加速度时程及功率谱密度

典型加速度时程及功率谱密度（PSD）如图 7-29 所示。

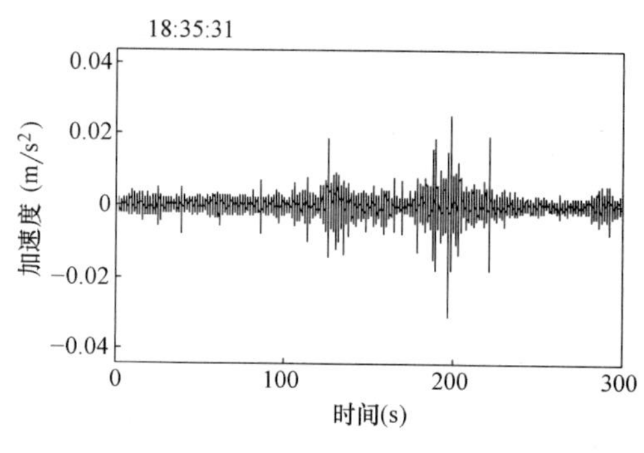

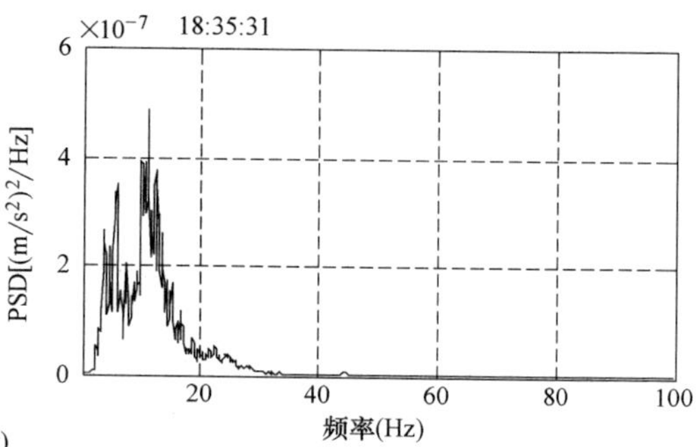

(*a*)

图 7-29 第一阶段道路交通测试东北侧测点典型加速度时程及功率谱密度（一）
（*a*）测点 1，竖向

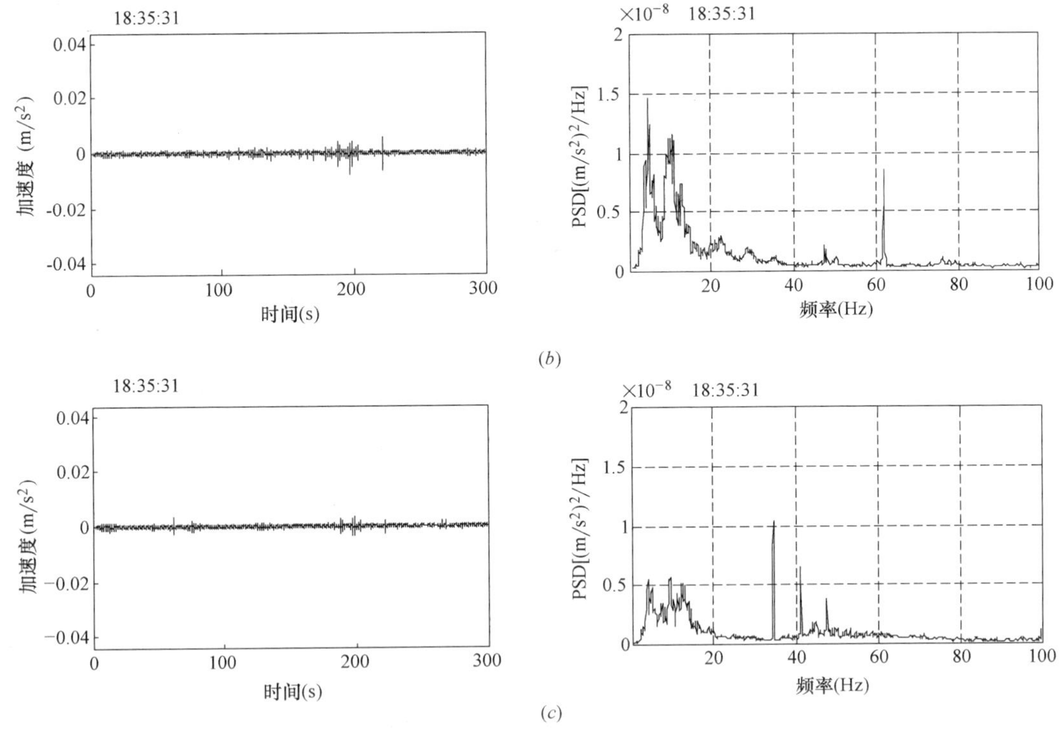

图 7-29 第一阶段道路交通测试东北侧测点典型加速度时程及功率谱密度（二）
（b）测点 1，东西向；（c）测点 1，南北向

由图 7-29 可知：竖向加速度振幅较东西向、南北向大，各测点振动的频率成分主要分布在 20Hz 以内，其中部分测点水平向振动在 20Hz 以内的频率分量比较小，因此这些测点振动频率大于 20Hz 的分量也有所突显。

② 振级

根据《城市区域环境振动标准》计算竖向振级，振级、加速度峰值及计权后的加速度有效值计算结果如表 7-27 所示。

表 7-27 各测点的振级、加速度峰值及有效值

时间	振级(dB)	加速度峰值(m/s^2)	加速度有效值(m/s^2)
15:13:23	78.5	0.031	0.008
15:18:23	71.8	0.018	0.004
15:23:23	77.3	0.032	0.007
15:28:23	68.2	0.008	0.003
15:33:23	66.7	0.014	0.002
15:38:23	68.4	0.011	0.003
15:43:23	74.5	0.019	0.005

续表

时间	振级(dB)	加速度峰值(m/s²)	加速度有效值(m/s²)
15:48:23	70.9	0.009	0.004
15:53:23	72.3	0.013	0.004
16:00:51	73.4	0.018	0.005
16:05:51	78.2	0.032	0.008
16:10:51	70.0	0.014	0.003
16:15:51	76.1	0.028	0.006
16:20:51	72.4	0.025	0.004
16:25:51	74.0	0.018	0.005
16:30:51	76.9	0.030	0.007
16:38:42	70.7	0.016	0.003
16:43:42	76.1	0.032	0.006
16:48:42	70.2	0.011	0.003
16:53:42	77.4	0.028	0.007
16:58:42	79.1	0.032	0.009
17:03:42	74.3	0.023	0.005
17:08:42	69.4	0.012	0.003
17:18:36	75.5	0.022	0.006
17:23:36	69.7	0.010	0.003
17:28:36	72.3	0.016	0.004
17:33:36	77.4	0.030	0.007
17:38:36	72.9	0.020	0.004
17:43:36	68.1	0.008	0.003
17:48:36	68.6	0.006	0.003
17:53:36	68.5	0.012	0.003
17:59:27	70.5	0.013	0.003
18:04:27	65.9	0.006	0.002
18:09:27	65.0	0.009	0.002
18:14:27	65.5	0.008	0.002
18:19:27	72.2	0.018	0.004
18:25:31	74.2	0.022	0.005
18:30:31	71.6	0.013	0.004
18:35:31	76.6	0.025	0.007
18:40:31	75.2	0.018	0.006
18:45:31	71.9	0.013	0.004
18:50:31	72.7	0.018	0.004
最大值	79.1	0.032	0.009
最小值	65.0	0.006	0.002
平均值	72.4	0.018	0.005

4）第二阶段地铁交通测试分析结果

选取地铁经过时各测点的振动加速度数据进行分析，每个样本长度为20s。因测试期间桥墩周边还有部分施工活动，且道路交通一直较繁忙，选取的各测点的振动响应实际上是地铁交通、施工荷载及道路交通荷载等环境振动共同作用的结果，但在选取样本时尽量选取道路交通等其他荷载干扰较小的数据。

（1）西北侧（邻近绿洲中环中心）

① 典型加速度时程及功率谱密度

地铁经过时，典型加速度时程及功率谱密度（PSD）如图7-30所示。

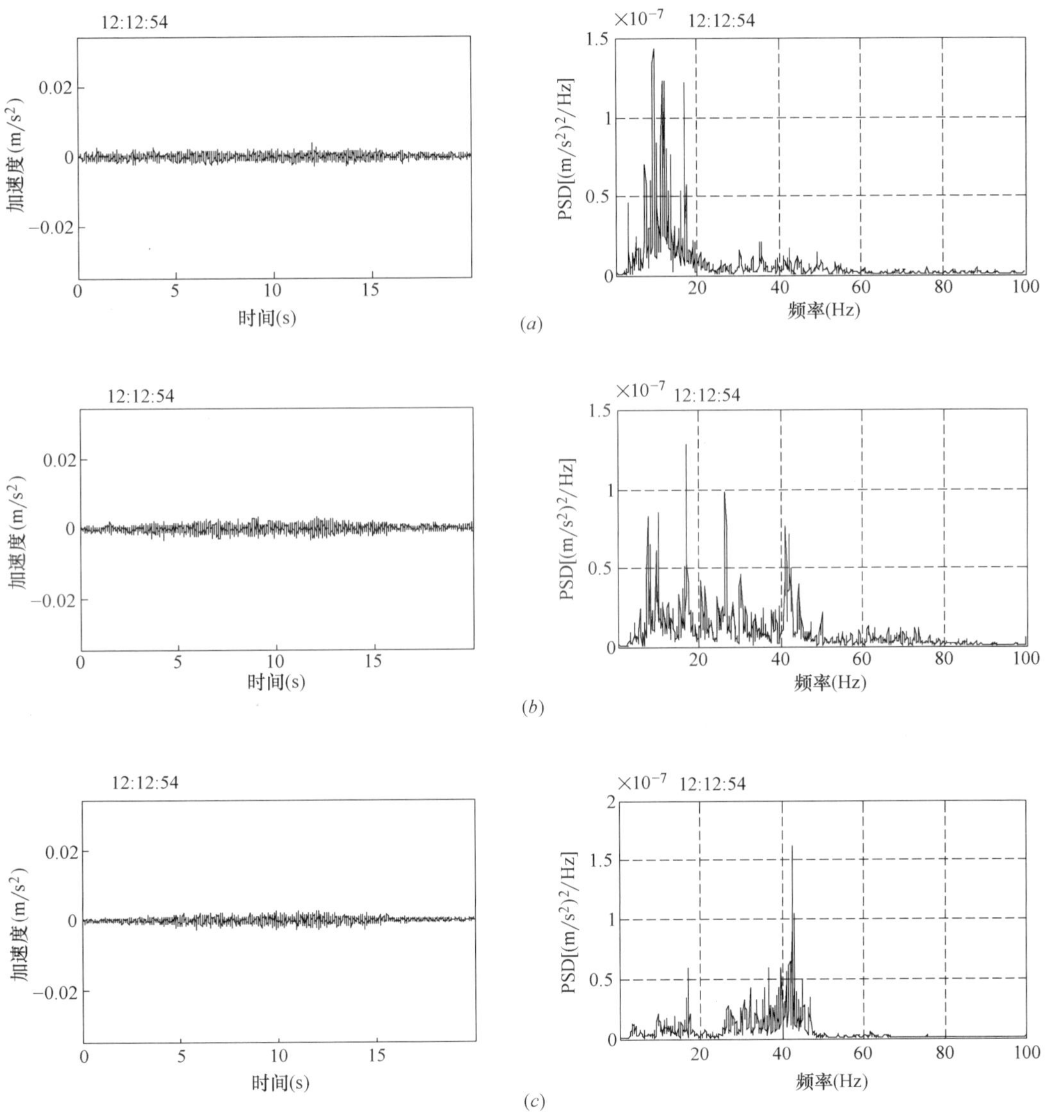

图7-30 第二阶段地铁交通测试西北侧测点典型加速度时程及功率谱密度（一）

（a）测点1（桥墩中），平行金沙江路；（b）测点1（桥墩中），平行真北路；（c）测点1（桥墩中），竖向

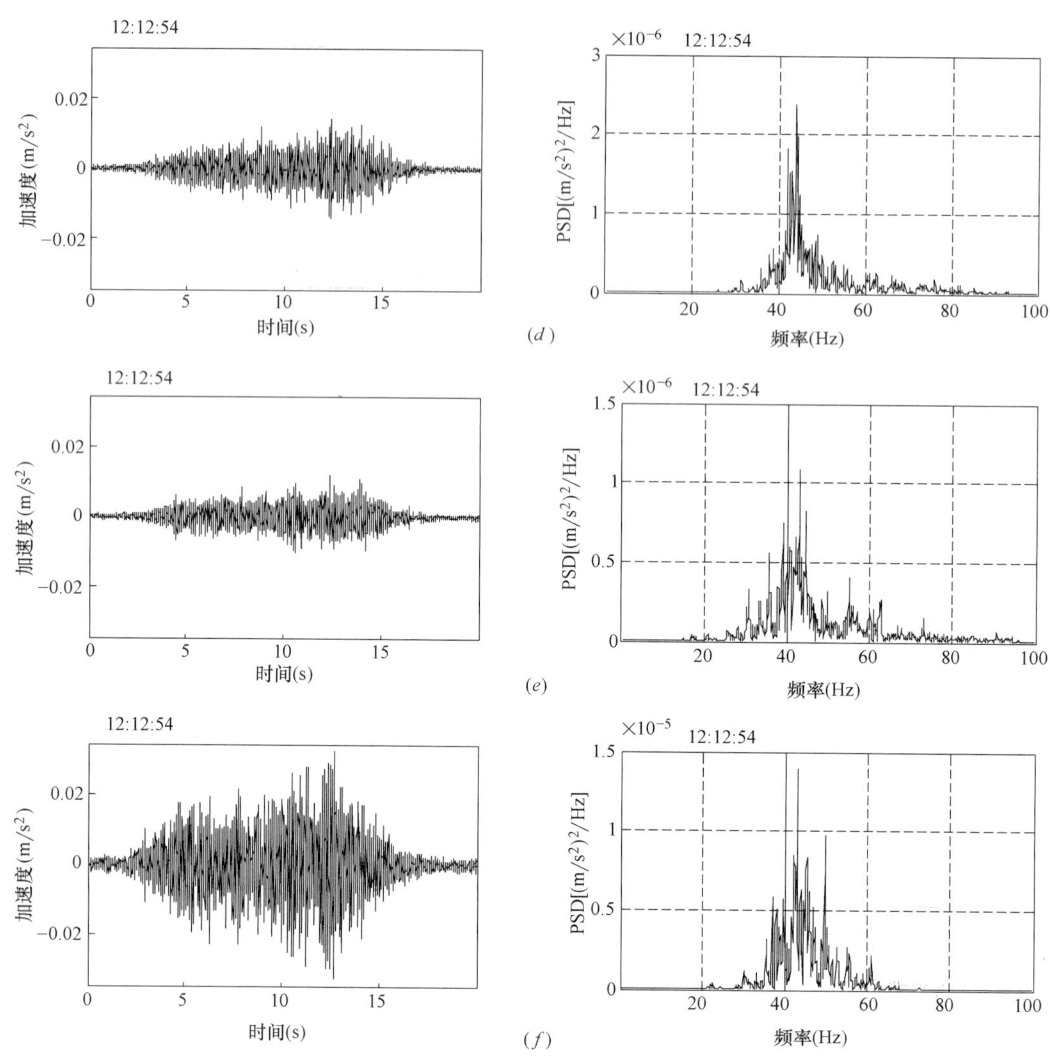

图 7-30 第二阶段地铁交通测试西北侧测点典型加速度时程及功率谱密度（二）
（*d*）测点 2（桥墩下），平行金沙江路；（*e*）测点 2（桥墩下），平行真北路；（*f*）测点 2（桥墩下），竖向

由图 7-30 可知：(a) 地铁交通引起的桥墩上测点振动明显小于桥墩下地面测点（距桥墩约 3.1m）的振动，这说明桥墩对地铁交通引起的振动有较好的减振作用，且竖向振动的减小幅度最大，就图中样本而言，地面竖向加速度峰值为 0.033m/s^2，而桥墩上竖向加速度峰值为 0.003m/s^2；(b) 地铁交通引起的桥墩上测点水平向振动与竖向振动基本相当，桥墩下地面测点（距桥墩约 3.1m）竖向振动明显大于水平向；(c) 地铁交通引起的桥墩上测点平行金沙江路方向振动的频率成分主要分布在 20Hz 以内（由于频率大于 20Hz 的振动传至桥墩后大幅衰减，因而频率小于 20Hz 的振动相对占主导），平行真北路方向振动的频率成分主要分布在 0～50Hz，竖向振动的频率成分主要分布在 20～50Hz；(d) 地铁交通引起的桥墩下地面测点（距

桥墩约 3.1m）振动频率成分主要分布在 20～60Hz，峰值频率一般出现在 40～50Hz。

② 振级

根据《城市区域环境振动标准》计算振级，计算结果如表 7-28 所示，与之对应的加速度峰值及计权后的加速度有效值见表 7-29 和表 7-30。测点到隧道边的距离详见表 7-2。

表 7-28 各测点的振级 (dB)

时间	测点 1(桥墩中)平行金沙江路	测点 1(桥墩中)平行真北路	测点 1(桥墩中)竖向	测点 2(桥墩下)平行金沙江路	测点 2(桥墩下)平行真北路	测点 2(桥墩下)竖向
11:24:47	55.6	53.9	49.2	56.5	53.7	63.9
11:32:52	59.2	57.0	52.5	60.3	57.2	66.2
11:42:09	52.6	54.7	47.9	53.3	54.8	60.2
11:57:12	54.3	55.9	50.0	57.1	56.6	65.7
12:12:54	55.9	55.0	51.2	59.7	57.7	68.2
12:20:05	57.7	55.8	50.7	54.4	53.4	64.5
12:29:42	52.0	55.5	49.2	59.4	57.9	66.8
12:36:37	58.4	55.0	49.8	55.4	55.3	65.7
12:45:08	53.7	53.8	50.5	56.5	55.9	65.7
13:24:46	56.7	55.7	50.1	57.3	56.1	66.0
13:49:24	57.1	56.9	54.3	56.4	56.3	65.6
13:56:59	54.4	59.2	51.9	54.5	52.6	63.4
14:13:00	52.2	54.2	50.0	54.6	53.0	65.0
14:20:08	56.4	57.7	52.6	57.4	56.6	66.4
14:45:12	55.5	55.3	50.2	55.8	55.8	65.3
14:53:09	56.2	56.1	49.7	54.2	52.8	62.7
15:01:02	59.6	56.1	57.0	58.5	57.9	67.6
最大值	59.6	59.2	57.0	60.3	57.9	68.2
最小值	52.0	53.8	47.9	53.3	52.6	60.2
平均值	55.7	55.7	51.0	56.5	55.5	65.2

注：计算水平向振级时，采用与竖向相同的计权因子。

表 7-29 各测点的加速度峰值 (m/s^2)

时间	测点 1(桥墩中)平行金沙江路	测点 1(桥墩中)平行真北路	测点 1(桥墩中)竖向	测点 2(桥墩下)平行金沙江路	测点 2(桥墩下)平行真北路	测点 2(桥墩下)竖向
11:24:47	0.0027	0.0019	0.0014	0.0127	0.0063	0.0228
11:32:52	0.0041	0.0021	0.0026	0.0134	0.0115	0.0293
11:42:09	0.0015	0.0026	0.0016	0.0062	0.0075	0.0111
11:57:12	0.0023	0.0029	0.0027	0.0113	0.0096	0.0284
12:12:54	0.0029	0.0031	0.0027	0.0131	0.0103	0.0330
12:20:05	0.0040	0.0022	0.0026	0.0075	0.0070	0.0245
12:29:42	0.0016	0.0023	0.0030	0.0170	0.0121	0.0322

续表

时间	测点1(桥墩中)平行金沙江路	测点1(桥墩中)平行真北路	测点1(桥墩中)竖向	测点2(桥墩下)平行金沙江路	测点2(桥墩下)平行真北路	测点2(桥墩下)竖向
12:36:37	0.0029	0.0017	0.0017	0.0083	0.0081	0.0280
12:45:08	0.0021	0.0028	0.0008	0.0099	0.0067	0.0267
13:24:46	0.0023	0.0021	0.0026	0.0112	0.0090	0.0295
13:49:24	0.0029	0.0041	0.0027	0.0064	0.0106	0.0247
13:56:59	0.0024	0.0039	0.0024	0.0083	0.0069	0.0210
14:13:00	0.0021	0.0032	0.0021	0.0110	0.0093	0.0263
14:20:08	0.0027	0.0030	0.0013	0.0104	0.0125	0.0337
14:45:12	0.0025	0.0025	0.0028	0.0105	0.0094	0.0282
14:53:09	0.0031	0.0024	0.0022	0.0063	0.0055	0.0198
15:01:02	0.0038	0.0034	0.0052	0.0139	0.0133	0.0307
最大值	0.0041	0.0041	0.0052	0.0170	0.0133	0.0337
最小值	0.0015	0.0017	0.0008	0.0062	0.0055	0.0111
平均值	0.0027	0.0027	0.0024	0.0104	0.0092	0.0265

表 7-30 各测点计权后的加速度有效值 (m/s^2)

时间	测点1(桥墩中)平行金沙江路	测点1(桥墩中)平行真北路	测点1(桥墩中)竖向	测点2(桥墩下)平行金沙江路	测点2(桥墩下)平行真北路	测点2(桥墩下)竖向
11:24:47	0.0006	0.0005	0.0003	0.0007	0.0005	0.0016
11:32:52	0.0009	0.0007	0.0004	0.0010	0.0007	0.0020
11:42:09	0.0004	0.0005	0.0002	0.0005	0.0005	0.0010
11:57:12	0.0005	0.0006	0.0003	0.0007	0.0007	0.0019
12:12:54	0.0006	0.0006	0.0004	0.0010	0.0008	0.0026
12:20:05	0.0008	0.0006	0.0003	0.0005	0.0005	0.0017
12:29:42	0.0004	0.0006	0.0003	0.0009	0.0008	0.0022
12:36:37	0.0008	0.0006	0.0003	0.0006	0.0006	0.0019
12:45:08	0.0005	0.0005	0.0003	0.0007	0.0006	0.0019
13:24:46	0.0007	0.0006	0.0003	0.0007	0.0006	0.0020
13:49:24	0.0007	0.0007	0.0005	0.0007	0.0007	0.0019
13:56:59	0.0005	0.0009	0.0004	0.0005	0.0004	0.0015
14:13:00	0.0004	0.0005	0.0003	0.0005	0.0004	0.0018
14:20:08	0.0007	0.0008	0.0004	0.0007	0.0007	0.0021
14:45:12	0.0006	0.0006	0.0003	0.0006	0.0006	0.0018
14:53:09	0.0006	0.0006	0.0003	0.0005	0.0004	0.0014
15:01:02	0.0010	0.0006	0.0007	0.0008	0.0008	0.0024
最大值	0.0010	0.0009	0.0007	0.0010	0.0008	0.0026
最小值	0.0004	0.0005	0.0002	0.0005	0.0004	0.0010
平均值	0.0006	0.0006	0.0004	0.0007	0.0006	0.0019

（2）东北侧（邻近近铁城市广场）

① 典型加速度时程及功率谱密度

地铁经过时，典型加速度时程及功率谱密度（PSD）如图 7-31 所示。

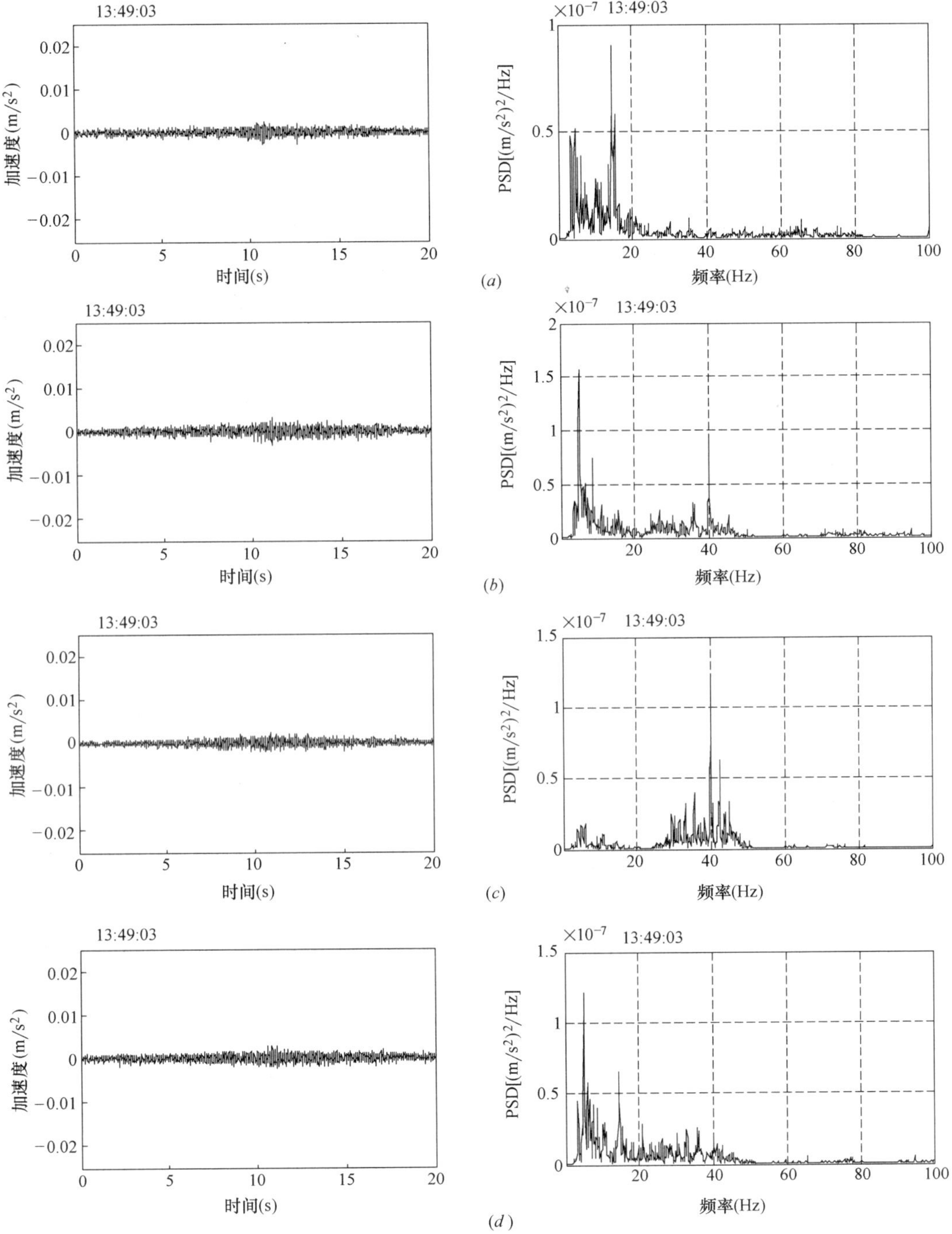

图 7-31 第二阶段地铁交通测试东北侧测点典型加速度时程及功率谱密度（一）

(a) 测点 1（桥墩外圈），平行金沙江路；(b) 测点 1（桥墩外圈），平行真北路；(c) 测点 1（桥墩外圈），竖向；(d) 测点 2（桥墩里圈），平行金沙江路

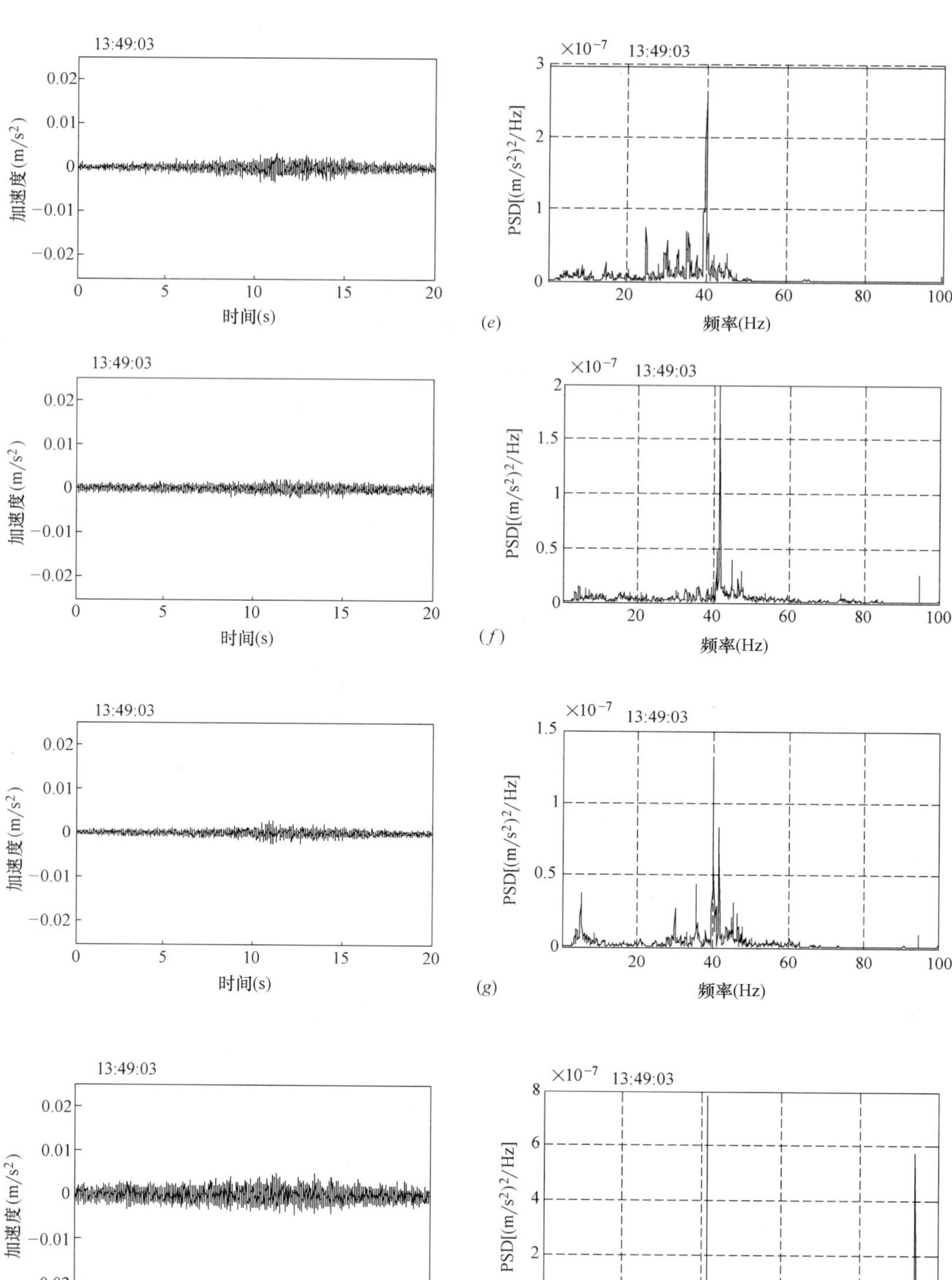

图 7-31　第二阶段地铁交通测试东北侧测点典型加速度时程及功率谱密度（二）
(*e*) 测点 2（桥墩里圈），竖向；(*f*) 测点 3（地面外圈），平行金沙江路；(*g*) 测点 3（地面外圈），平行真北路；(*h*) 测点 3（地面外圈），竖向

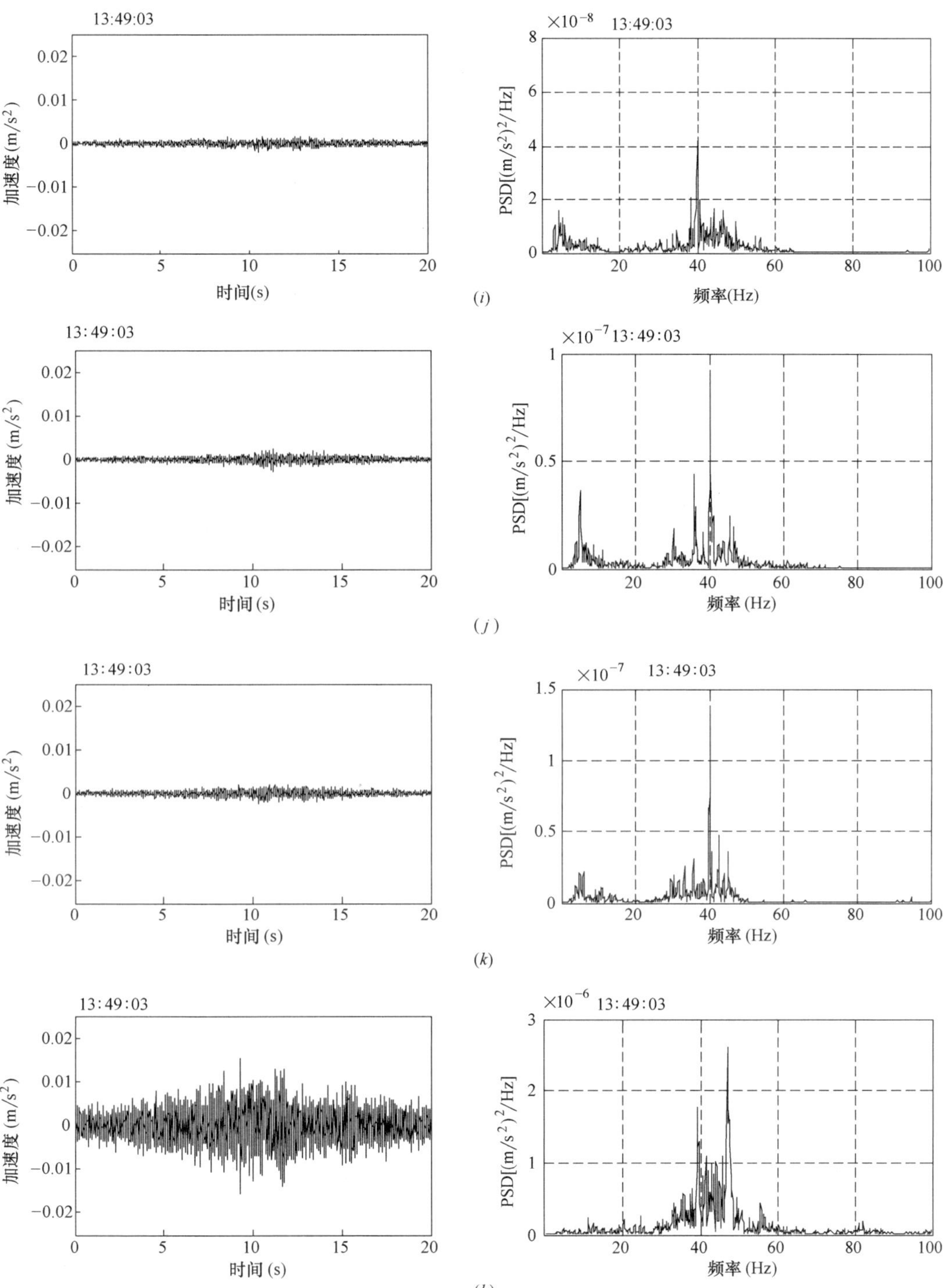

图 7-31 第二阶段地铁交通测试东北侧测点典型加速度时程及功率谱密度（三）

(*i*) 测点 4（地面里圈），平行金沙江路；(*j*) 测点 4（地面里圈），平行真北路；(*k*) 测点 4（地面里圈），竖向；(*l*) 测点 5（小承台），平行金沙江路

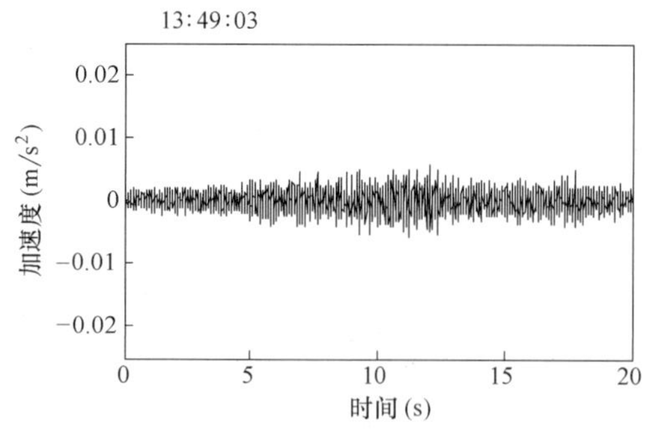

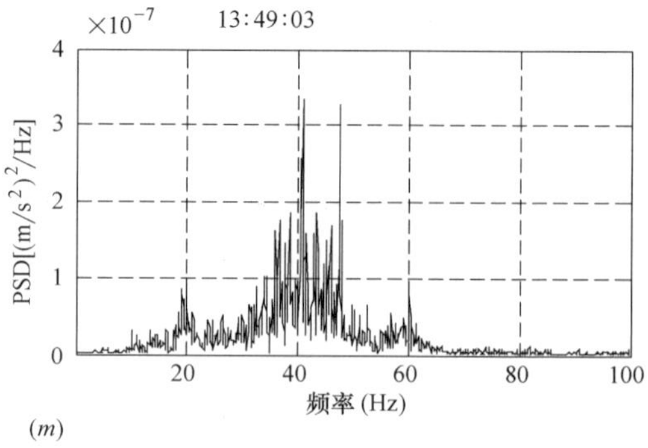

(m)

图 7-31 第二阶段地铁交通测试东北侧测点典型加速度时程及功率谱密度（四）
（m）测点 5（小承台），竖向

由图 7-31 可知：(a) 地铁交通引起的桥墩上测点振动与桥墩下地面测点（紧邻桥墩）的振动接近，而明显小于距桥墩约 5m 的小承台的振动，这说明桥墩对地铁交通引起的振动有较好的减振作用；(b) 地铁交通引起的桥墩上测点水平向振动与竖向振动基本相当；(c) 距桥墩约 5m 的小承台竖向振动明显小于水平向振动，这应是由于承台下的桩基有竖向减振作用，而小承台水平刚度较弱，因此水平减振效果不明显；(d) 地铁交通引起的桥墩上测点平行金沙江路方向振动的频率成分主要分布在 20Hz 以内（由于频率大于 20Hz 的振动传至桥墩后大幅衰减，因而频率小于 20Hz 的振动相对占主导），平行真北路方向振动的频率成分主要分布在 0～50Hz，竖向振动的频率成分主要分布在 20～50Hz；(e) 地铁交通引起的桥墩下地面测点振动频率成分主要分布在 20～60Hz，峰值频率一般出现在 40～50Hz。

② 振级

根据《城市区域环境振动标准》计算竖向振级，计算结果如表 7-31 所示，与之对应的加速度峰值及计权后的加速度有效值见表 7-32 和表 7-33。测点到隧道边的距离详见表 7-2。

表 7-31 各测点的振级 (dB)

时间	测点 1（桥墩外圈）平行金沙江路	测点 1（桥墩外圈）平行真北路	测点 1（桥墩外圈）竖向	测点 2（桥墩里圈）平行金沙江路	测点 2（桥墩里圈）竖向	测点 3（地面外圈）平行金沙江路	测点 3（地面外圈）平行真北路	测点 3（地面外圈）竖向	测点 4（地面里圈）平行金沙江路	测点 4（地面里圈）平行真北路	测点 4（地面里圈）竖向	测点 5（小承台）平行金沙江路	测点 5（小承台）竖向
11:47:54	55.0	54.9	49.1	54.5	50.5	48.9	48.1	51.6	48.5	48.5	49.4	63.9	53.0
11:56:26	55.5	57.0	50.7	56.3	52.3	49.5	49.5	54.1	49.6	50.8	50.6	63.6	54.4
12:28:27	57.1	58.7	52.3	59.1	54.0	51.2	51.8	55.8	49.9	53.2	51.9	64.2	54.4
13:00:22	63.6	61.7	54.7	60.0	58.4	57.2	53.0	58.6	58.6	53.8	55.4	62.6	56.3
13:24:38	54.0	54.1	49.3	54.4	50.0	49.7	46.8	52.0	47.9	47.7	49.8	62.7	53.2

续表

时间	测点1（桥墩外圈）平行金沙江路	测点1（桥墩外圈）平行真北路	测点1（桥墩外圈）竖向	测点2（桥墩里圈）平行金沙江路	测点2（桥墩里圈）竖向	测点3（地面外圈）平行金沙江路	测点3（地面外圈）平行真北路	测点3（地面外圈）竖向	测点4（地面里圈）平行金沙江路	测点4（地面里圈）平行真北路	测点4（地面里圈）竖向	测点5（小承台）平行金沙江路	测点5（小承台）竖向
13:40:42	56.8	55.7	48.2	56.3	53.1	51.1	46.6	53.4	50.3	47.0	48.6	63.6	54.1
13:49:03	55.3	57.7	50.4	56.0	52.3	48.8	52.1	53.9	49.0	52.0	50.9	61.7	54.7
14:36:23	58.1	57.0	54.3	56.7	55.0	53.0	50.1	57.2	53.2	51.3	54.3	62.6	54.6
14:52:45	52.9	57.0	49.3	55.8	52.1	48.5	48.9	54.0	46.6	51.1	48.8	60.3	53.6
15:32:18	57.2	56.8	53.9	57.3	53.6	51.8	50.1	55.2	50.9	50.3	54.1	62.6	56.0
15:40:30	56.1	57.9	51.4	58.7	55.5	51.3	50.9	56.8	49.7	52.5	51.5	63.3	57.0
最大值	63.6	61.7	54.7	60.0	58.4	57.2	53.0	58.6	58.6	53.8	55.4	64.2	57.0
最小值	52.9	54.1	48.2	54.4	50.0	48.5	46.6	51.6	46.6	47.0	48.6	60.3	53.0
平均值	56.5	57.1	51.2	56.8	53.3	51.0	49.8	54.8	50.4	50.7	51.4	62.8	54.7

注：计算水平向振级时，采用与竖向相同的计权因子。

表 7-32 各测点的加速度峰值 （m/s^2）

时间	测点1（桥墩外圈）平行金沙江路	测点1（桥墩外圈）平行真北路	测点1（桥墩外圈）竖向	测点2（桥墩里圈）平行金沙江路	测点2（桥墩里圈）竖向	测点3（地面外圈）平行金沙江路	测点3（地面外圈）平行真北路	测点3（地面外圈）竖向	测点4（地面里圈）平行金沙江路	测点4（地面里圈）平行真北路	测点4（地面里圈）竖向	测点5（小承台）平行金沙江路	测点5（小承台）竖向
11:47:54	0.0017	0.0028	0.0012	0.0019	0.0026	0.0033	0.0011	0.0031	0.0012	0.0010	0.0014	0.0183	0.0050
11:56:26	0.0024	0.0029	0.0022	0.0027	0.0024	0.0027	0.0020	0.0039	0.0018	0.0017	0.0018	0.0137	0.0053
12:28:27	0.0027	0.0027	0.0020	0.0033	0.0025	0.0031	0.0017	0.0037	0.0020	0.0017	0.0021	0.0136	0.0060
13:00:22	0.0067	0.0037	0.0032	0.0030	0.0028	0.0038	0.0014	0.0036	0.0038	0.0014	0.0035	0.0149	0.0036
13:24:38	0.0016	0.0018	0.0010	0.0020	0.0019	0.0019	0.0013	0.0030	0.0031	0.0013	0.0012	0.0141	0.0054
13:40:42	0.0026	0.0021	0.0009	0.0025	0.0016	0.0013	0.0009	0.0025	0.0011	0.0012	0.0011	0.0138	0.0053
13:49:03	0.0028	0.0029	0.0024	0.0030	0.0033	0.0019	0.0031	0.0048	0.0020	0.0022	0.0023	0.0122	0.0059
14:36:23	0.0032	0.0039	0.0021	0.0024	0.0025	0.0021	0.0025	0.0054	0.0017	0.0012	0.0022	0.0123	0.0056
14:52:45	0.0018	0.0027	0.0018	0.0025	0.0018	0.0022	0.0012	0.0031	0.0009	0.0016	0.0018	0.0119	0.0048
15:32:18	0.0030	0.0023	0.0021	0.0035	0.0028	0.0023	0.0014	0.0047	0.0018	0.0015	0.0018	0.0168	0.0064
15:40:30	0.0020	0.0028	0.0012	0.0028	0.0019	0.0012	0.0026	0.0037	0.0013	0.0015	0.0013	0.0162	0.0048
最大值	0.0067	0.0039	0.0032	0.0035	0.0033	0.0038	0.0031	0.0054	0.0038	0.0022	0.0035	0.0183	0.0064
最小值	0.0016	0.0018	0.0009	0.0019	0.0016	0.0012	0.0009	0.0025	0.0009	0.0010	0.0011	0.0119	0.0036
平均值	0.0028	0.0028	0.0018	0.0027	0.0024	0.0023	0.0017	0.0038	0.0019	0.0015	0.0019	0.0143	0.0053

表 7-33 各测点计权后的加速度有效值 （m/s²）

时间	测点1（桥墩外圈）平行金沙江路	测点1（桥墩外圈）平行真北路	测点1（桥墩外圈）竖向	测点2（桥墩里圈）平行金沙江路	测点2（桥墩里圈）竖向	测点3（地面外圈）平行金沙江路	测点3（地面外圈）平行真北路	测点3（地面外圈）竖向	测点4（地面里圈）平行金沙江路	测点4（地面里圈）平行真北路	测点4（地面里圈）竖向	测点5（小承台）平行金沙江路	测点5（小承台）竖向
11:47:54	0.0006	0.0006	0.0003	0.0005	0.0003	0.0003	0.0003	0.0004	0.0003	0.0003	0.0003	0.0016	0.0004
11:56:26	0.0006	0.0007	0.0003	0.0007	0.0004	0.0003	0.0003	0.0005	0.0003	0.0003	0.0003	0.0015	0.0005
12:28:27	0.0007	0.0009	0.0004	0.0009	0.0005	0.0004	0.0004	0.0006	0.0003	0.0005	0.0004	0.0016	0.0005
13:00:22	0.0015	0.0012	0.0005	0.0010	0.0008	0.0007	0.0004	0.0008	0.0008	0.0005	0.0006	0.0013	0.0007
13:24:38	0.0005	0.0005	0.0003	0.0005	0.0003	0.0003	0.0002	0.0004	0.0002	0.0002	0.0003	0.0014	0.0005
13:40:42	0.0007	0.0006	0.0003	0.0007	0.0004	0.0004	0.0002	0.0005	0.0003	0.0002	0.0003	0.0015	0.0005
13:49:03	0.0006	0.0008	0.0003	0.0006	0.0004	0.0003	0.0004	0.0005	0.0003	0.0004	0.0003	0.0012	0.0005
14:36:23	0.0008	0.0007	0.0005	0.0007	0.0006	0.0004	0.0003	0.0007	0.0005	0.0004	0.0005	0.0014	0.0005
14:52:45	0.0004	0.0007	0.0003	0.0006	0.0004	0.0003	0.0003	0.0005	0.0002	0.0004	0.0003	0.0010	0.0005
15:32:18	0.0007	0.0007	0.0005	0.0007	0.0005	0.0004	0.0003	0.0006	0.0004	0.0003	0.0005	0.0013	0.0006
15:40:30	0.0006	0.0008	0.0004	0.0009	0.0006	0.0004	0.0003	0.0007	0.0003	0.0004	0.0004	0.0015	0.0007
最大值	0.0015	0.0012	0.0005	0.0010	0.0008	0.0007	0.0004	0.0008	0.0008	0.0005	0.0006	0.0016	0.0007
最小值	0.0004	0.0005	0.0003	0.0005	0.0003	0.0003	0.0002	0.0004	0.0002	0.0002	0.0003	0.0010	0.0004
平均值	0.0007	0.0007	0.0004	0.0007	0.0005	0.0004	0.0003	0.0006	0.0004	0.0004	0.0004	0.0014	0.0005

5）第二阶段道路交通测试分析结果

截取道路交通作用时各测点的振动加速度数据进行分析，每个样本长度为20s。需要说明，因为测试期间桥墩周边还有部分施工活动，因此数据中不可避免地掺杂了施工荷载等其他环境振动的影响。

（1）西北侧（邻近绿洲中环中心）

① 典型加速度时程及功率谱密度

典型加速度时程及功率谱密度（PSD）如图 7-32 所示。

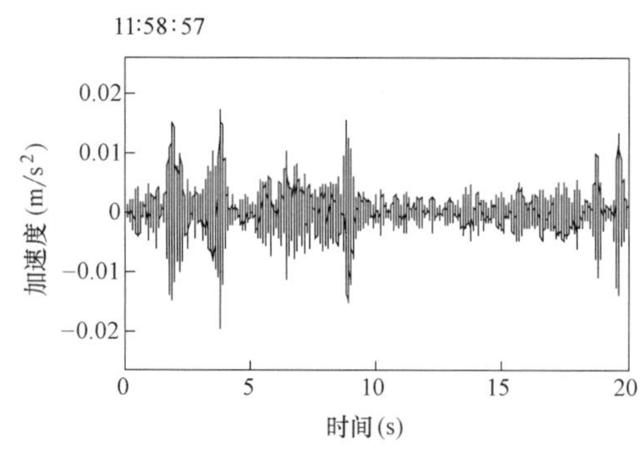

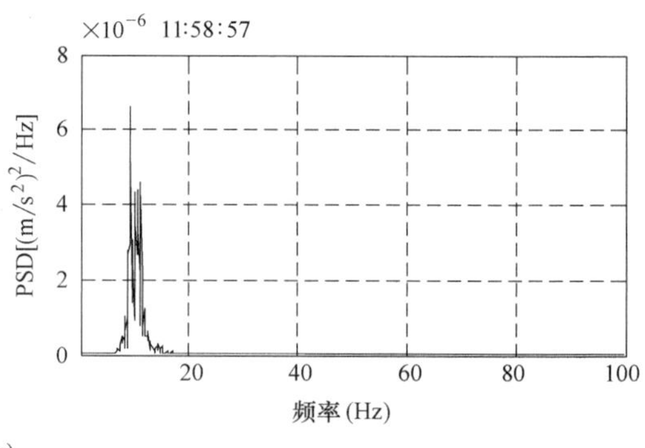

(*a*)

图 7-32 第二阶段道路交通测试西北侧测点典型加速度时程及功率谱密度（一）

（*a*）测点 1（桥墩中），平行金沙江路

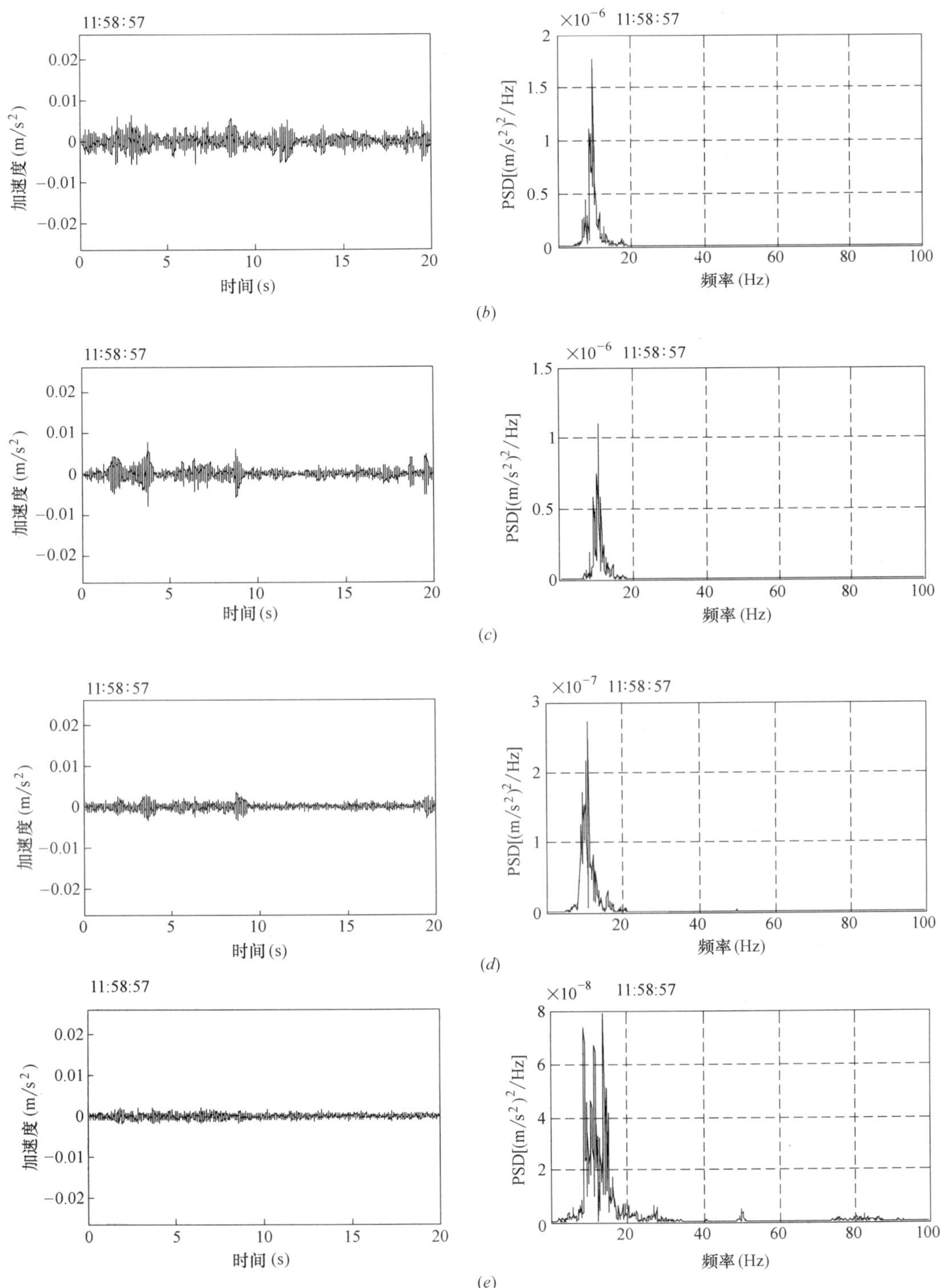

图 7-32 第二阶段道路交通测试西北侧测点典型加速度时程及功率谱密度（二）

(*b*) 测点 1（桥墩中），平行真北路；(*c*) 测点 1（桥墩中），竖向；(*d*) 测点 2（桥墩下），平行金沙江路；(*e*) 测点 2（桥墩下），平行真北路

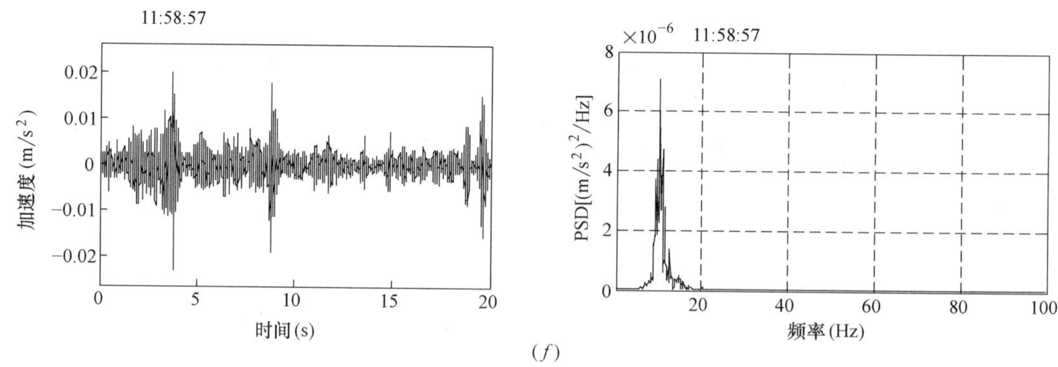

图 7-32 第二阶段道路交通测试西北侧测点典型加速度时程及功率谱密度（三）
（f）测点 2（桥墩下），竖向

由图 7-32 可知：（a）道路交通引起的桥墩上测点竖向振动较水平向小，而桥墩下地面测点（距桥墩约 3.1m）竖向振动明显大于水平向振动；（b）桥墩对道路交通引起的竖向振动有较好的减振作用，而对水平向振动略有放大；（c）道路交通引起各测点振动的频率成分主要分布在 20Hz 以内，峰值频率一般出现在 5～15Hz。

② 振级

根据《城市区域环境振动标准》计算振级，计算结果如表 7-34 所示，与之对应的加速度峰值及计权后的加速度有效值见表 7-35 和表 7-36。

表 7-34 各测点的振级 (dB)

时间	测点 1(桥墩中)平行金沙江路	测点 1(桥墩中)平行真北路	测点 1(桥墩中)竖向	测点 2(桥墩下地面,距桥墩约 3.1m)平行金沙江路	测点 2(桥墩下地面,距桥墩约 3.1m)平行真北路	测点 2(桥墩下地面,距桥墩约 3.1m)竖向
11:23:56	71.6	69.9	63.5	57.6	57.5	73.0
11:34:14	66.8	69.3	57.2	56.3	56.9	69.7
11:40:14	69.5	66.5	62.2	53.1	56.8	70.0
11:40:46	71.6	64.4	62.3	56.5	53.3	70.4
11:58:57	74.8	67.2	66.7	60.5	54.2	76.1
12:07:44	70.2	63.6	61.7	56.2	48.8	70.4
12:27:36	72.4	66.7	63.5	57.6	56.0	72.9
12:32:35	68.8	61.1	60.4	52.7	48.9	70.0
12:39:58	72.3	69.2	64.2	60.8	53.2	74.7
12:52:07	73.2	68.8	64.7	59.1	55.8	75.4
13:00:00	70.8	66.2	63.1	57.7	53.2	72.8

续表

时间	测点1(桥墩中)平行金沙江路	测点1(桥墩中)平行真北路	测点1(桥墩中)竖向	测点2(桥墩下地面,距桥墩约3.1m)平行金沙江路	测点2(桥墩下地面,距桥墩约3.1m)平行真北路	测点2(桥墩下地面,距桥墩约3.1m)竖向
13:28:05	75.4	68.3	67.0	57.7	57.2	75.7
13:38:31	66.9	71.9	59.8	55.2	55.2	66.9
13:47:18	76.9	74.6	66.8	59.1	60.6	76.0
13:54:58	72.2	69.1	62.3	55.8	55.7	69.0
14:38:56	69.9	68.8	62.7	54.9	54.6	68.8
最大值	76.9	74.6	67.0	60.8	60.6	76.1
最小值	66.8	61.1	57.2	52.7	48.8	66.9
平均值	71.4	67.8	63.0	56.9	54.9	72.0

注：计算水平向振级时，采用与竖向相同的计权因子。

表 7-35 各测点的加速度峰值 (m/s^2)

时间	测点1(桥墩中)平行金沙江路	测点1(桥墩中)平行真北路	测点1(桥墩中)竖向	测点2(桥墩下地面,距桥墩约3.1m)平行金沙江路	测点2(桥墩下地面,距桥墩约3.1m)平行真北路	测点2(桥墩下地面,距桥墩约3.1m)竖向
11:23:56	0.015	0.009	0.007	0.003	0.003	0.020
11:34:14	0.006	0.009	0.002	0.004	0.003	0.011
11:40:14	0.010	0.006	0.004	0.002	0.002	0.011
11:40:46	0.011	0.005	0.005	0.002	0.002	0.012
11:58:57	0.020	0.006	0.008	0.004	0.002	0.023
12:07:44	0.012	0.004	0.005	0.002	0.001	0.014
12:27:36	0.015	0.007	0.006	0.003	0.003	0.015
12:32:35	0.010	0.004	0.003	0.002	0.001	0.013
12:39:58	0.017	0.010	0.007	0.005	0.003	0.023
12:52:07	0.016	0.011	0.006	0.003	0.002	0.025
13:00:00	0.014	0.007	0.005	0.003	0.002	0.016
13:28:05	0.023	0.008	0.009	0.004	0.003	0.026
13:38:31	0.008	0.011	0.004	0.002	0.002	0.008
13:47:18	0.018	0.013	0.006	0.008	0.003	0.016
13:54:58	0.013	0.008	0.004	0.002	0.002	0.009
14:38:56	0.012	0.009	0.006	0.003	0.002	0.010
最大值	0.023	0.013	0.009	0.008	0.003	0.026
最小值	0.006	0.004	0.002	0.002	0.001	0.008
平均值	0.014	0.008	0.005	0.003	0.002	0.016

表 7-36 各测点计权后的加速度有效值 (m/s²)

时间	测点 1(桥墩中)平行金沙江路	测点 1(桥墩中)平行真北路	测点 1(桥墩中)竖向	测点 2(桥墩下地面,距桥墩约 3.1m)平行金沙江路	测点 2(桥墩下地面,距桥墩约 3.1m)平行真北路	测点 2(桥墩下地面,距桥墩约 3.1m)竖向
11:23:56	0.004	0.003	0.001	0.001	0.001	0.004
11:34:14	0.002	0.003	0.001	0.001	0.001	0.003
11:40:14	0.003	0.002	0.001	0.000	0.001	0.003
11:40:46	0.004	0.002	0.001	0.001	0.000	0.003
11:58:57	0.005	0.002	0.002	0.001	0.001	0.006
12:07:44	0.003	0.002	0.001	0.001	0.000	0.003
12:27:36	0.004	0.002	0.001	0.001	0.001	0.004
12:32:35	0.003	0.001	0.001	0.000	0.000	0.003
12:39:58	0.004	0.003	0.002	0.001	0.000	0.005
12:52:07	0.005	0.003	0.002	0.001	0.001	0.006
13:00:00	0.003	0.002	0.001	0.001	0.000	0.004
13:28:05	0.006	0.003	0.002	0.001	0.001	0.006
13:38:31	0.002	0.004	0.001	0.001	0.001	0.002
13:47:18	0.007	0.005	0.002	0.001	0.001	0.006
13:54:58	0.004	0.003	0.001	0.001	0.001	0.003
14:38:56	0.003	0.003	0.001	0.001	0.001	0.003
最大值	0.007	0.005	0.002	0.001	0.001	0.006
最小值	0.002	0.001	0.001	0.000	0.000	0.002
平均值	0.004	0.003	0.001	0.001	0.001	0.004

(2) 东北侧（邻近近铁城市广场）

① 典型加速度时程及功率谱密度

典型加速度时程及功率谱密度（PSD）如图 7-33 所示。

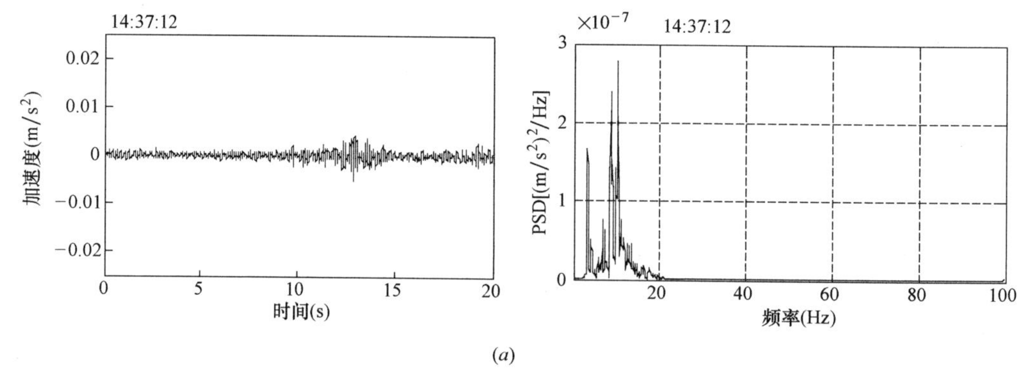

(*a*)

图 7-33 第二阶段道路交通测试东北侧测点典型加速度时程及功率谱密度（一）

（*a*）测点 1（桥墩外圈），平行金沙江路

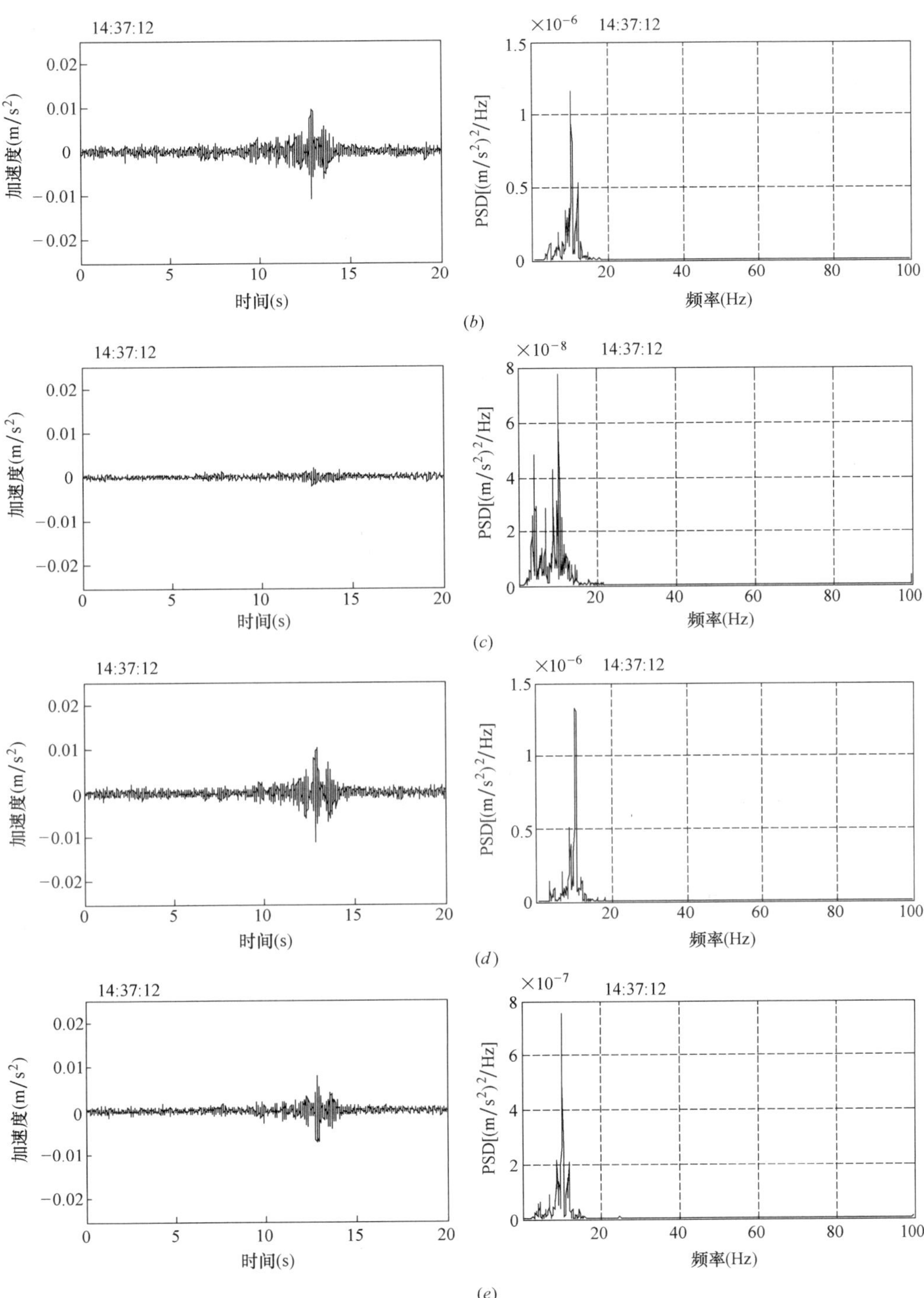

图 7-33 第二阶段道路交通测试东北侧测点典型加速度时程及功率谱密度（二）

(*b*) 测点 1（桥墩外圈），平行真北路；(*c*) 测点 1（桥墩外圈），竖向；(*d*) 测点 2（桥墩里圈），平行金沙江路；(*e*) 测点 2（桥墩里圈），竖向

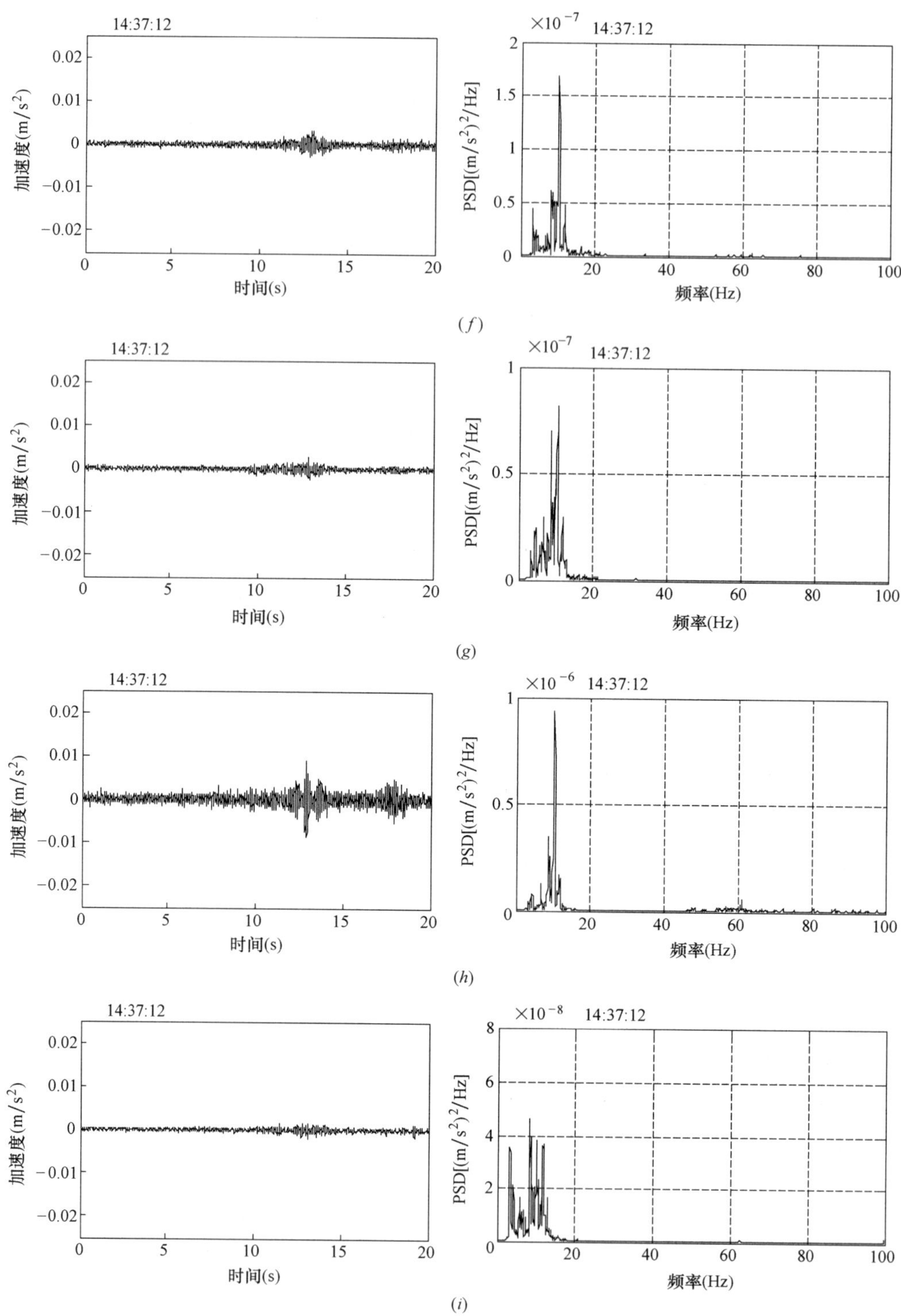

图 7-33 第二阶段道路交通测试东北侧测点典型加速度时程及功率谱密度（三）

(*f*) 测点 3（地面外圈），平行金沙江路；(*g*) 测点 3（地面外圈），平行真北路；(*h*) 测点 3（地面外圈），竖向；(*i*) 测点 4（地面里圈），平行金沙江路

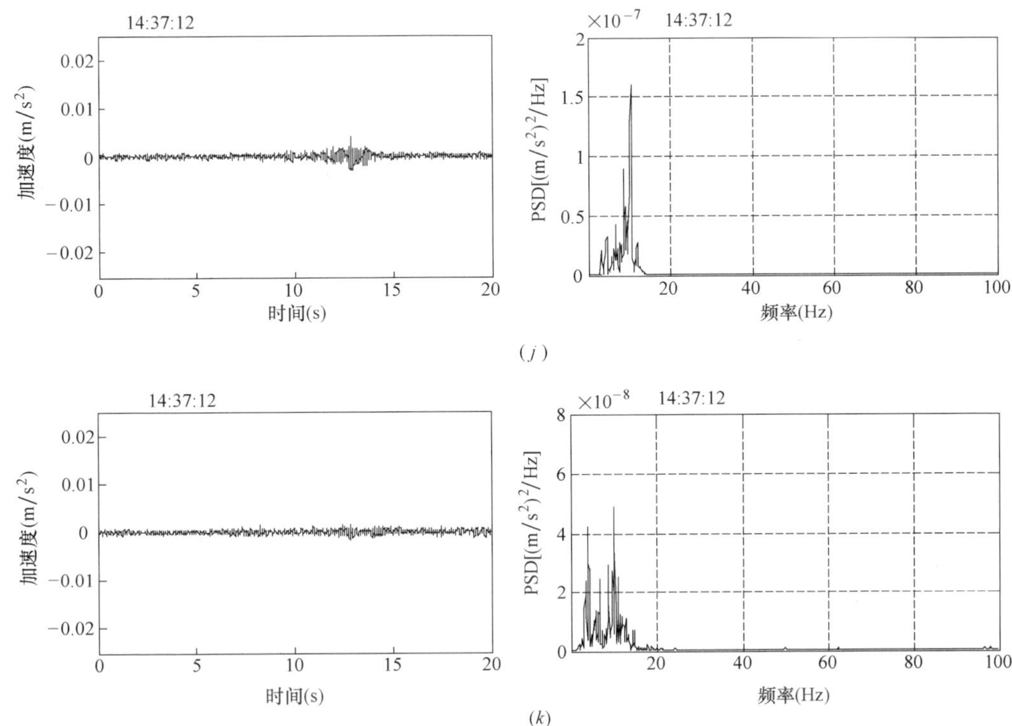

图 7-33 第二阶段道路交通测试东北侧测点典型加速度时程及功率谱密度（四）
(j) 测点 4（地面里圈），平行真北路；(k) 测点 4（地面里圈），竖向

由图 7-33 可知：(a) 道路交通引起的桥墩上测点竖向振动较平行金沙江路方向振动小，而桥墩下地面外圈测点（紧邻桥墩）竖向振动大于水平向振动，桥墩下地面里圈测点（紧邻桥墩）竖向振动小于平行真北路方向振动；(b) 道路交通引起各测点振动的频率成分主要分布在 20Hz 以内，峰值频率一般出现在 5～15Hz。

② 振级

根据《城市区域环境振动标准》计算振级，计算结果如表 7-37 所示，与之对应的加速度峰值及计权后的加速度有效值见表 7-38 和表 7-39。

表 7-37 各测点的振级 (dB)

时间	测点 1（桥墩外圈）平行金沙江路	测点 1（桥墩外圈）平行真北路	测点 1（桥墩外圈）竖向	测点 2（桥墩里圈）平行金沙江路	测点 2（桥墩里圈）竖向	测点 3（地面外圈）平行金沙江路	测点 3（地面外圈）平行真北路	测点 3（地面外圈）竖向	测点 4（地面里圈）平行金沙江路	测点 4（地面里圈）平行真北路	测点 4（地面里圈）竖向
11:49:50	65.1	68.8	61.8	67.8	65.3	62.1	62.0	66.3	60.3	62.9	61.1
11:57:34	65.5	65.2	60.0	64.5	61.7	60.8	58.3	62.4	61.0	59.5	59.6

续表

时间	测点1（桥墩外圈）平行金沙江路	测点1（桥墩外圈）平行真北路	测点1（桥墩外圈）竖向	测点2（桥墩里圈）平行金沙江路	测点2（桥墩里圈）竖向	测点3（地面外圈）平行金沙江路	测点3（地面外圈）平行真北路	测点3（地面外圈）竖向	测点4（地面里圈）平行金沙江路	测点4（地面里圈）平行真北路	测点4（地面里圈）竖向
12:05:29	64.7	67.5	59.5	66.1	62.9	61.9	60.8	63.2	60.7	61.7	59.9
12:45:39	67.5	66.0	59.9	65.8	61.1	62.5	59.4	62.1	62.3	60.3	60.2
12:49:29	66.2	66.0	63.0	66.2	64.6	62.7	59.7	66.3	61.8	64.4	62.5
12:53:05	68.1	69.7	62.1	69.3	65.9	65.6	62.4	67.3	63.4	63.5	61.1
13:09:47	68.3	68.4	62.2	68.0	65.0	63.2	62.1	65.9	62.9	63.1	61.5
13:13:09	61.8	64.7	55.8	64.5	60.3	56.1	57.3	61.3	54.8	58.7	56.3
13:25:32	66.2	67.5	61.0	66.2	64.6	61.1	60.3	65.7	60.4	61.1	60.8
13:54:54	63.9	63.6	55.4	66.4	62.0	57.6	56.1	64.0	54.7	57.6	53.9
14:05:41	61.6	64.3	58.3	63.1	58.7	55.0	56.3	60.6	55.9	57.7	58.8
14:21:36	56.6	60.3	64.6	57.1	64.3	66.4	76.5	59.8	52.9	67.6	60.6
14:26:52	57.1	56.3	64.1	58.1	65.3	65.5	71.7	61.8	55.2	68.0	63.9
14:27:49	60.5	58.7	59.7	61.3	59.7	59.0	66.8	59.2	54.9	65.5	60.5
14:37:12	63.5	68.3	56.5	69.1	65.8	59.7	58.0	66.9	54.4	60.4	54.6
14:44:39	54.3	53.7	49.9	55.7	54.4	53.0	53.4	53.5	48.6	58.0	54.5
16:06:10	58.6	58.8	54.9	57.2	54.8	53.1	52.6	56.0	55.4	64.4	62.7
16:08:50	57.0	62.6	51.6	61.1	58.2	53.3	54.1	58.8	59.2	67.2	68.1
16:36:01	57.7	57.4	49.4	57.7	53.1	60.2	59.9	66.4	51.5	59.1	53.2
16:37:34	63.5	66.3	54.5	68.1	63.9	59.2	56.5	65.7	53.9	59.8	53.4
16:53:25	60.3	66.8	60.0	66.6	65.2	55.7	56.0	66.1	53.0	62.4	60.6
17:00:17	59.7	61.0	50.7	62.4	58.1	54.7	53.6	59.4	52.4	55.0	50.6
17:03:17	59.6	63.8	53.0	62.0	59.1	56.2	56.1	62.0	52.3	56.4	52.2
最大值	68.3	69.7	64.6	69.3	65.9	66.4	76.5	67.3	63.4	68.0	68.1
最小值	54.3	53.7	49.4	55.7	53.1	53.0	52.6	53.5	48.6	55.0	50.6
平均值	62.1	63.7	57.7	63.7	61.5	59.3	59.6	62.6	56.6	61.5	58.7

注：计算水平向振级时，采用与竖向相同的计权因子。

表 7-38 各测点的加速度峰值

（m/s^2）

时间	测点1（桥墩外圈）平行金沙江路	测点1（桥墩外圈）平行真北路	测点1（桥墩外圈）竖向	测点2（桥墩里圈）平行金沙江路	测点2（桥墩里圈）竖向	测点3（地面外圈）平行金沙江路	测点3（地面外圈）平行真北路	测点3（地面外圈）竖向	测点4（地面里圈）平行金沙江路	测点4（地面里圈）平行真北路	测点4（地面里圈）竖向
11:49:50	0.008	0.009	0.003	0.009	0.005	0.004	0.004	0.008	0.004	0.004	0.003
11:57:34	0.006	0.005	0.003	0.004	0.003	0.004	0.002	0.004	0.003	0.003	0.002
12:05:29	0.005	0.006	0.003	0.006	0.004	0.005	0.003	0.005	0.003	0.003	0.003
12:45:39	0.007	0.005	0.003	0.005	0.003	0.004	0.003	0.013	0.003	0.003	0.003

续表

时间	测点1（桥墩外圈）平行金沙江路	测点1（桥墩外圈）平行真北路	测点1（桥墩外圈）竖向	测点2（桥墩里圈）平行金沙江路	测点2（桥墩里圈）竖向	测点3（地面外圈）平行金沙江路	测点3（地面外圈）平行真北路	测点3（地面外圈）竖向	测点4（地面里圈）平行金沙江路	测点4（地面里圈）平行真北路	测点4（地面里圈）竖向
12:49:29	0.006	0.006	0.003	0.006	0.004	0.004	0.003	0.009	0.003	0.023	0.003
12:53:05	0.009	0.008	0.004	0.011	0.007	0.008	0.004	0.009	0.005	0.004	0.004
13:09:47	0.009	0.007	0.003	0.008	0.004	0.006	0.004	0.010	0.004	0.004	0.003
13:13:09	0.006	0.008	0.002	0.008	0.004	0.002	0.003	0.006	0.002	0.004	0.003
13:25:32	0.009	0.007	0.003	0.008	0.005	0.003	0.003	0.009	0.002	0.003	0.004
13:54:54	0.011	0.004	0.002	0.006	0.003	0.002	0.002	0.004	0.001	0.002	0.001
14:05:41	0.003	0.006	0.003	0.004	0.002	0.002	0.002	0.004	0.002	0.003	0.003
14:21:36	0.003	0.003	0.021	0.005	0.017	0.015	0.029	0.014	0.005	0.015	0.024
14:26:52	0.002	0.002	0.016	0.003	0.026	0.011	0.014	0.013	0.003	0.007	0.015
14:27:49	0.004	0.032	0.023	0.005	0.020	0.016	0.020	0.006	0.008	0.018	0.009
14:37:12	0.005	0.011	0.002	0.011	0.008	0.003	0.003	0.009	0.002	0.004	0.002
14:44:39	0.005	0.005	0.006	0.007	0.007	0.006	0.003	0.008	0.003	0.009	0.010
16:06:10	0.004	0.003	0.003	0.003	0.002	0.003	0.003	0.008	0.009	0.026	0.013
16:08:50	0.002	0.004	0.004	0.003	0.002	0.006	0.005	0.003	0.012	0.032	0.035
16:36:01	0.002	0.003	0.004	0.002	0.002	0.015	0.018	0.032	0.005	0.010	0.008
16:37:34	0.005	0.007	0.002	0.008	0.005	0.003	0.002	0.007	0.002	0.004	0.004
16:53:25	0.004	0.008	0.003	0.008	0.007	0.002	0.002	0.009	0.002	0.012	0.003
17:00:17	0.003	0.003	0.001	0.004	0.003	0.002	0.002	0.003	0.001	0.002	0.002
17:03:17	0.003	0.004	0.001	0.004	0.002	0.004	0.003	0.010	0.001	0.002	0.001
最大值	0.011	0.032	0.023	0.011	0.026	0.016	0.029	0.032	0.012	0.032	0.035
最小值	0.002	0.002	0.001	0.002	0.002	0.002	0.002	0.003	0.001	0.002	0.001
平均值	0.005	0.007	0.005	0.006	0.006	0.006	0.006	0.009	0.004	0.008	0.007

表 7-39 各测点计权后的加速度有效值 (m/s²)

时间	测点1（桥墩外圈）平行金沙江路	测点1（桥墩外圈）平行真北路	测点1（桥墩外圈）竖向	测点2（桥墩里圈）平行金沙江路	测点2（桥墩里圈）竖向	测点3（地面外圈）平行金沙江路	测点3（地面外圈）平行真北路	测点3（地面外圈）竖向	测点4（地面里圈）平行金沙江路	测点4（地面里圈）平行真北路	测点4（地面里圈）竖向
11:49:50	0.002	0.003	0.001	0.002	0.002	0.001	0.001	0.002	0.001	0.001	0.001
11:57:34	0.002	0.002	0.001	0.002	0.001	0.001	0.001	0.001	0.001	0.001	0.001
12:05:29	0.002	0.002	0.001	0.002	0.001	0.001	0.001	0.001	0.001	0.001	0.001
12:45:39	0.002	0.002	0.001	0.002	0.001	0.001	0.001	0.001	0.001	0.001	0.001

续表

时间	测点1（桥墩外圈）平行金沙江路	测点1（桥墩外圈）平行真北路	测点1（桥墩外圈）竖向	测点2（桥墩里圈）平行金沙江路	测点2（桥墩里圈）竖向	测点3（地面外圈）平行金沙江路	测点3（地面外圈）平行真北路	测点3（地面外圈）竖向	测点4（地面里圈）平行金沙江路	测点4（地面里圈）平行真北路	测点4（地面里圈）竖向
12:49:29	0.002	0.002	0.001	0.002	0.002	0.001	0.001	0.002	0.001	0.002	0.001
12:53:05	0.003	0.003	0.001	0.003	0.002	0.002	0.001	0.002	0.001	0.001	0.001
13:09:47	0.003	0.003	0.001	0.003	0.002	0.001	0.001	0.002	0.001	0.001	0.001
13:13:09	0.001	0.002	0.001	0.002	0.001	0.001	0.001	0.001	0.001	0.001	0.001
13:25:32	0.002	0.002	0.001	0.002	0.002	0.001	0.001	0.002	0.001	0.001	0.001
13:54:54	0.002	0.002	0.001	0.002	0.001	0.001	0.001	0.002	0.001	0.001	0.000
14:05:41	0.001	0.002	0.001	0.001	0.001	0.001	0.001	0.001	0.001	0.001	0.001
14:21:36	0.001	0.001	0.002	0.001	0.002	0.002	0.007	0.001	0.000	0.002	0.001
14:26:52	0.001	0.001	0.002	0.001	0.002	0.002	0.004	0.001	0.001	0.003	0.002
14:27:49	0.001	0.001	0.001	0.001	0.001	0.001	0.002	0.001	0.001	0.002	0.001
14:37:12	0.001	0.003	0.001	0.003	0.002	0.001	0.001	0.002	0.001	0.001	0.001
14:44:39	0.001	0.000	0.000	0.001	0.001	0.000	0.000	0.000	0.000	0.001	0.001
16:06:10	0.001	0.001	0.001	0.001	0.001	0.000	0.000	0.001	0.001	0.002	0.001
16:08:50	0.001	0.001	0.000	0.001	0.001	0.000	0.001	0.001	0.001	0.002	0.003
16:36:01	0.001	0.001	0.000	0.001	0.000	0.001	0.001	0.002	0.000	0.001	0.000
16:37:34	0.001	0.002	0.001	0.003	0.002	0.001	0.001	0.002	0.000	0.001	0.000
16:53:25	0.001	0.002	0.001	0.002	0.002	0.001	0.001	0.002	0.000	0.001	0.001
17:00:17	0.001	0.001	0.000	0.001	0.001	0.001	0.000	0.001	0.000	0.001	0.000
17:03:17	0.001	0.002	0.000	0.001	0.001	0.001	0.001	0.001	0.000	0.001	0.000
最大值	0.003	0.003	0.002	0.003	0.002	0.002	0.007	0.002	0.001	0.003	0.003
最小值	0.0005	0.0005	0.0003	0.0006	0.0005	0.0004	0.0004	0.0005	0.0003	0.0006	0.0003
平均值	0.001	0.002	0.001	0.002	0.001	0.001	0.001	0.001	0.001	0.001	0.001

6）第三阶段地铁交通测试分析结果

选取地铁经过时各测点的振动加速度数据进行分析，每个样本长度为20s。因测试期间道路交通一直较繁忙，选取的各测点的振动响应实际上是地铁交通和道路交通荷载等环境振动共同作用的结果，但在选取样本时尽量选取道路交通等其他荷载干扰较小的数据。

（1）典型加速度时程及功率谱密度

地铁经过时，典型加速度时程及功率谱密度（PSD）如图7-34所示。

由图7-34可知：（a）地铁经过时桥面振动的频率成分较丰富，且20Hz以上的振动较明显，这与道路交通引起的振动相似，峰值频率分布无统一规律，在0～20Hz、20～40Hz、40～80Hz间变化；（b）从时程图看，地铁引起的振动对天桥影响也较小，这说明桥墩对地铁交通引起的振动有较好的减振作用。

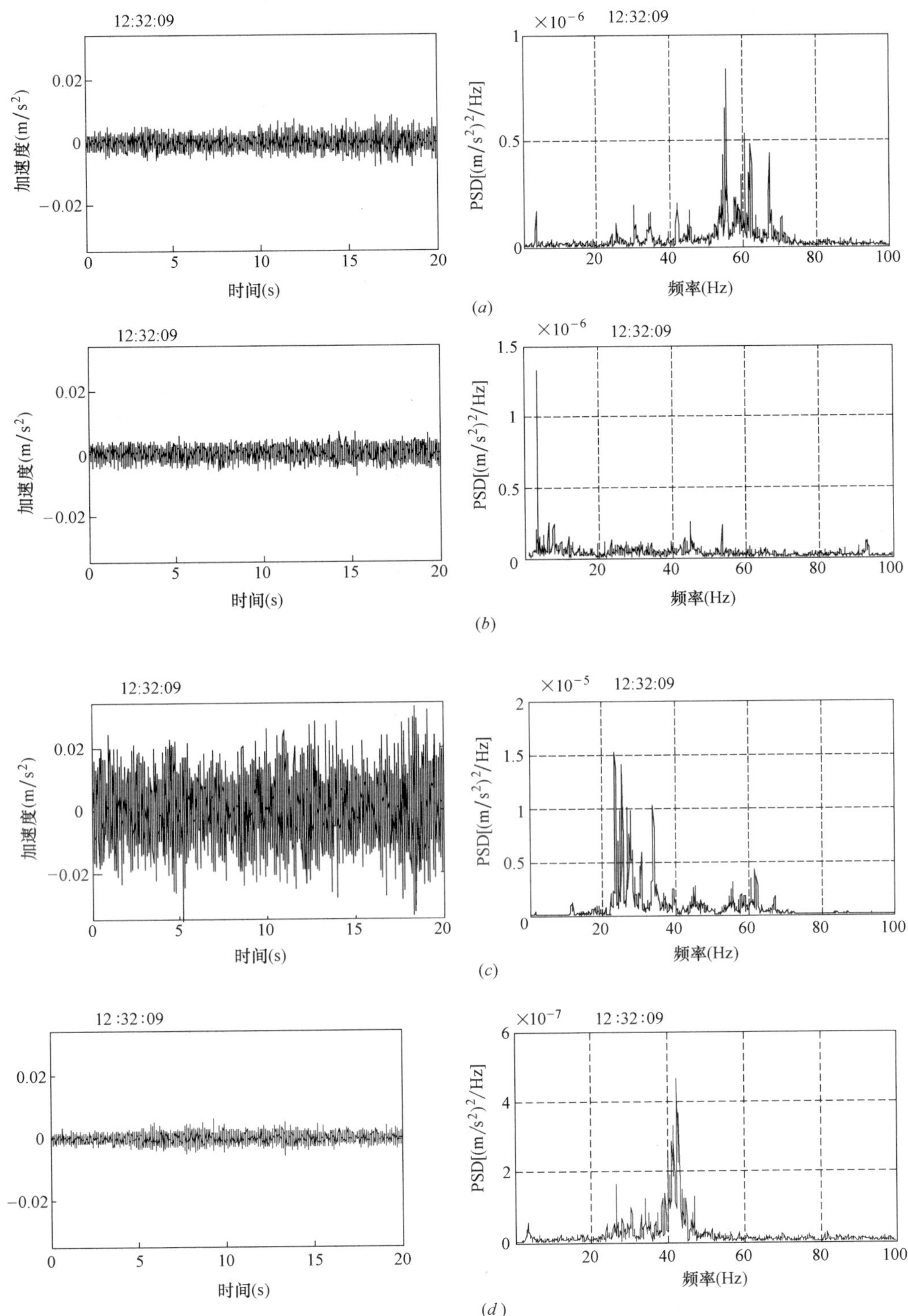

图 7-34　第三阶段地铁交通测试各测点典型加速度时程及功率谱密度（一）

(a) 测点 1（跨中），切向；(b) 测点 1（跨中），径向；(c) 测点 1（跨中），竖向；(d) 测点 2（桥墩），切向

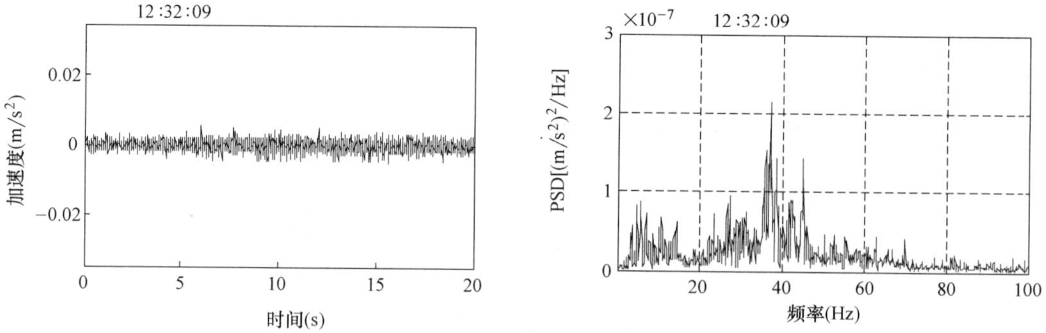

(*e*)

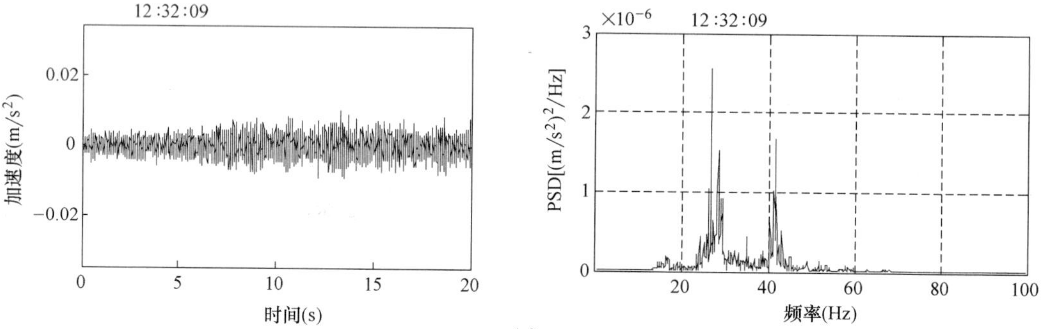

(*f*)

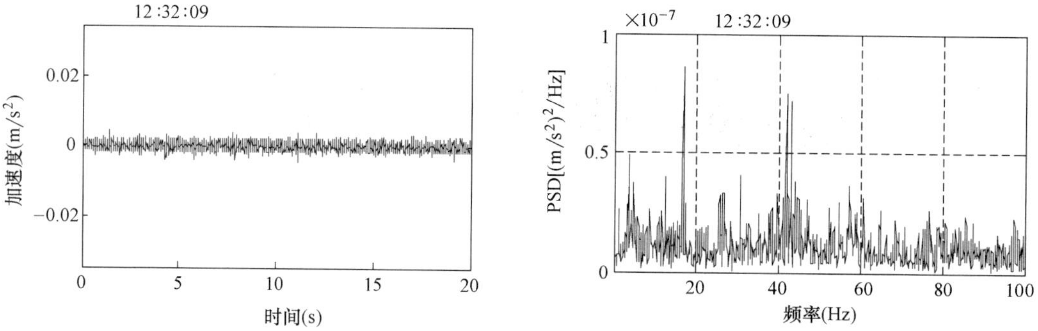

(*g*)

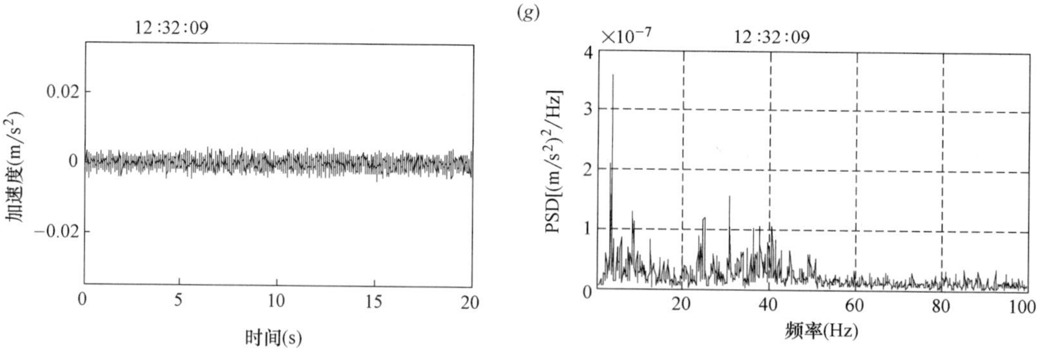

(*h*)

图 7-34 第三阶段地铁交通测试各测点典型加速度时程及功率谱密度（二）

(*e*) 测点 2（桥墩），径向；(*f*) 测点 2（桥墩），竖向；(*g*) 测点 3（跨中），切向；(*h*) 测点 3（跨中），径向

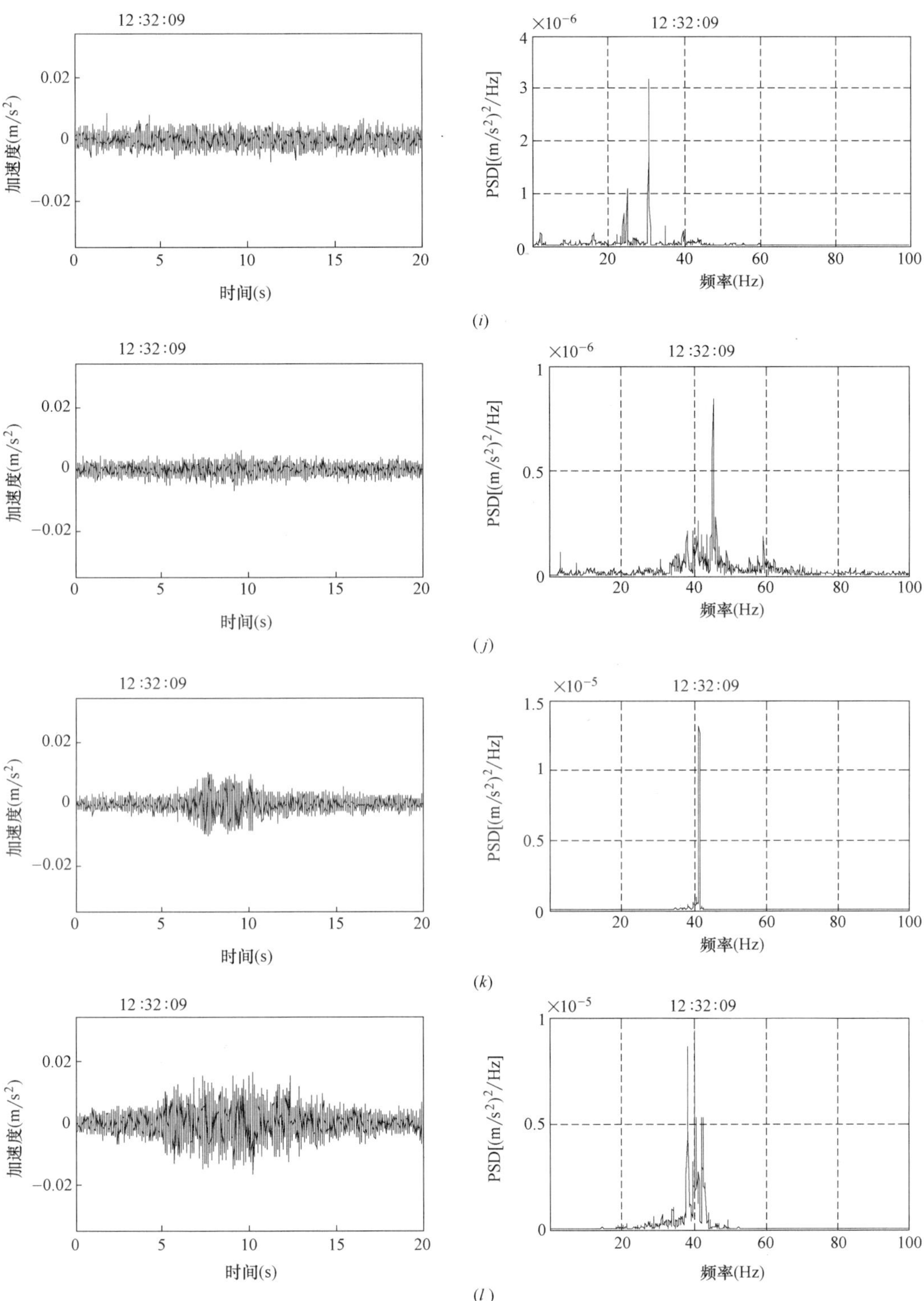

图 7-34 第三阶段地铁交通测试各测点典型加速度时程及功率谱密度（三）

(*i*) 测点3（跨中），竖向；(*j*) 测点4（桥墩），切向；(*k*) 测点4（桥墩），径向；(*l*) 测点4（桥墩），竖向

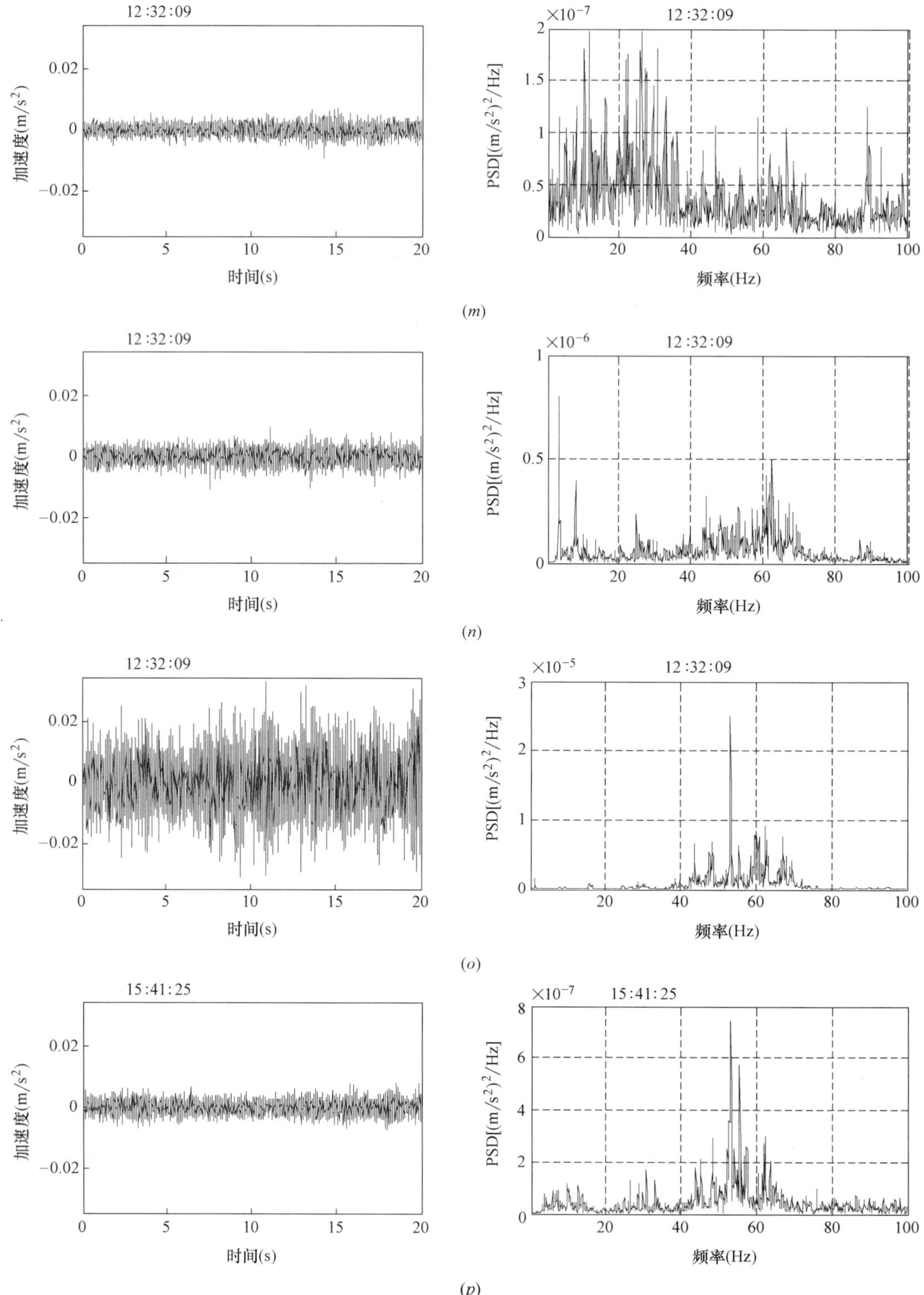

图 7-34 第三阶段地铁交通测试各测点典型加速度时程及功率谱密度（四）

（*m*）测点 5（跨中），切向；（*n*）测点 5（跨中），径向；（*o*）测点 5（跨中），竖向；（*p*）测点 6（桥墩），切向

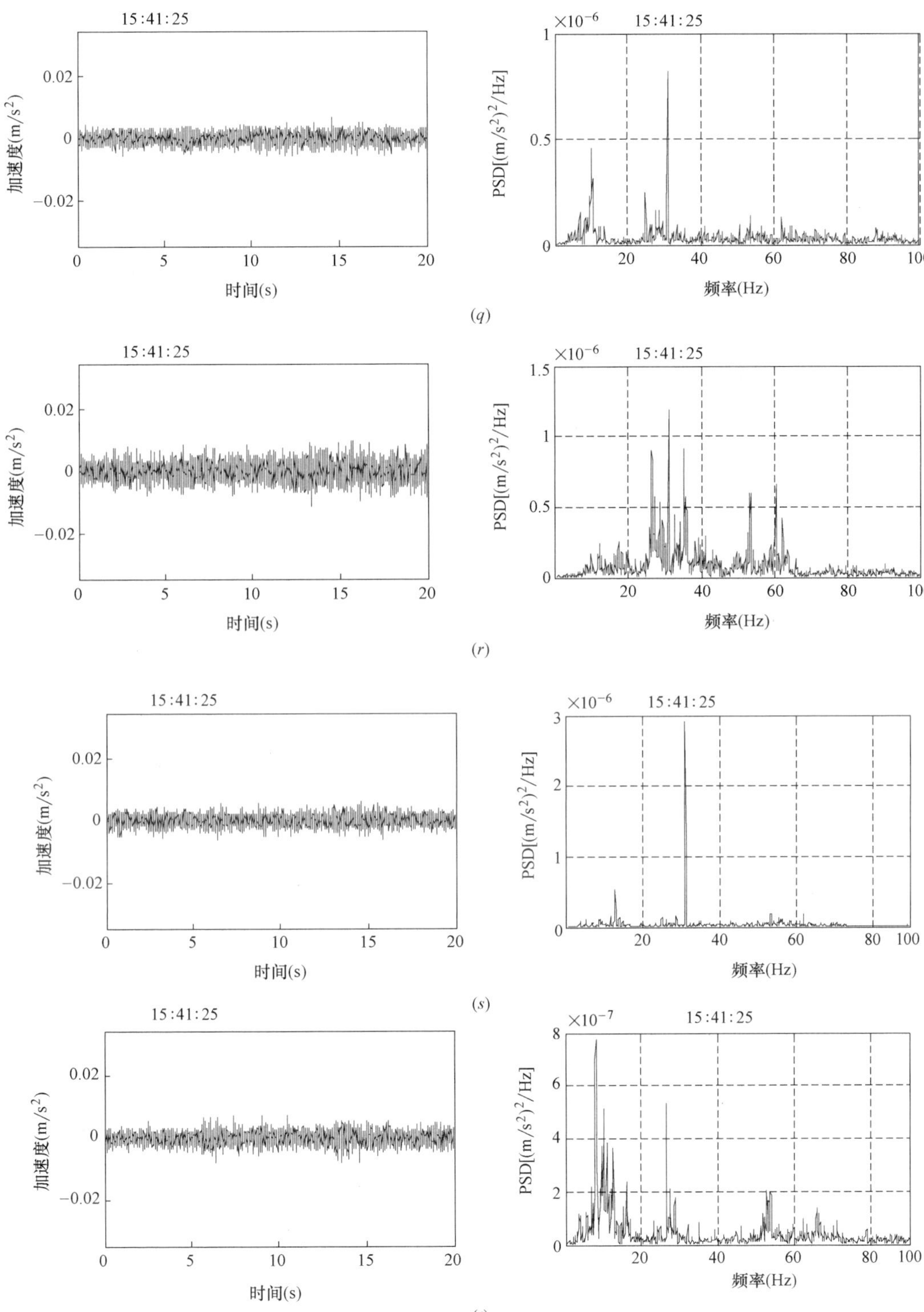

图 7-34 第三阶段地铁交通测试各测点典型加速度时程及功率谱密度（五）

(*q*) 测点 6（桥墩），径向；(*r*) 测点 6（桥墩），竖向；(*s*) 测点 7（跨中），切向；(*t*) 测点 7（跨中），径向

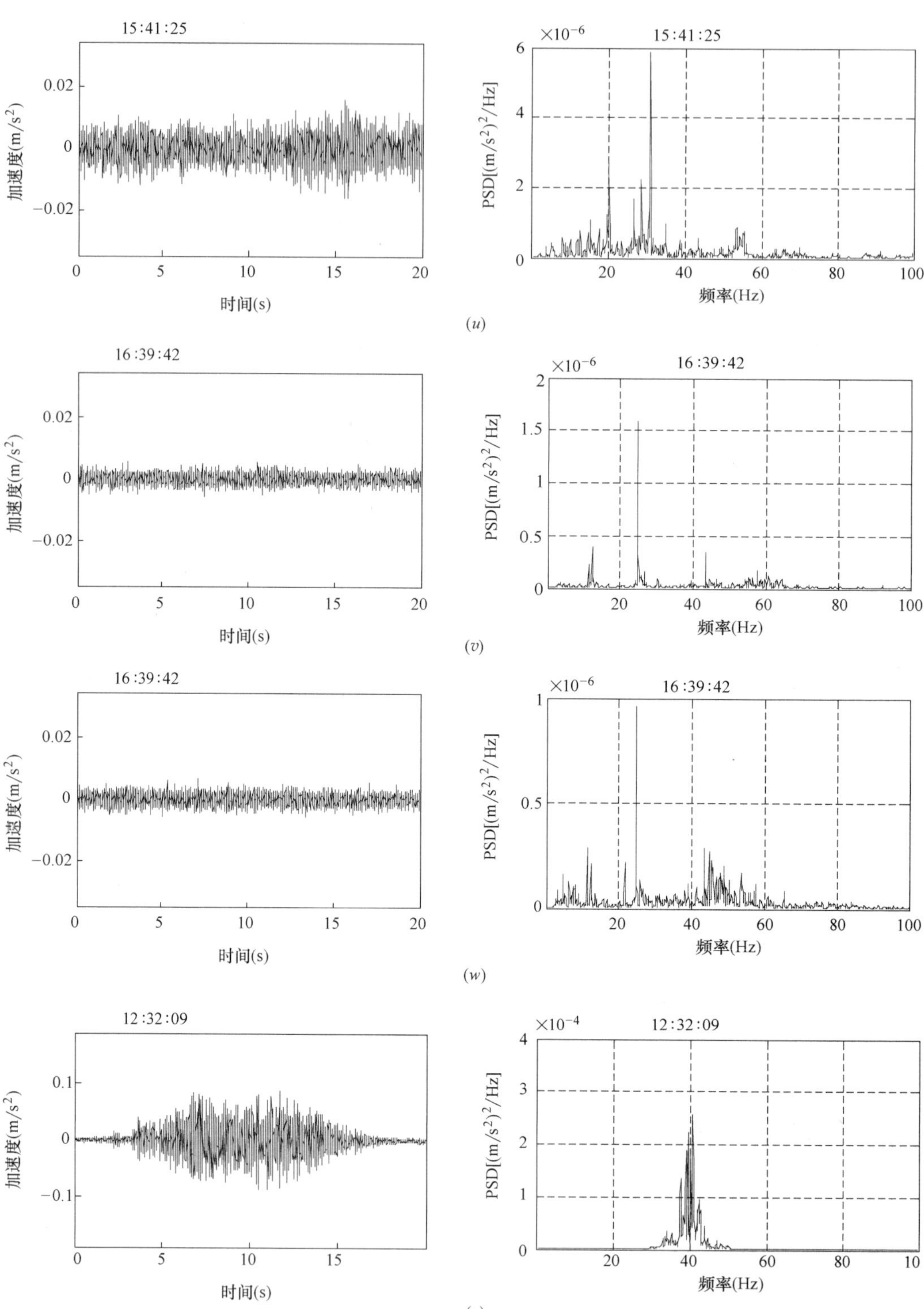

图 7-34 第三阶段地铁交通测试各测点典型加速度时程及功率谱密度（六）

（*u*）测点 7（跨中），竖向；（*v*）测点 8（桥墩），切向；（*w*）测点 8（桥墩），径向；（*x*）测点 9（地面），竖向

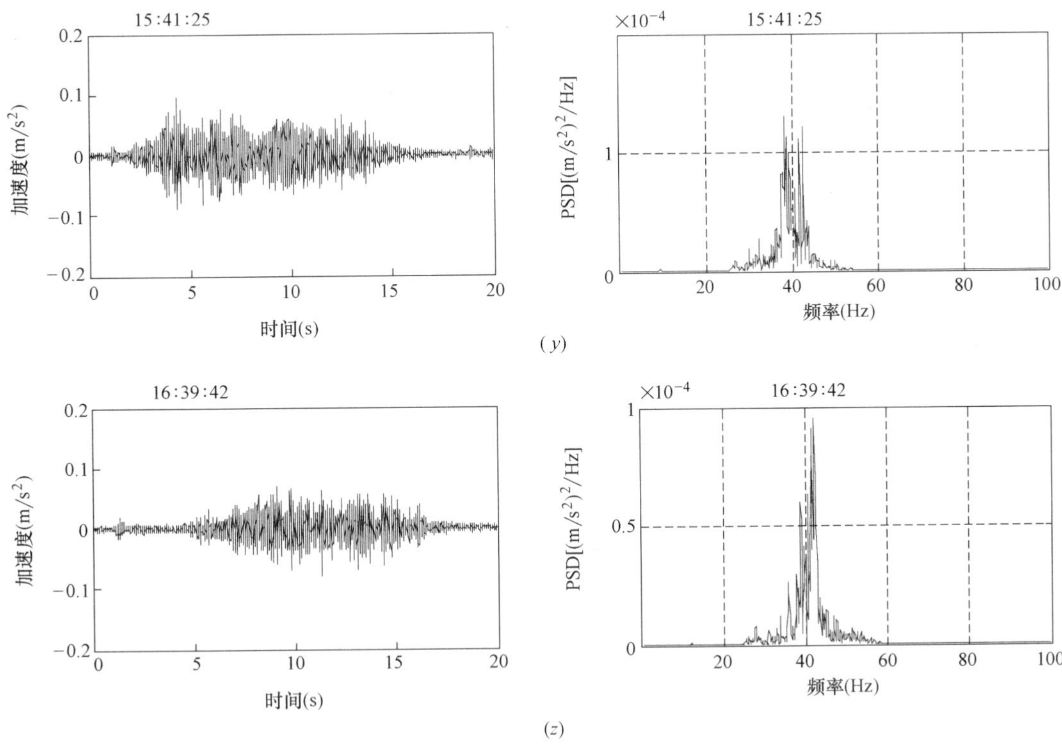

图 7-34 第三阶段地铁交通测试各测点典型加速度时程及功率谱密度（七）

（y）测点 9（地面），竖向；（z）测点 9（地面），竖向

（2）振级

根据《城市区域环境振动标准》计算振级，计算结果如表 7-40—表 7-42 所示，与之对应的加速度峰值见表 7-43—表 7-45。

表 7-40 12:17—14:07 各测点的振级 (dB)

时间	测点 1（跨中）切向	测点 1（跨中）径向	测点 1（跨中）竖向	测点 2（桥墩）切向	测点 2（桥墩）径向	测点 2（桥墩）竖向	测点 3（跨中）切向	测点 3（跨中）径向	测点 3（跨中）竖向	测点 4（桥墩）切向	测点 4（桥墩）径向	测点 4（桥墩）竖向	测点 5（跨中）切向	测点 5（跨中）径向	测点 5（跨中）竖向	测点 6（地面）竖向
12:27:39	58.4	64.4	69.0	57.1	58.6	63.9	55.7	61.8	63.6	58.1	59.1	59.9	59.5	64.3	65.9	75.4
12:32:09	56.8	61.6	70.7	55.2	57.5	60.0	54.6	59.3	60.2	55.4	60.9	63.7	59.9	63.2	67.3	78.1
12:34:45	58.2	64.2	72.2	57.4	61.5	66.7	59.5	65.1	63.4	59.7	61.5	61.9	59.0	62.9	64.7	76.6
12:45:58	59.0	69.9	70.5	58.8	58.5	63.9	56.1	64.9	63.5	58.9	60.0	68.2	61.3	67.3	67.5	81.8
12:53:25	58.3	64.3	71.1	57.9	57.6	60.6	57.7	61.3	67.0	56.1	57.5	61.7	61.0	62.4	68.7	77.7
12:55:50	60.8	65.3	72.1	59.7	61.0	66.3	59.7	65.1	72.9	60.4	61.0	61.6	64.3	65.3	66.5	77.3
12:59:56	56.7	62.0	72.0	56.1	57.9	63.5	54.8	58.4	61.3	56.5	59.4	62.5	59.6	61.4	66.7	78.3

续表

时间	测点1(跨中)切向	测点1(跨中)径向	测点1(跨中)竖向	测点2(桥墩)切向	测点2(桥墩)径向	测点2(桥墩)竖向	测点3(跨中)切向	测点3(跨中)径向	测点3(跨中)竖向	测点4(桥墩)切向	测点4(桥墩)径向	测点4(桥墩)竖向	测点5(跨中)切向	测点5(跨中)径向	测点5(跨中)竖向	测点6(地面)竖向
13:02:48	59.3	63.6	72.0	58.0	58.8	64.4	56.2	61.4	64.5	56.8	58.8	59.7	58.8	60.9	64.2	74.3
13:14:15	56.5	62.6	71.9	61.2	59.2	65.7	55.4	59.8	62.2	59.0	63.3	67.4	58.7	61.1	65.6	84.1
13:23:46	59.5	68.6	72.8	59.1	63.1	66.8	59.9	66.0	61.4	60.3	59.0	63.0	60.8	65.3	65.9	74.6
13:27:55	55.2	60.4	71.8	55.7	56.7	59.2	53.8	58.0	61.5	55.7	56.4	60.3	58.2	60.3	65.9	74.7
13:30:49	56.6	64.1	73.1	56.5	59.4	68.0	56.2	61.2	61.7	56.9	57.6	62.0	59.0	61.6	65.3	75.1
13:37:40	62.0	68.9	72.3	63.0	69.2	74.9	66.4	75.4	73.5	66.9	64.1	63.7	64.5	68.5	69.4	79.3
13:44:43	60.4	68.5	73.4	58.7	64.5	66.6	58.3	65.2	63.3	58.1	62.6	61.9	61.2	68.9	70.0	75.0
13:49:23	57.7	61.7	70.9	55.4	56.5	61.9	57.4	60.4	61.3	56.4	57.2	61.9	59.9	62.8	67.1	75.3
13:56:10	57.3	63.6	71.8	56.6	57.3	61.5	55.9	59.2	60.2	56.9	59.8	63.5	59.9	61.4	67.4	76.8
13:58:47	70.5	73.1	75.6	66.8	68.7	69.4	67.7	72.5	70.2	64.0	66.1	65.5	64.9	72.4	69.2	80.1
最大值	70.5	73.1	75.6	66.8	69.2	74.9	67.7	75.4	73.5	66.9	66.1	68.2	64.9	72.4	70.0	84.1
最小值	55.2	60.4	69.0	55.2	56.5	59.2	53.8	58.0	60.2	55.4	56.4	59.7	58.2	60.3	64.2	74.3
平均值	59.0	65.1	72.0	58.4	60.4	64.9	57.9	63.2	64.2	58.6	60.3	62.9	60.6	64.1	66.9	77.3

注：计算水平向振级时，采用与竖向相同的计权因子。

表 7-41　14:41—16:26 各测点的振级 (dB)

时间	测点6(桥墩)切向	测点6(桥墩)径向	测点6(桥墩)竖向	测点2(桥墩)切向	测点2(桥墩)径向	测点2(桥墩)竖向	测点3(跨中)切向	测点3(跨中)径向	测点3(跨中)竖向	测点4(桥墩)切向	测点4(桥墩)径向	测点4(桥墩)竖向	测点7(跨中)切向	测点7(跨中)径向	测点7(跨中)竖向	测点6(地面)竖向
14:45:04	59.1	61.3	60.8	58.3	70.0	63.2	64.2	68.0	67.0	57.8	65.3	62.7	56.8	63.9	65.8	72.8
14:51:47	59.7	58.2	61.1	58.9	60.0	65.1	58.9	63.0	63.7	59.6	62.9	70.1	57.8	62.6	65.3	82.5
14:54:46	60.6	58.2	62.0	59.7	60.3	66.1	60.2	65.0	68.4	61.3	59.8	62.4	59.1	62.2	64.5	77.7
15:27:07	58.9	58.5	62.8	56.9	62.0	64.3	58.5	63.3	62.9	58.0	59.1	62.4	59.3	63.2	64.9	75.7
15:41:25	58.6	60.9	62.6	59.9	66.8	66.4	63.7	69.7	65.5	60.1	65.0	63.9	58.9	66.7	67.8	77.3
15:43:43	59.1	58.5	60.3	57.5	58.6	64.9	58.5	65.2	65.1	60.9	59.2	62.7	59.8	63.0	66.2	74.2
15:48:19	58.0	57.9	61.3	56.4	58.6	64.3	58.6	60.9	61.6	56.1	60.1	62.9	56.6	64.8	63.8	77.2
15:50:33	58.8	58.6	61.9	58.3	59.7	67.1	59.2	64.5	63.6	57.4	57.9	62.9	58.3	64.5	64.8	75.6
16:01:58	58.0	58.3	60.0	60.4	64.6	66.9	61.5	67.3	65.0	60.7	64.2	68.0	59.0	64.6	67.1	82.1
16:04:45	63.5	65.1	66.1	61.2	61.8	68.0	60.6	64.6	65.2	59.2	60.1	64.4	61.9	68.4	71.0	82.4
16:09:06	57.0	58.0	59.1	58.2	58.7	59.6	59.4	61.6	60.5	57.8	58.6	62.5	57.2	60.5	64.1	78.0
16:11:22	58.2	57.0	59.9	59.6	58.7	67.3	58.5	61.6	63.6	56.3	58.3	60.4	57.5	62.1	64.5	77.0
16:15:17	61.8	63.8	60.3	62.8	67.4	64.7	63.7	69.1	65.0	62.5	62.5	62.8	61.9	68.5	68.9	76.7
最大值	63.5	65.1	66.1	62.8	70.0	68.0	64.2	69.7	68.4	62.5	65.3	70.1	61.9	68.5	71.0	82.5
最小值	57.0	57.0	59.1	56.4	58.6	59.6	58.5	60.9	60.5	56.1	57.9	60.4	56.6	60.5	63.8	72.8
平均值	59.3	59.5	61.4	59.1	62.1	65.2	60.4	64.9	64.4	59.1	61.0	63.7	58.8	64.2	66.1	77.6

注：计算水平向振级时，采用与竖向相同的计权因子。

表 7-42 16:26—17:06 各测点的振级

(dB)

时间	测点 6(桥墩)切向	测点 6(桥墩)径向	测点 6(桥墩)竖向	测点 2(桥墩)切向	测点 2(桥墩)径向	测点 2(桥墩)竖向	测点 3(跨中)切向	测点 3(跨中)径向	测点 3(跨中)竖向	测点 4(桥墩)切向	测点 4(桥墩)径向	测点 4(桥墩)竖向	测点 8(跨中)切向	测点 8(跨中)径向	测点 8(跨中)竖向	测点 6(地面)竖向
16:39:19	59.5	59.4	60.5	60.6	68.9	73.4	63.7	75.4	74.0	64.8	64.3	63.6	58.0	62.0	73.4	78.0
16:39:42	58.3	58.3	60.5	57.2	58.7	66.3	58.8	62.4	63.3	58.6	59.5	61.5	57.2	59.6	72.5	74.7
16:54:56	59.1	59.5	59.6	59.2	62.4	70.1	60.2	68.0	67.2	60.1	63.3	65.9	59.0	63.0	72.0	79.7
最大值	59.5	59.5	60.5	60.6	68.9	73.4	63.7	75.4	74.0	64.8	64.3	65.9	59.0	63.0	73.4	79.7
最小值	58.3	58.3	59.6	57.2	58.7	66.3	58.8	62.4	63.3	58.6	59.5	61.5	57.2	59.6	72.0	74.7
平均值	58.9	59.1	60.2	59.0	63.3	69.9	60.9	68.6	68.2	61.1	62.4	63.7	58.0	61.5	72.6	77.5

注：计算水平向振级时，采用与竖向相同的计权因子。

表 7-43 12:17—14:07 各测点的加速度峰值

(m/s^2)

时间	测点 1(跨中)切向	测点 1(跨中)径向	测点 1(跨中)竖向	测点 2(桥墩)切向	测点 2(桥墩)径向	测点 2(桥墩)竖向	测点 3(跨中)切向	测点 3(跨中)径向	测点 3(跨中)竖向	测点 4(桥墩)切向	测点 4(桥墩)径向	测点 4(桥墩)竖向	测点 5(跨中)切向	测点 5(跨中)径向	测点 5(跨中)竖向	测点 6(地面)竖向
12:27:39	0.006	0.006	0.030	0.007	0.005	0.017	0.003	0.005	0.008	0.005	0.005	0.009	0.005	0.007	0.019	0.078
12:32:09	0.008	0.005	0.034	0.006	0.005	0.010	0.004	0.005	0.008	0.007	0.011	0.015	0.009	0.010	0.027	0.081
12:34:45	0.006	0.007	0.031	0.006	0.007	0.017	0.005	0.007	0.009	0.004	0.006	0.012	0.005	0.009	0.024	0.103
12:45:58	0.011	0.011	0.035	0.009	0.005	0.014	0.004	0.006	0.007	0.009	0.010	0.031	0.009	0.010	0.028	0.149
12:53:25	0.007	0.010	0.034	0.005	0.005	0.009	0.004	0.005	0.011	0.005	0.007	0.013	0.006	0.008	0.045	0.084
12:55:50	0.006	0.006	0.031	0.009	0.005	0.012	0.004	0.008	0.014	0.005	0.008	0.011	0.006	0.007	0.020	0.087
12:59:56	0.007	0.007	0.035	0.005	0.005	0.012	0.004	0.005	0.007	0.006	0.010	0.014	0.006	0.006	0.033	0.085
13:02:48	0.006	0.008	0.031	0.004	0.006	0.012	0.004	0.006	0.009	0.006	0.007	0.009	0.007	0.007	0.025	0.059
13:14:15	0.007	0.008	0.032	0.011	0.008	0.024	0.004	0.007	0.011	0.010	0.016	0.027	0.006	0.008	0.025	0.182
13:23:46	0.007	0.010	0.038	0.004	0.005	0.016	0.004	0.007	0.006	0.004	0.005	0.017	0.006	0.008	0.022	0.071
13:27:55	0.006	0.005	0.030	0.006	0.003	0.009	0.003	0.004	0.006	0.007	0.005	0.011	0.005	0.006	0.026	0.067
13:30:49	0.006	0.007	0.036	0.006	0.007	0.020	0.004	0.007	0.008	0.005	0.006	0.011	0.005	0.008	0.024	0.094
13:37:40	0.006	0.009	0.027	0.007	0.012	0.027	0.010	0.020	0.020	0.009	0.007	0.008	0.008	0.014	0.040	0.059
13:44:43	0.008	0.010	0.040	0.008	0.007	0.020	0.004	0.006	0.007	0.004	0.007	0.013	0.006	0.010	0.037	0.070
13:49:23	0.010	0.006	0.035	0.004	0.004	0.011	0.005	0.006	0.008	0.005	0.006	0.013	0.005	0.009	0.032	0.087
13:56:10	0.006	0.006	0.030	0.007	0.007	0.012	0.004	0.005	0.007	0.005	0.011	0.015	0.006	0.008	0.038	0.100
13:58:47	0.010	0.015	0.034	0.006	0.009	0.018	0.008	0.013	0.026	0.007	0.011	0.014	0.007	0.012	0.027	0.154
最大值	0.011	0.015	0.040	0.011	0.012	0.027	0.010	0.020	0.026	0.010	0.016	0.031	0.009	0.014	0.045	0.182
最小值	0.006	0.005	0.027	0.004	0.003	0.009	0.003	0.004	0.006	0.004	0.005	0.008	0.005	0.006	0.019	0.059
平均值	0.007	0.008	0.033	0.006	0.006	0.015	0.005	0.007	0.010	0.006	0.008	0.014	0.006	0.009	0.029	0.095

表 7-44 14:41—16:26 各测点的加速度峰值

(m/s²)

时间	测点 6(桥墩)切向	测点 6(桥墩)径向	测点 6(桥墩)竖向	测点 2(桥墩)切向	测点 2(桥墩)径向	测点 2(桥墩)竖向	测点 3(跨中)切向	测点 3(跨中)径向	测点 3(跨中)竖向	测点 4(桥墩)切向	测点 4(桥墩)径向	测点 4(桥墩)竖向	测点 7(跨中)切向	测点 7(跨中)径向	测点 7(跨中)竖向	测点 6(地面)竖向
14:45:04	0.008	0.005	0.010	0.005	0.011	0.010	0.007	0.008	0.009	0.005	0.007	0.008	0.005	0.006	0.010	0.047
14:51:47	0.010	0.005	0.012	0.010	0.008	0.024	0.005	0.007	0.008	0.009	0.017	0.036	0.005	0.007	0.010	0.163
14:54:46	0.014	0.005	0.019	0.010	0.007	0.021	0.005	0.008	0.015	0.006	0.005	0.016	0.005	0.006	0.011	0.113
15:27:07	0.009	0.006	0.011	0.005	0.006	0.009	0.004	0.006	0.009	0.005	0.009	0.019	0.006	0.009	0.013	0.084
15:41:25	0.005	0.005	0.012	0.006	0.007	0.013	0.006	0.009	0.009	0.006	0.009	0.015	0.005	0.008	0.016	0.096
15:43:43	0.007	0.005	0.011	0.006	0.005	0.010	0.004	0.008	0.008	0.007	0.004	0.008	0.005	0.005	0.012	0.066
15:48:19	0.007	0.006	0.013	0.010	0.006	0.012	0.004	0.005	0.007	0.006	0.007	0.018	0.005	0.008	0.010	0.082
15:50:33	0.007	0.006	0.010	0.006	0.006	0.021	0.005	0.005	0.012	0.005	0.006	0.014	0.004	0.007	0.011	0.077
16:01:58	0.007	0.004	0.012	0.011	0.008	0.018	0.005	0.012	0.012	0.010	0.015	0.026	0.005	0.008	0.011	0.155
16:04:45	0.013	0.011	0.012	0.013	0.008	0.023	0.006	0.007	0.014	0.006	0.008	0.017	0.006	0.010	0.015	0.201
16:09:06	0.006	0.005	0.008	0.006	0.005	0.009	0.005	0.006	0.005	0.006	0.008	0.015	0.004	0.005	0.009	0.096
16:11:22	0.005	0.005	0.010	0.006	0.005	0.017	0.004	0.006	0.009	0.005	0.006	0.011	0.006	0.005	0.011	0.094
16:15:17	0.008	0.007	0.009	0.006	0.008	0.015	0.005	0.008	0.008	0.005	0.010	0.011	0.006	0.007	0.014	0.086
最大值	0.014	0.011	0.019	0.013	0.011	0.024	0.007	0.012	0.015	0.010	0.017	0.036	0.006	0.010	0.016	0.201
最小值	0.005	0.004	0.008	0.005	0.005	0.009	0.004	0.005	0.005	0.005	0.004	0.008	0.004	0.005	0.009	0.047
平均值	0.008	0.006	0.011	0.008	0.007	0.016	0.005	0.007	0.010	0.006	0.009	0.017	0.005	0.007	0.012	0.105

表 7-45 16:26—17:06 各测点的加速度峰值

(m/s²)

时间	测点 6(桥墩)切向	测点 6(桥墩)径向	测点 6(桥墩)竖向	测点 2(桥墩)切向	测点 2(桥墩)径向	测点 2(桥墩)竖向	测点 3(跨中)切向	测点 3(跨中)径向	测点 3(跨中)竖向	测点 4(桥墩)切向	测点 4(桥墩)径向	测点 4(桥墩)竖向	测点 8(桥墩)切向	测点 8(桥墩)径向	测点 8(桥墩)竖向	测点 6(地面)竖向
16:39:19	0.006	0.005	0.009	0.006	0.008	0.020	0.006	0.018	0.014	0.007	0.006	0.011	0.005	0.006	0.029	0.032
16:39:42	0.005	0.006	0.011	0.007	0.005	0.018	0.004	0.007	0.007	0.006	0.006	0.009	0.006	0.005	0.032	0.069
16:54:56	0.007	0.005	0.009	0.005	0.005	0.016	0.005	0.010	0.014	0.006	0.010	0.019	0.006	0.007	0.025	0.120
最大值	0.007	0.006	0.011	0.007	0.008	0.020	0.006	0.018	0.014	0.007	0.010	0.019	0.006	0.007	0.032	0.120
最小值	0.005	0.005	0.009	0.005	0.005	0.016	0.004	0.007	0.007	0.006	0.006	0.009	0.005	0.005	0.025	0.032
平均值	0.006	0.006	0.010	0.006	0.006	0.018	0.005	0.012	0.012	0.006	0.008	0.013	0.005	0.006	0.029	0.074

7）第三阶段道路交通测试分析结果

截取道路交通作用时各测点的振动加速度数据进行分析，每个样本长度为 20s。需要说明，因为环境振动振源较多，因此数据中不可避免地掺杂了其他环境振动振源的影响。

（1）典型加速度时程及功率谱密度

典型加速度时程及功率谱密度（PSD）如图 7-35 所示。

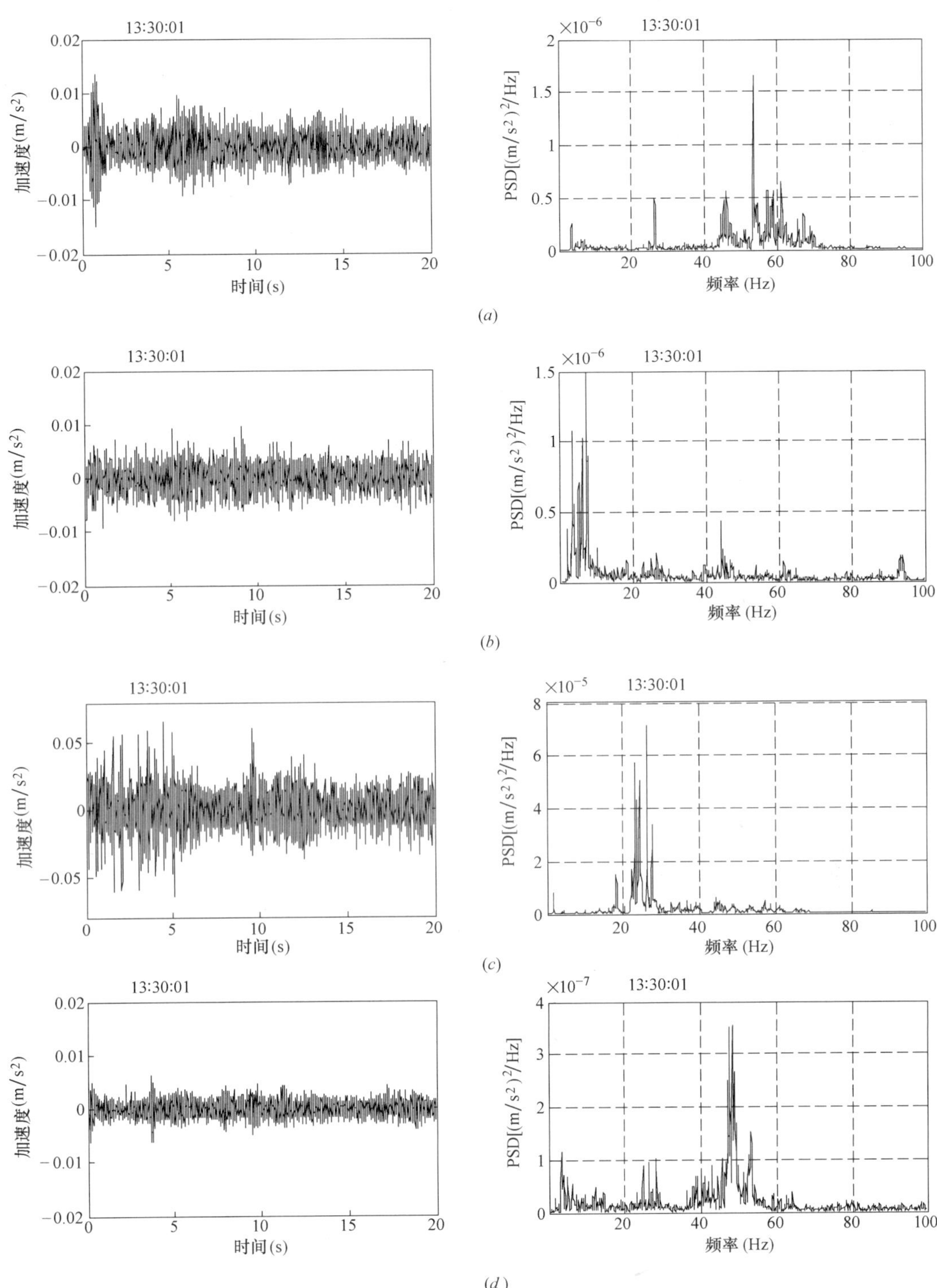

图 7-35　第三阶段道路交通测试各测点典型加速度时程及功率谱密度（一）

(*a*) 测点 1（跨中），切向；(*b*) 测点 1（跨中），径向；(*c*) 测点 1（跨中），竖向；(*d*) 测点 2（桥墩），切向

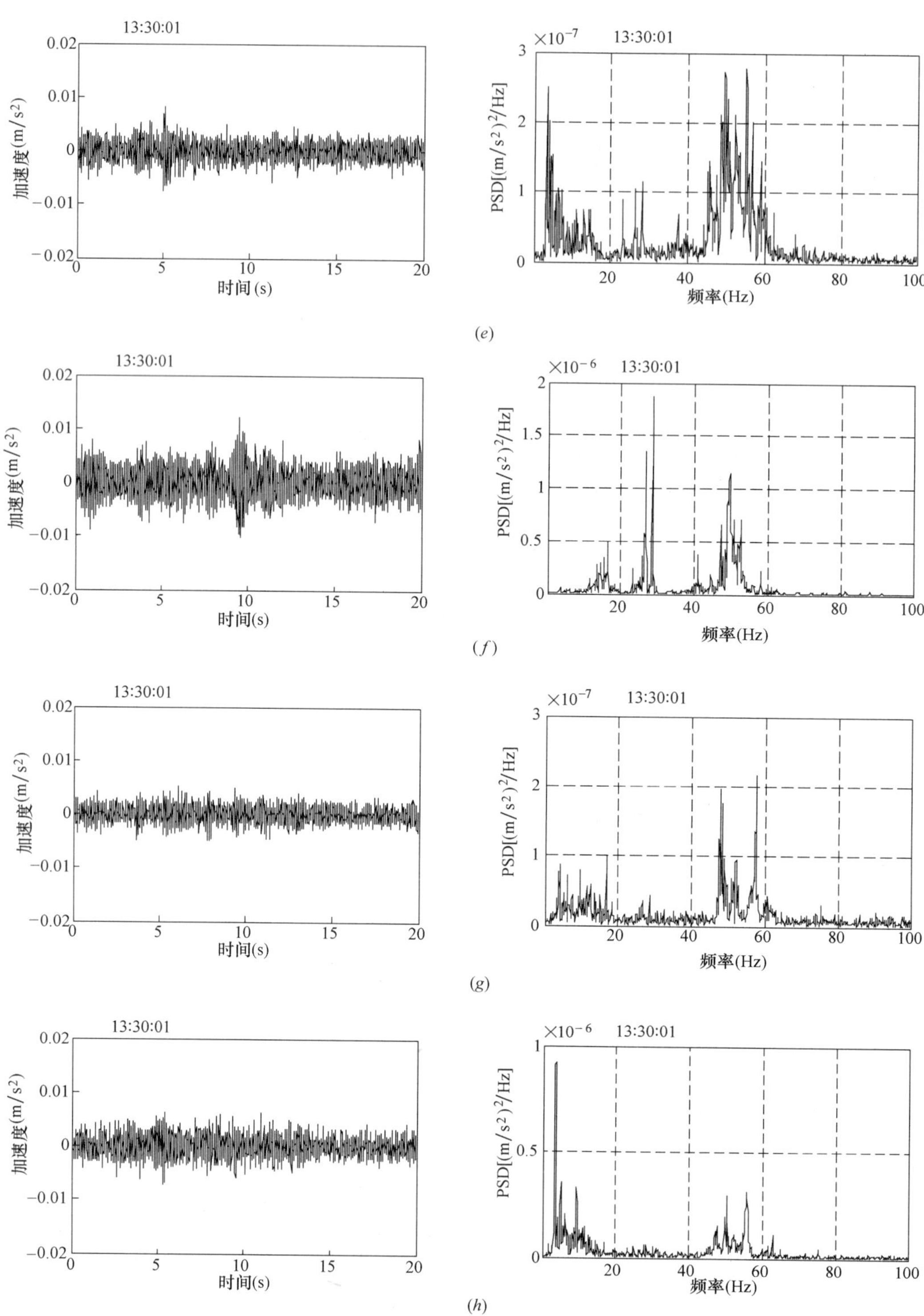

图 7-35 第三阶段道路交通测试各测点典型加速度时程及功率谱密度（二）
(*e*) 测点 2（桥墩），径向；(*f*) 测点 2（桥墩），竖向；(*g*) 测点 3（跨中），切向；(*h*) 测点 3（跨中），径向

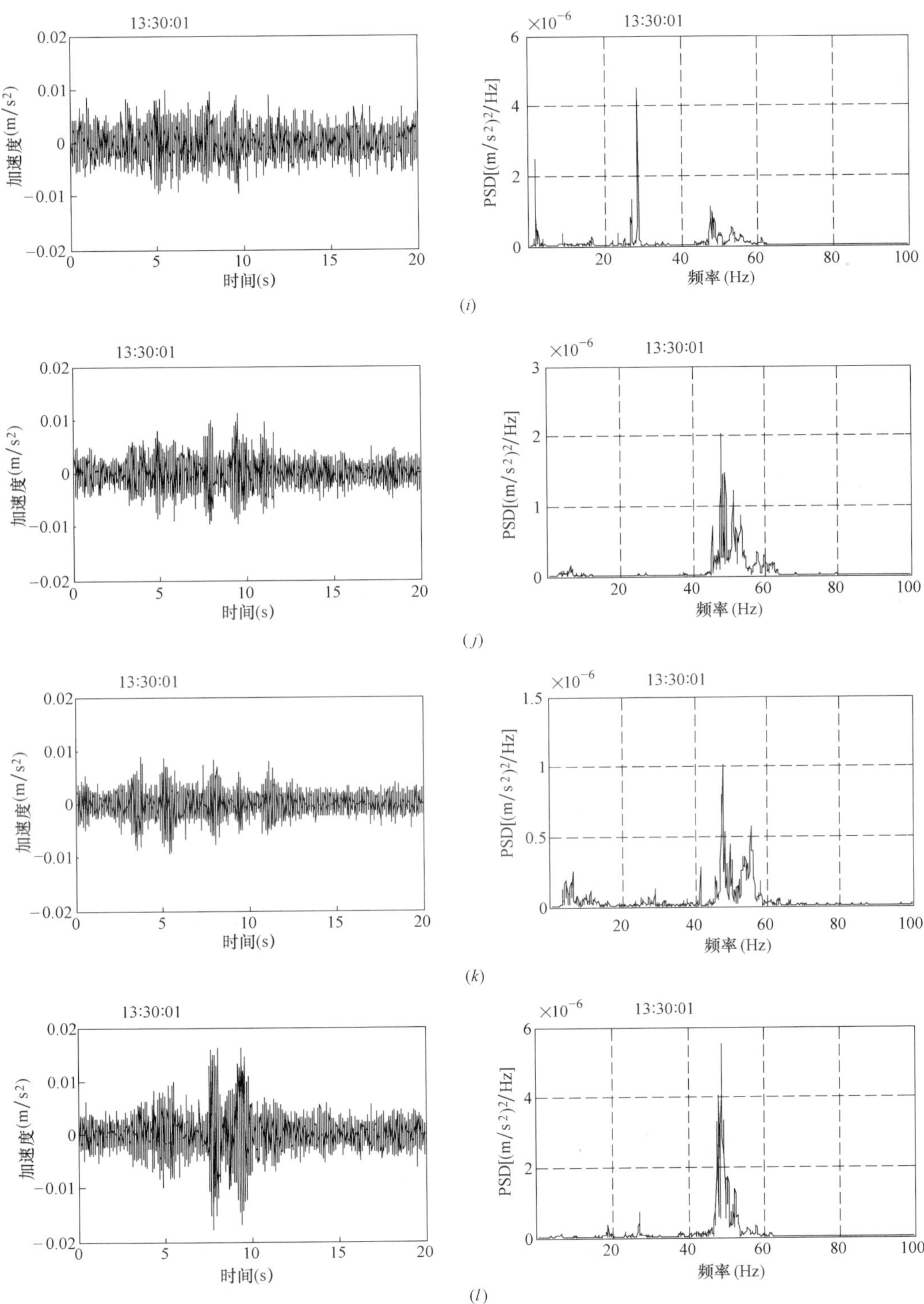

(*i*)

(*j*)

(*k*)

(*l*)

图 7-35　第三阶段道路交通测试各测点典型加速度时程及功率谱密度（三）

(*i*) 测点 3（跨中），竖向；(*j*) 测点 4（桥墩），切向；(*k*) 测点 4（桥墩），径向；(*l*) 测点 4（桥墩），竖向

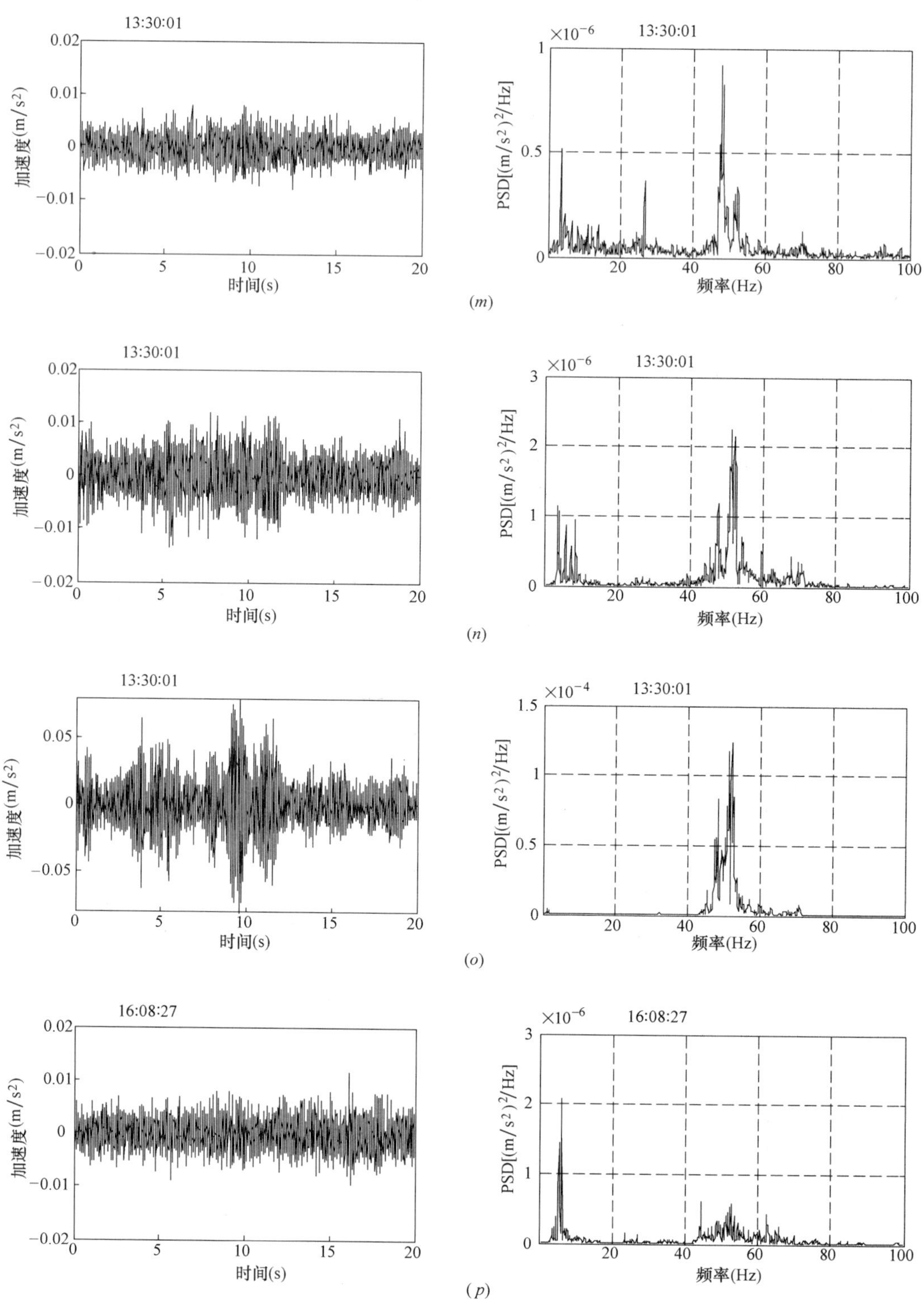

图 7-35 第三阶段道路交通测试各测点典型加速度时程及功率谱密度（四）

(*m*) 测点 5（跨中），切向；(*n*) 测点 5（跨中），径向；(*o*) 测点 5（跨中），竖向；(*p*) 测点 6（桥墩），切向

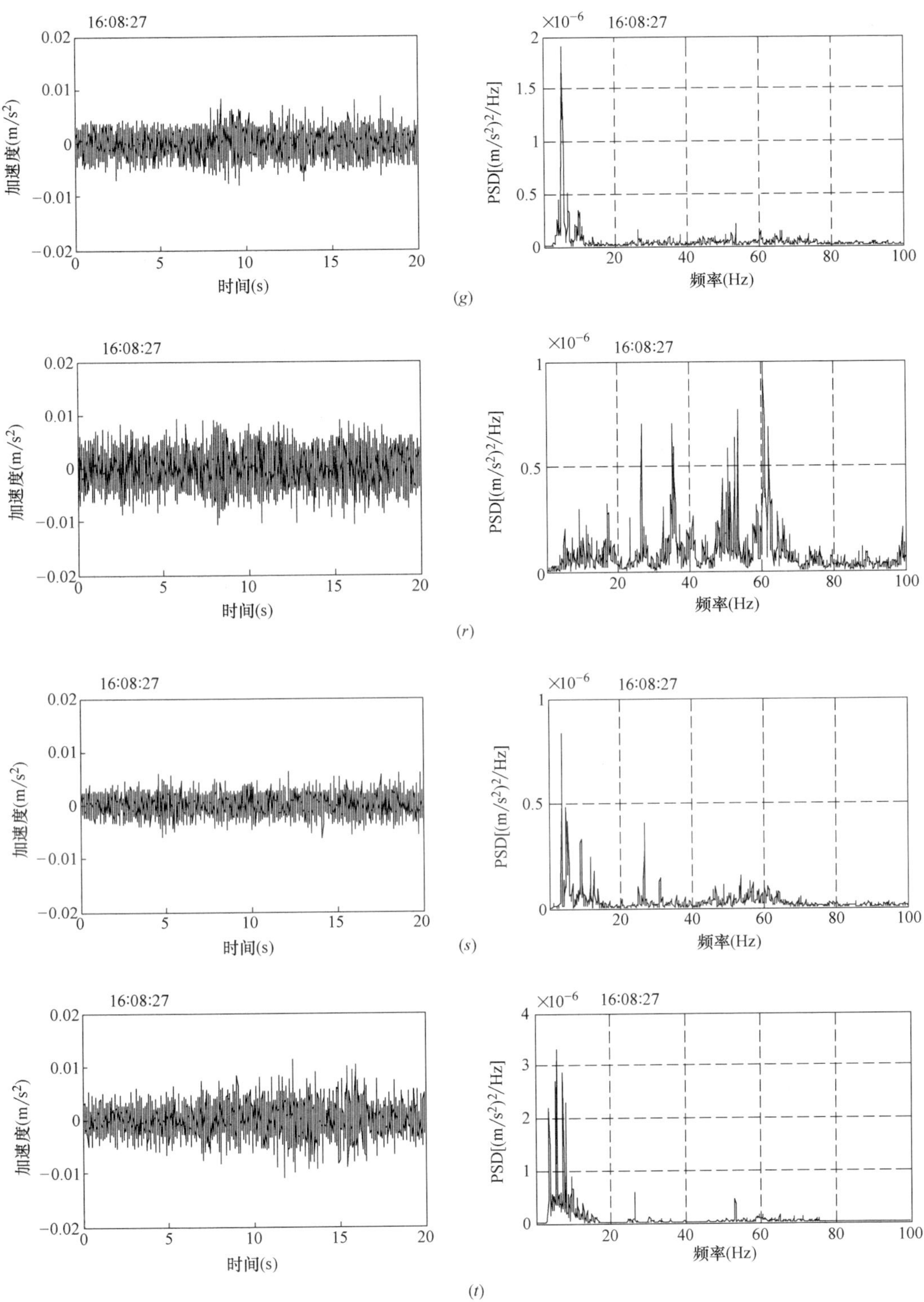

图 7-35 第三阶段道路交通测试各测点典型加速度时程及功率谱密度（五）

(*q*) 测点 6（桥墩），径向；(*r*) 测点 6（桥墩），竖向；(*s*) 测点 7（跨中），切向；(*t*) 测点 7（跨中），径向

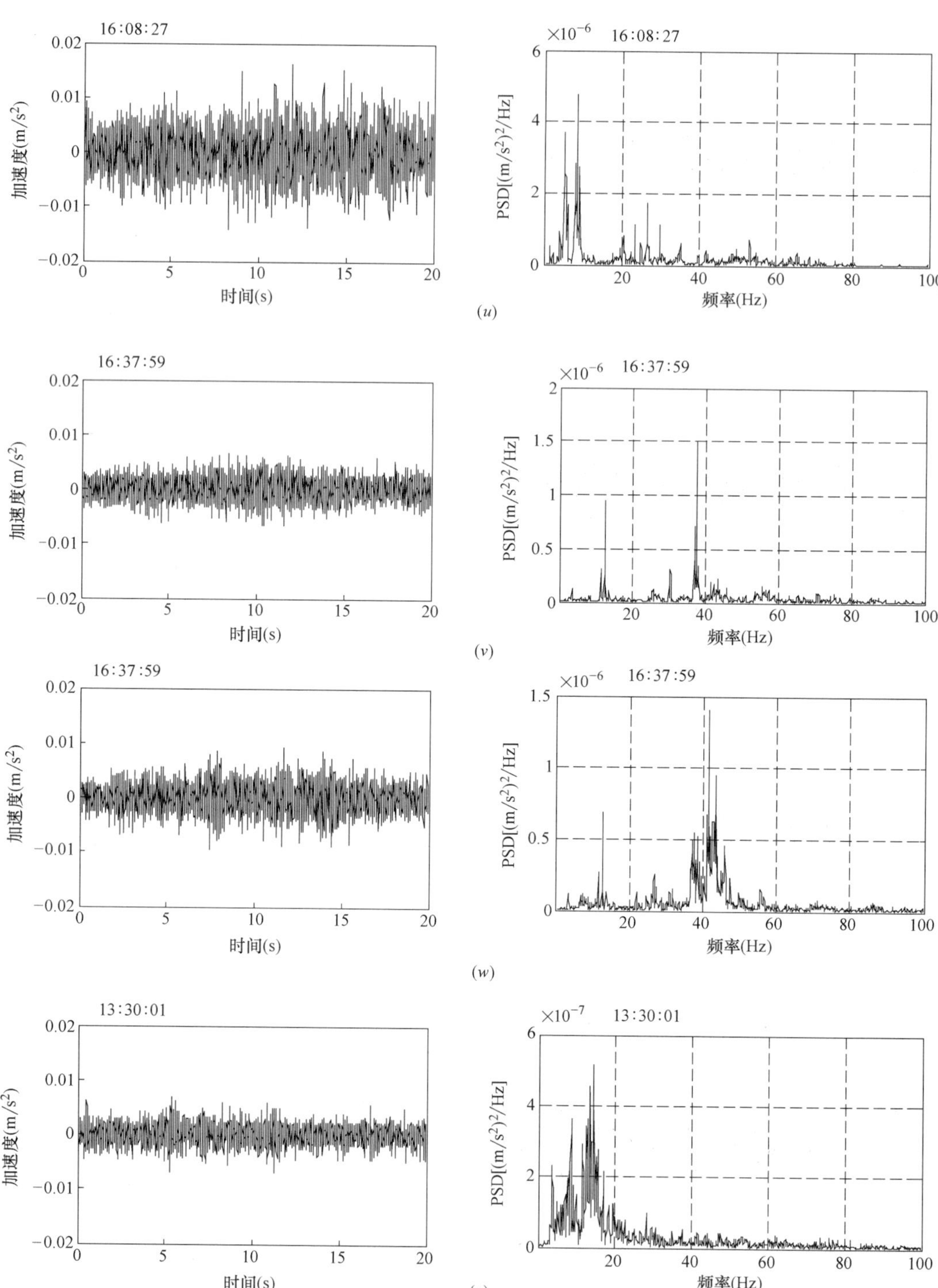

图 7-35 第三阶段道路交通测试各测点典型加速度时程及功率谱密度（六）
(*u*) 测点 7（跨中），竖向；(*v*) 测点 8（桥墩），切向；(*w*) 测点 8（桥墩），径向；(*x*) 测点 9（地面），竖向

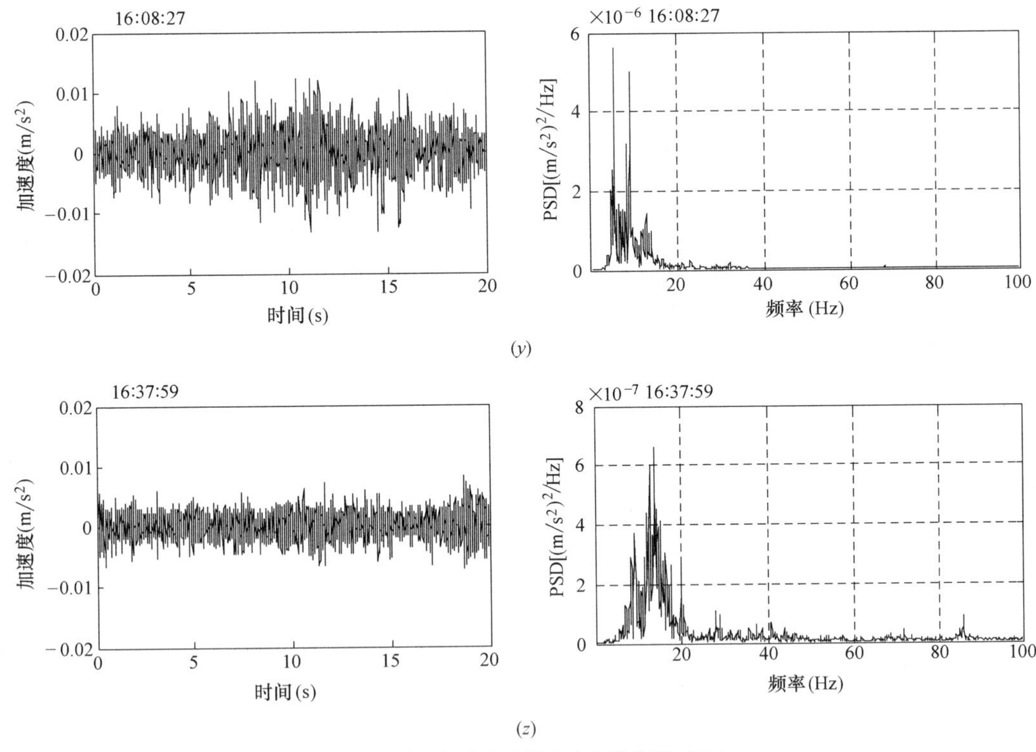

图 7-35 第三阶段道路交通测试各测点典型加速度时程及功率谱密度（七）

（y）测点 9（地面），竖向；（z）测点 9（地面），竖向

由图 7-35 可知：桥面振动的频率成分较丰富，且 20Hz 以上的振动较明显，尤其是多数测点在 40～60Hz 有明显的峰值。这与道路交通荷载引起天然场地及混凝土桥墩振动的频率成分主要分布在 20Hz 以内不同，这应该是由于钢结构局部刚度较大，因而对高频振动有所放大。

（2）振级

根据《城市区域环境振动标准》计算振级，计算结果如表 7-46—表 7-48 所示，与之对应的加速度峰值见表 7-49—表 7-51。

表 7-46 12:17—14:07 各测点的振级 (dB)

时间	测点 1（跨中）切向	测点 1（跨中）径向	测点 1（跨中）竖向	测点 2（桥墩）切向	测点 2（桥墩）径向	测点 2（桥墩）竖向	测点 3（跨中）切向	测点 3（跨中）径向	测点 3（跨中）竖向	测点 4（桥墩）切向	测点 4（桥墩）径向	测点 4（桥墩）竖向	测点 5（跨中）切向	测点 5（跨中）径向	测点 5（跨中）竖向	测点 9（地面）竖向
12:17:10	58.3	67.9	73.2	58.1	63.5	67.7	60.0	66.6	65.2	59.3	60.2	60.1	59.5	65.1	67.5	71.1
12:17:30	56.5	63.0	71.4	54.6	57.5	60.1	54.6	60.1	63.0	54.8	55.6	56.2	58.6	60.8	66.3	61.3
12:18:52	61.0	67.8	75.2	63.8	66.9	71.4	64.2	73.8	70.6	63.7	62.7	61.7	62.9	69.0	66.5	75.4
12:19:14	62.0	68.3	73.9	61.5	62.8	68.5	61.7	66.5	68.1	61.2	60.3	60.6	60.7	65.3	65.5	71.8
12:19:40	59.5	66.9	72.4	57.9	58.5	60.8	57.6	65.3	71.4	61.2	59.7	58.6	62.1	69.8	66.9	63.7
12:20:01	58.9	65.0	75.5	56.1	59.4	59.6	56.2	64.2	66.4	57.7	61.2	59.5	59.5	64.1	64.2	63.8

续表

时间	测点1（跨中）切向	测点1（跨中）径向	测点1（跨中）竖向	测点2（桥墩）切向	测点2（桥墩）径向	测点2（桥墩）竖向	测点3（跨中）切向	测点3（跨中）径向	测点3（跨中）竖向	测点4（桥墩）切向	测点4（桥墩）径向	测点4（桥墩）竖向	测点5（跨中）切向	测点5（跨中）径向	测点5（跨中）竖向	测点9（地面）竖向
12:21:14	56.7	61.7	68.9	54.0	56.4	59.3	53.9	57.6	61.0	54.0	55.0	56.1	58.1	63.1	64.8	59.4
12:21:37	57.3	63.7	67.5	55.2	56.8	63.8	56.3	60.8	62.4	55.4	55.9	56.5	57.1	62.8	64.9	64.6
12:21:58	56.8	64.5	70.0	54.2	57.7	61.8	55.0	59.8	62.2	55.4	55.2	57.3	59.0	64.0	64.4	65.5
12:22:24	56.4	64.2	68.2	56.1	58.1	61.3	55.8	61.6	62.5	57.6	60.7	59.3	59.5	63.2	69.6	66.6
12:22:45	57.6	63.3	70.3	55.6	59.3	64.8	55.3	60.1	62.8	56.1	56.9	57.6	58.6	62.8	65.8	66.5
12:23:07	58.9	65.5	71.7	59.2	65.6	67.3	63.4	68.5	65.1	63.2	61.7	60.9	60.6	67.9	68.2	72.0
12:23:38	58.8	67.3	71.5	57.4	57.3	57.9	55.3	62.7	61.5	56.5	57.0	58.3	59.6	62.9	66.6	60.9
12:24:00	57.4	61.8	73.4	54.0	56.7	57.7	54.9	60.8	64.1	55.7	56.3	56.7	60.4	61.7	65.5	58.2
12:24:20	56.2	62.2	71.9	54.0	56.9	56.8	54.6	59.5	61.3	54.8	55.3	56.7	61.1	63.9	66.7	57.5
12:24:41	58.1	64.3	69.9	54.1	57.2	58.8	53.6	59.7	66.3	54.7	55.6	56.9	59.1	62.7	68.1	58.4
12:25:45	56.1	62.4	70.5	53.7	55.6	61.4	54.3	57.7	59.4	55.0	55.2	55.6	58.9	61.3	68.4	63.3
12:26:07	58.0	66.6	69.4	55.8	66.7	62.8	59.5	65.2	63.9	58.3	63.8	61.3	59.5	64.1	67.9	70.1
12:26:32	60.0	66.8	69.5	59.8	66.1	72.0	61.6	72.6	70.0	61.6	60.1	59.8	62.3	65.4	67.2	74.7
12:27:16	59.7	65.6	70.1	58.9	63.4	64.5	60.0	65.0	64.2	59.6	58.1	61.8	60.8	64.0	67.8	68.0
12:28:07	55.8	61.4	71.5	53.4	54.8	56.7	54.0	58.2	60.8	54.6	56.5	57.4	59.6	64.2	64.9	57.8
12:28:30	58.5	64.8	71.2	54.8	58.4	58.8	55.4	61.6	61.7	56.0	57.3	57.5	60.0	64.7	66.9	60.6
12:28:51	58.0	67.0	71.9	56.4	59.0	59.5	55.5	61.4	66.3	57.3	57.4	57.6	60.6	65.6	67.4	61.4
12:29:14	59.7	65.0	72.8	57.9	60.7	60.9	57.3	64.1	66.4	56.8	57.3	58.1	60.2	66.1	67.8	61.7
12:29:38	59.0	68.4	73.0	59.5	60.4	64.6	58.6	62.9	63.8	58.3	57.8	56.6	59.4	61.8	65.1	67.1
12:29:59	69.8	67.6	79.8	68.2	64.4	66.9	64.9	71.2	66.3	58.4	58.3	58.9	60.6	65.3	64.7	64.3
12:30:19	63.3	72.5	74.8	62.2	61.1	63.2	62.4	68.3	66.6	58.4	58.7	60.1	60.4	67.4	69.8	68.7
12:30:55	63.8	68.0	74.9	63.1	67.3	71.2	64.0	71.7	70.2	63.9	64.6	62.8	62.2	68.7	66.6	73.8
12:31:34	57.2	64.2	73.1	54.5	58.7	60.7	56.0	61.6	61.6	57.0	57.0	59.3	59.2	62.1	66.1	65.0
12:32:31	57.6	63.3	70.7	54.3	57.2	59.1	53.7	59.0	60.0	55.3	55.8	55.8	61.3	63.3	67.7	62.5
12:32:54	58.4	66.0	73.8	57.5	61.5	60.8	57.8	67.0	63.2	57.5	57.7	58.2	61.3	69.8	68.7	63.2
12:33:15	60.6	66.2	71.9	57.5	65.6	62.3	60.4	66.1	63.1	59.9	66.3	62.0	62.0	66.8	67.0	66.6
12:33:37	57.7	64.1	70.9	55.1	57.7	62.2	56.0	60.3	62.2	55.7	56.6	56.0	59.2	68.1	65.4	63.5
12:34:00	59.1	64.2	70.3	55.2	58.1	61.4	54.8	61.0	62.0	56.0	55.4	55.4	59.3	62.6	67.2	63.5
12:35:30	58.9	68.7	76.3	57.8	60.3	65.0	58.7	63.5	62.6	58.7	59.0	57.6	61.8	63.6	66.2	69.2
12:35:51	57.9	67.5	74.1	56.0	56.4	58.5	54.9	59.7	61.9	56.4	56.9	57.0	60.1	69.5	66.3	64.7
12:36:13	57.5	62.3	69.6	55.1	57.2	58.0	54.6	59.6	62.7	55.3	55.2	57.4	58.6	63.1	66.4	60.7
12:36:34	57.5	64.9	69.5	54.7	60.7	59.3	56.0	60.2	61.8	54.8	58.1	59.8	59.3	63.8	66.3	62.3
12:37:15	60.8	64.7	70.6	58.4	57.4	58.3	54.4	62.8	61.2	56.4	56.6	57.1	59.3	63.6	65.6	60.4
12:37:37	57.5	68.9	72.2	56.2	58.8	61.5	56.8	64.3	64.1	60.4	58.6	59.2	70.8	75.7	70.7	62.8

续表

时间	测点1（跨中）切向	测点1（跨中）径向	测点1（跨中）竖向	测点2（桥墩）切向	测点2（桥墩）径向	测点2（桥墩）竖向	测点3（跨中）切向	测点3（跨中）径向	测点3（跨中）竖向	测点4（桥墩）切向	测点4（桥墩）径向	测点4（桥墩）竖向	测点5（跨中）切向	测点5（跨中）径向	测点5（跨中）竖向	测点9（地面）竖向
12:38:01	64.8	76.1	74.0	64.7	70.1	63.9	64.1	70.5	68.9	61.5	63.8	63.9	64.4	69.7	68.1	69.3
12:38:22	68.5	73.0	72.2	67.9	63.3	64.0	64.0	70.9	68.8	64.2	61.8	61.1	70.8	74.3	71.8	67.9
12:39:19	61.0	64.7	71.7	60.3	65.3	67.2	61.7	68.5	66.2	59.7	60.8	60.4	60.5	65.4	67.5	72.3
12:39:39	58.3	63.5	71.6	55.0	58.3	58.5	56.0	60.6	62.6	56.0	56.7	58.4	59.6	63.4	68.2	65.8
12:40:03	58.5	66.5	72.1	57.7	59.0	57.9	56.7	61.8	62.7	57.4	56.6	59.2	59.6	63.7	70.3	61.1
12:40:31	59.6	67.5	70.6	55.5	58.6	58.6	55.0	60.6	61.3	57.2	60.3	58.7	65.9	68.7	71.5	59.6
12:40:54	60.5	70.5	77.9	58.6	65.5	63.3	61.2	66.2	65.0	59.8	63.2	63.4	63.6	68.3	69.2	65.9
12:41:33	66.2	71.2	75.6	64.3	68.7	70.5	65.5	70.8	70.0	65.9	63.9	65.3	63.6	69.7	71.9	76.8
12:42:42	62.5	67.7	77.0	62.7	66.4	66.2	65.7	66.9	68.2	60.7	64.0	60.4	61.4	68.0	66.8	71.8
12:43:18	60.4	63.4	77.2	56.6	59.6	59.6	56.3	62.1	64.4	55.6	57.4	57.2	60.2	65.1	66.2	63.0
12:43:39	60.7	65.6	79.8	57.9	58.5	60.3	57.6	62.0	63.2	59.2	60.7	60.3	60.5	62.9	71.2	62.5
12:44:02	63.7	67.2	77.9	57.3	59.2	64.8	57.3	61.2	62.0	57.0	58.3	57.2	61.6	64.2	66.6	61.0
12:44:28	57.9	65.2	70.4	55.9	59.6	60.4	57.6	60.9	62.3	57.0	58.8	61.1	59.9	64.1	71.7	62.3
12:44:51	57.8	64.7	72.7	55.9	58.6	58.3	55.1	60.6	60.7	55.2	56.3	56.4	59.4	63.4	68.4	58.9
12:45:17	62.3	69.0	72.9	58.3	61.4	63.0	62.0	65.9	65.9	60.0	60.0	59.7	63.5	69.3	70.6	62.4
12:46:45	57.4	65.3	70.5	56.0	58.3	61.0	56.4	59.7	61.0	56.1	56.3	57.9	59.4	62.5	65.8	66.5
12:47:19	71.3	71.3	73.4	69.7	66.7	66.5	66.0	72.8	70.9	59.7	61.2	61.3	61.4	71.3	67.1	69.7
12:47:43	67.0	69.7	80.7	63.2	63.1	63.4	59.4	69.9	67.6	58.7	62.0	61.9	64.7	66.4	67.3	69.9
12:48:30	57.1	64.1	69.8	56.0	57.9	60.9	55.4	60.7	65.5	57.6	59.2	62.3	60.6	65.3	70.2	63.7
12:48:51	60.4	66.0	73.1	56.3	59.7	61.0	56.8	62.8	63.6	58.8	58.2	57.8	61.2	66.3	67.1	62.0
12:49:17	56.3	62.8	72.5	53.9	57.2	57.9	55.6	59.4	58.3	54.3	56.3	56.6	57.6	60.5	65.6	60.4
12:49:41	55.9	62.4	70.4	55.0	56.7	62.3	55.3	61.2	64.1	56.7	55.5	56.8	59.0	63.7	67.9	64.2
12:50:04	59.2	65.5	71.4	57.4	61.3	65.4	58.1	65.0	68.2	56.5	56.4	57.5	60.8	61.4	68.3	66.6
12:50:25	57.8	65.3	72.3	53.7	56.5	60.0	54.9	59.7	62.6	56.2	55.1	56.9	59.0	61.6	65.7	63.4
12:50:56	60.7	68.4	74.7	59.1	66.5	69.0	63.6	70.7	66.2	63.3	63.2	62.1	62.4	65.1	66.6	73.5
12:51:16	57.3	65.0	76.1	56.2	61.6	62.3	57.1	62.8	65.4	58.4	61.4	58.6	60.6	65.3	66.8	72.3
12:51:37	60.6	68.2	76.2	58.2	59.9	63.8	58.0	64.4	65.4	58.5	59.0	60.6	61.4	65.1	69.7	67.0
12:51:59	58.2	64.2	75.7	56.3	58.6	57.4	56.1	63.7	64.8	55.8	55.5	58.0	60.5	65.9	65.6	60.9
12:52:20	58.7	73.9	73.8	54.8	64.1	58.8	56.8	62.5	64.5	55.8	57.3	56.3	58.9	63.0	65.7	62.1
12:52:46	60.4	67.6	70.1	56.0	58.8	59.3	56.9	66.3	66.4	61.6	63.2	62.5	60.0	67.1	70.4	67.1
12:53:51	58.9	65.5	72.9	57.0	59.0	61.4	56.2	62.2	67.5	55.8	57.1	56.8	60.9	64.4	72.3	64.1
12:54:22	62.2	72.2	74.2	63.4	70.8	75.4	69.6	75.8	73.2	69.0	66.0	65.8	66.4	68.9	68.2	79.6
12:54:43	63.0	68.4	72.2	60.7	63.8	68.6	61.5	70.0	67.9	62.3	61.2	62.0	60.7	67.8	65.0	72.1
12:55:21	58.0	64.5	71.9	55.0	58.1	59.0	56.1	63.0	67.8	56.6	57.1	58.8	59.9	64.1	65.9	63.6

续表

时间	测点1（跨中）切向	测点1（跨中）径向	测点1（跨中）竖向	测点2（桥墩）切向	测点2（桥墩）径向	测点2（桥墩）竖向	测点3（跨中）切向	测点3（跨中）径向	测点3（跨中）竖向	测点4（桥墩）切向	测点4（桥墩）径向	测点4（桥墩）竖向	测点5（跨中）切向	测点5（跨中）径向	测点5（跨中）竖向	测点9（地面）竖向
12:56:16	61.3	67.8	72.3	58.2	58.2	58.9	57.3	64.5	60.5	58.0	56.6	56.1	59.7	64.8	67.0	58.4
12:56:38	57.7	63.4	72.9	53.9	57.9	58.5	55.6	57.7	60.6	54.9	56.5	60.3	59.6	62.0	67.9	59.7
12:57:23	58.6	61.0	73.4	53.5	55.2	60.5	53.2	58.3	58.5	54.6	55.2	56.8	60.1	61.6	67.8	60.8
12:57:44	57.4	63.1	69.2	55.2	58.0	63.2	54.8	61.3	61.0	54.8	55.9	58.1	59.9	62.3	70.5	65.0
12:58:06	57.8	64.5	71.2	55.4	60.8	63.6	58.9	63.3	63.7	56.9	61.1	58.7	60.3	65.7	67.3	66.9
12:58:31	58.6	64.3	72.0	56.7	59.8	63.3	59.5	63.2	61.5	59.6	58.3	56.6	64.5	63.0	66.2	71.6
12:58:59	68.9	71.7	78.2	67.1	71.6	73.6	70.4	76.3	75.0	67.5	69.3	64.8	73.5	69.9	71.8	78.3
12:59:28	58.3	65.6	70.2	56.7	58.0	59.9	55.0	62.5	63.1	59.4	57.7	57.1	61.2	62.0	65.6	61.8
13:00:27	56.8	61.9	72.2	54.5	56.9	59.2	54.7	60.6	61.9	56.1	56.2	57.6	59.8	61.5	66.7	64.5
13:00:48	56.8	65.8	69.9	54.7	58.7	59.5	56.1	60.2	60.9	55.0	57.8	57.5	60.0	63.7	68.5	60.0
13:01:10	56.9	66.6	71.1	55.3	58.9	63.1	55.9	61.6	62.5	57.1	56.7	57.9	60.5	65.5	68.9	63.3
13:01:38	55.7	62.0	69.1	54.2	55.5	60.5	54.5	59.4	63.1	55.2	56.0	57.0	59.6	63.0	68.2	61.7
13:02:00	56.8	63.3	71.8	54.8	60.2	62.9	57.6	63.1	63.2	55.6	58.5	57.9	61.9	65.4	68.5	64.7
13:02:24	57.6	65.3	69.9	56.4	63.1	65.8	59.1	66.6	64.2	59.9	59.1	59.0	60.1	64.8	67.3	70.5
13:03:16	56.7	64.5	72.2	55.2	57.8	61.8	56.7	64.4	63.9	56.4	55.6	57.4	59.4	60.8	67.2	63.0
13:03:38	56.2	62.9	72.1	54.5	57.2	57.9	54.3	59.7	61.4	55.4	56.4	60.4	60.2	60.6	68.1	61.2
13:04:01	56.2	61.4	71.8	53.7	56.3	57.5	54.5	58.4	60.6	54.7	57.3	57.8	59.6	61.6	66.5	57.2
13:04:29	59.0	65.4	72.6	57.8	59.4	60.9	55.5	61.8	62.5	56.5	57.4	59.1	61.5	69.1	71.0	62.7
13:04:50	60.6	66.4	75.0	56.4	61.0	62.0	56.4	62.8	63.2	58.1	56.9	57.7	60.5	66.8	65.6	64.8
13:05:36	58.7	65.1	70.3	58.0	63.2	66.9	60.3	65.7	66.2	61.2	58.6	59.8	59.8	63.0	67.2	73.4
13:05:57	58.2	62.5	71.1	56.6	59.4	64.5	55.7	62.6	64.9	56.4	57.6	57.2	59.5	64.3	67.6	64.5
13:06:22	61.9	70.3	70.2	64.5	70.1	72.3	66.6	73.2	68.7	64.4	63.2	60.9	61.1	68.4	69.2	75.6
13:06:42	59.5	66.7	69.1	57.3	60.5	66.1	60.2	64.5	64.6	60.7	60.0	61.5	61.1	64.2	66.1	67.6
13:07:28	57.9	64.4	72.8	56.4	57.2	59.5	57.3	62.4	64.8	58.4	58.9	58.7	60.9	63.5	66.3	64.7
13:07:52	56.0	63.2	72.6	54.7	58.6	58.4	55.7	59.5	61.0	55.5	55.6	57.1	58.8	61.7	69.9	58.2
13:08:15	56.9	63.1	72.2	54.5	57.0	59.4	56.1	60.2	62.2	56.6	55.9	58.1	60.5	66.2	67.6	61.4
13:08:35	59.6	65.7	73.7	57.0	59.7	58.9	58.6	63.8	64.9	57.5	58.3	58.5	63.0	67.3	69.1	60.7
13:09:04	56.1	62.3	70.3	54.7	57.4	62.8	55.7	59.7	61.8	56.7	55.1	56.7	59.3	62.3	65.1	63.6
13:09:25	59.1	63.7	72.6	57.6	56.7	61.0	56.0	60.3	60.8	55.6	56.6	57.2	62.6	63.5	68.2	63.8
13:10:12	55.9	62.0	71.2	55.3	57.8	61.4	55.1	59.3	64.3	54.8	56.2	57.9	59.2	60.5	66.7	62.2
13:10:37	56.4	63.8	71.1	55.3	59.1	64.9	55.1	60.6	64.2	56.4	57.2	58.2	60.0	61.6	65.1	66.7
13:11:03	57.6	63.6	70.1	56.4	57.8	63.0	57.4	60.4	65.3	55.2	56.8	58.1	60.9	63.5	68.0	65.9
13:11:27	57.7	64.4	73.8	56.6	58.0	60.7	56.5	61.5	67.3	58.1	57.7	61.6	61.7	62.0	68.1	62.4
13:11:48	57.7	63.2	74.2	56.2	57.5	58.7	55.2	61.6	63.6	56.9	58.7	60.0	59.4	63.2	68.0	62.5

续表

时间	测点1（跨中）切向	测点1（跨中）径向	测点1（跨中）竖向	测点2（桥墩）切向	测点2（桥墩）径向	测点2（桥墩）竖向	测点3（跨中）切向	测点3（跨中）径向	测点3（跨中）竖向	测点4（桥墩）切向	测点4（桥墩）径向	测点4（桥墩）竖向	测点5（跨中）切向	测点5（跨中）径向	测点5（跨中）竖向	测点9（地面）竖向
13:12:08	56.1	63.0	73.5	54.8	55.4	58.0	53.5	60.1	61.4	54.8	55.5	55.9	58.7	62.4	67.0	58.5
13:12:28	56.9	63.4	70.1	54.2	57.1	57.6	54.1	58.8	58.5	55.1	55.7	56.2	59.7	61.8	65.9	58.7
13:12:50	58.7	62.6	70.7	53.3	57.3	59.4	53.3	58.1	60.8	53.6	55.6	56.9	58.9	66.2	67.7	59.6
13:13:11	56.7	61.7	69.0	54.5	56.7	62.1	54.2	59.8	59.7	55.4	56.3	56.6	57.9	62.5	64.4	64.4
13:13:33	58.9	64.2	76.5	59.0	62.3	73.5	59.6	66.9	66.5	61.5	57.0	59.1	60.3	63.9	68.1	74.3
13:14:58	64.2	71.6	73.2	61.0	65.5	63.8	62.7	66.6	66.2	58.9	62.9	59.7	61.4	68.5	67.6	72.1
13:15:18	63.0	71.5	72.1	61.1	60.0	63.6	61.4	65.7	72.6	62.8	61.5	60.0	66.0	71.0	67.8	71.6
13:15:40	58.2	64.7	72.0	56.0	58.6	62.7	59.8	62.5	64.6	60.5	59.1	59.8	61.5	63.8	67.7	70.0
13:16:02	57.3	66.6	71.5	54.4	57.3	56.7	54.9	61.4	62.3	58.0	58.4	58.5	59.3	63.0	66.1	61.5
13:16:23	62.3	68.6	71.7	56.8	60.3	59.4	59.6	63.1	62.9	57.8	58.7	58.4	63.3	66.7	67.0	62.4
13:17:32	60.8	67.9	74.7	62.9	68.1	72.3	66.8	73.4	70.1	67.1	67.6	64.7	64.4	69.0	68.9	77.8
13:17:53	59.6	65.3	71.1	59.2	65.4	70.4	62.3	70.4	66.2	59.3	59.9	58.7	60.8	64.6	67.1	72.3
13:18:19	57.4	64.9	72.1	56.0	60.1	63.0	55.5	64.1	62.5	58.7	58.0	60.6	61.1	63.4	69.7	74.4
13:18:53	70.2	72.6	74.3	68.3	64.6	68.7	69.0	72.2	68.8	63.6	64.9	61.8	62.9	69.2	70.0	75.5
13:19:23	57.2	62.7	72.5	55.5	58.4	59.9	54.9	61.0	63.8	55.1	56.9	56.5	59.3	62.2	70.6	63.1
13:19:46	57.2	62.5	71.7	55.8	56.3	57.7	56.8	60.4	60.8	56.2	58.0	60.7	59.3	63.8	67.6	57.9
13:20:06	57.9	65.0	71.1	56.1	57.3	57.4	56.5	62.6	63.2	59.7	62.4	60.9	61.0	63.7	68.6	63.5
13:20:28	58.3	65.4	69.0	55.8	61.0	58.3	56.7	60.0	61.0	57.2	62.1	58.3	61.5	64.9	69.5	62.6
13:20:48	61.2	68.2	74.6	56.4	64.5	62.4	59.6	64.1	62.3	56.5	60.8	59.9	60.0	64.9	67.0	66.3
13:21:36	57.3	63.1	69.4	54.7	55.6	58.7	55.7	59.9	61.1	55.5	56.9	56.0	58.8	59.7	63.8	61.9
13:21:57	57.0	62.8	69.8	55.3	57.1	60.1	55.1	58.6	66.1	55.0	55.1	55.0	58.8	62.0	65.5	63.6
13:22:19	59.7	65.6	72.8	56.6	58.2	59.2	56.3	62.0	62.6	56.3	55.2	56.9	59.5	61.7	65.6	62.3
13:22:39	56.9	62.7	75.4	55.3	57.0	58.7	54.1	58.9	61.7	55.1	55.7	55.4	58.4	62.4	66.0	62.2
13:23:01	59.7	66.8	73.0	59.1	61.2	66.7	61.0	66.4	67.6	60.5	60.7	59.9	62.0	64.3	67.1	69.1
13:23:24	59.4	65.0	72.9	57.8	60.1	61.7	60.1	62.0	63.6	58.0	61.3	60.9	60.6	65.2	67.5	66.0
13:24:12	56.5	62.9	71.3	54.4	57.5	60.3	55.0	59.5	61.2	54.8	56.6	57.4	59.4	61.8	65.4	61.3
13:24:33	58.2	65.2	71.1	54.6	59.5	60.1	55.6	61.5	60.9	56.1	56.6	57.7	59.0	64.8	67.6	59.8
13:24:54	59.2	66.1	76.2	57.0	60.5	63.0	57.8	62.7	62.9	56.9	58.5	59.7	61.0	66.3	67.1	63.7
13:25:19	60.9	69.0	74.4	59.0	60.0	61.9	58.5	63.7	61.8	58.5	57.2	58.4	59.8	67.4	69.9	63.8
13:25:45	59.4	68.2	72.6	59.0	65.5	69.8	61.0	71.9	69.4	62.3	59.2	60.7	64.1	69.3	71.0	72.9
13:26:05	63.2	68.6	72.4	62.3	64.5	68.6	62.9	68.5	66.6	62.5	64.1	62.9	64.4	66.6	68.5	71.0
13:26:26	60.5	68.5	73.4	59.7	62.4	62.3	59.6	64.6	66.4	59.6	62.8	59.1	62.5	69.1	66.4	70.9
13:26:47	57.9	65.7	73.7	56.3	60.2	67.0	56.1	61.8	64.2	58.1	57.8	58.8	60.7	62.9	65.9	65.3
13:27:35	57.6	64.1	69.8	56.3	59.8	59.2	56.3	60.9	62.4	56.9	57.6	58.4	60.4	63.0	67.5	62.2

续表

时间	测点1（跨中）切向	测点1（跨中）径向	测点1（跨中）竖向	测点2（桥墩）切向	测点2（桥墩）径向	测点2（桥墩）竖向	测点3（跨中）切向	测点3（跨中）径向	测点3（跨中）竖向	测点4（桥墩）切向	测点4（桥墩）径向	测点4（桥墩）竖向	测点5（跨中）切向	测点5（跨中）径向	测点5（跨中）竖向	测点9（地面）竖向
13:28:21	58.4	62.3	73.6	54.3	56.7	58.2	53.8	58.0	58.8	53.6	54.7	55.9	58.1	60.1	65.5	59.0
13:28:43	58.3	64.8	71.8	56.8	58.3	59.1	55.4	60.5	64.4	56.5	57.4	58.9	61.9	65.9	70.9	61.9
13:29:04	58.0	67.2	73.3	55.4	59.1	61.2	55.0	62.2	63.3	57.2	57.5	58.4	60.3	62.9	69.3	64.2
13:29:36	58.3	65.9	73.8	57.0	60.7	64.8	58.7	63.0	63.4	59.1	58.2	60.0	62.7	66.1	71.7	69.0
13:30:01	59.6	66.3	77.1	56.3	60.2	59.9	57.2	62.9	62.1	59.4	62.9	62.5	62.8	69.1	76.7	63.7
13:30:28	59.8	65.4	72.4	59.5	64.0	70.1	60.1	68.0	66.5	60.8	63.0	60.9	61.3	64.1	65.4	72.9
13:31:22	58.6	65.5	72.5	56.9	59.0	59.3	56.7	60.6	61.2	57.0	56.8	57.2	60.3	63.4	69.4	60.5
13:31:48	58.1	64.2	74.7	55.9	57.0	62.4	54.9	61.7	65.6	56.3	57.2	58.5	60.3	64.0	67.0	66.4
13:32:09	56.8	62.1	71.6	55.2	56.2	58.4	54.9	59.4	68.2	56.3	56.9	59.9	60.5	61.5	68.1	60.9
13:32:35	58.1	63.9	73.0	55.3	59.6	61.5	55.1	59.4	59.8	54.4	55.8	56.2	59.5	61.0	65.5	61.8
13:32:56	57.2	64.5	71.7	55.0	58.2	60.5	55.0	60.0	60.7	56.3	55.2	58.4	58.6	61.7	67.6	60.0
13:33:20	58.8	64.3	71.2	57.1	57.4	59.8	56.0	60.5	60.1	57.2	55.7	58.4	60.0	63.6	65.3	61.5
13:33:40	61.0	68.0	78.1	60.4	58.4	62.9	58.4	61.8	61.7	57.6	56.3	61.0	62.1	65.4	72.9	65.0
13:34:03	56.7	62.3	69.9	54.9	56.7	61.5	54.8	59.6	60.8	56.7	56.0	56.6	59.2	63.0	67.0	62.6
13:34:28	59.4	62.3	71.2	55.7	58.0	64.4	57.2	61.8	61.7	55.9	56.1	56.9	59.9	63.2	68.1	65.5
13:34:48	56.8	63.9	73.2	55.7	58.6	64.0	57.2	60.7	62.9	56.1	56.1	56.3	59.3	62.8	65.7	64.9
13:35:59	55.9	63.5	73.1	55.4	56.3	58.2	54.1	58.2	61.2	55.7	56.4	57.1	59.0	60.8	65.9	61.6
13:36:34	60.7	68.1	73.3	57.2	64.3	61.8	60.4	68.4	64.7	59.5	61.6	60.6	60.0	67.8	69.2	66.3
13:36:55	57.4	67.0	70.7	54.7	58.7	62.3	55.6	60.8	59.2	56.8	56.1	56.4	59.1	62.5	65.7	63.1
13:38:08	57.4	63.8	70.6	55.2	58.3	61.1	55.7	60.8	61.4	55.8	56.3	56.9	59.9	63.8	73.1	64.4
13:38:41	64.0	74.0	75.0	63.3	63.5	65.5	64.0	66.9	74.6	62.0	61.7	63.8	62.0	67.1	69.2	69.9
13:39:02	62.4	71.1	74.2	60.4	67.0	64.5	63.1	65.2	71.0	61.4	62.2	61.8	64.3	67.9	70.1	68.3
13:39:27	64.4	68.5	80.6	62.0	58.8	59.2	59.6	64.8	74.8	56.8	58.1	56.8	60.7	62.2	67.3	62.5
13:39:50	59.9	66.6	74.1	58.4	60.2	60.5	58.7	64.1	68.2	61.3	60.6	60.6	64.1	66.9	68.7	63.7
13:40:11	58.5	66.3	71.9	57.4	58.5	60.5	57.7	61.2	66.4	58.6	57.2	58.9	60.7	65.0	68.6	59.3
13:40:32	59.9	67.0	69.8	56.2	63.7	60.3	57.9	62.3	66.6	57.8	61.3	60.4	62.2	69.4	68.5	62.1
13:40:53	60.0	66.4	71.7	56.8	60.8	60.4	62.1	61.8	70.1	57.0	58.7	57.6	65.4	68.8	68.8	60.6
13:41:14	57.4	64.8	72.0	55.6	59.5	59.4	54.9	61.1	61.7	55.7	55.8	56.5	60.8	64.8	69.7	60.9
13:41:38	63.7	67.7	74.4	61.4	64.9	68.5	60.9	67.3	66.6	60.3	59.1	60.4	62.8	67.3	72.0	70.1
13:42:25	67.2	73.3	76.3	66.6	69.9	75.8	69.2	76.4	78.4	70.2	65.0	65.0	65.7	69.6	71.6	79.3
13:42:48	63.1	72.5	75.7	62.3	62.3	68.4	61.3	66.6	67.6	60.8	61.3	60.1	63.7	67.5	68.6	70.5
13:43:30	58.8	64.4	76.0	58.7	58.7	61.4	55.7	62.3	63.1	56.2	57.1	58.5	59.7	61.8	68.6	63.2
13:43:53	57.9	64.1	73.4	54.4	56.5	58.6	54.3	59.1	64.8	55.6	56.2	57.9	60.4	62.1	67.7	61.4
13:44:16	59.6	67.2	71.2	58.5	58.3	63.9	58.2	65.7	62.4	61.0	57.9	62.8	62.8	65.7	68.4	65.8

续表

时间	测点1（跨中）切向	测点1（跨中）径向	测点1（跨中）竖向	测点2（桥墩）切向	测点2（桥墩）径向	测点2（桥墩）竖向	测点3（跨中）切向	测点3（跨中）径向	测点3（跨中）竖向	测点4（桥墩）切向	测点4（桥墩）径向	测点4（桥墩）竖向	测点5（跨中）切向	测点5（跨中）径向	测点5（跨中）竖向	测点9（地面）竖向
13:45:05	59.4	67.0	72.5	56.5	59.9	64.1	57.3	61.9	61.9	57.2	57.8	57.9	62.1	64.4	68.4	62.7
13:45:28	57.6	63.8	73.7	54.3	56.9	59.4	53.7	57.3	64.9	54.8	57.5	58.0	60.7	62.2	66.6	61.0
13:45:48	55.6	61.8	70.8	54.2	58.1	61.1	56.0	59.7	60.5	54.9	54.1	57.2	58.9	61.0	65.6	62.2
13:46:09	55.6	70.9	72.4	54.2	56.5	60.5	56.5	58.5	60.0	54.5	54.7	57.1	59.7	61.5	66.7	61.4
13:46:33	56.8	64.0	72.3	55.5	58.8	61.4	53.9	61.5	60.6	55.1	54.9	56.4	58.9	60.1	66.7	62.7
13:46:53	59.5	64.1	70.5	57.2	60.2	64.4	59.6	68.7	65.2	59.5	58.1	58.8	60.5	66.1	67.8	70.1
13:47:13	60.0	65.1	73.0	57.0	63.8	64.2	57.7	69.6	65.6	58.2	61.5	58.9	62.2	65.2	66.4	70.6
13:47:55	57.6	64.6	71.0	55.5	59.5	58.7	56.9	60.1	61.4	56.7	57.1	57.3	60.5	62.9	65.9	68.2
13:48:20	58.1	63.9	69.8	55.6	58.2	60.8	56.6	60.4	60.9	56.3	56.6	57.8	59.9	60.4	66.0	62.3
13:48:41	57.5	64.0	68.7	55.9	58.0	58.1	54.6	59.4	60.9	55.6	56.0	57.7	61.2	65.8	67.9	58.9
13:49:43	56.9	63.9	70.4	55.0	56.9	60.7	56.2	60.0	60.4	55.7	56.0	56.6	60.2	61.6	65.7	62.3
13:50:04	57.6	61.9	70.1	54.4	56.5	63.3	55.1	59.6	61.3	55.0	56.4	57.5	59.3	60.0	65.1	64.1
13:50:27	58.4	63.6	71.6	56.6	60.1	62.9	57.5	61.3	62.0	56.8	58.8	57.6	60.3	62.4	65.1	64.3
13:50:47	55.7	64.3	69.9	55.4	59.1	63.1	57.1	59.9	61.2	56.0	57.6	57.5	59.5	62.2	65.4	63.9
13:51:07	56.9	61.7	72.5	54.4	57.3	62.6	55.0	59.6	62.0	56.2	55.6	57.6	60.2	60.2	66.3	64.2
13:51:31	57.8	64.1	71.4	56.4	59.5	60.7	55.9	60.2	64.1	55.1	56.7	57.3	60.7	61.7	65.9	63.2
13:52:17	57.7	63.5	75.9	55.6	58.0	59.6	55.1	60.3	60.3	55.3	57.8	58.3	61.5	62.2	69.9	61.8
13:53:00	62.8	69.2	75.2	59.3	70.9	65.7	66.5	71.7	72.1	60.1	68.7	67.3	62.3	72.3	72.2	72.7
13:53:20	56.6	64.4	74.7	55.4	57.5	63.1	55.0	59.8	60.4	56.5	56.6	57.1	59.5	62.3	65.9	64.7
13:53:41	56.5	63.7	72.0	55.1	56.8	60.7	55.5	59.8	59.9	54.7	55.9	56.1	59.1	60.2	64.8	61.4
13:54:02	56.7	63.0	72.4	55.0	57.0	59.9	55.2	58.5	60.8	54.3	54.4	57.0	59.3	62.0	64.8	60.4
13:54:23	56.7	62.3	72.6	54.5	54.9	58.3	55.2	58.0	60.9	55.3	54.9	55.7	59.0	60.7	66.9	60.6
13:54:46	57.5	64.5	70.2	54.5	57.7	61.2	56.3	61.4	61.8	58.1	60.6	58.9	59.6	63.0	65.7	63.7
13:55:07	56.2	62.7	73.2	54.6	56.0	60.5	55.1	59.4	60.8	56.6	55.1	56.2	58.2	60.7	64.5	64.1
13:55:33	57.1	62.1	72.8	54.7	59.6	63.0	54.7	62.1	61.0	55.6	57.5	57.0	60.1	60.2	64.7	72.0
13:56:30	60.3	69.0	73.0	58.6	67.2	64.0	61.4	64.0	63.8	58.3	63.5	60.1	61.7	64.8	67.4	64.8
13:56:51	58.6	64.6	71.5	56.0	58.2	59.9	56.0	61.7	59.3	55.6	59.8	57.7	59.7	63.6	67.5	61.1
13:57:11	57.5	63.3	70.7	54.7	57.3	62.7	54.4	58.9	63.6	54.5	55.8	56.4	61.1	62.5	66.6	57.9
13:57:47	58.6	64.7	73.3	56.1	57.4	61.7	57.1	62.3	68.0	56.3	56.7	56.2	60.0	65.8	69.6	63.4
13:58:07	58.0	64.0	71.1	56.4	58.4	62.3	56.3	61.8	64.6	55.8	56.8	59.2	59.9	64.0	66.4	63.9
13:59:19	64.2	68.7	74.2	60.0	63.8	62.2	60.9	67.3	64.1	58.6	59.8	58.5	62.9	65.6	66.2	65.7
最大值	71.3	76.1	80.7	69.7	71.6	75.8	70.4	76.4	78.4	70.2	69.3	67.3	73.5	75.7	76.7	79.6
最小值	55.6	61.0	67.5	53.3	54.8	56.7	53.2	57.3	58.3	53.6	54.1	55.0	57.1	59.7	63.8	57.2
平均值	59.1	65.6	72.5	57.1	60.0	62.2	57.7	63.0	64.0	57.7	58.4	58.7	60.8	64.5	67.6	65.0

注：计算水平向振级时，采用与竖向相同的计权因子。

表 7-47 14:41—16:26 各测点的振级

(dB)

时间	测点6（桥墩）切向	测点6（桥墩）径向	测点6（桥墩）竖向	测点2（桥墩）切向	测点2（桥墩）径向	测点2（桥墩）竖向	测点3（跨中）切向	测点3（跨中）径向	测点3（跨中）竖向	测点4（桥墩）切向	测点4（桥墩）径向	测点4（桥墩）竖向	测点7（跨中）切向	测点7（跨中）径向	测点7（跨中）竖向	测点9（地面）竖向
14:41:04	57.2	57.4	59.2	54.9	58.6	61.7	57.2	60.9	60.6	56.1	57.8	58.4	56.3	62.0	62.5	61.7
14:41:26	59.8	62.3	62.9	63.8	68.9	74.0	64.6	73.5	70.2	63.3	65.1	61.7	59.5	65.7	66.9	75.7
14:41:48	57.6	57.2	58.0	55.3	58.4	62.9	57.6	61.9	62.9	57.0	60.5	57.5	58.1	60.8	67.3	64.7
14:42:10	58.3	58.0	59.1	55.7	56.4	59.9	57.4	60.9	61.7	55.8	57.9	56.7	57.0	59.5	63.1	61.8
14:42:41	57.9	59.1	61.0	56.3	58.5	62.6	59.1	62.2	63.2	59.6	57.0	57.9	58.0	63.1	66.1	64.9
14:43:02	57.3	58.8	60.1	57.0	60.4	60.5	59.0	62.8	62.8	57.9	59.0	59.6	57.2	61.2	65.5	64.1
14:43:24	58.7	58.4	60.4	57.1	59.0	64.2	58.8	64.3	62.6	59.0	64.5	62.8	60.4	63.8	67.3	63.4
14:44:00	63.7	65.7	64.6	56.2	57.9	59.1	56.8	63.3	60.8	57.5	60.2	58.9	59.8	65.0	65.6	59.7
14:44:23	57.2	58.6	60.8	56.1	59.7	59.4	57.1	61.4	61.0	56.0	57.6	57.5	56.3	60.7	62.7	61.3
14:44:43	61.3	62.9	60.4	58.8	69.6	63.6	65.0	68.2	67.7	58.5	66.3	64.2	57.8	67.0	66.9	68.8
14:45:47	56.5	56.3	56.7	54.6	55.8	61.1	56.8	60.0	61.5	55.2	55.1	55.7	56.6	58.9	61.1	61.3
14:46:07	55.7	55.2	58.6	55.4	56.9	63.8	56.0	62.2	62.2	55.9	55.4	56.3	57.0	58.6	62.1	64.7
14:46:28	57.4	57.9	58.8	54.4	56.3	59.3	56.3	60.1	61.3	56.1	55.8	56.2	56.8	60.5	62.7	61.3
14:46:48	57.2	56.5	58.2	54.8	60.5	61.4	58.5	63.6	62.2	57.4	57.4	57.2	56.7	60.3	62.7	66.4
14:47:09	58.4	56.4	59.1	54.9	58.9	60.2	57.5	62.6	62.6	57.0	57.6	56.9	56.3	62.5	64.3	70.1
14:48:00	55.9	55.7	59.6	54.3	56.5	60.3	57.0	59.6	60.9	55.6	57.0	56.8	56.0	58.6	63.4	60.2
14:48:21	59.7	61.5	61.5	55.8	58.1	59.5	58.0	61.0	61.8	56.8	57.2	57.2	58.3	64.1	67.8	61.1
14:48:44	62.0	68.6	67.0	59.3	67.1	64.4	61.5	65.4	64.9	60.3	65.3	61.1	60.4	68.6	69.1	68.5
14:49:08	57.8	58.0	59.8	54.8	59.1	62.9	57.8	62.1	63.7	55.8	57.0	57.5	56.5	60.6	64.0	62.7
14:49:28	56.9	57.0	60.2	54.7	57.1	61.0	56.4	61.8	61.4	56.7	55.3	57.4	56.9	61.6	62.4	61.7
14:49:50	57.5	58.1	58.4	56.5	57.8	60.9	57.7	60.8	62.3	56.6	56.5	57.7	57.3	61.5	64.9	61.9
14:50:18	59.8	59.8	58.4	57.5	66.4	68.9	61.9	69.1	67.5	61.9	64.0	61.4	57.9	64.2	65.7	73.9
14:50:38	56.9	57.8	59.6	57.4	59.4	65.3	60.5	67.2	67.5	59.1	59.8	59.0	58.8	62.2	67.2	69.9
14:51:09	60.2	58.3	60.5	57.5	60.1	62.1	60.8	66.0	64.0	62.7	63.2	62.1	59.7	65.2	67.1	67.5
14:52:12	59.9	67.7	66.6	57.5	58.7	60.2	59.8	62.0	62.2	56.6	57.6	60.4	57.8	68.0	65.0	59.9
14:52:33	60.0	61.9	61.7	56.9	59.6	59.5	58.0	63.0	62.2	57.4	58.5	57.5	59.9	66.7	68.9	62.2
14:52:56	58.2	58.3	59.8	54.3	58.6	58.1	57.1	60.7	62.0	54.8	56.8	56.9	56.5	61.8	64.4	64.0
14:53:26	56.3	57.1	59.9	56.8	58.6	67.3	57.1	60.7	63.3	56.3	57.8	58.0	57.0	60.3	62.6	66.7
14:53:46	57.3	58.8	58.2	57.0	59.9	61.4	58.7	62.3	63.1	56.7	55.9	56.5	56.9	60.6	62.4	65.6
14:54:07	56.0	56.0	57.9	55.3	57.4	61.7	56.4	59.5	60.9	56.8	55.9	55.7	59.2	61.1	63.9	69.1
14:55:16	59.2	56.8	57.3	56.4	57.4	61.6	58.9	63.1	63.3	59.8	57.4	57.6	57.0	60.4	63.2	63.9
14:55:36	56.5	57.1	57.2	55.1	56.6	59.7	57.0	60.2	62.6	56.6	56.5	59.0	56.7	59.6	63.6	66.1
14:56:14	56.9	56.3	58.0	59.5	58.1	58.8	58.0	64.2	65.9	58.5	57.7	58.8	61.0	60.0	64.8	61.5
15:26:14	58.2	59.0	59.7	57.8	62.2	68.6	62.1	61.7	62.1	57.4	58.1	58.6	60.0	67.5	65.6	68.1

续表

时间	测点6（桥墩）切向	测点6（桥墩）径向	测点6（桥墩）竖向	测点2（桥墩）切向	测点2（桥墩）径向	测点2（桥墩）竖向	测点3（跨中）切向	测点3（跨中）径向	测点3（跨中）竖向	测点4（桥墩）切向	测点4（桥墩）径向	测点4（桥墩）竖向	测点7（跨中）切向	测点7（跨中）径向	测点7（跨中）竖向	测点9（地面）竖向
15:26:36	58.1	57.5	62.3	56.7	60.2	64.7	58.4	63.9	63.1	57.7	58.7	57.6	57.7	61.3	64.9	74.9
15:27:36	58.1	58.7	59.1	56.7	58.7	62.8	57.4	62.9	63.9	58.5	59.2	60.3	58.0	61.7	66.7	69.4
15:28:06	57.1	56.8	59.0	56.4	57.0	57.9	57.3	59.9	61.1	56.6	56.0	58.8	56.3	59.9	63.2	59.6
15:28:30	58.5	58.1	59.3	56.3	57.3	58.0	58.1	62.6	60.6	57.8	58.3	57.6	60.1	62.8	64.2	58.9
15:28:51	56.6	57.0	59.1	55.1	59.8	60.5	57.4	60.7	61.4	55.4	57.0	58.9	57.8	60.5	62.5	61.7
15:30:03	61.8	60.5	60.1	62.8	65.6	69.1	64.1	68.8	66.8	62.9	61.4	60.8	60.0	65.2	67.0	72.2
15:30:31	56.9	57.3	58.3	57.2	59.2	64.3	57.6	62.2	62.7	57.3	57.2	57.6	57.3	61.3	65.9	68.6
15:30:55	58.5	58.9	59.2	56.6	58.8	62.1	57.6	63.0	62.2	57.4	57.0	58.7	57.8	61.2	64.5	65.1
15:31:26	57.1	56.7	58.8	54.1	56.9	57.9	56.7	61.3	61.1	55.5	55.6	56.7	56.0	59.3	63.0	62.2
15:31:49	58.7	57.7	58.7	56.7	57.4	60.3	57.7	65.4	66.0	59.8	57.9	58.3	58.1	61.4	63.5	64.0
15:32:09	59.6	58.5	59.7	54.6	56.4	60.8	56.7	61.4	62.1	56.2	56.7	56.9	56.5	59.9	62.4	62.7
15:32:33	58.1	58.6	60.2	56.4	62.3	61.7	59.7	62.2	64.0	59.1	61.3	60.2	58.4	61.6	66.1	66.9
15:32:53	58.2	57.5	58.9	55.9	57.2	59.0	56.8	61.9	60.4	61.6	57.3	57.2	58.9	59.9	65.4	59.7
15:33:15	57.5	56.9	58.0	55.9	57.9	58.8	57.4	60.5	59.6	56.3	59.1	57.1	56.7	61.2	62.9	60.8
15:34:37	58.2	57.4	60.9	56.2	58.1	60.0	57.3	60.2	61.5	56.5	57.2	56.9	57.3	62.2	64.6	65.3
15:34:59	61.1	65.1	62.3	60.9	63.6	61.5	61.7	65.3	63.4	60.2	58.8	58.0	62.1	66.9	71.6	63.9
15:35:26	60.2	62.2	63.1	62.4	63.2	63.4	62.4	68.9	70.1	65.7	62.9	64.6	62.7	67.5	66.3	69.4
15:37:27	58.1	57.3	60.8	56.6	57.4	64.1	57.8	62.2	63.9	57.8	57.2	58.8	58.2	61.4	68.0	67.4
15:38:07	56.8	57.1	59.2	55.4	59.6	63.1	59.7	63.4	61.9	56.1	61.4	59.6	57.0	62.9	64.7	66.6
15:38:33	57.6	60.6	61.4	58.6	59.1	63.5	61.2	64.3	67.1	58.9	58.0	62.5	57.8	65.0	67.1	64.2
15:39:03	61.4	62.6	66.0	60.7	62.5	61.1	61.7	68.1	63.9	62.6	61.4	64.9	63.6	66.7	71.6	66.2
15:39:27	56.1	57.2	58.2	53.6	56.7	59.5	56.2	59.6	61.9	54.9	56.6	56.9	57.1	60.2	62.9	61.7
15:39:48	57.9	57.4	59.9	56.2	59.5	62.1	58.7	61.6	62.2	56.8	60.9	60.3	56.3	61.8	62.9	73.4
15:40:09	56.6	57.6	57.5	54.5	57.6	61.2	56.8	60.9	60.1	56.3	58.4	57.8	57.2	63.2	63.9	62.9
15:40:29	60.1	65.7	65.7	56.9	66.8	62.8	62.6	66.7	64.6	59.0	65.5	63.4	59.7	69.4	69.0	67.3
15:40:50	59.8	61.0	60.1	58.1	60.5	65.3	60.2	67.5	62.3	61.8	59.1	64.1	61.8	64.3	67.4	67.4
15:41:47	60.7	59.6	58.8	59.9	65.6	66.4	61.7	69.0	65.4	63.9	60.5	61.1	59.9	64.3	66.5	71.8
15:42:09	56.9	57.3	57.6	55.9	62.4	59.7	60.3	64.1	65.0	56.3	60.8	61.7	57.8	63.7	66.0	63.9
15:42:35	58.1	63.6	64.1	57.1	63.8	63.8	60.4	67.9	66.7	58.7	62.4	63.2	60.1	61.4	66.0	73.3
15:42:55	60.9	62.6	59.6	61.2	65.5	71.1	64.1	72.5	72.2	63.9	63.4	62.7	62.9	65.3	68.3	73.0
15:43:24	60.0	62.1	66.7	55.9	58.4	63.8	58.4	64.4	64.6	58.2	60.9	57.9	58.4	67.4	65.0	65.5
15:44:10	56.5	57.3	57.8	55.0	56.5	59.8	56.3	60.1	62.0	57.7	57.6	58.4	56.7	60.2	61.7	59.6
15:44:31	58.7	59.0	61.3	57.2	58.9	59.1	57.8	63.3	61.3	56.7	56.7	57.5	57.0	61.8	63.8	58.5
15:44:53	59.0	58.6	61.1	58.7	57.7	61.6	58.9	61.5	62.4	56.8	56.9	58.6	58.2	64.6	65.6	61.8

续表

时间	测点6（桥墩）切向	测点6（桥墩）径向	测点6（桥墩）竖向	测点2（桥墩）切向	测点2（桥墩）径向	测点2（桥墩）竖向	测点3（跨中）切向	测点3（跨中）径向	测点3（跨中）竖向	测点4（桥墩）切向	测点4（桥墩）径向	测点4（桥墩）竖向	测点7（跨中）切向	测点7（跨中）径向	测点7（跨中）竖向	测点9（地面）竖向
15:45:14	59.5	58.3	62.1	55.6	59.0	64.0	57.4	59.9	62.6	55.3	57.5	58.5	58.3	61.6	64.5	62.1
15:45:34	59.1	57.0	61.1	56.7	62.2	66.5	58.9	62.6	63.5	56.6	59.3	60.3	57.1	60.8	62.6	69.2
15:46:21	58.3	57.9	62.6	58.0	58.4	61.9	58.2	63.2	63.9	58.0	57.2	57.9	57.8	65.9	66.8	64.1
15:46:45	60.2	58.8	58.1	58.4	63.2	63.1	61.2	64.6	65.2	58.6	60.7	59.2	59.4	62.5	64.6	67.0
15:47:18	58.9	58.5	59.7	59.1	63.6	66.0	63.3	66.8	65.7	62.4	62.6	62.2	57.2	63.5	66.2	67.6
15:47:39	59.0	58.1	59.5	55.1	58.8	61.8	57.5	61.9	62.8	58.1	57.3	59.8	58.3	60.5	62.6	65.6
15:48:38	58.7	58.1	59.8	55.6	59.9	62.9	57.6	61.0	62.8	56.9	56.9	58.7	59.1	63.1	64.6	64.3
15:49:32	58.7	56.9	58.6	59.3	63.8	70.4	64.4	68.4	65.7	60.7	59.9	60.8	56.9	62.6	63.1	74.5
15:49:55	56.2	56.1	57.7	54.4	58.8	62.6	55.9	61.9	65.6	55.1	55.9	56.9	55.7	60.2	63.2	64.8
15:51:26	58.2	57.5	59.7	56.4	59.2	60.0	57.3	61.3	68.6	56.1	57.0	58.4	57.9	61.4	63.0	63.2
15:51:46	57.2	56.9	59.3	57.4	57.2	58.1	58.1	63.8	71.1	57.4	58.1	60.0	58.8	60.5	64.3	61.4
15:52:07	58.2	57.9	58.5	56.1	56.3	57.8	56.5	61.5	61.4	56.3	56.5	58.5	58.9	62.3	63.0	60.4
15:52:35	57.3	58.8	58.5	58.6	66.0	63.9	62.9	65.6	66.9	59.4	65.3	63.3	57.9	63.6	63.0	67.7
15:52:55	57.2	56.1	58.8	56.2	58.2	61.5	57.8	62.8	60.6	58.7	56.8	59.2	56.9	59.9	62.6	65.7
15:53:37	58.3	60.1	57.9	60.2	65.9	72.5	62.5	67.3	67.0	61.5	62.9	60.4	60.0	66.5	64.7	72.6
15:54:05	61.0	58.5	58.4	59.3	60.9	60.8	59.7	64.6	63.5	62.1	59.8	60.2	59.7	63.1	68.5	72.1
15:54:26	57.5	57.4	58.5	59.1	58.5	63.1	59.0	63.1	63.3	58.6	57.5	57.7	58.8	61.9	64.6	65.6
15:54:47	59.2	59.5	59.1	58.8	62.3	70.5	61.2	66.1	67.1	61.6	60.0	61.4	58.1	62.0	66.9	71.8
15:55:36	59.9	61.0	62.5	59.8	61.1	65.9	61.2	65.2	65.0	63.6	66.0	63.1	59.6	66.3	69.9	70.5
15:56:25	58.5	63.5	63.7	55.9	58.8	61.5	58.6	61.5	62.5	57.8	57.7	59.8	58.7	64.0	66.9	61.8
15:56:50	58.5	60.2	60.3	58.4	69.6	64.0	62.6	67.8	70.5	59.0	66.2	64.0	60.1	67.2	68.4	67.4
15:57:11	56.7	58.8	61.8	53.8	56.1	62.0	58.9	59.3	60.8	55.0	54.9	56.8	56.5	61.5	62.0	64.0
15:58:06	56.6	56.9	59.2	55.2	59.0	62.7	58.6	61.6	63.0	56.7	57.0	57.9	56.9	60.3	63.6	66.2
15:58:26	65.4	65.3	70.9	66.8	61.4	68.5	65.4	70.8	67.1	60.8	62.4	60.6	64.9	73.4	71.5	71.9
15:58:47	64.7	64.3	60.3	68.5	69.5	68.5	67.4	72.9	73.8	62.7	65.3	65.2	64.6	69.8	69.4	73.0
15:59:19	64.5	62.0	66.4	63.3	63.9	62.9	62.3	68.5	70.9	59.9	62.6	59.1	60.5	68.3	67.9	67.8
15:59:42	59.4	60.2	60.1	57.0	60.3	58.8	57.7	66.7	62.8	60.7	58.8	61.1	62.3	63.5	68.2	64.1
16:00:04	57.2	56.3	56.5	54.3	55.9	59.9	57.2	59.9	61.2	55.2	57.0	57.1	57.1	58.7	63.2	62.0
16:00:26	60.4	67.8	68.0	58.4	61.2	59.9	59.9	66.1	64.7	57.7	60.1	58.7	59.0	68.2	68.0	61.8
16:00:47	61.5	61.5	61.4	58.5	62.4	60.9	62.2	65.7	66.0	59.1	60.6	61.9	60.0	66.9	69.0	64.3
16:01:07	58.6	59.7	62.1	56.2	58.4	62.8	57.6	61.8	61.4	57.0	56.4	57.6	58.3	66.4	65.2	63.8
16:01:32	57.4	57.2	57.7	54.9	56.2	59.0	58.0	60.6	60.5	56.2	56.3	56.5	57.8	60.9	63.1	63.1
16:02:20	59.0	58.4	62.0	60.0	64.9	70.8	62.2	68.2	66.6	61.8	60.9	58.6	58.7	62.0	66.0	72.2
16:02:55	65.2	65.0	59.4	66.2	70.2	70.8	68.3	70.5	68.9	65.4	65.0	62.5	62.6	69.7	69.8	75.4

续表

时间	测点6（桥墩）切向	测点6（桥墩）径向	测点6（桥墩）竖向	测点2（桥墩）切向	测点2（桥墩）径向	测点2（桥墩）竖向	测点3（跨中）切向	测点3（跨中）径向	测点3（跨中）竖向	测点4（桥墩）切向	测点4（桥墩）径向	测点4（桥墩）竖向	测点7（跨中）切向	测点7（跨中）径向	测点7（跨中）竖向	测点9（地面）竖向
16:03:36	57.6	58.5	57.8	56.4	59.8	60.0	58.8	64.0	64.3	58.2	63.2	61.0	60.1	61.4	65.3	63.6
16:03:57	59.0	58.6	59.6	57.0	56.1	61.5	58.6	62.1	61.9	55.8	55.7	56.2	57.1	65.1	63.9	62.9
16:04:18	56.6	58.8	61.0	55.3	58.5	60.8	57.5	60.6	63.0	56.4	57.0	57.7	56.9	62.3	65.9	61.9
16:05:35	58.3	62.3	61.3	57.9	58.9	63.8	60.3	61.8	61.6	56.3	56.5	57.0	57.6	65.5	64.8	67.6
16:05:57	59.0	59.8	61.8	58.3	60.1	64.3	60.3	63.3	62.6	57.6	57.3	58.9	59.7	62.9	65.7	64.7
16:06:29	58.3	57.4	61.5	56.6	60.2	62.7	57.8	62.4	63.2	56.9	59.0	59.0	58.0	62.0	65.8	67.5
16:06:51	59.5	60.5	62.2	59.1	64.9	66.6	61.3	66.9	67.6	61.6	59.5	59.9	59.7	64.5	68.8	69.1
16:07:16	59.9	58.9	59.9	58.8	63.0	66.5	63.3	66.6	64.5	62.5	60.6	59.0	59.5	65.8	67.4	72.2
16:07:37	61.3	60.8	60.8	58.7	62.7	61.4	61.7	64.1	64.1	61.3	65.0	61.4	60.0	65.3	66.0	66.6
16:08:06	58.5	59.7	60.0	56.1	64.4	63.7	62.1	66.8	63.7	57.6	61.0	60.7	58.2	63.4	66.4	68.0
16:08:27	65.8	67.7	61.7	69.1	74.1	68.0	70.3	72.0	69.7	63.1	70.8	67.2	63.2	71.9	71.3	72.7
16:09:25	56.0	56.2	58.9	55.0	56.1	63.5	57.1	60.2	62.4	55.9	54.9	55.9	57.9	59.7	62.6	65.1
16:09:47	57.0	55.6	57.9	56.9	58.5	62.6	60.4	61.1	64.3	55.7	56.7	56.9	58.4	63.5	64.7	65.1
16:10:08	57.7	57.0	58.4	56.5	63.6	66.3	58.6	66.4	66.1	57.7	60.2	62.3	57.3	61.9	64.8	67.6
16:10:28	57.7	57.7	59.5	61.5	66.0	69.8	62.8	70.8	70.5	62.3	61.5	59.7	60.0	62.2	67.3	73.5
16:10:49	60.0	60.8	61.9	58.8	63.1	66.0	61.8	66.9	66.9	61.7	64.3	61.6	60.3	65.7	68.0	67.9
16:11:54	57.5	57.6	58.3	54.1	55.6	58.4	56.8	60.6	61.6	55.7	57.2	57.5	57.7	60.3	65.1	60.7
16:12:20	56.7	57.4	59.2	56.0	59.7	62.1	57.6	62.9	62.8	56.2	59.0	58.8	57.5	61.6	63.2	63.4
16:12:49	62.1	61.2	61.2	60.2	71.8	67.2	65.3	73.9	69.9	59.0	72.3	68.9	62.6	68.6	72.8	72.8
16:13:10	62.3	69.5	68.5	60.1	62.6	62.6	62.2	65.6	68.1	58.1	58.5	59.4	59.2	72.6	70.2	65.4
16:13:34	57.1	57.8	59.6	56.1	59.4	62.3	58.3	63.3	67.8	56.7	57.5	57.6	58.2	61.7	64.5	64.2
16:14:00	58.6	57.6	58.6	59.4	59.5	67.4	60.3	63.3	68.4	59.2	57.1	58.5	58.8	61.9	66.6	67.7
16:14:22	58.4	57.1	58.5	59.0	57.9	62.0	58.4	62.7	63.0	58.4	58.2	59.4	60.7	62.6	65.9	63.6
16:14:45	57.0	57.4	58.8	55.3	57.1	61.6	58.7	61.1	61.9	55.8	57.6	57.1	57.2	59.9	62.5	64.0
16:15:43	64.2	62.1	61.5	65.5	67.6	67.3	64.0	70.4	68.8	60.1	60.6	62.0	61.8	66.8	68.7	73.1
16:16:06	62.7	62.5	59.1	66.6	65.3	63.2	61.7	72.4	69.6	61.0	63.4	61.2	60.1	68.4	67.0	67.1
16:16:46	61.5	61.6	63.5	58.3	59.6	57.8	60.3	61.4	68.7	59.4	58.4	59.6	59.7	64.2	67.6	61.8
16:17:06	57.3	58.4	60.1	54.8	57.4	58.0	57.9	60.7	61.5	55.7	56.7	55.9	57.2	62.5	64.0	58.2
16:17:34	61.8	60.3	61.2	64.3	60.7	61.1	64.3	67.2	75.0	62.9	60.1	58.5	69.2	68.4	70.8	65.9
16:18:28	64.4	68.6	66.6	67.5	72.0	76.4	67.9	77.3	75.4	71.0	67.0	67.3	67.4	73.7	74.8	75.0
16:18:49	59.5	64.2	65.0	57.2	61.3	67.4	59.6	66.1	67.9	60.4	60.8	59.5	58.8	66.8	67.5	67.6
16:19:16	56.9	57.9	59.7	55.3	57.2	60.4	58.0	61.8	62.6	56.2	56.8	57.7	57.7	62.1	64.8	62.7
16:19:38	57.9	57.7	59.3	55.5	58.1	61.3	58.8	63.3	63.9	60.2	60.6	60.3	59.7	61.4	66.6	63.5
16:19:58	57.2	57.5	59.8	54.7	58.0	60.4	57.6	60.9	64.6	55.9	60.7	59.0	58.9	62.0	63.6	62.8

续表

时间	测点6（桥墩）切向	测点6（桥墩）径向	测点6（桥墩）竖向	测点2（桥墩）切向	测点2（桥墩）径向	测点2（桥墩）竖向	测点3（跨中）切向	测点3（跨中）径向	测点3（跨中）竖向	测点4（桥墩）切向	测点4（桥墩）径向	测点4（桥墩）竖向	测点7（跨中）切向	测点7（跨中）径向	测点7（跨中）竖向	测点9（地面）竖向
16:20:18	59.8	58.5	59.8	55.9	60.0	62.1	58.6	65.8	64.9	60.7	59.2	61.4	61.3	61.6	65.8	65.4
16:20:39	57.4	58.4	59.2	56.1	57.6	59.4	57.1	61.2	62.8	56.0	58.2	61.1	57.7	61.5	70.0	62.8
16:21:05	60.1	63.2	61.2	58.9	70.0	68.5	62.7	70.6	68.5	57.9	66.5	63.8	58.0	67.1	66.6	70.0
16:22:02	57.1	58.0	59.6	58.2	64.9	70.5	59.5	67.2	66.0	58.4	60.7	59.2	59.0	64.7	65.1	70.7
16:22:37	56.7	56.4	59.0	57.1	61.5	63.8	59.0	62.7	63.7	59.7	60.5	59.3	57.2	60.7	64.6	69.6
最大值	65.8	69.5	70.9	69.1	74.1	76.4	70.3	77.3	75.4	71.0	72.3	68.9	69.2	73.7	74.8	75.7
最小值	55.7	55.2	56.5	53.6	55.6	57.8	55.9	59.3	59.6	54.8	54.9	55.7	55.7	58.6	61.1	58.2
平均值	58.8	59.4	60.4	57.6	60.6	63.0	59.6	64.1	64.4	58.5	59.5	59.5	58.7	63.4	65.6	65.9

注：计算水平向振级时，采用与竖向相同的计权因子。

表 7-48　16:26—17:06 各测点的振级　(dB)

时间	测点6（桥墩）切向	测点6（桥墩）径向	测点6（桥墩）竖向	测点2（桥墩）切向	测点2（桥墩）径向	测点2（桥墩）竖向	测点3（跨中）切向	测点3（跨中）径向	测点3（跨中）竖向	测点4（桥墩）切向	测点4（桥墩）径向	测点4（桥墩）竖向	测点8（桥墩）切向	测点8（桥墩）径向	测点9（地面）竖向
16:29:06	57.4	58.2	61.7	56.2	62.6	63.3	58.3	62.2	63.4	59.5	58.4	60.5	57.5	60.3	73.1
16:29:27	56.4	56.6	56.6	54.7	57.9	64.4	57.0	60.4	61.2	54.9	55.3	56.1	57.4	58.6	66.3
16:29:48	55.6	56.4	57.5	55.8	57.9	61.7	57.4	62.2	62.4	56.2	56.2	57.2	57.1	59.1	63.3
16:30:08	58.2	57.5	57.8	55.7	59.1	63.6	58.6	61.3	62.9	55.9	56.0	56.8	57.9	60.1	64.3
16:30:30	56.9	56.9	59.3	56.2	56.9	60.9	58.4	60.5	62.0	55.4	55.9	57.0	58.3	59.6	62.3
16:30:50	60.4	65.0	63.0	59.3	61.9	66.5	62.3	65.5	67.2	58.5	61.7	60.1	57.0	60.8	68.8
16:31:13	58.9	58.5	60.3	59.9	66.3	69.7	63.9	71.6	69.7	62.2	60.4	61.4	58.4	60.4	72.9
16:31:54	57.3	57.1	61.3	54.7	56.1	58.7	56.7	60.8	62.1	55.7	56.3	57.6	58.2	58.8	59.5
16:32:16	59.3	64.7	65.7	56.3	59.1	60.3	57.9	63.9	64.4	56.8	58.2	57.0	59.8	62.5	60.3
16:34:03	57.6	56.9	58.3	57.7	62.4	68.0	61.2	67.9	65.0	59.2	58.5	58.5	60.7	60.1	70.5
16:34:25	57.9	57.6	59.3	56.0	56.9	63.4	58.5	62.2	61.9	55.1	55.7	56.4	57.0	59.0	64.7
16:34:53	63.2	67.2	62.8	66.0	71.4	75.3	66.4	76.0	75.9	67.5	65.1	69.2	62.7	62.7	75.0
16:35:24	57.5	58.2	62.4	56.0	58.1	64.3	59.2	63.5	63.1	57.0	56.3	56.6	56.8	59.8	68.3
16:35:47	57.2	57.3	59.2	55.9	57.2	59.1	56.9	62.1	62.3	56.2	57.2	58.8	57.4	58.7	62.9
16:36:14	58.6	60.6	61.1	57.2	67.1	63.2	60.1	66.6	64.9	58.1	63.8	60.9	59.3	61.8	65.1
16:36:41	61.5	66.9	65.2	58.1	64.5	64.7	60.6	65.7	62.9	58.2	63.6	61.7	59.8	61.1	65.8
16:37:16	58.0	58.4	62.4	56.2	56.6	66.7	58.3	59.8	62.0	57.6	57.8	58.1	57.6	59.1	68.0
16:37:36	56.9	57.4	57.5	57.6	59.3	63.4	58.7	62.9	62.9	56.6	56.3	56.7	57.9	59.1	66.2
16:37:59	59.8	57.5	63.3	55.2	61.1	63.4	59.2	61.9	62.1	55.0	60.8	57.5	58.4	60.6	65.7
16:38:33	56.5	57.5	58.3	55.6	63.2	63.8	58.9	65.2	64.2	57.6	60.2	57.5	56.5	58.0	72.5
16:38:57	56.5	58.7	57.8	57.0	60.2	64.5	60.3	65.5	66.0	59.0	59.0	57.8	57.9	58.7	68.2

续表

时间	测点 6（桥墩）切向	测点 6（桥墩）径向	测点 6（桥墩）竖向	测点 2（桥墩）切向	测点 2（桥墩）径向	测点 2（桥墩）竖向	测点 3（跨中）切向	测点 3（跨中）径向	测点 3（跨中）竖向	测点 4（桥墩）切向	测点 4（桥墩）径向	测点 4（桥墩）竖向	测点 8（桥墩）切向	测点 8（桥墩）径向	测点 9（地面）竖向
16:40:06	57.2	57.4	58.5	55.2	56.8	57.0	57.5	60.0	61.8	56.3	57.5	56.7	57.9	60.9	60.7
16:40:27	58.5	63.7	64.7	57.6	59.6	60.4	58.2	63.4	62.4	57.1	57.8	58.8	60.5	62.3	59.1
16:40:53	60.8	63.4	64.7	58.0	62.1	61.3	60.1	64.8	63.1	57.7	63.9	60.3	58.7	64.6	65.4
16:41:14	60.1	62.5	63.5	57.6	60.7	62.2	59.7	65.2	62.8	60.4	58.6	58.0	61.8	66.0	64.8
16:41:34	57.5	58.0	58.4	54.9	58.3	62.5	58.4	61.8	62.5	55.6	55.9	59.0	57.0	59.2	64.6
16:41:55	57.5	58.5	62.1	56.2	64.2	68.8	59.6	65.3	64.8	58.7	63.0	60.5	58.5	61.4	71.8
16:42:15	57.5	58.7	59.9	58.9	65.3	68.5	61.4	68.0	67.3	61.1	61.5	59.6	58.5	63.3	73.2
16:42:36	60.4	59.7	59.0	61.9	69.4	71.6	63.2	72.2	70.0	60.2	61.8	60.9	57.2	61.6	73.8
16:42:57	56.3	56.7	57.4	56.6	60.2	65.2	57.9	61.4	65.8	57.1	61.7	62.0	56.1	58.2	67.5
16:43:26	56.6	57.2	56.8	55.5	58.1	59.1	57.5	63.9	62.1	59.2	60.2	60.3	57.6	58.7	63.3
16:43:48	58.3	58.9	59.7	56.9	57.2	60.1	58.1	61.7	61.9	57.4	57.3	58.0	58.2	60.6	62.2
16:44:20	59.3	58.6	60.1	55.4	60.7	63.2	58.6	62.1	61.8	57.1	58.7	60.0	59.2	63.3	64.2
16:45:05	60.8	66.5	64.0	61.1	75.0	70.6	70.5	79.0	75.4	61.4	76.8	73.7	62.7	64.5	78.3
16:45:26	59.6	58.7	62.9	55.9	57.7	62.3	58.2	67.0	64.7	61.7	58.6	61.1	59.4	59.3	65.4
16:45:50	56.9	57.3	58.1	56.4	60.3	64.3	58.9	63.7	63.0	57.4	56.5	56.7	56.9	58.9	66.2
16:46:14	56.8	57.7	59.2	55.8	58.8	62.0	57.9	61.2	62.2	56.1	56.6	57.9	58.6	61.2	63.5
16:47:35	62.0	57.7	58.0	62.9	61.6	62.1	62.4	67.4	66.8	59.6	60.5	59.5	59.5	62.0	68.5
16:47:55	59.7	59.1	60.0	63.0	60.7	63.9	59.9	67.5	65.8	59.2	59.6	58.3	60.9	61.9	70.2
16:48:19	60.4	58.9	59.4	60.4	64.3	60.5	60.3	64.9	64.0	58.8	61.8	60.9	59.2	61.0	62.1
16:48:40	63.8	67.0	65.9	57.2	62.4	60.1	61.9	65.1	64.3	57.6	59.8	59.5	60.8	64.3	60.6
16:49:02	59.6	61.6	63.0	54.6	58.0	60.0	59.5	62.3	64.0	56.8	59.5	57.1	60.4	62.9	63.0
16:49:27	59.8	61.4	61.3	55.4	57.9	62.6	59.0	64.1	62.9	58.8	56.2	56.7	57.3	62.5	65.5
16:50:18	56.6	56.1	58.2	55.3	58.3	63.4	57.3	61.8	62.2	56.1	57.8	58.7	57.3	57.9	64.2
16:50:39	60.0	58.0	59.4	60.3	60.2	67.2	62.3	66.2	64.3	62.3	61.7	57.0	57.3	59.4	69.8
16:51:03	59.3	61.3	64.6	58.2	65.6	67.6	63.1	70.3	68.7	62.0	61.5	60.0	59.8	63.6	71.1
16:51:27	61.2	61.7	62.1	62.4	65.2	62.4	63.6	66.0	64.6	58.7	62.2	59.8	58.5	61.5	74.1
16:51:53	61.4	59.3	58.9	63.5	64.0	64.4	63.4	68.3	65.8	60.1	60.5	60.6	58.1	62.3	70.2
16:52:15	58.4	58.6	59.0	59.0	59.4	59.1	59.6	64.2	63.1	58.6	62.8	59.4	59.2	61.9	66.1
16:52:52	60.1	61.4	62.1	59.8	70.0	65.9	63.8	70.2	68.2	59.5	67.5	64.6	58.4	63.0	70.2
16:53:19	55.5	56.6	58.8	55.5	56.4	58.2	56.0	59.8	60.7	56.4	56.0	56.6	60.5	60.0	58.4
16:54:11	56.7	57.2	58.4	55.8	60.4	60.7	58.5	62.9	61.3	58.9	58.4	58.9	56.4	60.7	70.6
16:55:25	57.9	57.6	58.9	56.3	57.2	60.4	57.3	61.0	61.1	55.1	56.0	57.1	58.7	61.8	61.3
16:55:55	60.3	60.3	66.3	55.4	56.8	57.6	56.6	61.3	60.7	55.5	55.6	56.2	57.1	59.0	60.0
16:56:17	58.7	59.4	60.8	57.6	64.7	61.4	60.5	63.8	64.1	59.0	62.3	59.9	59.8	62.5	63.8
16:56:49	61.0	61.1	60.8	58.4	65.2	62.2	63.1	69.8	66.2	59.0	67.8	63.2	60.0	65.0	67.8
16:57:35	63.3	64.0	64.2	67.2	70.4	75.4	70.1	75.5	73.0	69.8	66.5	65.3	61.0	63.8	78.3

续表

时间	测点6（桥墩）切向	测点6（桥墩）径向	测点6（桥墩）竖向	测点2（桥墩）切向	测点2（桥墩）径向	测点2（桥墩）竖向	测点3（跨中）切向	测点3（跨中）径向	测点3（跨中）竖向	测点4（桥墩）切向	测点4（桥墩）径向	测点4（桥墩）竖向	测点8（桥墩）切向	测点8（桥墩）径向	测点9（地面）竖向
16:58:07	58.4	57.5	60.2	55.1	58.7	61.0	56.7	61.3	64.1	57.1	57.5	57.4	56.6	60.4	64.1
16:58:29	58.6	58.4	64.4	54.5	60.2	60.3	58.3	60.9	61.6	55.3	57.9	57.1	57.9	63.1	63.9
16:58:49	58.5	60.6	61.2	60.6	64.3	70.1	61.9	69.3	66.6	59.8	61.6	58.5	58.2	60.7	70.1
16:59:13	57.1	57.5	58.1	57.7	59.1	63.8	59.2	63.7	65.3	57.9	60.3	60.0	57.4	57.7	71.2
16:59:35	56.1	56.3	59.4	55.3	57.5	61.3	57.3	61.3	63.1	56.4	56.0	56.7	56.5	58.6	63.1
16:59:55	59.0	59.7	59.7	57.0	60.6	61.4	58.9	62.3	62.4	58.3	58.9	61.1	57.2	60.1	67.1
17:01:07	59.7	60.0	61.1	56.9	59.5	59.2	57.1	62.8	64.4	56.4	58.1	59.0	57.3	59.0	61.8
17:01:38	59.6	57.0	58.2	56.5	61.1	71.2	58.3	63.9	67.8	58.8	57.0	58.1	58.1	59.3	69.5
17:01:59	61.0	60.1	60.0	60.6	65.6	67.2	63.2	69.5	67.8	61.9	60.1	60.6	58.4	61.1	72.3
17:02:19	57.7	58.1	60.7	55.6	60.6	63.0	57.7	63.3	62.1	56.8	57.5	59.0	59.0	58.9	72.3
17:02:40	57.6	58.4	60.1	61.1	61.8	70.4	60.5	67.8	65.5	59.0	60.3	61.5	55.9	58.1	68.2
17:03:03	58.8	60.9	64.7	57.9	62.2	61.3	58.5	63.1	64.8	57.1	58.8	59.7	57.1	62.4	66.0
17:03:23	57.6	62.0	62.9	56.5	59.1	61.1	59.9	63.3	62.6	57.3	59.3	59.4	58.4	60.3	70.5
17:03:45	57.2	58.2	59.3	55.9	62.3	64.1	58.2	66.0	65.1	60.4	61.9	61.6	56.4	60.9	65.2
17:04:08	56.7	57.3	59.2	54.1	58.2	59.4	57.6	61.6	61.2	55.4	56.9	56.8	59.4	59.3	62.3
17:04:29	66.3	68.0	70.5	60.4	67.1	61.6	63.6	67.0	65.5	63.4	63.6	61.0	62.5	65.9	66.1
17:04:50	61.6	62.2	60.5	59.1	68.7	64.9	62.5	70.3	64.8	59.4	66.0	63.5	60.7	63.1	69.6
17:05:11	57.4	57.0	59.2	54.9	57.3	58.4	57.2	60.6	62.6	55.8	56.8	56.9	57.3	58.4	61.1
17:06:05	59.9	61.2	62.8	58.7	64.5	65.7	64.3	66.6	64.9	59.4	66.2	63.2	60.7	63.3	72.6
17:06:26	61.2	59.4	59.9	62.0	66.7	69.7	62.7	67.3	70.1	60.5	60.0	59.4	58.8	63.2	73.2
最大值	66.3	68.0	70.5	67.2	75.0	75.4	70.5	79.0	75.9	69.8	76.8	73.7	62.7	66.0	78.3
最小值	55.5	56.1	56.6	54.1	56.1	57.0	56.0	59.8	60.7	54.9	55.3	56.1	55.9	57.7	58.4
平均值	58.8	59.6	60.8	57.7	61.5	63.6	60.0	64.8	64.5	58.4	59.8	59.4	58.5	61.0	66.9

注：计算水平向振级时，采用与竖向相同的计权因子。

表 7-49　12:17—14:07 各测点的加速度峰值　(m/s^2)

时间	测点1（跨中）切向	测点1（跨中）径向	测点1（跨中）竖向	测点2（桥墩）切向	测点2（桥墩）径向	测点2（桥墩）竖向	测点3（跨中）切向	测点3（跨中）径向	测点3（跨中）竖向	测点4（桥墩）切向	测点4（桥墩）径向	测点4（桥墩）竖向	测点5（跨中）切向	测点5（跨中）径向	测点5（跨中）竖向	测点6（地面）竖向
12:17:10	0.005	0.010	0.034	0.005	0.006	0.014	0.005	0.008	0.010	0.005	0.005	0.009	0.006	0.007	0.023	0.014
12:17:30	0.006	0.006	0.030	0.004	0.004	0.005	0.004	0.004	0.007	0.004	0.003	0.005	0.005	0.006	0.022	0.005
12:18:52	0.007	0.009	0.046	0.007	0.008	0.019	0.006	0.017	0.014	0.005	0.006	0.005	0.006	0.010	0.024	0.019
12:19:14	0.007	0.008	0.040	0.005	0.006	0.012	0.004	0.010	0.014	0.007	0.005	0.007	0.006	0.007	0.025	0.017
12:19:40	0.006	0.008	0.035	0.005	0.005	0.010	0.003	0.006	0.010	0.006	0.006	0.008	0.005	0.009	0.028	0.006
12:20:01	0.005	0.008	0.048	0.004	0.004	0.008	0.003	0.005	0.007	0.003	0.005	0.009	0.004	0.006	0.020	0.006
12:21:14	0.005	0.007	0.029	0.004	0.006	0.006	0.003	0.004	0.008	0.003	0.004	0.005	0.007	0.007	0.023	0.003

续表

时间	测点1（跨中）切向	测点1（跨中）径向	测点1（跨中）竖向	测点2（桥墩）切向	测点2（桥墩）径向	测点2（桥墩）竖向	测点3（跨中）切向	测点3（跨中）径向	测点3（跨中）竖向	测点4（桥墩）切向	测点4（桥墩）径向	测点4（桥墩）竖向	测点5（跨中）切向	测点5（跨中）径向	测点5（跨中）竖向	测点6（地面）竖向
12:21:37	0.007	0.007	0.034	0.003	0.004	0.010	0.004	0.005	0.010	0.003	0.004	0.005	0.004	0.008	0.019	0.008
12:21:58	0.006	0.006	0.033	0.003	0.004	0.010	0.003	0.004	0.006	0.004	0.004	0.005	0.004	0.008	0.016	0.009
12:22:24	0.004	0.006	0.020	0.005	0.005	0.008	0.004	0.005	0.006	0.005	0.005	0.008	0.005	0.007	0.038	0.009
12:22:45	0.007	0.006	0.038	0.005	0.005	0.010	0.004	0.005	0.013	0.004	0.005	0.005	0.004	0.008	0.035	0.009
12:23:07	0.007	0.007	0.027	0.006	0.008	0.012	0.006	0.009	0.010	0.007	0.005	0.007	0.007	0.008	0.021	0.016
12:23:38	0.007	0.010	0.027	0.004	0.005	0.005	0.003	0.005	0.006	0.004	0.004	0.006	0.005	0.007	0.027	0.005
12:24:00	0.006	0.007	0.035	0.004	0.005	0.006	0.003	0.004	0.007	0.004	0.004	0.006	0.005	0.008	0.019	0.005
12:24:20	0.007	0.006	0.037	0.005	0.005	0.005	0.003	0.004	0.006	0.005	0.004	0.006	0.008	0.011	0.025	0.006
12:24:41	0.012	0.006	0.030	0.004	0.006	0.007	0.003	0.005	0.008	0.003	0.004	0.007	0.006	0.008	0.044	0.007
12:25:45	0.008	0.007	0.025	0.003	0.004	0.007	0.003	0.004	0.006	0.003	0.004	0.005	0.005	0.007	0.043	0.007
12:26:07	0.005	0.009	0.025	0.005	0.009	0.008	0.004	0.007	0.007	0.005	0.007	0.008	0.005	0.009	0.026	0.012
12:26:32	0.006	0.009	0.027	0.005	0.007	0.020	0.006	0.014	0.016	0.006	0.006	0.007	0.006	0.009	0.020	0.023
12:27:16	0.005	0.008	0.034	0.004	0.007	0.007	0.004	0.010	0.007	0.005	0.004	0.009	0.007	0.010	0.032	0.011
12:28:07	0.006	0.006	0.035	0.003	0.005	0.005	0.003	0.004	0.006	0.004	0.004	0.008	0.006	0.006	0.026	0.004
12:28:30	0.007	0.009	0.037	0.005	0.005	0.007	0.003	0.005	0.006	0.006	0.006	0.006	0.006	0.008	0.026	0.005
12:28:51	0.005	0.008	0.033	0.003	0.005	0.010	0.003	0.005	0.008	0.004	0.004	0.006	0.006	0.008	0.026	0.005
12:29:14	0.010	0.006	0.033	0.004	0.005	0.007	0.003	0.006	0.009	0.003	0.004	0.005	0.006	0.008	0.030	0.005
12:29:38	0.007	0.008	0.036	0.004	0.004	0.010	0.004	0.004	0.008	0.003	0.004	0.005	0.005	0.006	0.022	0.010
12:29:59	0.009	0.012	0.105	0.008	0.007	0.024	0.005	0.008	0.007	0.004	0.004	0.005	0.004	0.007	0.027	0.008
12:30:19	0.010	0.011	0.051	0.006	0.005	0.008	0.005	0.008	0.007	0.004	0.007	0.011	0.005	0.008	0.046	0.009
12:30:55	0.008	0.009	0.040	0.007	0.011	0.016	0.006	0.017	0.012	0.006	0.007	0.009	0.006	0.011	0.026	0.019
12:31:34	0.007	0.007	0.032	0.004	0.005	0.006	0.004	0.007	0.008	0.005	0.004	0.008	0.006	0.007	0.023	0.028
12:32:31	0.006	0.007	0.033	0.004	0.004	0.012	0.003	0.003	0.006	0.003	0.005	0.006	0.006	0.008	0.034	0.016
12:32:54	0.007	0.008	0.040	0.005	0.006	0.008	0.004	0.008	0.006	0.005	0.004	0.006	0.007	0.009	0.045	0.005
12:33:15	0.008	0.006	0.031	0.005	0.006	0.009	0.006	0.008	0.009	0.005	0.007	0.008	0.006	0.009	0.016	0.009
12:33:37	0.007	0.006	0.039	0.004	0.006	0.007	0.003	0.004	0.007	0.004	0.003	0.005	0.004	0.008	0.025	0.006
12:34:00	0.014	0.006	0.034	0.004	0.004	0.008	0.004	0.004	0.009	0.004	0.003	0.004	0.006	0.006	0.026	0.007
12:35:30	0.006	0.009	0.047	0.003	0.005	0.011	0.004	0.007	0.007	0.005	0.004	0.006	0.005	0.008	0.020	0.015
12:35:51	0.008	0.008	0.042	0.004	0.004	0.007	0.004	0.005	0.006	0.004	0.004	0.007	0.006	0.009	0.034	0.007
12:36:13	0.009	0.007	0.023	0.005	0.005	0.006	0.003	0.004	0.007	0.005	0.006	0.007	0.006	0.007	0.029	0.006
12:36:34	0.007	0.007	0.025	0.004	0.007	0.006	0.004	0.004	0.006	0.004	0.008	0.009	0.005	0.006	0.025	0.006
12:37:15	0.005	0.007	0.025	0.004	0.003	0.005	0.003	0.005	0.006	0.004	0.004	0.008	0.005	0.007	0.016	0.005
12:37:37	0.007	0.008	0.032	0.003	0.004	0.008	0.004	0.005	0.006	0.004	0.004	0.006	0.008	0.014	0.025	0.007
12:38:01	0.008	0.014	0.032	0.006	0.009	0.008	0.006	0.009	0.009	0.004	0.006	0.007	0.006	0.011	0.033	0.011
12:38:22	0.008	0.012	0.023	0.008	0.005	0.008	0.006	0.009	0.010	0.007	0.005	0.007	0.011	0.014	0.042	0.010
12:39:19	0.005	0.007	0.030	0.007	0.007	0.010	0.005	0.010	0.011	0.005	0.006	0.007	0.007	0.012	0.033	0.019

续表

时间	测点 1（跨中）切向	测点 1（跨中）径向	测点 1（跨中）竖向	测点 2（桥墩）切向	测点 2（桥墩）径向	测点 2（桥墩）竖向	测点 3（跨中）切向	测点 3（跨中）径向	测点 3（跨中）竖向	测点 4（桥墩）切向	测点 4（桥墩）径向	测点 4（桥墩）竖向	测点 5（跨中）切向	测点 5（跨中）径向	测点 5（跨中）竖向	测点 6（地面）竖向
12:39:39	0.007	0.006	0.039	0.005	0.004	0.006	0.004	0.005	0.010	0.004	0.005	0.010	0.006	0.008	0.034	0.010
12:40:03	0.008	0.009	0.035	0.003	0.005	0.006	0.004	0.006	0.008	0.005	0.005	0.009	0.006	0.009	0.050	0.006
12:40:31	0.015	0.010	0.039	0.006	0.006	0.009	0.004	0.005	0.006	0.005	0.007	0.009	0.010	0.013	0.050	0.005
12:40:54	0.010	0.011	0.062	0.007	0.007	0.012	0.004	0.007	0.008	0.005	0.006	0.010	0.006	0.009	0.019	0.010
12:41:33	0.011	0.011	0.042	0.007	0.009	0.015	0.007	0.013	0.018	0.009	0.006	0.015	0.007	0.013	0.064	0.021
12:42:42	0.007	0.008	0.037	0.006	0.008	0.010	0.006	0.009	0.012	0.004	0.006	0.006	0.004	0.011	0.019	0.014
12:43:18	0.013	0.013	0.077	0.007	0.010	0.007	0.004	0.004	0.007	0.004	0.006	0.006	0.006	0.008	0.025	0.007
12:43:39	0.008	0.014	0.077	0.004	0.005	0.009	0.004	0.006	0.009	0.005	0.005	0.008	0.007	0.009	0.023	0.005
12:44:02	0.020	0.018	0.086	0.008	0.008	0.018	0.004	0.005	0.007	0.004	0.008	0.006	0.006	0.010	0.036	0.006
12:44:28	0.006	0.009	0.025	0.006	0.005	0.008	0.004	0.006	0.008	0.006	0.005	0.014	0.007	0.011	0.058	0.006
12:44:51	0.010	0.007	0.038	0.003	0.005	0.008	0.004	0.005	0.005	0.005	0.004	0.006	0.005	0.008	0.025	0.005
12:45:17	0.007	0.010	0.028	0.005	0.005	0.008	0.005	0.006	0.007	0.005	0.004	0.006	0.006	0.011	0.020	0.008
12:46:45	0.005	0.007	0.026	0.006	0.003	0.007	0.004	0.005	0.007	0.003	0.004	0.005	0.006	0.008	0.042	0.008
12:47:19	0.010	0.009	0.024	0.008	0.006	0.009	0.006	0.010	0.010	0.004	0.006	0.006	0.005	0.010	0.019	0.011
12:47:43	0.008	0.011	0.069	0.006	0.005	0.010	0.005	0.008	0.008	0.005	0.006	0.010	0.006	0.009	0.033	0.010
12:48:30	0.007	0.007	0.031	0.004	0.003	0.007	0.004	0.005	0.009	0.005	0.004	0.011	0.006	0.008	0.029	0.008
12:48:51	0.007	0.008	0.041	0.004	0.006	0.008	0.004	0.006	0.007	0.006	0.004	0.006	0.006	0.008	0.025	0.007
12:49:17	0.007	0.006	0.046	0.003	0.006	0.007	0.003	0.005	0.005	0.004	0.003	0.008	0.006	0.007	0.028	0.006
12:49:41	0.010	0.007	0.031	0.004	0.003	0.009	0.004	0.005	0.006	0.004	0.004	0.006	0.007	0.007	0.037	0.009
12:50:04	0.006	0.006	0.035	0.004	0.006	0.008	0.004	0.007	0.010	0.005	0.005	0.006	0.006	0.006	0.043	0.011
12:50:25	0.006	0.011	0.039	0.003	0.003	0.006	0.004	0.004	0.005	0.004	0.006	0.006	0.005	0.006	0.027	0.006
12:50:56	0.007	0.010	0.037	0.005	0.009	0.014	0.006	0.011	0.008	0.007	0.007	0.007	0.006	0.012	0.032	0.019
12:51:16	0.006	0.007	0.050	0.004	0.005	0.010	0.004	0.006	0.008	0.006	0.004	0.008	0.008	0.008	0.027	0.019
12:51:37	0.010	0.010	0.046	0.004	0.005	0.009	0.005	0.008	0.010	0.004	0.007	0.010	0.007	0.011	0.046	0.012
12:51:59	0.005	0.009	0.042	0.003	0.004	0.007	0.004	0.005	0.007	0.004	0.004	0.006	0.006	0.009	0.032	0.006
12:52:20	0.007	0.021	0.037	0.004	0.008	0.006	0.004	0.005	0.006	0.005	0.004	0.004	0.005	0.007	0.026	0.005
12:52:46	0.007	0.007	0.034	0.004	0.004	0.006	0.003	0.008	0.008	0.006	0.009	0.008	0.006	0.008	0.031	0.008
12:53:51	0.005	0.007	0.041	0.003	0.004	0.008	0.003	0.006	0.009	0.004	0.005	0.006	0.006	0.007	0.072	0.006
12:54:22	0.006	0.013	0.026	0.007	0.015	0.032	0.010	0.021	0.018	0.009	0.010	0.007	0.009	0.011	0.020	0.037
12:54:43	0.007	0.010	0.037	0.005	0.006	0.013	0.004	0.011	0.012	0.007	0.005	0.011	0.006	0.010	0.016	0.017
12:55:21	0.009	0.007	0.026	0.003	0.005	0.006	0.003	0.005	0.009	0.004	0.004	0.009	0.005	0.007	0.020	0.007
12:56:16	0.009	0.008	0.031	0.004	0.005	0.007	0.004	0.008	0.006	0.004	0.004	0.004	0.005	0.009	0.034	0.005
12:56:38	0.009	0.008	0.044	0.003	0.005	0.006	0.003	0.004	0.005	0.005	0.005	0.010	0.005	0.008	0.034	0.005
12:57:23	0.012	0.006	0.042	0.004	0.003	0.011	0.003	0.004	0.007	0.004	0.004	0.004	0.006	0.011	0.048	0.006
12:57:44	0.006	0.007	0.041	0.004	0.004	0.008	0.003	0.005	0.006	0.004	0.004	0.008	0.006	0.011	0.042	0.009
12:58:06	0.007	0.006	0.025	0.005	0.004	0.006	0.004	0.005	0.007	0.004	0.006	0.006	0.006	0.009	0.034	0.009

续表

时间	测点1（跨中）切向	测点1（跨中）径向	测点1（跨中）竖向	测点2（桥墩）切向	测点2（桥墩）径向	测点2（桥墩）竖向	测点3（跨中）切向	测点3（跨中）径向	测点3（跨中）竖向	测点4（桥墩）切向	测点4（桥墩）径向	测点4（桥墩）竖向	测点5（跨中）切向	测点5（跨中）径向	测点5（跨中）竖向	测点6（地面）竖向
12:58:31	0.007	0.006	0.035	0.004	0.005	0.007	0.004	0.006	0.007	0.006	0.004	0.005	0.009	0.009	0.030	0.015
12:58:59	0.009	0.010	0.035	0.006	0.010	0.018	0.009	0.017	0.020	0.006	0.007	0.008	0.012	0.013	0.019	0.026
12:59:28	0.007	0.007	0.036	0.004	0.004	0.009	0.003	0.005	0.007	0.004	0.004	0.008	0.005	0.006	0.021	0.005
13:00:27	0.011	0.005	0.050	0.004	0.004	0.007	0.004	0.004	0.006	0.004	0.005	0.006	0.006	0.009	0.037	0.007
13:00:48	0.007	0.006	0.029	0.003	0.006	0.007	0.004	0.006	0.006	0.003	0.004	0.006	0.005	0.008	0.041	0.005
13:01:10	0.007	0.008	0.032	0.004	0.005	0.009	0.004	0.005	0.007	0.004	0.004	0.005	0.006	0.009	0.020	0.008
13:01:38	0.005	0.007	0.027	0.004	0.004	0.008	0.004	0.004	0.007	0.003	0.004	0.004	0.005	0.008	0.023	0.007
13:02:00	0.006	0.006	0.029	0.005	0.006	0.008	0.004	0.006	0.009	0.004	0.005	0.007	0.014	0.009	0.029	0.009
13:02:24	0.006	0.009	0.025	0.004	0.007	0.011	0.004	0.009	0.008	0.004	0.005	0.006	0.005	0.009	0.031	0.013
13:03:16	0.006	0.006	0.038	0.004	0.005	0.008	0.004	0.007	0.007	0.005	0.005	0.004	0.004	0.007	0.027	0.007
13:03:38	0.006	0.006	0.029	0.004	0.003	0.005	0.004	0.005	0.007	0.004	0.005	0.011	0.006	0.009	0.025	0.006
13:04:01	0.005	0.008	0.036	0.004	0.003	0.007	0.004	0.004	0.006	0.004	0.004	0.007	0.006	0.009	0.030	0.005
13:04:29	0.007	0.008	0.043	0.003	0.004	0.011	0.004	0.005	0.007	0.005	0.004	0.007	0.006	0.015	0.039	0.007
13:04:50	0.015	0.006	0.048	0.003	0.007	0.007	0.003	0.006	0.006	0.004	0.004	0.007	0.005	0.009	0.023	0.007
13:05:36	0.005	0.007	0.031	0.003	0.007	0.012	0.004	0.008	0.010	0.007	0.004	0.005	0.005	0.006	0.029	0.017
13:05:57	0.006	0.006	0.030	0.004	0.005	0.012	0.003	0.005	0.007	0.004	0.004	0.006	0.005	0.007	0.025	0.010
13:06:22	0.007	0.011	0.026	0.007	0.009	0.019	0.007	0.014	0.011	0.007	0.005	0.007	0.006	0.011	0.020	0.019
13:06:42	0.006	0.010	0.030	0.005	0.004	0.010	0.005	0.006	0.009	0.011	0.005	0.008	0.007	0.008	0.018	0.012
13:07:28	0.007	0.007	0.041	0.005	0.005	0.006	0.004	0.005	0.009	0.004	0.005	0.006	0.006	0.012	0.022	0.006
13:07:52	0.005	0.006	0.031	0.004	0.005	0.007	0.004	0.005	0.006	0.004	0.004	0.006	0.006	0.009	0.051	0.005
13:08:15	0.008	0.006	0.032	0.003	0.004	0.006	0.005	0.005	0.007	0.006	0.004	0.010	0.006	0.007	0.026	0.006
13:08:35	0.005	0.007	0.035	0.003	0.005	0.006	0.005	0.007	0.007	0.004	0.004	0.005	0.007	0.009	0.024	0.007
13:09:04	0.006	0.006	0.028	0.003	0.005	0.008	0.004	0.005	0.008	0.004	0.004	0.006	0.005	0.007	0.021	0.008
13:09:25	0.005	0.006	0.037	0.003	0.003	0.006	0.004	0.004	0.007	0.004	0.004	0.006	0.006	0.007	0.023	0.009
13:10:12	0.007	0.007	0.025	0.003	0.005	0.010	0.004	0.004	0.007	0.003	0.004	0.008	0.007	0.008	0.028	0.009
13:10:37	0.006	0.005	0.025	0.003	0.004	0.010	0.003	0.006	0.010	0.004	0.004	0.005	0.005	0.006	0.022	0.012
13:11:03	0.006	0.007	0.030	0.003	0.004	0.008	0.004	0.005	0.012	0.005	0.004	0.007	0.005	0.005	0.041	0.011
13:11:27	0.010	0.009	0.046	0.006	0.005	0.011	0.004	0.005	0.022	0.005	0.007	0.013	0.007	0.008	0.038	0.009
13:11:48	0.006	0.008	0.039	0.004	0.004	0.006	0.003	0.005	0.006	0.004	0.007	0.011	0.006	0.007	0.041	0.007
13:12:08	0.005	0.006	0.036	0.003	0.005	0.008	0.003	0.004	0.007	0.004	0.004	0.007	0.005	0.008	0.026	0.004
13:12:28	0.006	0.007	0.035	0.003	0.003	0.006	0.004	0.004	0.005	0.004	0.004	0.006	0.006	0.008	0.035	0.004
13:12:50	0.010	0.005	0.042	0.004	0.005	0.006	0.003	0.004	0.005	0.004	0.003	0.006	0.005	0.008	0.033	0.006
13:13:11	0.006	0.006	0.025	0.004	0.004	0.011	0.003	0.004	0.005	0.003	0.004	0.005	0.005	0.007	0.023	0.008
13:13:33	0.007	0.007	0.051	0.004	0.007	0.026	0.004	0.008	0.012	0.006	0.004	0.006	0.006	0.007	0.040	0.025
13:14:58	0.008	0.012	0.045	0.004	0.007	0.010	0.005	0.007	0.017	0.006	0.006	0.006	0.005	0.010	0.039	0.016
13:15:18	0.007	0.010	0.030	0.004	0.005	0.008	0.004	0.006	0.014	0.006	0.004	0.005	0.007	0.011	0.024	0.011

续表

时间	测点1（跨中）切向	测点1（跨中）径向	测点1（跨中）竖向	测点2（桥墩）切向	测点2（桥墩）径向	测点2（桥墩）竖向	测点3（跨中）切向	测点3（跨中）径向	测点3（跨中）竖向	测点4（桥墩）切向	测点4（桥墩）径向	测点4（桥墩）竖向	测点5（跨中）切向	测点5（跨中）径向	测点5（跨中）竖向	测点6（地面）竖向
13:15:40	0.007	0.007	0.028	0.004	0.004	0.008	0.006	0.005	0.010	0.006	0.005	0.006	0.006	0.008	0.020	0.011
13:16:02	0.007	0.007	0.025	0.003	0.005	0.005	0.004	0.005	0.006	0.005	0.005	0.006	0.005	0.007	0.023	0.007
13:16:23	0.009	0.010	0.028	0.005	0.006	0.008	0.005	0.007	0.008	0.004	0.005	0.006	0.005	0.011	0.037	0.005
13:17:32	0.006	0.009	0.039	0.007	0.011	0.020	0.009	0.016	0.013	0.009	0.009	0.009	0.008	0.010	0.027	0.029
13:17:53	0.008	0.008	0.029	0.005	0.006	0.013	0.006	0.010	0.010	0.005	0.004	0.007	0.006	0.010	0.034	0.015
13:18:19	0.009	0.006	0.035	0.005	0.005	0.008	0.004	0.006	0.008	0.004	0.008	0.010	0.006	0.008	0.031	0.020
13:18:53	0.009	0.012	0.033	0.007	0.007	0.012	0.008	0.012	0.013	0.007	0.006	0.013	0.006	0.009	0.052	0.019
13:19:23	0.007	0.006	0.042	0.004	0.003	0.005	0.004	0.005	0.008	0.003	0.005	0.006	0.006	0.005	0.062	0.006
13:19:46	0.007	0.005	0.028	0.003	0.004	0.007	0.005	0.005	0.009	0.003	0.004	0.010	0.005	0.006	0.026	0.005
13:20:06	0.006	0.006	0.025	0.005	0.005	0.007	0.004	0.005	0.010	0.006	0.005	0.006	0.006	0.007	0.030	0.006
13:20:28	0.008	0.009	0.032	0.004	0.006	0.005	0.004	0.004	0.006	0.005	0.006	0.004	0.006	0.009	0.025	0.005
13:20:48	0.006	0.011	0.052	0.004	0.006	0.008	0.004	0.005	0.007	0.004	0.006	0.007	0.005	0.007	0.021	0.009
13:21:36	0.007	0.006	0.033	0.004	0.003	0.005	0.004	0.004	0.007	0.005	0.004	0.004	0.005	0.006	0.020	0.006
13:21:57	0.007	0.006	0.026	0.004	0.005	0.006	0.004	0.004	0.007	0.004	0.003	0.004	0.006	0.010	0.028	0.008
13:22:19	0.005	0.006	0.038	0.004	0.004	0.006	0.005	0.007	0.008	0.003	0.004	0.007	0.005	0.008	0.023	0.006
13:22:39	0.010	0.008	0.047	0.004	0.004	0.007	0.003	0.003	0.007	0.004	0.004	0.006	0.005	0.009	0.028	0.008
13:23:01	0.004	0.007	0.030	0.004	0.005	0.010	0.004	0.007	0.010	0.005	0.005	0.007	0.007	0.009	0.025	0.017
13:23:24	0.005	0.007	0.033	0.004	0.006	0.007	0.005	0.007	0.009	0.004	0.007	0.008	0.006	0.008	0.029	0.010
13:24:12	0.009	0.005	0.040	0.003	0.004	0.009	0.003	0.004	0.007	0.004	0.004	0.005	0.006	0.006	0.026	0.005
13:24:33	0.009	0.007	0.034	0.005	0.004	0.008	0.003	0.005	0.007	0.004	0.004	0.006	0.005	0.009	0.027	0.006
13:24:54	0.008	0.008	0.043	0.004	0.006	0.011	0.004	0.005	0.008	0.004	0.004	0.008	0.005	0.010	0.024	0.007
13:25:19	0.005	0.009	0.047	0.004	0.004	0.008	0.004	0.005	0.007	0.005	0.004	0.007	0.006	0.008	0.026	0.007
13:25:45	0.011	0.008	0.049	0.004	0.007	0.015	0.004	0.012	0.011	0.005	0.006	0.006	0.006	0.010	0.048	0.020
13:26:05	0.006	0.008	0.032	0.005	0.006	0.011	0.005	0.010	0.009	0.008	0.008	0.008	0.014	0.010	0.033	0.013
13:26:26	0.005	0.009	0.029	0.004	0.005	0.008	0.003	0.005	0.008	0.005	0.005	0.006	0.005	0.011	0.028	0.010
13:26:47	0.009	0.009	0.048	0.005	0.005	0.011	0.003	0.005	0.007	0.004	0.004	0.006	0.006	0.007	0.025	0.010
13:27:35	0.005	0.006	0.023	0.003	0.005	0.005	0.004	0.005	0.009	0.007	0.005	0.006	0.006	0.007	0.044	0.006
13:28:21	0.013	0.007	0.036	0.005	0.005	0.007	0.004	0.004	0.005	0.003	0.004	0.005	0.005	0.007	0.032	0.005
13:28:43	0.011	0.007	0.040	0.004	0.004	0.007	0.003	0.004	0.010	0.008	0.006	0.008	0.006	0.009	0.028	0.007
13:29:04	0.008	0.008	0.044	0.003	0.005	0.007	0.003	0.004	0.007	0.004	0.004	0.009	0.007	0.007	0.031	0.010
13:29:36	0.006	0.007	0.037	0.005	0.006	0.009	0.005	0.006	0.011	0.005	0.006	0.008	0.008	0.009	0.066	0.014
13:30:01	0.015	0.009	0.060	0.003	0.008	0.007	0.004	0.006	0.007	0.011	0.009	0.017	0.008	0.012	0.098	0.007
13:30:28	0.005	0.007	0.036	0.005	0.009	0.014	0.006	0.007	0.010	0.005	0.007	0.006	0.005	0.006	0.032	0.017
13:31:22	0.005	0.007	0.050	0.004	0.005	0.005	0.004	0.006	0.006	0.004	0.005	0.007	0.007	0.009	0.035	0.006
13:31:48	0.006	0.006	0.045	0.004	0.005	0.008	0.003	0.005	0.008	0.004	0.004	0.007	0.004	0.006	0.018	0.008
13:32:09	0.007	0.008	0.027	0.004	0.005	0.007	0.004	0.004	0.008	0.006	0.005	0.007	0.006	0.006	0.026	0.008

续表

时间	测点1（跨中）切向	测点1（跨中）径向	测点1（跨中）竖向	测点2（桥墩）切向	测点2（桥墩）径向	测点2（桥墩）竖向	测点3（跨中）切向	测点3（跨中）径向	测点3（跨中）竖向	测点4（桥墩）切向	测点4（桥墩）径向	测点4（桥墩）竖向	测点5（跨中）切向	测点5（跨中）径向	测点5（跨中）竖向	测点6（地面）竖向
13:32:35	0.011	0.008	0.047	0.005	0.005	0.007	0.004	0.005	0.007	0.004	0.004	0.006	0.006	0.008	0.025	0.006
13:32:56	0.006	0.007	0.031	0.003	0.005	0.010	0.003	0.005	0.006	0.005	0.004	0.007	0.004	0.007	0.032	0.006
13:33:20	0.005	0.008	0.028	0.004	0.005	0.006	0.004	0.004	0.006	0.003	0.004	0.006	0.006	0.010	0.019	0.007
13:33:40	0.007	0.010	0.057	0.004	0.005	0.008	0.004	0.006	0.007	0.004	0.004	0.009	0.010	0.008	0.051	0.009
13:34:03	0.005	0.006	0.028	0.003	0.005	0.007	0.003	0.005	0.006	0.004	0.004	0.006	0.004	0.009	0.031	0.006
13:34:28	0.012	0.006	0.032	0.003	0.005	0.009	0.004	0.005	0.009	0.005	0.005	0.008	0.005	0.006	0.038	0.008
13:34:48	0.006	0.006	0.037	0.005	0.004	0.011	0.004	0.005	0.010	0.004	0.005	0.005	0.006	0.008	0.034	0.009
13:35:59	0.006	0.008	0.034	0.004	0.003	0.006	0.004	0.005	0.006	0.004	0.005	0.007	0.005	0.007	0.025	0.005
13:36:34	0.010	0.013	0.041	0.003	0.006	0.009	0.006	0.009	0.010	0.005	0.005	0.006	0.005	0.009	0.025	0.009
13:36:55	0.010	0.008	0.031	0.003	0.006	0.007	0.003	0.005	0.006	0.004	0.004	0.005	0.006	0.006	0.028	0.007
13:38:08	0.007	0.009	0.028	0.004	0.006	0.008	0.003	0.004	0.007	0.007	0.004	0.007	0.006	0.010	0.074	0.009
13:38:41	0.007	0.013	0.046	0.007	0.006	0.013	0.006	0.008	0.017	0.006	0.005	0.013	0.005	0.009	0.042	0.011
13:39:02	0.007	0.011	0.027	0.005	0.008	0.011	0.004	0.008	0.011	0.005	0.005	0.007	0.006	0.009	0.026	0.013
13:39:27	0.011	0.009	0.123	0.004	0.003	0.006	0.004	0.006	0.013	0.004	0.004	0.005	0.006	0.006	0.019	0.006
13:39:50	0.007	0.006	0.038	0.005	0.004	0.011	0.004	0.006	0.008	0.004	0.005	0.009	0.010	0.011	0.029	0.007
13:40:11	0.008	0.010	0.033	0.003	0.004	0.010	0.004	0.005	0.009	0.005	0.004	0.007	0.006	0.008	0.024	0.004
13:40:32	0.008	0.007	0.028	0.005	0.005	0.008	0.003	0.006	0.009	0.004	0.006	0.006	0.005	0.010	0.040	0.006
13:40:53	0.008	0.009	0.033	0.004	0.005	0.009	0.004	0.005	0.011	0.004	0.004	0.007	0.007	0.011	0.025	0.005
13:41:14	0.008	0.007	0.037	0.003	0.005	0.007	0.003	0.005	0.007	0.003	0.004	0.006	0.006	0.009	0.042	0.006
13:41:38	0.008	0.009	0.044	0.005	0.007	0.015	0.005	0.007	0.013	0.007	0.006	0.007	0.007	0.011	0.058	0.015
13:42:25	0.011	0.014	0.058	0.011	0.013	0.032	0.010	0.020	0.023	0.013	0.009	0.010	0.009	0.014	0.030	0.037
13:42:48	0.009	0.013	0.043	0.006	0.006	0.017	0.004	0.009	0.009	0.006	0.006	0.006	0.006	0.008	0.031	0.014
13:43:30	0.006	0.007	0.048	0.004	0.004	0.010	0.004	0.004	0.007	0.004	0.004	0.006	0.007	0.006	0.024	0.007
13:43:53	0.007	0.006	0.038	0.003	0.003	0.005	0.004	0.005	0.009	0.004	0.005	0.007	0.006	0.007	0.033	0.009
13:44:16	0.008	0.007	0.035	0.005	0.005	0.009	0.004	0.008	0.008	0.005	0.006	0.009	0.007	0.011	0.024	0.010
13:45:05	0.006	0.009	0.032	0.004	0.005	0.010	0.004	0.005	0.006	0.004	0.005	0.006	0.008	0.009	0.045	0.006
13:45:28	0.010	0.006	0.039	0.004	0.004	0.006	0.004	0.004	0.007	0.004	0.005	0.006	0.008	0.008	0.029	0.006
13:45:48	0.005	0.005	0.029	0.003	0.004	0.009	0.005	0.004	0.006	0.003	0.003	0.011	0.005	0.007	0.019	0.008
13:46:09	0.007	0.018	0.030	0.004	0.005	0.008	0.004	0.005	0.007	0.004	0.004	0.006	0.005	0.006	0.020	0.006
13:46:33	0.007	0.006	0.030	0.004	0.004	0.009	0.003	0.005	0.006	0.004	0.003	0.006	0.006	0.006	0.030	0.005
13:46:53	0.009	0.010	0.032	0.004	0.005	0.007	0.006	0.008	0.008	0.005	0.004	0.006	0.005	0.009	0.043	0.011
13:47:13	0.014	0.016	0.076	0.005	0.008	0.008	0.004	0.009	0.007	0.004	0.004	0.005	0.006	0.010	0.018	0.010
13:47:55	0.005	0.008	0.032	0.003	0.003	0.007	0.004	0.005	0.006	0.004	0.004	0.006	0.006	0.006	0.019	0.010
13:48:20	0.006	0.007	0.026	0.003	0.003	0.006	0.004	0.005	0.006	0.004	0.004	0.006	0.006	0.008	0.026	0.008
13:48:41	0.005	0.006	0.026	0.004	0.005	0.006	0.003	0.004	0.007	0.004	0.004	0.006	0.007	0.009	0.035	0.008
13:49:43	0.004	0.006	0.031	0.005	0.005	0.008	0.004	0.005	0.007	0.004	0.003	0.005	0.005	0.007	0.028	0.006

续表

时间	测点1（跨中）切向	测点1（跨中）径向	测点1（跨中）竖向	测点2（桥墩）切向	测点2（桥墩）径向	测点2（桥墩）竖向	测点3（跨中）切向	测点3（跨中）径向	测点3（跨中）竖向	测点4（桥墩）切向	测点4（桥墩）径向	测点4（桥墩）竖向	测点5（跨中）切向	测点5（跨中）径向	测点5（跨中）竖向	测点6（地面）竖向
13:50:04	0.010	0.007	0.030	0.005	0.005	0.010	0.004	0.005	0.008	0.005	0.005	0.005	0.005	0.008	0.032	0.008
13:50:27	0.006	0.007	0.027	0.004	0.005	0.008	0.004	0.005	0.013	0.005	0.004	0.007	0.006	0.007	0.027	0.008
13:50:47	0.005	0.007	0.025	0.004	0.003	0.008	0.004	0.005	0.007	0.003	0.004	0.008	0.005	0.007	0.022	0.010
13:51:07	0.005	0.006	0.035	0.004	0.004	0.008	0.004	0.005	0.011	0.004	0.005	0.007	0.007	0.006	0.025	0.009
13:51:31	0.005	0.008	0.031	0.006	0.005	0.008	0.004	0.005	0.014	0.004	0.007	0.008	0.007	0.007	0.025	0.007
13:52:17	0.008	0.006	0.046	0.005	0.004	0.007	0.004	0.006	0.006	0.004	0.005	0.007	0.006	0.011	0.045	0.006
13:53:00	0.009	0.013	0.062	0.004	0.011	0.010	0.008	0.014	0.013	0.004	0.009	0.011	0.005	0.012	0.027	0.016
13:53:20	0.005	0.008	0.046	0.004	0.005	0.009	0.004	0.004	0.007	0.005	0.004	0.005	0.006	0.010	0.026	0.008
13:53:41	0.005	0.007	0.036	0.004	0.005	0.007	0.004	0.005	0.009	0.004	0.004	0.005	0.006	0.007	0.024	0.006
13:54:02	0.004	0.005	0.032	0.003	0.003	0.007	0.004	0.004	0.010	0.004	0.004	0.006	0.005	0.007	0.021	0.004
13:54:23	0.005	0.006	0.036	0.004	0.004	0.006	0.004	0.004	0.007	0.004	0.006	0.006	0.005	0.007	0.034	0.005
13:54:46	0.004	0.006	0.029	0.003	0.004	0.007	0.004	0.004	0.007	0.004	0.005	0.006	0.005	0.010	0.028	0.008
13:55:07	0.005	0.005	0.037	0.003	0.003	0.007	0.004	0.004	0.006	0.004	0.004	0.006	0.004	0.006	0.020	0.006
13:55:33	0.005	0.005	0.038	0.004	0.005	0.010	0.004	0.006	0.007	0.004	0.005	0.005	0.006	0.008	0.024	0.016
13:56:30	0.007	0.012	0.037	0.004	0.008	0.009	0.005	0.006	0.008	0.003	0.006	0.006	0.006	0.008	0.023	0.008
13:56:51	0.010	0.007	0.043	0.004	0.005	0.008	0.003	0.005	0.005	0.003	0.004	0.006	0.006	0.006	0.032	0.005
13:57:11	0.010	0.010	0.030	0.003	0.003	0.015	0.004	0.005	0.009	0.005	0.004	0.006	0.006	0.012	0.030	0.005
13:57:47	0.006	0.007	0.039	0.004	0.003	0.010	0.003	0.006	0.009	0.003	0.004	0.004	0.005	0.009	0.053	0.009
13:58:07	0.006	0.009	0.036	0.004	0.006	0.009	0.003	0.005	0.009	0.004	0.004	0.010	0.005	0.008	0.025	0.009
13:59:19	0.007	0.008	0.036	0.004	0.006	0.009	0.004	0.006	0.009	0.004	0.004	0.006	0.006	0.009	0.022	0.012
最大值	0.020	0.021	0.123	0.011	0.015	0.032	0.010	0.021	0.023	0.013	0.010	0.017	0.014	0.015	0.098	0.037
最小值	0.004	0.005	0.020	0.003	0.003	0.005	0.003	0.003	0.005	0.003	0.003	0.004	0.004	0.005	0.016	0.003
平均值	0.007	0.008	0.037	0.004	0.005	0.009	0.004	0.006	0.008	0.005	0.005	0.007	0.006	0.008	0.031	0.009

表 7-50 14:41—16:26 各测点的加速度峰值 (m/s^2)

时间	测点6（桥墩）切向	测点6（桥墩）径向	测点6（桥墩）竖向	测点2（桥墩）切向	测点2（桥墩）径向	测点2（桥墩）竖向	测点3（跨中）切向	测点3（跨中）径向	测点3（跨中）竖向	测点4（桥墩）切向	测点4（桥墩）径向	测点4（桥墩）竖向	测点7（跨中）切向	测点7（跨中）径向	测点7（跨中）竖向	测点6（地面）竖向
14:41:04	0.005	0.005	0.008	0.004	0.005	0.008	0.004	0.005	0.008	0.004	0.005	0.006	0.004	0.006	0.011	0.006
14:41:26	0.007	0.006	0.007	0.007	0.011	0.022	0.007	0.013	0.012	0.007	0.007	0.006	0.006	0.008	0.011	0.030
14:41:48	0.007	0.004	0.009	0.003	0.004	0.007	0.003	0.006	0.007	0.006	0.005	0.005	0.004	0.005	0.008	0.009
14:42:10	0.011	0.005	0.012	0.003	0.005	0.007	0.004	0.006	0.007	0.004	0.004	0.005	0.005	0.005	0.011	0.006
14:42:41	0.006	0.005	0.010	0.003	0.005	0.007	0.005	0.005	0.008	0.005	0.004	0.006	0.005	0.006	0.016	0.009
14:43:02	0.005	0.006	0.009	0.003	0.006	0.008	0.005	0.006	0.009	0.005	0.005	0.006	0.006	0.005	0.019	0.007
14:43:24	0.011	0.005	0.008	0.005	0.005	0.013	0.005	0.007	0.009	0.008	0.007	0.011	0.005	0.006	0.016	0.007
14:44:00	0.015	0.009	0.009	0.006	0.004	0.006	0.004	0.005	0.005	0.004	0.005	0.005	0.006	0.008	0.009	0.006

续表

时间	测点6（桥墩）切向	测点6（桥墩）径向	测点6（桥墩）竖向	测点2（桥墩）切向	测点2（桥墩）径向	测点2（桥墩）竖向	测点3（跨中）切向	测点3（跨中）径向	测点3（跨中）竖向	测点4（桥墩）切向	测点4（桥墩）径向	测点4（桥墩）竖向	测点7（跨中）切向	测点7（跨中）径向	测点7（跨中）竖向	测点6（地面）竖向
14:44:23	0.008	0.005	0.009	0.004	0.005	0.009	0.004	0.005	0.005	0.004	0.004	0.006	0.004	0.005	0.008	0.005
14:44:43	0.007	0.006	0.007	0.004	0.008	0.007	0.006	0.008	0.009	0.007	0.009	0.006	0.004	0.007	0.014	0.011
14:45:47	0.005	0.004	0.007	0.003	0.004	0.007	0.004	0.005	0.007	0.005	0.004	0.005	0.004	0.005	0.008	0.007
14:46:07	0.005	0.004	0.007	0.004	0.004	0.010	0.004	0.006	0.009	0.004	0.005	0.006	0.006	0.004	0.009	0.010
14:46:28	0.008	0.007	0.011	0.004	0.005	0.008	0.003	0.004	0.008	0.004	0.005	0.006	0.005	0.005	0.009	0.006
14:46:48	0.005	0.004	0.008	0.005	0.004	0.006	0.005	0.005	0.007	0.004	0.005	0.008	0.005	0.004	0.009	0.010
14:47:09	0.005	0.004	0.011	0.004	0.005	0.008	0.004	0.006	0.007	0.006	0.005	0.005	0.005	0.005	0.015	0.013
14:48:00	0.007	0.005	0.008	0.004	0.003	0.010	0.004	0.006	0.007	0.005	0.005	0.007	0.004	0.005	0.008	0.004
14:48:21	0.007	0.007	0.009	0.004	0.005	0.007	0.004	0.006	0.007	0.004	0.004	0.006	0.004	0.008	0.010	0.005
14:48:44	0.008	0.010	0.012	0.004	0.008	0.009	0.005	0.008	0.007	0.005	0.007	0.007	0.005	0.010	0.011	0.011
14:49:08	0.011	0.005	0.009	0.003	0.005	0.008	0.005	0.007	0.009	0.004	0.004	0.007	0.005	0.005	0.010	0.007
14:49:28	0.005	0.004	0.008	0.004	0.003	0.009	0.004	0.005	0.007	0.003	0.004	0.005	0.005	0.005	0.008	0.005
14:49:50	0.006	0.004	0.010	0.003	0.004	0.008	0.004	0.005	0.009	0.005	0.004	0.006	0.005	0.005	0.015	0.007
14:50:18	0.005	0.004	0.007	0.006	0.009	0.015	0.007	0.011	0.010	0.006	0.008	0.007	0.004	0.007	0.011	0.024
14:50:38	0.005	0.005	0.012	0.004	0.005	0.007	0.005	0.008	0.009	0.006	0.004	0.007	0.005	0.005	0.011	0.018
14:51:09	0.009	0.005	0.010	0.004	0.005	0.007	0.005	0.008	0.011	0.007	0.007	0.008	0.006	0.009	0.015	0.010
14:52:12	0.006	0.010	0.011	0.005	0.005	0.007	0.006	0.006	0.009	0.007	0.004	0.013	0.006	0.010	0.010	0.005
14:52:33	0.007	0.006	0.009	0.003	0.005	0.008	0.004	0.005	0.007	0.004	0.005	0.006	0.005	0.009	0.013	0.006
14:52:56	0.006	0.004	0.010	0.004	0.004	0.007	0.004	0.004	0.006	0.004	0.004	0.006	0.005	0.005	0.010	0.006
14:53:26	0.006	0.005	0.008	0.004	0.005	0.013	0.004	0.005	0.009	0.004	0.004	0.006	0.006	0.007	0.011	0.011
14:53:46	0.007	0.005	0.007	0.004	0.005	0.008	0.005	0.005	0.010	0.004	0.004	0.004	0.004	0.004	0.011	0.007
14:54:07	0.006	0.004	0.009	0.004	0.004	0.008	0.005	0.005	0.007	0.004	0.004	0.005	0.005	0.004	0.010	0.014
14:55:16	0.007	0.004	0.007	0.004	0.005	0.007	0.004	0.006	0.009	0.004	0.005	0.005	0.004	0.005	0.008	0.008
14:55:36	0.006	0.007	0.008	0.004	0.004	0.008	0.005	0.005	0.012	0.004	0.004	0.009	0.005	0.005	0.008	0.008
14:56:14	0.005	0.005	0.010	0.004	0.004	0.007	0.004	0.006	0.009	0.004	0.004	0.006	0.005	0.006	0.014	0.005
15:26:14	0.006	0.005	0.011	0.007	0.005	0.056	0.012	0.005	0.007	0.004	0.004	0.006	0.004	0.010	0.013	0.010
15:26:36	0.005	0.006	0.015	0.003	0.005	0.011	0.004	0.005	0.010	0.004	0.007	0.006	0.005	0.007	0.022	0.021
15:27:36	0.007	0.007	0.008	0.004	0.005	0.008	0.004	0.005	0.010	0.010	0.006	0.009	0.004	0.006	0.010	0.013
15:28:06	0.007	0.004	0.009	0.004	0.004	0.006	0.004	0.004	0.006	0.004	0.004	0.006	0.004	0.004	0.009	0.005
15:28:30	0.011	0.005	0.010	0.004	0.003	0.005	0.004	0.005	0.008	0.004	0.004	0.006	0.004	0.005	0.010	0.005
15:28:51	0.007	0.005	0.008	0.004	0.005	0.007	0.004	0.006	0.007	0.004	0.005	0.009	0.005	0.005	0.006	0.007
15:30:03	0.008	0.005	0.010	0.006	0.006	0.018	0.006	0.008	0.013	0.007	0.006	0.006	0.006	0.007	0.009	0.020
15:30:31	0.005	0.004	0.010	0.004	0.005	0.011	0.004	0.005	0.008	0.004	0.004	0.008	0.004	0.005	0.009	0.010
15:30:55	0.007	0.005	0.007	0.004	0.004	0.008	0.004	0.006	0.009	0.005	0.004	0.008	0.005	0.005	0.012	0.007

续表

时间	测点 6（桥墩）切向	测点 6（桥墩）径向	测点 6（桥墩）竖向	测点 2（桥墩）切向	测点 2（桥墩）径向	测点 2（桥墩）竖向	测点 3（跨中）切向	测点 3（跨中）径向	测点 3（跨中）竖向	测点 4（桥墩）切向	测点 4（桥墩）径向	测点 4（桥墩）竖向	测点 7（跨中）切向	测点 7（跨中）径向	测点 7（跨中）竖向	测点 6（地面）竖向
15:31:26	0.010	0.004	0.009	0.003	0.003	0.006	0.003	0.006	0.006	0.004	0.003	0.006	0.006	0.005	0.013	0.006
15:31:49	0.005	0.005	0.007	0.004	0.005	0.006	0.004	0.007	0.007	0.006	0.004	0.006	0.006	0.004	0.012	0.006
15:32:09	0.017	0.005	0.011	0.004	0.005	0.006	0.004	0.005	0.007	0.005	0.005	0.005	0.004	0.006	0.008	0.007
15:32:33	0.008	0.006	0.007	0.004	0.006	0.010	0.006	0.006	0.008	0.007	0.006	0.007	0.005	0.007	0.009	0.010
15:32:53	0.008	0.005	0.008	0.003	0.005	0.007	0.005	0.005	0.006	0.005	0.005	0.005	0.008	0.004	0.014	0.005
15:33:15	0.008	0.005	0.007	0.004	0.003	0.006	0.004	0.005	0.005	0.005	0.004	0.006	0.004	0.006	0.008	0.005
15:34:37	0.012	0.006	0.014	0.004	0.004	0.008	0.004	0.006	0.007	0.004	0.005	0.005	0.005	0.006	0.021	0.008
15:34:59	0.013	0.008	0.009	0.004	0.006	0.009	0.005	0.006	0.009	0.004	0.004	0.005	0.006	0.006	0.017	0.008
15:35:26	0.006	0.007	0.013	0.009	0.006	0.010	0.008	0.010	0.022	0.008	0.007	0.008	0.005	0.010	0.013	0.012
15:37:27	0.008	0.006	0.008	0.004	0.004	0.010	0.004	0.006	0.007	0.004	0.005	0.006	0.005	0.006	0.018	0.014
15:38:07	0.005	0.005	0.009	0.004	0.004	0.010	0.004	0.006	0.007	0.006	0.005	0.006	0.006	0.006	0.012	0.008
15:38:33	0.008	0.006	0.009	0.005	0.007	0.014	0.005	0.009	0.023	0.005	0.005	0.013	0.004	0.006	0.014	0.007
15:39:03	0.007	0.005	0.018	0.008	0.005	0.007	0.006	0.007	0.008	0.005	0.005	0.014	0.007	0.009	0.027	0.009
15:39:27	0.009	0.005	0.008	0.003	0.004	0.006	0.004	0.004	0.007	0.005	0.004	0.006	0.005	0.005	0.011	0.006
15:39:48	0.006	0.005	0.011	0.004	0.006	0.007	0.004	0.006	0.007	0.005	0.005	0.007	0.005	0.008	0.011	0.015
15:40:09	0.007	0.004	0.010	0.005	0.005	0.011	0.004	0.005	0.006	0.003	0.004	0.009	0.004	0.006	0.011	0.006
15:40:29	0.005	0.007	0.009	0.005	0.006	0.009	0.006	0.011	0.008	0.004	0.007	0.007	0.005	0.013	0.010	0.009
15:40:50	0.007	0.007	0.009	0.004	0.005	0.011	0.005	0.008	0.008	0.007	0.005	0.010	0.006	0.006	0.010	0.009
15:41:47	0.007	0.005	0.007	0.005	0.006	0.011	0.005	0.009	0.008	0.005	0.005	0.007	0.005	0.005	0.012	0.015
15:42:09	0.006	0.005	0.006	0.004	0.005	0.005	0.005	0.007	0.007	0.003	0.004	0.006	0.006	0.006	0.010	0.006
15:42:35	0.006	0.007	0.009	0.004	0.005	0.009	0.005	0.009	0.009	0.005	0.010	0.012	0.005	0.006	0.010	0.018
15:42:55	0.005	0.006	0.008	0.005	0.008	0.020	0.008	0.016	0.016	0.007	0.006	0.006	0.006	0.006	0.011	0.021
15:43:24	0.008	0.006	0.018	0.004	0.004	0.009	0.004	0.006	0.009	0.003	0.005	0.005	0.004	0.008	0.011	0.009
15:44:10	0.005	0.006	0.009	0.004	0.004	0.013	0.005	0.004	0.005	0.003	0.004	0.005	0.004	0.006	0.005	0.005
15:44:31	0.008	0.004	0.012	0.004	0.004	0.007	0.003	0.006	0.007	0.003	0.004	0.006	0.005	0.005	0.011	0.004
15:44:53	0.007	0.004	0.008	0.005	0.005	0.008	0.004	0.004	0.007	0.004	0.004	0.005	0.006	0.008	0.010	0.007
15:45:14	0.014	0.008	0.014	0.004	0.005	0.011	0.004	0.004	0.008	0.004	0.006	0.006	0.006	0.006	0.019	0.007
15:45:34	0.007	0.005	0.011	0.004	0.005	0.011	0.006	0.005	0.009	0.004	0.005	0.006	0.006	0.004	0.006	0.014
15:46:21	0.009	0.005	0.012	0.004	0.005	0.008	0.004	0.006	0.007	0.005	0.004	0.006	0.003	0.010	0.012	0.007
15:46:45	0.005	0.005	0.007	0.005	0.006	0.008	0.005	0.007	0.008	0.005	0.006	0.008	0.005	0.007	0.009	0.013
15:47:18	0.005	0.006	0.007	0.005	0.007	0.011	0.006	0.008	0.011	0.006	0.006	0.010	0.005	0.007	0.015	0.008
15:47:39	0.008	0.005	0.009	0.004	0.004	0.008	0.004	0.006	0.007	0.005	0.005	0.011	0.005	0.007	0.008	0.010
15:48:38	0.011	0.005	0.010	0.003	0.004	0.012	0.005	0.006	0.009	0.005	0.004	0.007	0.005	0.006	0.013	0.010
15:49:32	0.006	0.005	0.006	0.004	0.006	0.016	0.007	0.008	0.007	0.006	0.007	0.008	0.005	0.007	0.010	0.019

续表

时间	测点6（桥墩）切向	测点6（桥墩）径向	测点6（桥墩）竖向	测点2（桥墩）切向	测点2（桥墩）径向	测点2（桥墩）竖向	测点3（跨中）切向	测点3（跨中）径向	测点3（跨中）竖向	测点4（桥墩）切向	测点4（桥墩）径向	测点4（桥墩）竖向	测点7（跨中）切向	测点7（跨中）径向	测点7（跨中）竖向	测点6（地面）竖向
15:49:55	0.004	0.004	0.007	0.003	0.005	0.007	0.004	0.006	0.007	0.003	0.003	0.006	0.004	0.006	0.009	0.008
15:51:26	0.006	0.005	0.009	0.003	0.005	0.007	0.004	0.005	0.009	0.004	0.005	0.006	0.006	0.005	0.014	0.008
15:51:46	0.007	0.006	0.008	0.004	0.004	0.006	0.004	0.006	0.011	0.005	0.004	0.006	0.005	0.005	0.009	0.007
15:52:07	0.006	0.006	0.009	0.004	0.003	0.006	0.004	0.006	0.006	0.004	0.004	0.009	0.004	0.006	0.010	0.005
15:52:35	0.005	0.005	0.008	0.005	0.007	0.008	0.007	0.006	0.010	0.006	0.008	0.008	0.005	0.006	0.009	0.010
15:52:55	0.006	0.006	0.007	0.005	0.004	0.008	0.004	0.006	0.007	0.004	0.005	0.007	0.004	0.005	0.010	0.009
15:53:37	0.005	0.005	0.007	0.007	0.007	0.019	0.006	0.009	0.015	0.007	0.006	0.007	0.006	0.008	0.014	0.027
15:54:05	0.007	0.004	0.009	0.005	0.005	0.006	0.004	0.007	0.009	0.006	0.008	0.006	0.006	0.006	0.009	0.017
15:54:26	0.007	0.005	0.008	0.004	0.005	0.008	0.005	0.006	0.007	0.004	0.004	0.005	0.004	0.006	0.009	0.007
15:54:47	0.013	0.004	0.011	0.005	0.007	0.016	0.007	0.009	0.012	0.006	0.004	0.006	0.005	0.005	0.011	0.019
15:55:36	0.006	0.006	0.012	0.004	0.005	0.011	0.005	0.006	0.008	0.006	0.011	0.008	0.004	0.008	0.013	0.010
15:56:25	0.006	0.006	0.010	0.005	0.004	0.007	0.004	0.005	0.007	0.005	0.005	0.007	0.004	0.007	0.009	0.006
15:56:50	0.006	0.005	0.007	0.006	0.012	0.010	0.005	0.011	0.010	0.005	0.009	0.008	0.005	0.009	0.011	0.010
15:57:11	0.006	0.005	0.010	0.003	0.003	0.008	0.004	0.005	0.006	0.005	0.004	0.007	0.005	0.006	0.011	0.007
15:58:06	0.006	0.005	0.010	0.003	0.005	0.008	0.005	0.009	0.008	0.004	0.004	0.005	0.005	0.006	0.008	0.009
15:58:26	0.008	0.006	0.026	0.006	0.007	0.016	0.008	0.008	0.011	0.004	0.008	0.012	0.007	0.010	0.017	0.015
15:58:47	0.007	0.007	0.010	0.007	0.012	0.013	0.007	0.014	0.019	0.007	0.008	0.013	0.006	0.009	0.011	0.017
15:59:19	0.020	0.006	0.020	0.005	0.008	0.012	0.005	0.007	0.013	0.008	0.006	0.007	0.009	0.009	0.017	0.011
15:59:42	0.007	0.006	0.013	0.004	0.005	0.006	0.004	0.008	0.007	0.005	0.004	0.007	0.005	0.007	0.014	0.006
16:00:04	0.005	0.005	0.007	0.003	0.004	0.007	0.005	0.004	0.008	0.004	0.004	0.006	0.005	0.004	0.015	0.006
16:00:26	0.006	0.010	0.012	0.004	0.006	0.006	0.004	0.009	0.008	0.003	0.005	0.006	0.004	0.008	0.022	0.005
16:00:47	0.007	0.006	0.009	0.004	0.006	0.006	0.005	0.009	0.009	0.004	0.005	0.007	0.005	0.011	0.013	0.007
16:01:07	0.009	0.006	0.011	0.004	0.005	0.008	0.004	0.005	0.007	0.004	0.003	0.006	0.005	0.008	0.009	0.007
16:01:32	0.005	0.005	0.007	0.003	0.003	0.006	0.004	0.005	0.007	0.003	0.004	0.005	0.004	0.006	0.010	0.006
16:02:20	0.007	0.005	0.019	0.004	0.007	0.015	0.007	0.008	0.013	0.007	0.005	0.005	0.004	0.007	0.010	0.017
16:02:55	0.008	0.007	0.007	0.008	0.008	0.021	0.008	0.011	0.012	0.008	0.006	0.009	0.005	0.010	0.012	0.023
16:03:36	0.006	0.005	0.007	0.004	0.005	0.008	0.004	0.005	0.008	0.005	0.005	0.006	0.004	0.005	0.008	0.008
16:03:57	0.006	0.005	0.006	0.005	0.004	0.007	0.004	0.005	0.007	0.003	0.003	0.005	0.005	0.006	0.009	0.007
16:04:18	0.005	0.005	0.011	0.004	0.004	0.007	0.005	0.005	0.006	0.005	0.004	0.007	0.005	0.006	0.019	0.009
16:05:35	0.008	0.006	0.008	0.004	0.004	0.009	0.005	0.005	0.008	0.004	0.004	0.006	0.005	0.006	0.011	0.010
16:05:57	0.006	0.006	0.006	0.005	0.004	0.011	0.006	0.006	0.008	0.005	0.004	0.007	0.006	0.006	0.015	0.009
16:06:29	0.011	0.005	0.013	0.004	0.005	0.008	0.005	0.007	0.008	0.004	0.006	0.007	0.004	0.007	0.022	0.011
16:06:51	0.008	0.008	0.009	0.005	0.009	0.011	0.004	0.008	0.013	0.005	0.004	0.008	0.005	0.010	0.013	0.010
16:07:16	0.012	0.009	0.011	0.005	0.006	0.009	0.006	0.011	0.009	0.006	0.006	0.007	0.005	0.008	0.025	0.018

续表

时间	测点6（桥墩）切向	测点6（桥墩）径向	测点6（桥墩）竖向	测点2（桥墩）切向	测点2（桥墩）径向	测点2（桥墩）竖向	测点3（跨中）切向	测点3（跨中）径向	测点3（跨中）竖向	测点4（桥墩）切向	测点4（桥墩）径向	测点4（桥墩）竖向	测点7（跨中）切向	测点7（跨中）径向	测点7（跨中）竖向	测点6（地面）竖向
16:07:37	0.011	0.006	0.015	0.005	0.008	0.010	0.007	0.005	0.010	0.009	0.008	0.009	0.006	0.007	0.012	0.008
16:08:06	0.007	0.007	0.008	0.005	0.007	0.009	0.006	0.010	0.009	0.005	0.006	0.009	0.004	0.009	0.012	0.010
16:08:27	0.012	0.008	0.011	0.007	0.014	0.012	0.010	0.011	0.013	0.008	0.012	0.014	0.005	0.009	0.015	0.013
16:09:25	0.005	0.004	0.009	0.004	0.003	0.007	0.004	0.006	0.007	0.003	0.004	0.006	0.004	0.005	0.007	0.011
16:09:47	0.007	0.005	0.008	0.004	0.003	0.007	0.004	0.005	0.006	0.004	0.003	0.006	0.004	0.009	0.009	0.008
16:10:08	0.005	0.006	0.008	0.004	0.007	0.012	0.004	0.009	0.011	0.004	0.006	0.010	0.005	0.005	0.012	0.012
16:10:28	0.006	0.006	0.007	0.005	0.008	0.017	0.006	0.013	0.014	0.006	0.006	0.007	0.006	0.006	0.017	0.021
16:10:49	0.008	0.005	0.009	0.005	0.008	0.010	0.005	0.008	0.008	0.007	0.008	0.008	0.006	0.007	0.014	0.009
16:11:54	0.008	0.005	0.009	0.004	0.004	0.006	0.004	0.005	0.007	0.004	0.005	0.006	0.004	0.006	0.010	0.007
16:12:20	0.005	0.004	0.007	0.004	0.005	0.008	0.006	0.005	0.008	0.006	0.004	0.011	0.005	0.006	0.009	0.008
16:12:49	0.007	0.006	0.007	0.005	0.014	0.008	0.008	0.013	0.010	0.004	0.012	0.011	0.006	0.008	0.013	0.015
16:13:10	0.009	0.011	0.016	0.004	0.005	0.019	0.006	0.007	0.010	0.004	0.004	0.007	0.004	0.015	0.014	0.010
16:13:34	0.004	0.006	0.009	0.004	0.004	0.008	0.004	0.006	0.009	0.003	0.005	0.006	0.006	0.005	0.010	0.007
16:14:00	0.007	0.004	0.008	0.004	0.005	0.011	0.004	0.006	0.010	0.005	0.005	0.008	0.004	0.005	0.011	0.018
16:14:22	0.006	0.005	0.007	0.004	0.004	0.007	0.004	0.005	0.009	0.005	0.005	0.008	0.006	0.007	0.012	0.006
16:14:45	0.006	0.005	0.016	0.004	0.003	0.007	0.004	0.006	0.007	0.005	0.004	0.008	0.005	0.004	0.011	0.008
16:15:43	0.007	0.006	0.008	0.006	0.008	0.011	0.007	0.015	0.013	0.006	0.006	0.009	0.006	0.006	0.011	0.018
16:16:06	0.007	0.007	0.007	0.005	0.005	0.006	0.004	0.010	0.010	0.006	0.006	0.009	0.004	0.008	0.010	0.007
16:16:46	0.007	0.007	0.010	0.004	0.003	0.007	0.005	0.005	0.010	0.005	0.006	0.007	0.006	0.008	0.013	0.005
16:17:06	0.006	0.005	0.007	0.003	0.003	0.005	0.004	0.005	0.006	0.004	0.004	0.004	0.005	0.006	0.014	0.005
16:17:34	0.006	0.005	0.015	0.005	0.005	0.009	0.006	0.007	0.017	0.008	0.005	0.006	0.008	0.009	0.014	0.009
16:18:28	0.009	0.007	0.010	0.009	0.015	0.022	0.008	0.023	0.021	0.013	0.009	0.009	0.010	0.016	0.021	0.019
16:18:49	0.006	0.006	0.009	0.005	0.006	0.011	0.004	0.007	0.011	0.004	0.005	0.008	0.005	0.008	0.016	0.012
16:19:16	0.006	0.007	0.008	0.004	0.005	0.007	0.004	0.005	0.008	0.005	0.004	0.007	0.007	0.005	0.016	0.007
16:19:38	0.007	0.004	0.007	0.004	0.004	0.007	0.004	0.007	0.008	0.005	0.005	0.010	0.004	0.005	0.011	0.006
16:19:58	0.006	0.005	0.008	0.005	0.004	0.008	0.004	0.005	0.007	0.004	0.005	0.006	0.004	0.006	0.008	0.005
16:20:18	0.006	0.004	0.008	0.004	0.006	0.011	0.004	0.006	0.010	0.005	0.005	0.007	0.004	0.005	0.008	0.007
16:20:39	0.007	0.005	0.008	0.005	0.005	0.010	0.004	0.005	0.008	0.004	0.006	0.013	0.005	0.005	0.024	0.007
16:21:05	0.006	0.006	0.006	0.006	0.011	0.017	0.006	0.011	0.011	0.004	0.010	0.007	0.005	0.007	0.009	0.018
16:22:02	0.005	0.005	0.006	0.003	0.007	0.022	0.005	0.010	0.013	0.005	0.006	0.006	0.004	0.008	0.013	0.018
16:22:37	0.007	0.004	0.010	0.006	0.006	0.009	0.006	0.005	0.012	0.005	0.005	0.008	0.004	0.005	0.010	0.011
最大值	0.020	0.011	0.026	0.009	0.015	0.056	0.012	0.023	0.023	0.013	0.012	0.014	0.010	0.016	0.027	0.030
最小值	0.004	0.004	0.006	0.003	0.003	0.005	0.003	0.004	0.005	0.003	0.003	0.004	0.003	0.004	0.005	0.004
平均值	0.007	0.006	0.010	0.004	0.006	0.010	0.005	0.007	0.009	0.005	0.005	0.007	0.005	0.007	0.012	0.010

表 7-51 16:26—17:06 各测点的加速度峰值

(m/s^2)

时间	测点 6（桥墩）切向	测点 6（桥墩）径向	测点 6（桥墩）竖向	测点 2（桥墩）切向	测点 2（桥墩）径向	测点 2（桥墩）竖向	测点 3（跨中）切向	测点 3（跨中）径向	测点 3（跨中）竖向	测点 4（桥墩）切向	测点 4（桥墩）径向	测点 4（桥墩）竖向	测点 8（桥墩）切向	测点 8（桥墩）径向	测点 6（地面）竖向
16:29:06	0.010	0.006	0.011	0.005	0.006	0.011	0.005	0.006	0.007	0.004	0.004	0.008	0.006	0.007	0.016
16:29:27	0.005	0.005	0.006	0.003	0.005	0.009	0.005	0.004	0.006	0.004	0.003	0.005	0.006	0.005	0.008
16:29:48	0.007	0.005	0.012	0.004	0.003	0.009	0.005	0.005	0.008	0.004	0.003	0.006	0.005	0.005	0.007
16:30:08	0.006	0.005	0.006	0.005	0.005	0.010	0.005	0.005	0.009	0.004	0.003	0.004	0.004	0.005	0.009
16:30:30	0.005	0.006	0.009	0.004	0.005	0.006	0.005	0.006	0.009	0.004	0.005	0.008	0.006	0.006	0.006
16:30:50	0.006	0.007	0.009	0.004	0.006	0.011	0.005	0.007	0.009	0.004	0.005	0.006	0.006	0.005	0.010
16:31:13	0.007	0.005	0.011	0.005	0.009	0.015	0.007	0.015	0.013	0.005	0.005	0.008	0.006	0.006	0.014
16:31:54	0.007	0.005	0.015	0.003	0.003	0.007	0.005	0.005	0.008	0.004	0.004	0.008	0.008	0.007	0.004
16:32:16	0.008	0.008	0.009	0.004	0.005	0.010	0.004	0.007	0.009	0.004	0.005	0.008	0.009	0.012	0.005
16:34:03	0.005	0.004	0.007	0.004	0.005	0.012	0.005	0.009	0.007	0.004	0.004	0.004	0.006	0.007	0.012
16:34:25	0.006	0.004	0.013	0.003	0.003	0.011	0.004	0.006	0.007	0.004	0.004	0.005	0.005	0.006	0.009
16:34:53	0.007	0.011	0.009	0.007	0.011	0.024	0.008	0.025	0.024	0.009	0.008	0.011	0.006	0.007	0.020
16:35:24	0.008	0.006	0.008	0.004	0.004	0.010	0.004	0.007	0.008	0.004	0.003	0.006	0.005	0.005	0.010
16:35:47	0.007	0.004	0.012	0.003	0.004	0.007	0.004	0.006	0.006	0.004	0.004	0.006	0.005	0.005	0.006
16:36:14	0.007	0.005	0.006	0.005	0.009	0.012	0.007	0.009	0.008	0.005	0.006	0.007	0.008	0.007	0.006
16:36:41	0.007	0.011	0.009	0.003	0.007	0.010	0.005	0.007	0.007	0.005	0.006	0.006	0.006	0.006	0.008
16:37:16	0.005	0.005	0.009	0.005	0.005	0.010	0.006	0.004	0.007	0.005	0.004	0.005	0.005	0.006	0.013
16:37:36	0.004	0.006	0.005	0.003	0.005	0.010	0.010	0.005	0.009	0.004	0.004	0.005	0.005	0.005	0.008
16:37:59	0.005	0.005	0.020	0.003	0.007	0.009	0.008	0.005	0.007	0.003	0.006	0.006	0.006	0.010	0.006
16:38:33	0.006	0.004	0.007	0.004	0.006	0.009	0.004	0.007	0.007	0.004	0.004	0.005	0.007	0.005	0.016
16:38:57	0.006	0.006	0.008	0.003	0.006	0.011	0.006	0.008	0.008	0.006	0.004	0.007	0.005	0.005	0.010
16:40:06	0.004	0.005	0.007	0.003	0.003	0.006	0.005	0.005	0.005	0.005	0.005	0.005	0.006	0.008	0.005
16:40:27	0.006	0.009	0.013	0.003	0.003	0.008	0.004	0.005	0.007	0.004	0.004	0.006	0.006	0.010	0.005
16:40:53	0.008	0.007	0.013	0.004	0.006	0.008	0.004	0.008	0.007	0.003	0.007	0.006	0.006	0.009	0.007
16:41:14	0.006	0.005	0.010	0.004	0.005	0.010	0.004	0.008	0.007	0.005	0.004	0.006	0.007	0.009	0.007
16:41:34	0.007	0.005	0.008	0.004	0.005	0.007	0.004	0.006	0.009	0.003	0.005	0.006	0.004	0.006	0.009
16:41:55	0.005	0.005	0.013	0.005	0.006	0.017	0.005	0.007	0.007	0.004	0.006	0.007	0.006	0.008	0.020
16:42:15	0.005	0.005	0.007	0.004	0.007	0.015	0.006	0.011	0.009	0.005	0.005	0.005	0.005	0.008	0.018
16:42:36	0.007	0.005	0.008	0.004	0.008	0.016	0.005	0.011	0.011	0.005	0.005	0.004	0.005	0.006	0.018
16:42:57	0.004	0.004	0.007	0.004	0.005	0.011	0.004	0.005	0.010	0.005	0.006	0.009	0.004	0.006	0.012
16:43:26	0.006	0.005	0.007	0.003	0.004	0.007	0.004	0.006	0.007	0.004	0.005	0.006	0.005	0.005	0.006
16:43:48	0.008	0.006	0.011	0.003	0.003	0.007	0.004	0.005	0.007	0.005	0.005	0.005	0.005	0.006	0.006
16:44:20	0.009	0.004	0.010	0.005	0.006	0.010	0.005	0.006	0.007	0.006	0.006	0.006	0.008	0.010	0.009
16:45:05	0.006	0.008	0.008	0.005	0.016	0.016	0.011	0.029	0.021	0.005	0.026	0.018	0.006	0.007	0.028

续表

时间	测点6（桥墩）切向	测点6（桥墩）径向	测点6（桥墩）竖向	测点2（桥墩）切向	测点2（桥墩）径向	测点2（桥墩）竖向	测点3（跨中）切向	测点3（跨中）径向	测点3（跨中）竖向	测点4（桥墩）切向	测点4（桥墩）径向	测点4（桥墩）竖向	测点8（桥墩）切向	测点8（桥墩）径向	测点6（地面）竖向
16:45:26	0.006	0.006	0.009	0.005	0.004	0.011	0.004	0.008	0.006	0.006	0.004	0.007	0.005	0.005	0.006
16:45:50	0.005	0.004	0.009	0.004	0.005	0.009	0.004	0.008	0.007	0.004	0.004	0.005	0.005	0.005	0.011
16:46:14	0.008	0.004	0.008	0.005	0.005	0.005	0.005	0.005	0.007	0.005	0.003	0.006	0.007	0.009	0.008
16:47:35	0.006	0.005	0.007	0.005	0.005	0.008	0.006	0.008	0.016	0.006	0.005	0.008	0.007	0.006	0.011
16:47:55	0.006	0.005	0.011	0.005	0.005	0.009	0.004	0.007	0.007	0.006	0.004	0.007	0.005	0.006	0.011
16:48:19	0.007	0.005	0.007	0.006	0.007	0.018	0.004	0.006	0.008	0.005	0.007	0.009	0.007	0.006	0.006
16:48:40	0.011	0.009	0.013	0.003	0.005	0.008	0.006	0.007	0.007	0.005	0.005	0.007	0.006	0.009	0.004
16:49:02	0.006	0.006	0.009	0.004	0.005	0.006	0.007	0.005	0.007	0.004	0.004	0.005	0.006	0.006	0.006
16:49:27	0.006	0.007	0.009	0.004	0.004	0.008	0.005	0.007	0.006	0.004	0.004	0.005	0.004	0.007	0.008
16:50:18	0.008	0.004	0.018	0.004	0.004	0.009	0.004	0.005	0.008	0.004	0.005	0.006	0.006	0.005	0.009
16:50:39	0.011	0.008	0.015	0.005	0.005	0.015	0.006	0.007	0.012	0.006	0.006	0.006	0.005	0.008	0.014
16:51:03	0.005	0.005	0.019	0.004	0.006	0.012	0.006	0.011	0.011	0.005	0.005	0.006	0.006	0.006	0.012
16:51:27	0.009	0.006	0.009	0.006	0.006	0.008	0.005	0.007	0.009	0.007	0.006	0.008	0.009	0.007	0.018
16:51:53	0.007	0.005	0.009	0.005	0.006	0.007	0.005	0.007	0.009	0.005	0.006	0.008	0.006	0.007	0.011
16:52:15	0.006	0.005	0.007	0.004	0.004	0.006	0.004	0.007	0.007	0.004	0.005	0.006	0.007	0.005	0.008
16:52:52	0.005	0.005	0.008	0.003	0.011	0.009	0.005	0.009	0.010	0.004	0.007	0.007	0.004	0.006	0.011
16:53:19	0.006	0.004	0.007	0.004	0.003	0.005	0.004	0.005	0.007	0.004	0.003	0.006	0.013	0.008	0.004
16:54:11	0.004	0.004	0.007	0.003	0.005	0.006	0.005	0.005	0.007	0.005	0.004	0.006	0.005	0.005	0.014
16:55:25	0.007	0.005	0.007	0.003	0.004	0.006	0.004	0.005	0.006	0.005	0.005	0.007	0.006	0.005	0.006
16:55:55	0.012	0.007	0.029	0.003	0.004	0.006	0.004	0.005	0.007	0.004	0.004	0.005	0.005	0.007	0.005
16:56:17	0.006	0.005	0.011	0.004	0.007	0.007	0.004	0.008	0.007	0.004	0.005	0.005	0.006	0.010	0.007
16:56:49	0.007	0.006	0.009	0.004	0.006	0.007	0.005	0.009	0.008	0.005	0.009	0.009	0.006	0.009	0.009
16:57:35	0.009	0.007	0.009	0.010	0.013	0.026	0.012	0.020	0.021	0.011	0.008	0.009	0.006	0.007	0.043
16:58:07	0.008	0.006	0.009	0.004	0.005	0.007	0.003	0.005	0.007	0.004	0.004	0.005	0.005	0.010	0.009
16:58:29	0.010	0.006	0.014	0.003	0.005	0.006	0.005	0.006	0.011	0.004	0.004	0.007	0.008	0.009	0.009
16:58:49	0.007	0.006	0.012	0.006	0.008	0.012	0.006	0.011	0.007	0.004	0.006	0.008	0.006	0.009	0.014
16:59:13	0.006	0.008	0.008	0.005	0.004	0.008	0.005	0.006	0.011	0.004	0.004	0.006	0.005	0.005	0.014
16:59:35	0.005	0.005	0.007	0.004	0.005	0.010	0.004	0.005	0.011	0.005	0.004	0.006	0.005	0.006	0.006
16:59:55	0.008	0.005	0.009	0.004	0.005	0.007	0.004	0.005	0.007	0.005	0.005	0.006	0.005	0.006	0.010
17:01:07	0.009	0.005	0.009	0.003	0.005	0.007	0.004	0.005	0.007	0.004	0.004	0.006	0.005	0.005	0.007
17:01:38	0.008	0.005	0.008	0.004	0.006	0.019	0.004	0.007	0.013	0.005	0.004	0.006	0.005	0.006	0.014
17:01:59	0.007	0.005	0.007	0.005	0.007	0.012	0.005	0.009	0.012	0.005	0.004	0.006	0.005	0.006	0.016
17:02:19	0.006	0.004	0.008	0.003	0.005	0.007	0.004	0.006	0.007	0.004	0.004	0.006	0.005	0.006	0.017
17:02:40	0.008	0.005	0.015	0.005	0.005	0.015	0.005	0.010	0.009	0.005	0.006	0.007	0.005	0.005	0.013

续表

时间	测点 6（桥墩）切向	测点 6（桥墩）径向	测点 6（桥墩）竖向	测点 2（桥墩）切向	测点 2（桥墩）径向	测点 2（桥墩）竖向	测点 3（跨中）切向	测点 3（跨中）径向	测点 3（跨中）竖向	测点 4（桥墩）切向	测点 4（桥墩）径向	测点 4（桥墩）竖向	测点 8（桥墩）切向	测点 8（桥墩）径向	测点 6（地面）竖向
17:03:03	0.011	0.005	0.011	0.007	0.007	0.008	0.004	0.005	0.008	0.005	0.004	0.010	0.006	0.007	0.008
17:03:23	0.007	0.006	0.011	0.004	0.005	0.006	0.004	0.005	0.007	0.004	0.004	0.008	0.007	0.006	0.013
17:03:45	0.005	0.005	0.009	0.003	0.005	0.011	0.004	0.009	0.007	0.005	0.006	0.008	0.005	0.006	0.008
17:04:08	0.005	0.004	0.008	0.004	0.004	0.006	0.004	0.005	0.007	0.004	0.005	0.005	0.006	0.006	0.006
17:04:29	0.010	0.009	0.017	0.005	0.007	0.007	0.007	0.009	0.009	0.006	0.005	0.006	0.006	0.008	0.007
17:04:50	0.008	0.005	0.009	0.003	0.013	0.011	0.005	0.010	0.008	0.005	0.006	0.006	0.005	0.009	0.011
17:05:11	0.005	0.004	0.008	0.004	0.003	0.006	0.005	0.005	0.007	0.004	0.004	0.006	0.005	0.007	0.006
17:06:05	0.009	0.008	0.011	0.006	0.008	0.009	0.008	0.008	0.008	0.005	0.008	0.007	0.008	0.011	0.014
17:06:26	0.006	0.005	0.008	0.006	0.006	0.015	0.005	0.009	0.010	0.004	0.004	0.005	0.005	0.006	0.015
最大值	0.012	0.011	0.029	0.010	0.016	0.026	0.012	0.029	0.024	0.011	0.026	0.018	0.013	0.012	0.043
最小值	0.004	0.004	0.005	0.003	0.003	0.005	0.003	0.004	0.005	0.003	0.003	0.004	0.004	0.005	0.004
平均值	0.007	0.006	0.010	0.004	0.006	0.010	0.005	0.008	0.009	0.005	0.005	0.007	0.006	0.007	0.011

7.2.8 主要结论

1）第一阶段地铁交通测试

（1）振动的频率成分

本项目地铁交通引起天然场地振动的频率特性详见表 7-52。

表 7-52 地铁交通引起天然场地振动的频率特性一览

测点位置	西南侧（邻近 118 广场）	西北侧（邻近绿洲中环中心）	东南侧（邻近长风南区）	东北侧（邻近长风北区）
振动的频率特性	振动的频率成分主要分布在 30～50Hz	竖向振动的频率成分主要分布在 20～60Hz；水平向振动的频率成分主要分布在 40～60Hz	振动的频率成分主要分布在 30～60Hz	振动的频率成分主要分布在 20～60Hz

由表 7-52 可知，地铁交通引起天然场地振动的主要频率范围为 20～60Hz，这与道路交通引起的振动不同，地铁交通引起天然场地的振动频率较高（由第一阶段道路交通部分的测试报告可知，道路交通引起的天然场地振动频率成分主要分布在 20Hz 以内）。

需要指出，尽管选取样本时尽量选取受道路交通干扰较小的数据，但道路交通交通的影响无法完全避免，各测点的振动响应实际上是地铁交通与道路交通共同作用的结果。部分测点的功率谱密度在 20Hz 以内较大，这是由于这些测点因地铁交通引起的振动较道路交通引起的振动小，因而道路交通引起的振动占了主要部分。

（2）振动评价

① 振级

测试期间，地铁交通荷载引起的天桥西南侧（邻近 118 广场）、西北侧（邻近绿洲中环中心）、东南侧（邻近长风南区）、东北侧（邻近长风北区）四个区域天然场地的振级汇总见表 7-53。在每个区域选取振级平均值最大的测点，绘制振级柱形图，如图 7-36 所示。

由表 7-53 和图 7-36 可知，天桥桥墩位置天然场地的竖向振级为 48.6～71.6dB。四个区域的振级平均值主要在 64～66dB 之间，个别测点小于 60dB。地铁交通引起的环境振动受列车类型、车速、载重、轨道、减振扣件、隧道、土层等多种因素的影响，因此同一测点不同时刻以及不同测点同一时刻的振动有所差异，如长风北区测点距离隧道较近，但其振动较小，可能是由于其靠近地铁车站，列车车速较小的缘故。

表 7-53 振级汇总

(dB)

测点位置	西南侧（邻近 118 广场）	西北侧（邻近绿洲中环中心）		东南侧（邻近长风南区）			东北侧（邻近长风北区）	
	测点 1	测点 1	测点 2	测点 1	测点 2	测点 3	测点 1	测点 2
最大值	68.0	71.6	65.6	59.3	70.3	57.4	63.48	67.4
最小值	62.0	62.2	62.7	51.4	61.8	48.6	52.2	62.4
平均值	65.0	64.7	64.1	53.7	66.0	53.4	59.4	64.3
到隧道边的距离(m)	29.9	18.3	19.7	37.4	43.0	40.2	13.2	17.4

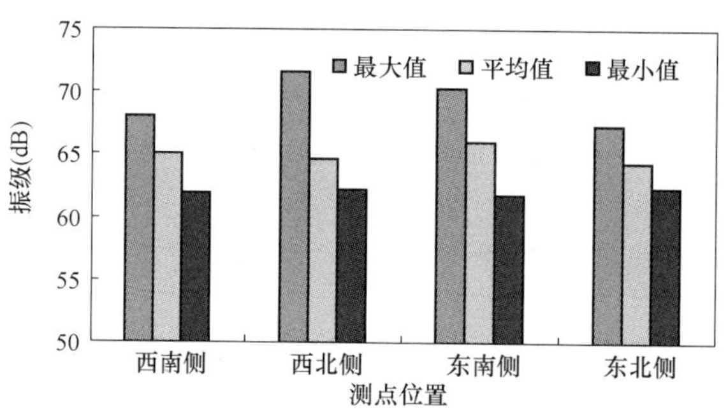

图 7-36 振级柱形图

② 加速度峰值

地铁交通荷载引起的天桥西南侧（邻近 118 广场）、西北侧（邻近绿洲中环中心）、东南侧（邻近长风南区）、东北侧（邻近长风北区）四个区域天然场地振动的竖向振动加速度峰值汇总见表7-54。由表可知，加速度峰值最大为 0.0254m/s^2。

③ 加速度有效值

地铁交通荷载引起的天桥西南侧（邻近 118 广场）、西北侧（邻近绿洲中环中心）、东南侧（邻近长风南区）、东北侧（邻近长风北区）四个区域天然场地振动的加速度有效值（进行频率计权后的有效值）汇总见表 7-55。由表可知，计权后加速度有效值最大为 0.0038m/s^2。

表 7-54 竖向振动加速度峰值汇总 (m/s²)

测点位置	西南侧（邻近118广场）	西北侧（邻近绿洲中环中心）		东南侧（邻近长风南区）			东北侧（邻近长风北区）	
	测点1	测点1	测点2	测点1	测点2	测点3	测点1	测点2
最大值	0.0170	0.0183	0.0254	0.0054	0.012	0.005	0.0063	0.0099
最小值	0.0074	0.0106	0.0073	0.0032	0.0063	0.0018	0.0027	0.0034
平均值	0.0103	0.0144	0.0199	0.004	0.0082	0.0026	0.0043	0.0066
到隧道边的距离(m)	29.9	18.3	19.7	37.4	43.0	40.2	13.2	17.4

表 7-55 计权后竖向振动加速度有效值汇总 (m/s²)

测点位置	西南侧（邻近118广场）	西北侧（邻近绿洲中环中心）		东南侧（邻近长风南区）			东北侧（邻近长风北区）	
	测点1	测点1	测点2	测点1	测点2	测点3	测点1	测点2
最大值	0.0025	0.0038	0.0019	0.0009	0.0033	0.0007	0.0015	0.0023
最小值	0.0013	0.0013	0.0014	0.0004	0.0012	0.0003	0.0004	0.0013
平均值	0.0018	0.0018	0.0016	0.0005	0.0021	0.0005	0.001	0.0017
到隧道边的距离(m)	29.9	18.3	19.7	37.4	43.0	40.2	13.2	17.4

2）第一阶段道路交通测试

（1）振动的频率成分

由各测点的功率谱密度图可知，道路交通荷载引起天然场地振动的频率成分主要分布在20Hz以内，峰值频率一般出现在5～20Hz。

（2）振动评价

① 振级

测试期间，道路交通荷载引起的天桥西南侧（邻近118广场）、西北侧（邻近绿洲中环中心）、东南侧（邻近长风南区）、东北侧（邻近长风北区）四个区域天然场地的振级汇总见表7-56。在每个区域选取振级平均值最大的测点，绘制振级柱形图，如图7-37所示。

表 7-56 振级汇总 (dB)

测点位置	西南侧（邻近118广场）			西北侧（邻近绿洲中环中心）			东南侧（邻近长风南区）			东北侧（邻近长风北区）
	测点1	测点2	测点3	测点1	测点2	测点3	测点1	测点2	测点3	测点1
最大值	80	82	81.1	74.1	82.1	79.9	74.3	73.4	78.6	79.1
最小值	62.9	65.9	69.7	55.9	60.2	66.1	60.1	59.7	68.9	65
平均值	72.6	74.2	74.4	63.6	75.2	75.4	69.3	66.5	74.5	72.4

由表7-56和图7-37可知，天桥桥墩位置天然场地的竖向振级为55.9～82.1dB。总体

而言，四个区域的振动水平相差不大，振级平均值主要在70～75dB之间，个别测点小于70dB。道路交通荷载引起环境振动的大小受测点与道路的距离、车辆的重量、车速、路面平整度、周边施工干扰等很多因素的影响，因此同一测点不同时刻以及不同测点间的振动有所差异。

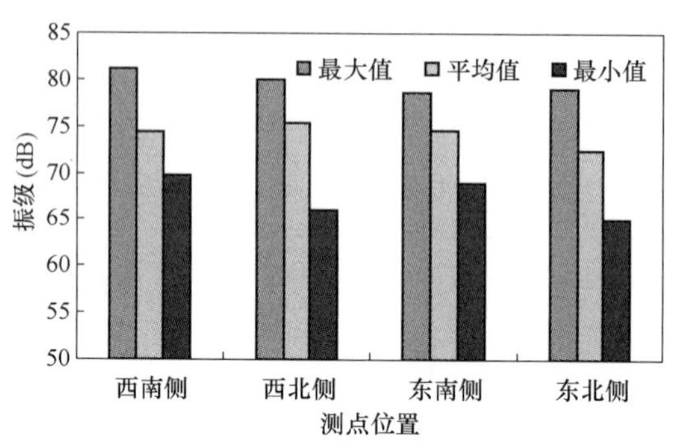

图 7-37 振级柱形图

需要指出，本工程道路交通引起的环境振动控制标准尚有待进一步协商确定。《城市区域环境振动标准》中对于交通干线道路两侧的环境振动限值（对应于表 7-56 中的平均值）为：昼间 75dB、夜间 72dB，由表 7-56 可知，部分测点的振级在该规范规定的限值附邻近，需采取进一步的减振技术措施。

② 加速度峰值

道路交通荷载引起的天桥西南侧（邻近 118 广场）、西北侧（邻近绿洲中环中心）、东南侧（邻近长风南区）、东北侧（邻近长风北区）四个区域天然场地振动的加速度峰值汇总见表 7-57。由表可知，加速度峰值最大为 0.037m/s^2。

表 7-57 加速度峰值汇总

(m/s^2)

测点位置	西南侧（邻近 118 广场）			西北侧（邻近绿洲中环中心）			东南侧（邻近长风南区）			东北侧（邻近长风北区）
	测点 1	测点 2	测点 3	测点 1	测点 2	测点 3	测点 1	测点 2	测点 3	测点 1
最大值	0.035	0.033	0.033	0.016	0.032	0.032	0.033	0.016	**0.037**	0.032
最小值	0.006	0.008	0.011	0.003	0.008	0.009	0.004	0.004	0.008	0.006
平均值	0.027	0.026	0.021	0.007	0.023	0.023	0.013	0.009	0.022	0.018

③ 加速度有效值

道路交通荷载引起的天桥西南侧（邻近 118 广场）、西北侧（邻近绿洲中环中心）、东南侧（邻近长风南区）、东北侧（邻近长风北区）四个区域天然场地振动的加速度有效值（按频率计权后的有效值）汇总见表 7-58。由表可知，计权后加速度有效值最大为 0.013m/s^2。

表 7-58 计权后的加速度有效值汇总 (m/s^2)

测点位置	西南侧（邻近 118 广场）			西北侧（邻近绿洲中环中心）			东南侧（邻近长风南区）			东北侧（邻近长风北区）
	测点 1	测点 2	测点 3	测点 1	测点 2	测点 3	测点 1	测点 2	测点 3	测点 1
最大值	0.010	**0.013**	0.011	0.005	**0.013**	0.010	0.005	0.005	0.009	0.009
最小值	0.001	0.002	0.003	0.001	0.001	0.002	0.001	0.001	0.003	0.002
平均值	0.005	0.006	0.005	0.002	0.006	0.006	0.003	0.002	0.006	0.005

3）第二阶段地铁交通测试

（1）振动的频率成分

① 地铁交通引起的桥墩上测点平行金沙江路方向振动的频率成分主要分布在 20Hz 以内（由于频率大于 20Hz 的振动传至桥墩后大幅衰减，因而频率小于 20Hz 的振动相对占主导），平行真北路方向振动的频率成分主要分布在 0～50Hz，竖向振动的频率成分主要分布在 20～50Hz。

② 地铁交通引起的桥墩下地面测点（距桥墩约 3.1m）振动频率成分主要分布在 20～60Hz，峰值频率一般出现在 40～50Hz。

③ 与道路交通引起的振动频率成分主要分布在 20Hz 以内不同，地铁交通引起的振动频率较高。

（2）振动评价

① 振级

测试期间，地铁交通荷载引起的西北侧（邻近绿洲中环中心）、东北侧（邻近近铁城市广场）桥墩及地面的振级汇总见表 7-59 和表 7-60。由表可知，天桥桥墩的竖向振级为 46.6～57.0dB。

表 7-59 西北侧（邻近绿洲中环中心）振级汇总 (dB)

时间	测点 1(桥墩中)平行金沙江路	测点 1(桥墩中)平行真北路	测点 1(桥墩中)竖向	测点 2(桥墩下)平行金沙江路	测点 2(桥墩下)平行真北路	测点 2(桥墩下)竖向
最大值	59.6	59.2	57.0	60.3	57.9	68.2
最小值	52.0	53.8	47.9	53.3	52.6	60.2
平均值	55.7	55.7	51.0	56.5	55.5	65.2

注：计算水平向振级时，采用与竖向相同的计权因子。

表 7-60 东北侧（邻近近铁城市广场）振级汇总 (dB)

时间	测点 1（桥墩外圈）平行金沙江路	测点 1（桥墩外圈）平行真北路	测点 1（桥墩外圈）竖向	测点 2（桥墩里圈）平行金沙江路	测点 2（桥墩里圈）竖向	测点 3（地面外圈）平行金沙江路	测点 3（地面外圈）平行真北路	测点 3（地面外圈）竖向	测点 4（地面里圈）平行金沙江路	测点 4（地面里圈）平行真北路	测点 4（地面里圈）竖向	测点 5（小承台）平行金沙江路	测点 5（小承台）竖向
最大值	63.6	61.7	54.7	60.0	58.4	57.2	53.0	58.6	58.6	53.8	55.4	64.2	57.0
最小值	52.9	54.1	48.2	54.4	50.0	48.5	46.6	51.6	46.6	47.0	48.6	60.3	53.0
平均值	56.5	57.1	51.2	56.8	53.3	51.0	49.8	54.8	50.4	50.7	51.4	62.8	54.7

注：计算水平向振级时，采用与竖向相同的计权因子。

《城市区域环境振动标准》中对于交通干线道路两侧的环境振动限值（对应于表 7-59 中的平均值）为：昼间 75dB、夜间 72dB，由表 7-59 和表 7-60 可知，桥墩上测点竖向振动满足规范要求。

② 加速度峰值

测试期间，地铁交通荷载引起的西北侧（邻近绿洲中环中心）、东北侧（邻近近铁城市广场）桥墩及地面振动的加速度峰值汇总见表 7-61 和表 7-62。由表可知，桥墩上测点振动加速度峰值平均值最大为 0.0028m/s^2。

表 7-61　西北侧（邻近绿洲中环中心）加速度峰值汇总　(m/s^2)

时间	测点 1(桥墩中)平行金沙江路	测点 1(桥墩中)平行真北路	测点 1(桥墩中)竖向	测点 2(桥墩下)平行金沙江路	测点 2(桥墩下)平行真北路	测点 2(桥墩下)竖向
最大值	0.0041	0.0041	0.0052	0.0170	0.0133	0.0337
最小值	0.0015	0.0017	0.0008	0.0062	0.0055	0.0111
平均值	0.0027	0.0027	0.0024	0.0104	0.0092	0.0265

表 7-62　东北侧（邻近近铁城市广场）加速度峰值汇总　(m/s^2)

时间	测点 1（桥墩外圈）平行金沙江路	测点 1（桥墩外圈）平行真北路	测点 1（桥墩外圈）竖向	测点 2（桥墩里圈）平行金沙江路	测点 2（桥墩里圈）竖向	测点 3（地面外圈）平行金沙江路	测点 3（地面外圈）平行真北路	测点 3（地面外圈）竖向	测点 4（地面里圈）平行金沙江路	测点 4（地面里圈）平行真北路	测点 4（地面里圈）竖向	测点 5（小承台)平行金沙江路	测点 5（小承台）竖向
最大值	0.0067	0.0039	0.0032	0.0035	0.0033	0.0038	0.0031	0.0054	0.0038	0.0022	0.0035	0.0183	0.0064
最小值	0.0016	0.0018	0.0009	0.0019	0.0016	0.0012	0.0009	0.0025	0.0009	0.0010	0.0011	0.0119	0.0036
平均值	0.0028	0.0028	0.0018	0.0027	0.0024	0.0023	0.0017	0.0038	0.0019	0.0015	0.0019	0.0143	0.0053

③ 桥墩的减振作用

地铁交通引起的桥墩上测点振动明显小于桥墩下地面测点（距桥墩约 3.1m 和距桥墩约 5m 的小承台）的振动，这说明桥墩对地铁交通引起的振动有较好的减振作用，且竖向振动的减小幅度最大；但地铁交通引起的桥墩上测点与桥墩下紧邻桥墩的地面测点竖向振动基本接近，桥墩上测点略小，地铁交通引起的桥墩上测点水平向振动比桥墩下紧邻桥墩的地面测点水平向振动大。

需要指出，尽管选取样本时尽量选取受干扰较小的数据，但因测试期间桥墩周边还有部分施工活动，且道路交通一直较繁忙，选取的各测点的振动响应实际上是地铁交通、施工荷载及道路交通荷载等环境振动共同作用的结果。此外，地铁交通引起的环境振动受列车类型、车速、载重、轨道、减振扣件、隧道、土层等多种因素的影响，因此同一测点不同时刻以及不同测点同一时刻的振动有所差异。

4）第二阶段道路交通测试

(1) 振动的频率成分

由各测点的功率谱密度图可知，道路交通荷载引起天然场地振动的频率成分主要分布在 20Hz 以内，峰值频率一般出现在 5～15Hz。

（2）振动评价

① 振级

测试期间，道路交通荷载引起的西北侧（邻近绿洲中环中心）、东北侧（邻近近铁城市广场）桥墩及地面的振级汇总见表 7-63 和表 7-64。由表可知，天桥桥墩的竖向振级为 49.4～67.0dB。

表 7-63　西北侧（邻近绿洲中环中心）振级汇总　(dB)

测点位置	测点 1（桥墩中）平行金沙江路	测点 1（桥墩中）平行真北路	测点 1（桥墩中）竖向	测点 2（桥墩下地面，距桥墩约 3.1m）平行金沙江路	测点 2（桥墩下地面，距桥墩约 3.1m）平行真北路	测点 2（桥墩下地面，距桥墩约 3.1m）竖向
最大值	76.9	74.6	67.0	60.8	60.6	76.1
最小值	66.8	61.1	57.2	52.7	48.8	66.9
平均值	71.4	67.8	63.0	56.9	54.9	72.0

注：计算水平向振级时，采用与竖向相同的计权因子。

表 7-64　东北侧（邻近近铁城市广场）振级汇总　(dB)

测点位置	测点 1（桥墩外圈）平行金沙江路	测点 1（桥墩外圈）平行真北路	测点 1（桥墩外圈）竖向	测点 2（桥墩里圈）平行金沙江路	测点 2（桥墩里圈）竖向	测点 3（地面外圈）平行金沙江路	测点 3（地面外圈）平行真北路	测点 3（地面外圈）竖向	测点 4（地面里圈）平行金沙江路	测点 4（地面里圈）平行真北路	测点 4（地面里圈）竖向
最大值	68.3	69.7	64.6	69.3	65.9	66.4	76.5	67.3	63.4	68.0	68.1
最小值	54.3	53.7	49.4	55.7	53.1	53.0	52.6	53.5	48.6	55.0	50.6
平均值	62.1	63.7	57.7	63.7	61.5	59.3	59.6	62.6	56.6	61.5	58.7

注：计算水平向振级时，采用与竖向相同的计权因子。

《城市区域环境振动标准》中对于交通干线道路两侧的环境振动限值（对应于表 7-63 中的平均值）为：昼间 75dB、夜间 72dB，由表 7-63 和表 7-64 可知，桥墩上测点竖向振动满足规范要求。

② 加速度峰值

测试期间，道路交通荷载引起的西北侧（邻近绿洲中环中心）、东北侧（邻近近铁城市广场）桥墩及地面振动的加速度峰值汇总见表 7-65 和表 7-66。由表可知，桥墩上测点振动加速度峰值平均值最大为 0.014m/s^2。

表 7-65　西北侧（邻近绿洲中环中心）加速度峰值汇总　(m/s^2)

测点位置	测点 1（桥墩中）平行金沙江路	测点 1（桥墩中）平行真北路	测点 1（桥墩中）竖向	测点 2（桥墩下地面，距桥墩约 3.1m）平行金沙江路	测点 2（桥墩下地面，距桥墩约 3.1m）平行真北路	测点 2（桥墩下地面，距桥墩约 3.1m）竖向
最大值	0.023	0.013	0.009	0.008	0.003	0.026
最小值	0.006	0.004	0.002	0.002	0.001	0.008
平均值	0.014	0.008	0.005	0.003	0.002	0.016

表 7-66　东北侧（邻近近铁城市广场）加速度峰值汇总　(dB)

时间	测点 1（桥墩外圈）平行金沙江路	测点 1（桥墩外圈）平行真北路	测点 1（桥墩外圈）竖向	测点 2（桥墩里圈）平行金沙江路	测点 2（桥墩里圈）竖向	测点 3（地面外圈）平行金沙江路	测点 3（地面外圈）平行真北路	测点 3（地面外圈）竖向	测点 4（地面里圈）平行金沙江路	测点 4（地面里圈）平行真北路	测点 4（地面里圈）竖向
最大值	0.011	0.032	0.023	0.011	0.026	0.016	0.029	0.032	0.012	0.032	0.035
最小值	0.002	0.002	0.001	0.002	0.002	0.002	0.002	0.003	0.001	0.002	0.001
平均值	0.005	0.007	0.005	0.006	0.006	0.006	0.006	0.009	0.004	0.008	0.007

③ 桥墩的减振作用

西北侧（邻近绿洲中环中心）桥墩竖向振动明显小于桥墩下地面（距桥墩约 3.1m）的竖向振动，而水平向振动大于地面振动，这说明桥墩对道路交通引起的竖向振动有较好的减振作用，而水平向振动相对地面有所放大。对于东北侧（邻近近铁城市广场），由于桥墩下测点紧邻桥墩，桥墩竖向振动与桥墩下地面（紧邻桥墩）的竖向振动基本接近，水平向振动桥墩测点比地面（紧邻桥墩）略大。

需要指出，尽管选取样本时尽量选取受干扰较小的数据，但因测试期间桥墩周边还有部分施工活动，且道路交通一直较繁忙，选取的各测点的振动响应实际是地铁交通、施工荷载及道路交通荷载等环境振动共同作用的结果。此外，道路交通荷载引起环境振动的大小受测点与道路的距离、车辆的重量、车速、路面平整度、周边施工干扰等很多因素的影响，因此同一测点不同时刻以及不同测点间的振动有所差异。

5）第三阶段地铁交通测试

（1）振动的频率成分

地铁经过时桥面振动的频率成分较丰富，且 20Hz 以上的振动较明显，这与道路交通引起的振动相似，峰值频率分布无统一规律，在 0～20Hz、20～40Hz、40～80Hz 间变化。

（2）振动评价

① 振级

测试期间，地铁经过时天桥振级汇总见表 7-67—表 7-69。

表 7-67　12:17—14:07 各测点的振级汇总　(dB)

测点编号	测点 1（跨中）切向	测点 1（跨中）径向	测点 1（跨中）竖向	测点 2（桥墩）切向	测点 2（桥墩）径向	测点 2（桥墩）竖向	测点 3（跨中）切向	测点 3（跨中）径向	测点 3（跨中）竖向	测点 4（桥墩）切向	测点 4（桥墩）径向	测点 4（桥墩）竖向	测点 5（跨中）切向	测点 5（跨中）径向	测点 5（跨中）竖向	测点 6（地面）竖向
最大值	70.5	73.1	75.6	66.8	69.2	74.9	67.7	75.4	73.5	66.9	66.1	68.2	64.9	72.4	70.0	84.1
最小值	55.2	60.4	69.0	55.2	56.5	59.2	53.8	58.0	60.2	55.4	56.4	59.7	58.2	60.3	64.2	74.3
平均值	59.0	65.1	72.0	58.4	60.4	64.9	57.9	63.2	64.2	58.6	60.3	62.9	60.6	64.1	66.9	77.3

注：计算水平向振级时，采用与竖向相同的计权因子。

表 7-68 14:41—16:26 各测点的振级汇总 (dB)

测点编号	测点6（桥墩）切向	测点6（桥墩）径向	测点6（桥墩）竖向	测点2（桥墩）切向	测点2（桥墩）径向	测点2（桥墩）竖向	测点3（跨中）切向	测点3（跨中）径向	测点3（跨中）竖向	测点4（桥墩）切向	测点4（桥墩）径向	测点4（桥墩）竖向	测点7（跨中）切向	测点7（跨中）径向	测点7（跨中）竖向	测点6（地面）竖向
最大值	63.5	65.1	66.1	62.8	70.0	68.0	64.2	69.7	68.4	62.5	65.3	70.1	61.9	68.5	71.0	82.5
最小值	57.0	57.0	59.1	56.4	58.6	59.6	58.5	60.9	60.5	56.1	57.9	60.4	56.6	60.5	63.8	72.8
平均值	59.3	59.5	61.4	59.1	62.1	65.2	60.4	64.9	64.4	59.1	61.0	63.7	58.8	64.2	66.1	77.6

注：计算水平向振级时，采用与竖向相同的计权因子。

表 7-69 16:26—17:06 各测点的振级汇总 (dB)

测点编号	测点6（桥墩）切向	测点6（桥墩）径向	测点6（桥墩）竖向	测点2（桥墩）切向	测点2（桥墩）径向	测点2（桥墩）竖向	测点3（跨中）切向	测点3（跨中）径向	测点3（跨中）竖向	测点4（桥墩）切向	测点4（桥墩）径向	测点4（桥墩）竖向	测点8（桥墩）切向	测点8（桥墩）径向	测点6（地面）竖向
最大值	59.5	59.5	60.5	60.6	68.9	73.4	63.7	75.4	74.0	64.8	64.3	65.9	59.0	63.0	79.7
最小值	58.3	58.3	59.6	57.2	58.7	66.3	58.8	62.4	63.3	58.6	59.5	61.5	57.2	59.6	74.7
平均值	58.9	59.1	60.2	59.0	63.3	69.9	60.9	68.6	68.2	61.1	62.4	63.7	58.0	61.5	77.5

注：计算水平向振级时，采用与竖向相同的计权因子。

《城市区域环境振动标准》中对于交通干线道路两侧的环境振动限值（对应于表 7-67 中的平均值）为：昼间 75dB、夜间 72dB，由表 7-67 可知，桥墩上测点竖向振动满足规范要求。

② 加速度峰值

测试期间，地铁经过时天桥振动的加速度峰值汇总见表 7-70—表 7-72。由表可知：(a) 天桥振动加速度峰值平均值最大为 0.033m/s^2；(b) 各测点竖向振动大于切向和径向振动；(c) 102.4m 和 109.6m 两跨跨中竖向振动明显大于其他测点振动。

③ 桥墩的减振作用

地铁经过时桥面上测点振动明显小于地面测点的振动，这说明桥墩对地铁交通引起的振动有较好的减振作用。

表 7-70 12:17—14:07 各测点的加速度峰值汇总 (m/s^2)

测点编号	测点1（跨中）切向	测点1（跨中）径向	测点1（跨中）竖向	测点2（桥墩）切向	测点2（桥墩）径向	测点2（桥墩）竖向	测点3（跨中）切向	测点3（跨中）径向	测点3（跨中）竖向	测点4（桥墩）切向	测点4（桥墩）径向	测点4（桥墩）竖向	测点5（跨中）切向	测点5（跨中）径向	测点5（跨中）竖向	测点6（地面）竖向
最大值	0.011	0.015	0.040	0.011	0.012	0.027	0.010	0.020	0.026	0.010	0.016	0.031	0.009	0.014	0.045	0.182
最小值	0.006	0.005	0.027	0.004	0.003	0.009	0.003	0.004	0.006	0.004	0.005	0.008	0.005	0.006	0.019	0.059
平均值	0.007	0.008	0.033	0.006	0.006	0.015	0.005	0.007	0.010	0.006	0.008	0.014	0.006	0.009	0.029	0.095

表 7-71 14:41—16:26 各测点的加速度峰值汇总 (m/s^2)

测点编号	测点 6（桥墩）切向	测点 6（桥墩）径向	测点 6（桥墩）竖向	测点 2（桥墩）切向	测点 2（桥墩）径向	测点 2（桥墩）竖向	测点 3（跨中）切向	测点 3（跨中）径向	测点 3（跨中）竖向	测点 4（桥墩）切向	测点 4（桥墩）径向	测点 4（桥墩）竖向	测点 7（跨中）切向	测点 7（跨中）径向	测点 7（跨中）竖向	测点 6（地面）竖向
最大值	0.014	0.011	0.019	0.013	0.011	0.024	0.007	0.012	0.015	0.010	0.017	0.036	0.006	0.010	0.016	0.201
最小值	0.005	0.004	0.008	0.005	0.005	0.009	0.004	0.005	0.005	0.005	0.004	0.008	0.004	0.005	0.009	0.047
平均值	0.008	0.006	0.011	0.008	0.007	0.016	0.005	0.007	0.010	0.006	0.009	0.017	0.005	0.007	0.012	0.105

表 7-72 16:26—17:06 各测点的加速度峰值汇总 (m/s^2)

测点编号	测点 6（桥墩）切向	测点 6（桥墩）径向	测点 6（桥墩）竖向	测点 2（桥墩）切向	测点 2（桥墩）径向	测点 2（桥墩）竖向	测点 3（跨中）切向	测点 3（跨中）径向	测点 3（跨中）竖向	测点 4（桥墩）切向	测点 4（桥墩）径向	测点 4（桥墩）竖向	测点 8（桥墩）切向	测点 8（桥墩）径向	测点 6（地面）竖向
最大值	0.007	0.006	0.011	0.007	0.008	0.020	0.006	0.018	0.014	0.007	0.010	0.019	0.006	0.007	0.120
最小值	0.005	0.005	0.009	0.005	0.005	0.016	0.004	0.007	0.007	0.006	0.006	0.009	0.005	0.005	0.032
平均值	0.006	0.006	0.010	0.006	0.006	0.018	0.005	0.012	0.012	0.006	0.008	0.013	0.005	0.006	0.074

需要指出，尽管选取样本时尽量选取受干扰较小的数据，但因测试期间道路交通一直较繁忙，选取的各测点的振动响应实际上是地铁交通及道路交通荷载等环境振动共同作用的结果。此外，地铁交通引起的环境振动受列车类型、车速、载重、轨道、减振扣件、隧道、土层等多种因素的影响，因此同一测点不同时刻以及不同测点同一时刻的振动有所差异。

6）第三阶段道路交通测试

（1）振动的频率成分

由各测点的功率谱密度图可知，桥面振动的频率成分较丰富，且 20Hz 以上的振动较明显，尤其是多数测点在 40～60Hz 有明显的峰值。这与道路交通荷载引起天然场地及混凝土桥墩振动的频率成分主要分布在 20Hz 以内不同，这应该是由于钢结构局部刚度较大，因而对高频振动有所放大。

（2）振动评价

① 振级

测试期间，道路交通荷载引起的天桥振级汇总见表 7-73—表 7-75。

表 7-73 12:17—14:07 各测点的振级汇总 (dB)

测点编号	测点 1（跨中）切向	测点 1（跨中）径向	测点 1（跨中）竖向	测点 2（桥墩）切向	测点 2（桥墩）径向	测点 2（桥墩）竖向	测点 3（跨中）切向	测点 3（跨中）径向	测点 3（跨中）竖向	测点 4（桥墩）切向	测点 4（桥墩）径向	测点 4（桥墩）竖向	测点 5（跨中）切向	测点 5（跨中）径向	测点 5（跨中）竖向	测点 9（地面）竖向
最大值	71.3	76.1	80.7	69.7	71.6	75.8	70.4	76.4	78.4	70.2	69.3	67.3	73.5	75.7	76.7	79.6
最小值	55.6	61.0	67.5	53.3	54.8	56.7	53.2	57.3	58.3	53.6	54.1	55.0	57.1	59.7	63.8	57.2
平均值	59.1	65.6	72.5	57.1	60.0	62.2	57.7	63.0	64.0	57.7	58.4	58.7	60.8	64.5	67.6	65.0

注：计算水平向振级时，采用与竖向相同的计权因子。

表 7-74 14:41—16:26 各测点的振级汇总 (dB)

测点编号	测点6（桥墩）切向	测点6（桥墩）径向	测点6（桥墩）竖向	测点2（桥墩）切向	测点2（桥墩）径向	测点2（桥墩）竖向	测点3（跨中）切向	测点3（跨中）径向	测点3（跨中）竖向	测点4（桥墩）切向	测点4（桥墩）径向	测点4（桥墩）竖向	测点7（跨中）切向	测点7（跨中）径向	测点7（跨中）竖向	测点9（地面）竖向
最大值	65.8	69.5	70.9	69.1	74.1	76.4	70.3	77.3	75.4	71.0	72.3	68.9	69.2	73.7	74.8	75.7
最小值	55.7	55.2	56.5	53.6	55.6	57.8	55.9	59.3	59.6	54.8	54.9	55.7	55.7	58.6	61.1	58.2
平均值	58.8	59.4	60.4	57.6	60.6	63.0	59.6	64.1	64.4	58.5	59.5	59.5	58.7	63.4	65.6	65.9

注：计算水平向振级时，采用与竖向相同的计权因子。

表 7-75 16:26—17:06 各测点的振级汇总 (dB)

测点编号	测点6（桥墩）切向	测点6（桥墩）径向	测点6（桥墩）竖向	测点2（桥墩）切向	测点2（桥墩）径向	测点2（桥墩）竖向	测点3（跨中）切向	测点3（跨中）径向	测点3（跨中）竖向	测点4（桥墩）切向	测点4（桥墩）径向	测点4（桥墩）竖向	测点8（桥墩）切向	测点8（桥墩）径向	测点9（地面）竖向
最大值	66.3	68.0	70.5	67.2	75.0	75.4	70.5	79.0	75.9	69.8	76.8	73.7	62.7	66.0	78.3
最小值	55.5	56.1	56.6	54.1	56.1	57.0	56.0	59.8	60.7	54.9	55.3	56.1	55.9	57.7	58.4
平均值	58.8	59.6	60.8	57.7	61.5	63.6	60.0	64.8	64.5	58.4	59.8	59.4	58.5	61.0	66.9

注：计算水平向振级时，采用与竖向相同的计权因子。

《城市区域环境振动标准》中对于交通干线道路两侧的环境振动限值（对应于表 7-73 中的平均值）为：昼间 75dB、夜间 72dB，由表 7-73 可知，桥墩上测点竖向振动基本满足规范要求。

② 加速度峰值

测试期间，道路交通荷载引起天桥振动的加速度峰值汇总见表 7-76—表 7-78。由表可知，天桥振动加速度峰值平均值最大为 0.037m/s²。

测试期间，道路交通荷载引起各测点振动加速度峰值平均值汇总见表 7-79。由表可知，各测点竖向振动大于切向和径向振动，102.4m 和 109.6m 两跨跨中竖向振动明显大于其他测点振动。

表 7-76 12:17—14:07 各测点的加速度峰值汇总 (m/s²)

测点编号	测点1（跨中）切向	测点1（跨中）径向	测点1（跨中）竖向	测点2（桥墩）切向	测点2（桥墩）径向	测点2（桥墩）竖向	测点3（跨中）切向	测点3（跨中）径向	测点3（跨中）竖向	测点4（桥墩）切向	测点4（桥墩）径向	测点4（桥墩）竖向	测点5（跨中）切向	测点5（跨中）径向	测点5（跨中）竖向	测点6（地面）竖向
最大值	0.020	0.021	0.123	0.011	0.015	0.032	0.010	0.021	0.023	0.013	0.010	0.017	0.014	0.015	0.098	0.037
最小值	0.004	0.005	0.020	0.003	0.003	0.005	0.003	0.003	0.005	0.003	0.003	0.004	0.004	0.005	0.016	0.003
平均值	0.007	0.008	0.037	0.004	0.005	0.009	0.004	0.006	0.008	0.005	0.005	0.007	0.006	0.008	0.031	0.009

表 7-77　14:41—16:26 各测点的加速度峰值汇总

(m/s^2)

测点编号	测点 6（桥墩）切向	测点 6（桥墩）径向	测点 6（桥墩）竖向	测点 2（桥墩）切向	测点 2（桥墩）径向	测点 2（桥墩）竖向	测点 3（跨中）切向	测点 3（跨中）径向	测点 3（跨中）竖向	测点 4（桥墩）切向	测点 4（桥墩）径向	测点 4（桥墩）竖向	测点 7（跨中）切向	测点 7（跨中）径向	测点 7（跨中）竖向	测点 6（地面）竖向
最大值	0.02	0.011	0.026	0.009	0.015	0.056	0.012	0.023	0.023	0.013	0.012	0.014	0.01	0.016	0.027	0.03
最小值	0.004	0.004	0.006	0.003	0.003	0.005	0.003	0.004	0.005	0.003	0.003	0.004	0.003	0.004	0.005	0.004
平均值	0.007	0.006	0.01	0.004	0.006	0.01	0.005	0.007	0.009	0.005	0.005	0.007	0.005	0.007	0.012	0.01

表 7-78　16:26—17:06 各测点的加速度峰值汇总

(m/s^2)

测点编号	测点 6（桥墩）切向	测点 6（桥墩）径向	测点 6（桥墩）竖向	测点 2（桥墩）切向	测点 2（桥墩）径向	测点 2（桥墩）竖向	测点 3（跨中）切向	测点 3（跨中）径向	测点 3（跨中）竖向	测点 4（桥墩）切向	测点 4（桥墩）径向	测点 4（桥墩）竖向	测点 8（桥墩）切向	测点 8（桥墩）径向	测点 6（地面）竖向
最大值	0.012	0.011	0.029	0.010	0.016	0.026	0.012	0.029	0.024	0.011	0.026	0.018	0.013	0.012	0.043
最小值	0.004	0.004	0.005	0.003	0.003	0.005	0.003	0.004	0.005	0.003	0.003	0.004	0.004	0.005	0.004
平均值	0.007	0.006	0.010	0.004	0.006	0.010	0.005	0.008	0.009	0.005	0.005	0.007	0.006	0.007	0.011

表 7-79　各测点的加速度峰值平均值对比

(m/s^2)

测点编号		**测点 1（跨中）**	测点 2（桥墩）	**测点 3（跨中）**	测点 4（桥墩）	**测点 5（跨中）**	测点 6（桥墩）	**测点 7（跨中）**	测点 8（桥墩）	测点 9（地面）
加速度峰值平均值	切向	**0.007**	0.004	**0.004～0.005**	0.005	**0.006**	0.007	**0.005**	0.006	
	径向	**0.008**	0.005～0.006	**0.006～0.008**	0.005	**0.008**	0.006	**0.007**	0.007	
	竖向	**0.037**	0.009～0.01	**0.008～0.009**	0.007	**0.031**	0.01	**0.012**		0.009～0.011
备注		**102.4m**		**80.2m**		**109.6m**		**88.0m**	仅径向和切向	仅竖向

需要指出，道路交通荷载引起环境振动的大小受测点与道路距离、车辆重量、车速、路面平整度、周边施工干扰等很多因素影响，因此同一测点不同时刻及不同测点间的振动有所差异。

7.2.9　结论

在未加 TMD 等减震措施的情况下，从数值模拟分析初步分析结果可以看出：

（1）本工程所属地带范围为交通干线道路两侧，由以上计算结果可知仅考虑道路交通荷载的影响时，较多输入样本引起的天桥桥面结构节点处的计算振级不能满足《城市区域环境振动标准》（GB 10070—1988）交通干线道路两侧昼间的控制标准 75dB。

（2）因部分位置振级的计算值不满足《城市区域环境振动标准》的要求，需要采取减振措施，进一步考虑桩基础及 TMD、黏滞阻尼器的减振作用。由于部分位置不满足振级要求的数字不大，采取必要的措施可保证问题解决。

8 结语

上海普陀区金沙江路真北路人行天桥工程位于繁华的十字路口，交通十分繁忙，人流量大且场地有限，地面以下是已建成的隧道和地铁，还有各种管线，因此场地环境极为复杂。研究团队根据“安全、适用、经济、耐久、美观、与环境协调”原则进行了桥梁方案比选，经过技术经济比较，最终选定了跨径为80.2m＋102.4m＋88m＋109.6m椭圆形空间桁架桥梁方案。

本工程利用有限元计算软件MIDAS及通用程序ANSYS，建立空间模型，计算结构在恒荷载、人群活荷载、地震、温度等作用下的结构响应，考虑9种荷载组合对构件进行了验算，结果表明主桥空间桁架结构能满足承载能力极限状态下结构强度要求，各荷载工况均能满足长细比、应力比参数要求；主桥空间桁架结构能满足正常使用极限状态下结构整体挠度、变形要求。

本工程抗震设防烈度为7度，设计水平基本地震加速度为0.10g，所以需进行抗震设计。天桥结构采用单向、双向滑动方案很难满足地震要求，故采用支座任意方向均可滑动，阻尼能提供减小水平晃动的能力，抗震设计采用结构减隔震理念，采用各向释放方式，并加水平向阻尼及恢复力弹簧可有效解决天桥抗震问题。因桥梁不规则，研究团队进行了多振型反应谱法以及线性或非线性时程计算方法，并考虑了桩土共同作用，通过对整体结构进行地震分析，结果表明，结构在地震下的整体性能满足要求，抗震满足规范要求。

大跨径天桥和轻柔结构会带来行人舒适度的问题。近年来，国内关于人行桥的舒适度判定已不局限于中国规范限制自振频率的敏感频率法，而是对国外规范进行了研究和吸收。本工程参照了德国人行桥设计指南EN03（2007年），对天桥的动态性能进行仿真计算和评判。按照无TMD及设置TMD对桥梁进行了动力计算，最终确定每跨跨中节点需设置7个竖向TMD、3个水平向TMD、每个桥墩支座处设置2对黏滞阻尼器。TMD的设置有效减小了桥梁的竖向振动及横向振动。由于上述结果是理论计算值，正式使用前，还应对天桥的动力特性进行现场测试，根据实测结果计算确定TMD的频率以及阻尼系数，在减震器的数量上进行适当预留，以便确保减振效果。

本人行天桥为复杂的三维空间结构，天桥顶部、底部面板、玻璃护栏以及桥墩之间会产生强烈的气流干扰，而天桥顶部造型复杂，刚度较低，对风荷载比较敏感，通过现有风荷载规范较难确定风荷载参数，因此，有必要借助风洞技术获得该结构所受风荷载及风振响应。通过风洞试验，测试了模型表面的平均压力和脉动压力，试验结果用于整体结构设计和围护结构设计。

本工程天桥结构为空间钢桁架形式，由上、下弦杆与腹杆连接而成，空间交汇杆件较多，节点构造较复杂。铸钢节点刚度较大，可实现强节点的要求，同时现场焊接较少，施工难度降低，是有效解决复杂节点连接的措施。上弦节点经过方案比选，最终采用了铸钢节点，下弦节点采用了焊接节点。因节点受力情况复杂，研究团队对上、下弦节点进行了足尺模型试验研究，并辅助有限元计算，对节点的承载安全性作出判断。

对于大型和大跨度复杂空间钢结构，施工及安装方案对结构成型后的受力状态有直接的影响，对结构施工安装过程中进行全过程仿真分析是必要的。研究团队通过分析结构在施工过程中各构件的内力和变形，为施工过程中结构的安全性提供了有效保障。

近年来我国城市人行天桥向轻质、大跨方向发展，由于这种结构形式的固有频率较低，在道路车辆和行人的随机激励荷载作用下有明显的振感，道路车辆、地铁等交通荷载引起的人行天桥振动问题日益突出。由于中环线（真北路）和金沙江路为上海城市干路和次干路，其交通流量较大，因此交通荷载引起的振动对天桥的影响不可忽视。另外，本工程邻近有地铁 13 号线，为评估并尽可能减小道路交通荷载和地铁交通荷载对本天桥的不利影响，研究团队对本桥进行了有针对性的测试与分析研究。

随着人民大众审美意识的提高，人行天桥设计越来越重视桥梁美学，注重与周围环境相协调。建成后的天桥兼有建筑景观功效，不仅改善了中环线复杂的交通状况，同时也为中环线城市景观增添了色彩，属于相关地域的标志性工程，社会效益显著。

设计、研究、建造如此规模与特点的大跨复杂人行天桥——上海普陀区金沙江路真北路人行天桥，其课题研究作用明显，填补了国内相关研究的空白，为我国类似工程积累了经验，成果推广作用显著。

参考文献

[1] 上海建筑设计研究院有限公司. 金沙江路真北路人行天桥风洞试验报告 [R]. 上海，2013.

[2] 上海建筑设计研究院有限公司. 金沙江路真北路人行天桥钢结构施工过程分析报告 [R]. 上海，2013.

[3] 上海建筑设计研究院有限公司. 金沙江路真北路人行天桥上弦铸钢节点试验研究报告 [R]. 上海，2013.

[4] 上海建筑设计研究院有限公司. 金沙江路真北路人行天桥下弦焊接节点试验研究报告 [R]. 上海，2013.

[5] 上海建筑设计研究院有限公司. 金沙江路真北路人行天桥振动测试报告：第一阶段：地铁交通 [R]. 上海，2013.

[6] 上海建筑设计研究院有限公司. 金沙江路真北路人行天桥振动测试报告：第一阶段：道路交通 [R]. 上海，2013.

[7] 上海建筑设计研究院有限公司. 金沙江路真北路人行天桥振动测试报告：第二阶段：地铁交通 [R]. 上海，2013.

[8] 上海建筑设计研究院有限公司. 金沙江路真北路人行天桥振动测试报告：第二阶段：道路交通 [R]. 上海，2013.

[9] 上海建筑设计研究院有限公司. 金沙江路真北路人行天桥振动测试报告：第三阶段：地铁交通 [R]. 上海，2013.

[10] 上海建筑设计研究院有限公司. 金沙江路真北路人行天桥振动测试报告：第三阶段：道路交通 [R]. 上海，2013.

[11] 上海建筑设计研究院有限公司. 金沙江路真北路人行天桥初步设计说明 [R]. 上海，2013.

[12] 徐小晗. 城市过街天桥的现状及发展研究——以济南市过街天桥为例 [J]. 交通建设，2018 (7)：252-253.

[13] 曹琳. 少洛高速公路上跨天桥的景观设计 [J]. 公路，2008 (9)：300-304.

[14] 翟国强，张玉坤. 当代国内人行天桥建设的几个趋向 [J]. 建筑学报，2005 (2)：70-71.

[15] 胡世强. 城市人行天桥设计探讨 [J]. 城市道桥与防洪，2012 (6)：100-102.

[16] 中华人民共和国住房和城乡建设部，中华人民共和国国家质量监督检验检疫总局. 城市道路交叉口规划规范：GB 50647—2011 [S]. 北京：中国计划出版社，2011.

[17] 殷路伟. 城市人行过街天桥局部通行能力分析研究 [J]. 武汉理工大学学报（交通科学与工程版），2015 (10)：996-1000.

[18] 王升堂. 钢结构人行天桥的实际应用研究 [J]. 交通标准化，2011 (10)：112-114.

[19] 巩春领. 人行桥造型设计艺术与构思 [J]. 城市道桥与防洪，2005 (9)：1-6.

[20] 喻静. 城市路段行人过街设施选型研究 [D]. 西安：长安大学，2014：9-14.

[21] 冯鹏. FRP 人行天桥的结构性能与设计指标研究 [J]. 建筑科学与工程学报，2011 (9)：

14-22.

[22] 林嘉阳，李文娟，杨亚林. 某铝合金人行桥的设计及计算分析［J］. 公路交通科技（应用技术版），2012（8）：14-22.

[23] 徐叶飞. 铝合金人行天桥结构分析［D］. 杭州：浙江大学，2007：1-5.

[24] 中国工程建设标准化协会. 铝合金人行天桥技术规程：T/CECS 471—2007［S］. 北京：中国计划出版社，2007.

[25] 李伟. 陆家嘴中心区明珠环C型天桥安装技术［J］. 城市道桥与防洪，2011（3）：61-63.

[26] 李敏玉. 人行天桥在城市景观中的应用研究［D］. 济南：山东建筑大学，2012：12-19.

[27] 林海. 人行天桥结构设计研究［D］. 成都：西南交通大学，2007：6-9.

[28] 李广义. "X形"钢刚架人行天桥的设计与动力性能研究［D］. 西安：长安大学，2012：53-60.

[29] 林海. "十字形"钢箱梁人行天桥的设计与动力性能研究［D］. 西安：长安大学，2012：75-80.

[30] 中华人民共和国住房和城乡建设部. 城市道路工程设计规范：CJJ 37—2012［S］. 北京：中国建筑工业出版社，2012.

[31] 中华人民共和国建设部. 城市人行天桥与人行地道技术规范：CJJ 69—95［S］. 北京：中国建筑工业出版社，1996.

[32] 中华人民共和国住房和城乡建设部. 城市桥梁设计规范：CJJ 11—2011［S］. 北京：中国建筑工业出版社，2012.

[33] 中华人民共和国住房和城乡建设部. 城市桥梁抗震设计规范：CJJ 166—2011［S］. 北京：中国建筑工业出版社，2011.

[34] 中华人民共和国建设部，中华人民共和国民政部，中国残疾人联合会. 城市道路和建筑物无障碍设计规范：JGJ 50—2001［S］. 北京：中国建筑工业出版社，2001.

[35] 中华人民共和国交通部. 公路桥涵设计通用规范：JTG D60—2004［S］. 北京：人民交通出版社，2004.

[36] 中华人民共和国交通部. 公路桥梁抗风设计规范：JTG/T D60-01-2004［S］. 北京：人民交通出版社，2004.

[37] 中华人民共和国交通部. 公路钢筋混凝土及预应力混凝土桥涵设计规范：JTG D62—2004［S］. 北京：人民交通出版社，2004.

[38] 中华人民共和国交通部. 公路桥涵地基与基础设计规范：JTG D63—2007［S］. 北京：人民交通出版社，2007.

[39] 上海市城乡建设和交通委员会. 上海市工程建设规范：地基基础设计规范：DGJ 08-11-2010［S］. 上海市建筑建材业市场管理总站，2010.

[40] 中华人民共和国交通部. 公路桥涵钢结构与木结构设计规范：JTJ 025—86［S］. 北京：人民交通出版社，1986.

[41] 中华人民共和国住房和城乡建设部，中华人民共和国国家质量监督检验检疫总局. 钢结构设计规范：GB 50017—2003［S］. 北京：中国计划出版社，2003.

[42] 中华人民共和国铁道部. 铁路桥梁钢结构设计规范：TB 10002.2—2005［S］. 北京：中国计划出版社，2005.

[43] 中华人民共和国交通运输部. 公路桥涵施工技术规范：JTG/T F50—2011 [S]. 北京：中国计划出版社，2011.

[44] 中华人民共和国建设部. 建筑钢结构焊接规程：JGJ 81—91 [S]. 北京：中国计划出版社，1991.

[45] 中华人民共和国铁道部. 铁路钢桥制造规范：TB 10212—2009 [S]. 北京：中国铁道出版社，2009.

[46] 中华人民共和国国家质量监督检验检疫总局，中国国家标准化管理委员会. 桥梁用结构钢：GB/T 714—2008 [S]. 北京：中国标准出版社，2008.

[47] 中华人民共和国住房和城乡建设部. 城市桥梁工程施工与质量验收规范：CJJ 2—2008 [S]. 北京：中国建筑工业出版社，2008.

[48] 中华人民共和国国家质量监督检验检疫总局，中华人民共和国建设部. 钢结构工程施工及验收规范：GB 50205—2001 [S]. 北京：中国建筑工业出版社，2001.

[49] European Committee for Standardization. EN 1990：2002/A1：2005：Eurocode-Basis of structural design [S]. London：British Standards Institution，2002.

[50] British Standards Institution. BS 5400：Steel，concrete and composite bridges [S]. London：British Standards Institution，1978.

[51] International Organization for Standardization. ISO 10137：1992：Bases for design of structures [S]. Geneva：International Organization for Standardization，1992.

[52] International Organization for Standardization. ISO 2631-2：1989：Mechanical vibration and shock-evaluation of human exposure to whole-body vibration-Part 2：vibration in buildings（1 Hz to 80 Hz）[S]. Geneva：International Organization for Standardization，1989.

[53] 吴炜. 大跨度空间三向交叉钢结构人行天桥设计与结构受力分析 [J]. 公路，2007（5）：102-104.

[54] 褚东升，赵国栋，曾革助. 空间异形桁架人行天桥设计与计算 [J]. 中外公路，2017（10）：127-130.

[55] 张东，李琳，王玲玲. 圆环形人行天桥关键技术分析 [J]. 公路，2016（4）：101-103.

[56] 文振军，黄华. 基于英国 BS5400 规范的港口钢人行桥设计 [J]. 中国水运，2014（2）：49-51.

[57] 赵成栋. 某人行桥设计若干问题分析 [J]. 上海公路，2018（2）：61-65.

[58] 伍臣宇. 某新型钢结构人行天桥稳定性研究 [J]. 重庆建筑，2017（9）：34-36.

[59] 袁爱民，徐敏，戴航，张冰，王倩. 南京云锦路人行景观天桥设计 [J]. 钢结构，2016（8）：50-53.

[60] 刘冬明，娄卫校，李雪良. 西安某大跨度钢桁架人行天桥设计 [J]. 中外公路，2011（5）：7-10.

[61] 罗东生，张旭丹. 沈阳城市人行天桥设计要点分析 [J]. 北方交通，2018（6）：24-27.

[62] 吴凯光，刘继伟. 澳门路氹连贯公路圆形地行人天桥的计算分析 [J]. 钢结构，2016（4）：29-32.

[63] 谷岩. 桥梁抗震与抗风 [M]. 天津：天津大学出版社，2015.

[64] 陈政清，华旭刚. 人行天桥的振动与动力设计 [M]. 北京：人民交通出版社，2009.

[65] 陈龙，蔡晓红，郭陆山，刘秀芬，李巍. 大跨度桥梁的风致振动问题 [J]. 湖北工业大学学报，2008 (4)：92-93.

[66] 刘长宏，刘春，宋俊杰. 桥梁抗风设计、风洞试验及抗风措施 [J]. 北方交通，2011 (10)：46-48.

[67] 王思涛. 典型桥梁主梁断面气动特性风洞试验研究 [D]. 大连：大连理工大学，2015：3-9.

[68] 程进，江见鲸，项海帆，肖汝成. 风对桥梁结构稳定性的影响及对策 [J]. 自然灾害学报，2002 (2)：81-84.

[69] 张新军. 桥梁风工程研究的现状及展望 [J]. 公路，2005 (9)：27-32.

[70] 李曙光. 桥梁抗风与风洞试验 [J]. 山西建筑，2007 (5)：289-290.

[71] 黄文广. 某大型钢结构人行天桥施工过程仿真分析 [D]. 南昌：南昌航空大学，2015：7-12.

[72] 栾涛. 某建筑裙房桁架钢结构工程施工技术研究 [D.]青岛：青岛理工大学，2016：9-12.

[73] 侯鹏飞，叶文启，赵元一，贺先德. 环形天桥落架施工的数值模拟及其应用 [J]. 工业建筑，2016 (7)：163-166.

[74] 包雯蕾，王秀丽，崔延渊. 大跨度钢管桁架结构施工顺序优选分析 [J]. 兰州理工大学学报，2012 (4)：100-105.

[75] 田雨华，郑江华，苏立亮，张有为. 大跨度钢管桁架施工技术 [J]. 施工技术，2012 (1)：64-68.

[76] 郑七振，鲍永亮，彭斌，柏庆丰，金伟峰. 上海港国客中心钢桁架整体提升施工仿真分析 [J]. 工程力学，2010 (11)：82-87.

[77] 赵雅. 大尺寸复杂空间相贯节点极限承载力足尺试验研究 [D]. 北京：北京交通大学，2016：1-4.

[78] 庞岩峰. 复杂空间相贯节点试验研究及有限元分析 [D]. 杭州：浙江大学，2013：2-3.

[79] 陈金凤. 空间异型钢管相贯节点的理论与试验研究 [D]. 武汉：华中科技大学，2005：12-16

[80] 张向荣. 静力荷载作用下铸钢节点承载力的有限元分析与试验研究 [D]. 天津：天津大学，2005：7-12.

[81] 孙浩. 空间钢结构中铸钢节点的研究与应用 [D]. 沈阳：沈阳建筑大学，2012：2-4.

[82] 范重，杨苏，栾海强. 空间结构节点设计研究进展与实践 [J]. 建筑结构学报，2011 (12)：1-15.

[83] 曾珂，彭成波，王张萍. 空间结构铸钢节点的应用研究进展 [J]. 建筑钢结构进展，2014 (6)：14-20.

[84] 林彦. 铸钢节点的理论分析与试验研究 [D]. 天津：天津大学，2003：7-16.

[85] 林彦，刘锡良. 铸钢节点的设计以及在工程中的应用 [J]. 工业建筑，2005 (11)：27-30.

[86] 林彦，刘锡良，周学军. 铸钢相贯节点的设计与研究 [J]. 空间结构，2006 (3)：52-55.

[87] 刘建平，郭彦林，陈国栋. 方圆管相贯节点极限承载力研究 [J]. 建筑结构，2001 (8)：21-25.

[88] 李瑞峰. 大尺寸空间型方钢管相贯节点极限承载力分析 [D]. 太原：太原理工大学，2012：12-13.

[89] 王秀花，李国芳，李滢. 城市交通产生的振动对人行天桥的影响分析 [J]. 山西建筑，2008（7）：294-295.

[90] 马朝霞. 道路车辆荷载激励下人行天桥振动与隔振措施研究 [D]. 武汉：武汉理工大学，2012：30-36.

[91] 李彬蔚，李东. 地铁振动造成大跨度人行天桥抖振的机理分析 [J]. 钢结构，2007（10）：34-38.

[92] 陈琳琳. 交通荷载及人行荷载作用下人行天桥振动舒适度研究 [D]. 武汉：武汉理工大学，2012：12-13.

[93] 孙道远，李东. 某大跨度钢结构人行天桥的振动特性分析与研究 [J]. 四川建筑科学研究，2009（6）：152-156.

[94] 法永生，李东. 某既有大跨度钢结构人行天桥的振动分析与研究 [C]//2007 年第九届全国振动理论及应用学术会议论文集. 2007：39-44.

[95] 中国工程建设标准化协会. 铸钢节点应用技术规程：CECS 235—2008 [S]. 北京：中国计划出版社，2008.

[96] 中华人民共和国国家质量监督检验检疫总局. 金属材料　室温拉伸试验方法：GB/T 228—2002 [S]. 北京：中国标准出版社，2002.

[97] 中华人民共和国环境保护局. 城市区域环境振动标准：GB 10070—1988 [S]. 北京：中国标准出版社，1988.

[98] 中华人民共和国环境保护局. 城市区域环境振动测量方法：GB 10071—1988 [S]. 北京：中国标准出版社，1988.

[99] 中华人民共和国交通运输部. 公路桥梁抗震设计细则：JTG/T B02-01-2008 [S]. 北京：人民交通出版社，2008.

[100] 李国豪. 桥梁结构稳定与振动 [M]. 北京：中国铁道出版社，2010.

[101] 中华人民共和国住房和城乡建设部. 建筑结构荷载规范：GB 50009—2012 [S]. 北京：中国建筑工业出版社，2012.